Hans Scheiderer

Physik

für
Fachoberschulen Technik (Klassen 11 und 12)
und
Berufsoberschulen (Klasse 12)

2. Auflage

Stam 7993.

www.stam.de

Stam Verlag
Fuggerstr. 7 · 51149 Köln

ISBN 3-8237-**7993**-1

© Copyright 2001: Verlag H. Stam GmbH, Köln
Das Werk und seine Teile sind urheberrechtlich geschützt. Jede Verwendung in anderen als den gesetzlich zugelassenen Fällen bedarf deshalb der vorherigen Einwilligung des Verlages.

Inhaltsverzeichnis

Einführung 1
Einleitung 1
Grundlagen 1

1 Bewegung und Energie 5
1.1 Grundbegriffe 5
1.2 Translationsbewegungen eines Massenpunktes 9
1.2.1 Untersuchung der gleichförmigen Bewegung 9
1.2.2 Überlagerung von gleichförmigen Bewegungen beliebiger Richtungen ... 17
    A) Die Vektoren $\vec{v}_s$ und $\vec{v}_1$ besitzen gleiche Richtung und Orientierung . 18
    B) Die Vektoren $\vec{v}_s$ und $\vec{v}_1$ besitzen gleiche Richtung aber entgegengesetzte Orientierung ... 18
    C) Die Vektoren $\vec{v}_s$ und $\vec{v}_1$ stehen senkrecht aufeinander ... 19
    D) Die Vektoren $\vec{v}_s$ und $\vec{v}_1$ schließen einen beliebigen Winkel ein ... 20
1.2.3 Die gleichmäßig beschleunigte geradlinige Bewegung aus dem Zustand der Ruhe ... 26
    A) Experimentelle Untersuchung der Bewegung ... 27
    B) Die mittlere Geschwindigkeit ... 30
    C) Bestimmung der Geschwindigkeit des Gleiters an einem bestimmten Ort x_1 ... 34
    D) Die momentane Geschwindigkeit ... 36
    E) Die Beschleunigung ... 38
    F) Zusammenfassung ... 40
    G) Ergänzung: Die momentane Geschwindigkeit als mathematischer Grenzwert ... 41
    H) Musteraufgabe zur gleichförmigen und gleichmäßig beschleunigten Bewegung ... 44
    I) Übungsaufgaben zur gleichmäßig beschleunigten Bewegung ... 47
    J) Der freie Fall ... 47
1.2.4 Anwendungsbeispiel zur gleichförmigen und gleichmäßig beschleunigten Bewegung ... 53

1.3 Zusammengesetzte Bewegungen ... 57
1.3.1 Das Unabhängigkeitsprinzip ... 57
1.3.2 Überlagerung von gleichförmiger und gleichmäßig beschleunigter Bewegung ... 58
    A) Die Vektoren $\vec{v}_0$ und $\vec{a}$ sind parallel ... 59
        a) Der senkrechte Wurf nach unten ... 60
        b) Der senkrechte Wurf nach oben ... 61
    B) Die Vektoren $\vec{v}_0$ und $\vec{a}$ stehen senkrecht aufeinander (waagrechter Wurf) ... 64
        a) Der waagrechte Wurf ... 64
        b) Übungsaufgaben zum waagrechten Wurf ... 69
1.3.3 Zusammenfassung und Übungsaufgaben ... 69

1.4	**Kraft und Masse**	71
1.4.1	Das erste Newton'sche Gesetz	72
1.4.2	Das zweite Newton'sche Gesetz	74
1.4.3	Das dritte Newton'sche Gesetz	78
1.4.4	Zusammenhang zwischen Masse und Gewichtskraft	80
1.4.5	Anwendungen zu den Newton'schen Gesetzen	80
	A) Einfache Probleme aus der Statik	81
	B) Bewegung eines Körpers auf horizontaler Bahn	83
	C) Bewegung eines Körpers auf der geneigten Ebene	84
1.4.6	Aufgaben zu den Gesetzen von Newton	86
1.5	**Die gleichmäßige Kreisbewegung eines Massenpunktes**	88
1.5.1	Grundlagen zur Beschreibung der Kreisbewegung	88
1.5.2	Die Vektoren der Kreisbewegung	90
	A) Der Ort als Vektor der Kreisbewegung	90
	B) Der Vektor der Bahngeschwindigkeit	91
	C) Der Vektor der Beschleunigung	93
	D) Zusammenfassung der Vektoren der Kreisbewegung	95
1.5.3	Übungsaufgaben zur gleichmäßigen Kreisbewegung	95
1.5.4	Das Kraftgesetz für die Kreisbewegung	96
1.5.5	Anwendungen zur Zentralkraft	102
	A) Durchfahren einer nicht überhöhten Kurve	102
	B) Kurvenüberhöhung	102
	C) Drehfrequenzregler	103
	D) Radfahren in der Kurve	103
1.5.6	Zentrifugalkraft und Zentripetalkraft; Rotierende Bezugssysteme	104
1.5.7	Übungsaufgaben zur Zentralkraft	106
1.6	**Arbeit und Energie**	110
1.6.1	Verschiedene Formen der Arbeit	110
	A) Beschleunigungsarbeit	112
	B) Hubarbeit	113
	C) Reibungsarbeit als nicht mechanische Form der Arbeit	113
	D) Spannarbeit	114
1.6.2	Verschiedene Formen mechanischer Energie	115
	A) Kinetische Energie	115
	B) Potentielle Energie	116
	C) Wärmeenergie	116
1.6.3	Der Energieerhaltungssatz der Mechanik	117
1.6.4	Anwendungsbeispiele zum Energieerhaltungssatz der Mechanik	120
	A) Vertikale Kreisbewegung	120
	B) Fadenpendel	123
	C) Federpendel	124
	D) Pumpspeicherkraftwerk	127
1.6.5	Übungsaufgaben zum Energieerhaltungssatz der Mechanik	128
1.6.6	Erweiterung des mechanischen Energieerhaltungssatzes	130
	Ergänzung: Das Arbeit-Energie-Prinzip	130
	Übungsaufgaben zum Arbeit-Energie-Prinzip	132

1.6.7	Leistung, mittlere Leistung und Wirkungsgrad	132
1.7	**Impuls und Impulserhaltungssatz**	**135**
1.7.1	Der Impuls	135
1.7.2	Zusammenhang zwischen Impuls und Kraft	136
1.7.3	Impulserhaltungssatz	137
1.7.4	Der zentrale Stoß	138
	A) Experimentelle Untersuchung des geraden zentralen Stoß	138
	B) Allgemeine Berechnung der Geschwindigkeiten beim völlig unelastischen Stoß	141
	C) Berechnung des Energieverlustes beim völlig unelastischen Stoß	142
	D) Allgemeine Berechnung der Geschwindigkeiten beim elastischen Stoß	143
1.7.5	Anwendungsbeispiele zum Impulserhaltungssatz und den Stoßgesetzen	145
	A) Ballistisches Pendel	145
	B) Kugelpendel	147
	C) Raketenantrieb	148
1.7.6	Übungsaufgaben zum Impulserhaltungssatz und den Stoßgesetzen	150
2	**Mechanische Schwingungen**	**154**
2.1	**Allgemeine Eigenschaften und Kennzeichen von mechanischen Schwingungen**	**154**
2.1.1	Beispiele	154
2.1.2	Kennzeichen von Schwingungen	154
2.1.3	Definition wichtiger Begriffe	154
2.2	**Die harmonische Schwingung**	**156**
2.2.1	Die Bewegungsgleichungen einer harmonischen Schwingung	156
2.2.2	Darstellung von harmonischen Schwingungen	160
	A) Liniendiagramm	160
	B) Zeigerdiagramm	160
2.2.3	Die Bewegungsgleichungen der harmonischen Schwingung bei unterschiedlichen Anfangsbedingungen	160
	A) Allgemeiner Fall	161
	B) Zum Zeitnullpunkt durchläuft der schwingende Körper seine Ruhelage	161
	C) Zum Zeitnullpunkt ist die Elongation maximal, der Körper im Umkehrpunkt	162
2.2.4	Das lineare Kraftgesetz für die harmonische Schwingung	162
2.3	**Beispiele für harmonische Schwingungen**	**163**
2.3.1	Federpendel	163
	A) Das horizontale Federpendel	163
	B) Das vertikale Federpendel	164
	C) Schaltung von Federn	164
	D) Beispiel	165

2.3.2	Das Fadenpendel	165
2.3.3	Die Flüssigkeit im U-Rohr	166
2.4	**Der Energieerhaltungssatz bei harmonischen Schwingungen**	167
	Ergänzung: Dämpfung harmonischer Schwingungen	170
	A) Schwingfall	170
	B) Aperiodischer Grenzfall	170
	C) Kriechfall	171
2.5	**Freie und erzwungene Schwingungen**	171
	Ergänzung: Gekoppelte Pendel	176
2.6	**Übungsaufgaben zu den mechanischen Schwingungen**	177
3	**Das Gravitationsfeld**	**184**
3.1	**Geschichtliche Betrachtung**	184
3.1.1	Das geozentrische Weltbild	184
3.1.2	Das heliozentrische Weltbild	185
3.2	**Die Kepler'schen Gesetze**	187
3.2.1	Das erste Kepler'sche Gesetz (1609)	187
3.2.2	Das zweite Kepler'sche Gesetz (1609)	187
3.2.3	Das dritte Kepler'sche Gesetz (1619)	187
3.2.4	Beispiele zur Anwendung des dritten Kepler'schen Gesetzes	188
3.3	**Das Gravitationsgesetz**	189
3.3.1	Herleitung des Gravitationsgesetzes	189
3.3.2	Bestimmung der Gravitationskonstanten G	192
3.3.3	Anwendungsbeispiele zum Gravitationsgesetz	195
	A) Grafische Darstellung der Gravitationskraft	195
	B) Berechnung der Masse und der mittleren Dichte der Erde	196
	C) Berechnung der Masse der Sonne	196
	D) ‚Gravitationsfreier' Punkt zwischen zwei Körpern	197
3.4	**Das radialsymmetrische Gravitationsfeld**	199
3.4.1	Der allgemeine Feldbegriff	199
3.4.2	Darstellung des Feldes	199
3.4.3	Das Gravitationsgesetz in vektorieller Darstellung	200
3.4.4	Die Gravitationsfeldstärke	200
3.4.5	Das homogene Feld	201
3.5	**Verschiebungsarbeit und potentielle Energie (Lageenergie)**	202
3.5.1	Grundlagen	202
3.5.2	Homogenes Gravitationsfeld	203
3.5.3	Verschiebungsarbeit im radialsymmetrischen Gravitationsfeld	204
	A) Berechnung der Verschiebungsarbeit längs einer Feldlinie	204
	B) Bewegung des Probekörpers auf der Oberfläche einer Kugel, die zur Erde konzentrisch ist	206
	C) Bewegung auf einem beliebigen Weg im Gravitationsfeld	206

3.5.4	Potentielle Energie im radialsymmetrischen Gravitationsfeld	207
	A) Das Bezugsniveau liegt auf der Oberfläche des Felderregers	208
	B) Das Bezugsniveau liegt im Unendlichen	208
3.5.5	Das Gravitationspotential	209
3.5.6	Die Fluchtgeschwindigkeit	210
3.6	**Satellitenbewegung**	211
3.6.1	Grundlagen	211
3.6.2	Die erste kosmische Geschwindigkeit	212
3.6.3	Der Synchronsatellit	213
3.6.4	Die kinetische Energie eines Satelliten	214
3.6.5	Potentielle Energie eines Satelliten	214
	A) Bezugsniveau im feldfreien Raum	214
	B) Bezugsniveau auf der Oberfläche	215
3.6.6	Gesamtenergie des Satelliten	215
	A) Bezugsniveau im feldfreien Raum	215
	B) Bezugsniveau der potentiellen Energie liegt auf der Oberfläche des felderzeugenden Körpers (Erde)	216
	C) Zusammenfassung	216
3.6.7	Energiedifferenzen für zwei Satellitenbahnen	217
3.7	**Aufgaben zum Gravitationsfeld**	218
3.7.1	Musteraufgabe	218
3.7.2	Übungsaufgaben	220
4	**Elektrisches Feld**	226
4.1	**Wiederholung**	226
4.1.1	Grundbegriffe	226
4.1.2	Messung der elektrischen Ladung	227
	A) Das Elektroskop	227
	B) Der Messverstärker	228
4.2	**Darstellung des elektrischen Feldes; Feldlinien**	228
4.2.1	Beispiele einfacher Felder	228
4.2.2	Eigenschaften von Feldlinien	230
4.3	**Kraftwirkung zwischen Punktladungen; Coulomb'sches Gesetz**	231
4.3.1	Experimentelle Untersuchung mit der Drehwaage	231
4.3.2	Vektorielle Darstellung des Coulomb'schen Gesetzes	237
4.3.3	Größenvergleich zwischen Gravitations- und Coulombkraft	237
4.4	**Die elektrische Feldstärke**	238
4.4.1	Definition der Feldstärke	238
4.4.2	Experimentelle Untersuchung der elektrischen Feldstärke im radialsymmetrischen Feld	241
4.5	**Verschiebungsarbeit, Potential und Spannung im radialsymmetrischen Feld**	243
4.5.1	Verschiebungsarbeit im Radialfeld	243

4.5.2	Potentielle Energie im radialsymmetrischen elektrischen Feld	244
4.5.3	Das Potential	246
4.5.4	Die Potentialdifferenz zwischen zwei Punkten (Spannung)	247
4.5.5	Potentialmessung mit der Flammensonde	249
4.6	**Das homogene Feld eines Kondensators**	251
4.6.1	Die elektrische Feldstärke im homogenen Feld	251
4.6.2	Verschiebungsarbeit im homogenen Feld	254
4.6.3	Potentielle Energie im homogenen Feld	255
4.6.4	Potential und Potentialdifferenz im homogenen elektrischen Feld	255
4.7	**Elektrische Influenz**	258
4.7.1	Elektrische Flächenladungsdichte und Flussdichte im Plattenkondensator	259
4.7.2	Die elektrische Flussdichte im homogen Feld eines Plattenkondensators	260
4.7.3	Zusammenhang zwischen der elektrischen Feldstärke eines Plattenkondensators und seiner Flächenladungsdichte	261
4.7.4	Bestimmung der elektrische Feldkonstante ε_0	262
4.8	**Die Kapazität**	263
4.8.1	Definition der Kapazität	263
4.8.2	Kapazität eines Plattenkondensators	264
4.8.3	Materie im elektrischen Feld	264
4.8.4	Schaltung von Kondensatoren	265
	A) Reihenschaltung	265
	B) Parallelschaltung	266
4.8.5	Technische Kondensatoren	267
4.8.6	Die Kapazität einer geladenen Kugel mit Radius R	267
4.9	**Energie im elektrischen Feld**	268
4.9.1	Herleitung der Gleichung zur Berechnung der in einem geladenen Kondensator gespeicherten Energie	268
4.9.2	Die elektrische Energie des Plattenkondensators	270
4.10	**Bestimmung der Elementarladung nach Millikan (1868–1953; Nobelpreis 1923)**	271
4.11	**Bewegung freier geladener Teilchen im elektrischen Feld**	273
4.11.1	Der glühelektrische Effekt	273
4.11.2	Bewegung parallel zur Feldstärke $\vec{E}$ im homogenen Feld	273
	A) Bewegung der Ladung parallel zu den Feldlinien ohne Anfangsgeschwindigkeit	273
	B) Bewegung der Ladung parallel zu den Feldlinien mit Anfangsgeschwindigkeit	275
4.11.3	Bewegung senkrecht zur Feldstärke	276
4.12	**Übungsaufgaben zum elektrischen Feld**	280

5 Magnetisches Feld und Induktion ... 285

5.1 Wiederholung ... 285

5.2 Magnetfelder stromdurchflossener Leiter ... 287
- 5.2.1 Das Magnetfeld eines geraden stromdurchflossenen Leiters ... 288
- 5.2.2 Das Magnetfeld einer stromdurchflossenen Spule ... 289
- 5.2.3 Die Ampère'sche Hypothese ... 290
- 5.2.4 Das Magnetfeld der Erde ... 291

5.3 Die Kraft auf stromdurchflossene Leiter im Magnetfeld ... 292
- 5.3.1 Beispiele ... 292
- 5.3.2 U-V-W Regel der rechten Hand ... 293
- 5.3.3 Die Ampère-Definition ... 293

5.4 Die magnetische Flussdichte ... 294
- 5.4.1 Messung der Kraft auf einen stromdurchflossenen Leiter ... 294
- 5.4.2 Vektorielle Darstellung der Kraft ... 297

5.5 Bewegung geladener Teilchen im homogenen Magnetfeld ... 298
- 5.5.1 Bewegung von freien Ladungsträgern im Inneren eines Körpers, der von einem homogenen Magnetfeld durchsetzt wird ... 298
  - A) Die Lorentzkraft ... 298
  - B) Der Halleffekt ... 299
- 5.5.2 Bewegung von freien Teilchen im homogenen Magnetfeld ... 301
  - A) Bahn geladener freier Teilchen im homogenen Magnetfeld ... 301
  - B) Die $\frac{e}{m}$-Bestimmung mit dem Fadenstrahlrohr ... 303
- 5.5.3 Überlagerung von elektrischen und magnetischen Feldern; Wienfilter ... 304

5.6 Die magnetische Flussdichte einer langgestreckten leeren Spule ... 305

5.7 Die elektromagnetische Induktion ... 309
- 5.7.1 Untersuchung der Induktion im geschlossenen Leiterkreis ... 309
  - A) Gleichförmig bewegter Leiter im homogenen Magnetfeld (1. Fall) ... 309
  - B) Leiterschleife im veränderlichen Magnetfeld einer langen Spule (2. Fall) ... 314
  - C) Der magnetische Fluss ... 317
  - D) Zusammenfassung der beiden Fälle ... 318
- 5.7.2 Energieerhaltung bei Induktionsvorgängen; Die Lenz'sche Regel ... 319
- 5.7.3 Das Vorzeichen der Induktionsspannung ... 320
- 5.7.4 Anwendungsbeispiele ... 321
  - A) Magnetstab in Spule ... 321
  - B) Thomson'scher Ringversuch ... 322
  - C) Spule mit Weicheisen ... 322
  - D) Wirbelstromdämpfung ... 323

5.8	**Erzeugung sinusförmiger Induktionsspannung**	324
5.8.1	Untersuchung mit Hilfe des Induktionsgesetzes	325
5.8.2	Untersuchung mit Hilfe der Induktionsspannung, die an den Enden eines bewegten Leiters im homogenen Magnetfeld entsteht	325
5.8.3	Leistung im Wechselstromkreis	326
5.9	**Selbstinduktion**	329
5.9.1	Ein- und Ausschaltvorgänge bei Gleichstrom	329
	A) Einschaltvorgang bei Gleichstrom	329
	B) Ausschaltvorgang bei Gleichstrom	329
	C) Periodisches Ein- und Ausschalten	331
	D) Mathematische Beschreibung der Selbstinduktion	332
5.9.2	Die Selbstinduktivität einer langgestreckten Spule	333
5.10	**Energie des magnetischen Feldes**	334
5.11	**Übungsaufgaben zum magnetischen Feld**	335

6 Schaltelemente im Wechselstromkreis 341

6.1	**Der Wechselstromwiderstand**	341
6.2	**Ohmscher Widerstand im Wechselstromkreis; Wirkwiderstand**	341
6.3	**Der Kondensator im Wechselstromkreis**	343
6.4	**Die Spule im Wechselstromkreis**	350
6.5	**Übungsaufgaben zu den elektrischen Schwingungen**	356

Lösungen 357

Einführung

Einleitung

Die unübersehbare Fülle der Naturerscheinungen, die uns umgibt, läuft nicht regellos ab, sondern unterliegt gewissen Gesetzmäßigkeiten. Die Physik als Naturwissenschaft beschäftigt sich mit der Erforschung der Naturgesetze. Sie ist dabei auf die Naturbeobachtung, auf Experimente und Messungen angewiesen.

Die ersten Anfänge der Physik gehen bis ins Altertum zurück. Bereits die alten Griechen beschäftigten sich mit Mechanik und Optik. *Archimedes* fand um 250 v. Chr. das Hebelgesetz und die Gesetze für den Auftrieb. *Aristoteles* (384–322 v. Chr.) stellte vermutlich erstmals grundlegende Überlegungen zur Bewegung eines Körpers an. Seine Ansichten hielt man fast 2000 Jahre lang für richtig und lehrte sie an den Universitäten.

Der Untergang der griechischen Kultur bedingte eine große Pause in der physikalischen Forschung. Erst im 17. Jahrhundert kam es zu einer Wiederaufnahme der Forschungen auf dem Gebiet der Mechanik und Optik. *Galileo Galilei* (1564–1642) führte das Experiment als höchsten Richter über wissenschaftliche Wahrheit in die Naturwissenschaften ein und wurde so zum Begründer der heutigen Physik. Im Gegensatz zu Aristoteles, der bestrebt war, die komplizierten Naturerscheinungen, so wie sie vor unseren Sinnen ablaufen, direkt in Gesetze zu fassen, untersuchte Galilei mit gezielten Experimenten zunächst nur einfache Spezialfälle und tastete sich so allmählich an die niemals beobachtbaren Idealfälle heran. Aus diesen Spezialfällen las er die Gesetze ab und leitete daraus umgekehrt die komplizierten Erscheinungen der beobachtbaren Welt her.

Im gleichen Jahrhundert entdeckte Newton das Gravitationsgesetz und konnte damit den Lauf der Planeten vorhersagen. Im folgenden Jahrhundert wurde die Mechanik weiter ausgebaut und mit großem Erfolg auf zahlreiche Gebiete angewendet. Auf den gleichen Zeitraum entfällt die Entdeckung der ersten elektrischen Erscheinungen, die zusammen mit der Wärmelehre an erster Stelle der Forschungen im 19. Jahrhundert stand. Die Zusammenhänge von Wärme und Energie, Strom und Magnetfeld sowie die Entdeckung der elektromagnetischen Wellen waren umwälzende Forschungsergebnisse.

Die Physik des 20. Jahrhunderts lässt sich grob in zwei Richtungen einteilen, die Untersuchung kleinster und größter Strukturen (Atom-, Hochenergie-, Astrophysik ...).

Grundlagen

Das Hauptziel der Physik ist die Gewinnung von Naturerkenntnissen, die oftmals durch technische Anwendungen Einzug in den Alltag halten. Dabei unterscheidet man zwei grundsätzlich verschiedene Methoden der Erkenntnisgewinnung:

- die **induktive Methode** (Experimentalphysik)
  Hier bildet das Experiment die Grundlage der Gewinnung physikalischer Erkenntnisse.

- die **deduktive Methode** (Theoretische Physik)
  Aus bekannten Grundlagen und zusätzlichen Annahmen gelangt man durch mathematische Umformungen zu neuen Erkenntnissen.

Alle Aussagen, die mit Hilfe dieser beiden Methoden gewonnen werden, müssen jedoch an der Erfahrung überprüfbar sein, d. h. durch **Experimente** bestätigt werden. Somit bekommt das Experiment die zentrale Stellung innerhalb der Physik.

Jedes physikalische Experiment erfordert die **Messung** physikalischer Größen, wie man die messbaren Eigenschaften physikalischer Objekte bezeichnet. Allgemeine physikalische Größen sind Einzelmerkmale, für die eine Messvorschrift zur Feststellung der Gleichheit und der Vielfachheit besteht. Jeder solchen Allgemeingröße ist ein **Symbol** zugeordnet.

Messen heißt dabei allgemein, die zu untersuchende Größe in ein Verhältnis zu der für diese physikalische Größe definierten **Einheit** zu setzen. Bei der Längenmessung z. B. vergleicht man die zu messende Länge mit einem Maßstab. Das Ergebnis des Vergleichs, die physikalische Größe, stellt immer ein Produkt aus Zahlenwert und Einheit dar.

Beispiel: Für eine physikalische Größe gilt: $l = 0{,}52$ m
l Symbol (Formelzeichen) für die physikalische Größe
$\{l\} = 0{,}52$ Zahlenwert der physikalischen Größe
$[l] = $ m   Einheit der physikalischen Größe

Bei allen Rechnungen und Messungen darauf achten:
Physikalische Größen immer als Produkt aus Zahlenwert und Einheit schreiben!

Bei den physikalischen Größen unterscheidet man zwischen sogenannten **Basisgrößen** und abgeleiteten Größen. Welche Größen als Basisgrößen ausgewählt werden, ist weitgehend willkürlich und wird nach Zweckmäßigkeitsgründen durch internationale Übereinkunft geregelt. International weitgehend gültig ist das **SI-System** (Système International d'Unités).

Basisgrößen und Einheiten des SI-Systems

Basisgröße	Formelzeichen	Basiseinheit	Einheitenzeichen
Länge	l	Meter	m
Masse	m	Kilogramm	kg
Zeit	t	Sekunde	s
Stromstärke	I	Ampere	A
Temperatur	T	Kelvin	K
Lichtstärke	I	Candela	cd
Stoffmenge	n	Mol	mol

Alle weiteren Einheiten lassen sich auf diese 7 Basiseinheiten zurückführen. Um das Rechnen mit großen und sehr kleinen Zahlen zu erleichtern und um Scheingenauigkeiten zu vermeiden, benutzt man **Vorsätze,** durch die dezimale Vielfache und Teile der Basiseinheiten dargestellt werden.

Einführung

International festgelegte Vorsätze

Vorsatz	Vorsatzzeichen	Zehnerpotenz	Vorsatz	Vorsatzzeichen	Zehnerpotenz
Exa	E	10^{18}	Dezi	d	10^{-1}
Peta	P	10^{15}	Centi	c	10^{-2}
Tera	T	10^{12}	Milli	m	10^{-3}
Giga	G	10^{9}	Mikro	μ	10^{-6}
Mega	M	10^{6}	Nano	n	10^{-9}
Kilo	k	10^{3}	Piko	p	10^{-12}
Hekto	h	10^{2}	Femto	f	10^{-15}
Deka	da	10^{1}	Atto	a	10^{-18}

Experimentell bestimmte Größen sind mit einem **Messfehler** behaftet. Bei der Angabe der Größe muss dies berücksichtigt werden. Man schreibt daher beispielsweise

$$l = (16,5 \pm 0,1)\,\text{m}$$

und bringt damit zum Ausdruck, dass die Strecke l zwischen 16,4 m und 16,6 m liegt. Ist der Messfehler nicht ausdrücklich angegeben, so geht man üblicherweise davon aus, dass bei gemessenen Größen die letzte angegebene Ziffer eine Ungenauigkeit von ± 1 besitzt. Aus Gründen der Genauigkeit muss man folgende Größen unterscheiden:

$5{,}0 \cdot 10^3$ g (zwei zählende Stellen) Bereich: $4{,}9 \cdot 10^3$ g – $5{,}1 \cdot 10^3$ g
$5{,}00$ kg (drei zählende Stellen) Bereich: $4{,}99$ kg – $5{,}01$ kg
$5\,000$ g (vier zählende Stellen) Bereich: $4\,999$ g – $5\,001$ g

Um Scheingenauigkeiten von physikalischen Größen zu vermeiden, benutzt man zur Darstellung der Maßzahl eine Schreibweise mit Zehnerpotenzen.
Für die Maßzahl der physikalischen Größe y gilt dann: $\{y\} = a \cdot 10^b$
a ist eine reelle Zahl im Bereich $1 \leq a < 10$, b ist eine ganze Zahl.

Grundregeln für die Genauigkeit des Ergebnisses
Beim Rechnen mit physikalischen Größen gelten folgende Grundregeln für die Genauigkeit des Ergebnisses, wenn für das Ergebnis keine spezielle Fehlerrechnung mit Fehlerfortpflanzung durchgeführt wird.
- Die Anzahl der zählenden Stellen bestimmt die Genauigkeit des Ergebnisses, dessen letzte Stelle gerundet wird.
- Bei Summen und Differenzen ist die Zahl der zählenden Stellen selbstkritisch zu entscheiden.
- Stellt eine physikalische Größe ein Produkt oder einen Quotienten dar, so hat der Zahlenwert des Ergebnisses höchstens so viele zählende Stellen wie der Zahlenwert mit der geringsten Anzahl zählender Stellen.

Bei den physikalischen Größen muss man zwischen **skalaren** und **vektoriellen** Größen unterscheiden.

Skalare Größen sind alle Größen, die durch einen Zahlenwert und durch eine Einheit vollständig charakterisiert sind.
Beispiele: Zeit, Masse, Temperatur, Ladung, ...

Vektorielle Größen sind solche Größen, bei denen außer der Angabe eines Zahlenwertes und der Einheit auch noch eine Richtungsangabe erforderlich ist.
Beispiele: Ort, Geschwindigkeit, Beschleunigung, Kraft, ...

Zur Kennzeichnung des Vektorcharakters einer physikalischen Größe benutzt man einen Pfeil, den man über das Symbol der physikalischen Größe schreibt. Zum Rechnen mit vektoriellen Größen bedient man sich des Vektorbegriffes der Mathematik und der dort entwickelten Gesetze der Vektorrechnung. Die Anwendbarkeit der Vektorrechnung muss allerdings in jedem Fall experimentell gesichert werden und ist immer nur dann erlaubt, wenn die mathematischen Ergebnisse mit der experimentellen Erfahrung übereinstimmen.

Die **Mechanik** ist eines der ältesten und auch heute noch grundlegenden Teilgebiete der Physik. In der Antike waren Mechanik und Physik Gegensätze, denn die Physik beschäftigte sich mit der Beschreibung der Natur (auch der belebten Natur), während die Mechanik die Kunst war, durch menschliche Erfindung, Geschicklichkeit des Handwerks und durch die Kraft des Verstandes die Natur zu verändern und zu überlisten. Eine neue Definition der Mechanik geht auf Galilei zurück:

> Die **Mechanik** ist die Wissenschaft von den Bewegungen und der Festigkeit der Körper und von den Wirkungen, die Kräfte an Körpern hervorrufen.

Die Mechanik lässt sich grob in zwei Teilgebiete aufteilen:
- **Statik** (Gleichgewicht von Kräften und Drehmomenten)
- **Dynamik** (Zusammenhang zwischen Kräften, die auf einen Körper wirken und den Bewegungen, die der Körper ausführt).

Auf eine Behandlung der Grundlagen der Statik wird hier verzichtet und auf Lehrbücher der Sekundarstufe 1 verwiesen.

1 Bewegung und Energie

1.1 Grundbegriffe

Ziel dieses Kapitels wird es sein, die Bewegungen von Körpern zu beschreiben. Eine solche Beschreibung von Bewegungen materieller Körper ist im Allgemeinen eine sehr schwierige Aufgabe, denn der Körper kann sich nicht nur als Ganzes geradlinig durch den Raum bewegen (**Translation**), sondern gleichzeitig komplizierte Drehbewegungen (**Rotationen**) und (oder) Schwingungen (**Oszillationen**) ausführen, sowie Formveränderungen erfahren. Zur Vereinfachung der Betrachtungen sollen Form, Größe und Drehung des Körpers vernachlässigt werden. Da all diese Eigenschaften direkt mit der räumlichen Ausdehnung des Körpers verknüpft sind, macht man sich ein Modell des Körpers, das Modell des **Massenpunktes**.

Massenpunkte sind Punkte im Sinne der Mathematik, die keine Ausdehnung besitzen, aber die Masse der durch sie beschriebenen physikalischen Körper in sich vereinigen.

In der **Kinematik** wird versucht, die Bewegung von Körpern, d. h. ihre Ortsveränderung im Raum mathematisch zu beschreiben. Ursachen der Bewegung und Wechselwirkungen mit anderen Körpern werden ausgeschlossen.

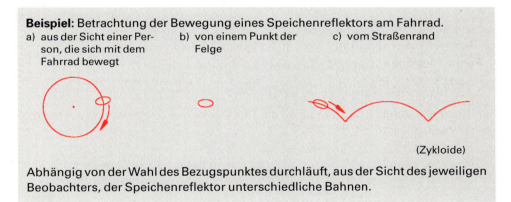

Beispiel: Betrachtung der Bewegung eines Speichenreflektors am Fahrrad.
a) aus der Sicht einer Person, die sich mit dem Fahrrad bewegt
b) von einem Punkt der Felge
c) vom Straßenrand

(Zykloide)

Abhängig von der Wahl des Bezugspunktes durchläuft, aus der Sicht des jeweiligen Beobachters, der Speichenreflektor unterschiedliche Bahnen.

Die Beschreibung einer Bewegung ist somit nur verständlich und nachvollziehbar, wenn der Bezugspunkt bekannt ist. Folgerung:

Bewegungen beschreibt man stets als Ortsveränderung gegenüber einem **Bezugssystem**.

In der Physik verwendete Bezugssysteme sind sogenannte Koordinatensysteme, die in vielen Fällen fest mit der Erde verbunden sind. Ein gebräuchliches und aus dem

Mathematikunterricht bekanntes Koordinatensystem ist das **kartesische Koordinatensystem**.

Das kartesische Koordinatensystem

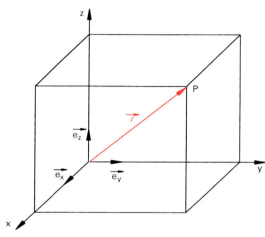

Kartesisches Koordinatensystem und Ortsvektor

In einem kartesischen Koordinatensystem (x, y, z) erfolgt die Angabe des Ortes eines Körpers mit Hilfe des sogenannten **Ortsvektors**, das ist der Vektor vom Koordinatenursprung zum jeweiligen Ort des betrachteten Körpers.
Für die Darstellung des Ortsvektors verwendet man folgende Schreibweisen:

$$\vec{r} = x_p \cdot \vec{e}_x + y_p \cdot \vec{e}_y + z_p \cdot \vec{e}_z = \begin{pmatrix} x_p \\ y_p \\ z_p \end{pmatrix}$$

$\vec{e}_x$, $\vec{e}_y$ und $\vec{e}_z$ sind die **Einheitsvektoren**. Für sie gilt:
$\vec{e}_x \perp \vec{e}_y \perp \vec{e}_z$ und
$|\vec{e}_x| = |\vec{e}_y| = |\vec{e}_z| = 1$

$\vec{r}_x$, $\vec{r}_y$ und $\vec{r}_z$ sind die Projektionen des Ortsvektors $\vec{r}$ auf die Koordinatenachsen. Sie heißen **kartesische Komponenten** des Ortsvektors $\vec{r}$. Für sie gilt:

$$\vec{r}_x = x_p \cdot \vec{e}_x \quad ; \quad \vec{r}_y = y_p \cdot \vec{e}_y \quad ; \quad \vec{r}_z = z_p \cdot \vec{e}_z$$

x_p, y_p und z_p sind die **kartesischen Koordinaten** des Punktes P.

Für den **Betrag des Ortsvektors r** (die Entfernung des Massenpunktes vom 0-Punkt des Systems) liefert der Satz des Pythagoras:

$$|\vec{r}| = r = \sqrt{x_p^2 + y_p^2 + z_p^2}$$

Zur genauen Ortsbestimmung sind nötig:
bei der räumlichen Bewegung 3 Koordinaten, bei ebener Bewegung 2 Koordinaten und bei der geradlinigen Bewegung eine Ortskoordinate.

Der bisher angesprochene Ortsvektor legt die Lage eines Punktes (Körpers) im Raum eindeutig fest. Bei Bewegungen innerhalb eines Koordinatensystems ändert sich diese Lage des Punktes und damit seine Ortskoordinaten ständig. Zur Beschreibung der Bewegung werden deshalb die Ortskoordinaten oder der **Ortsvektor als Funktion der Zeit t** angegeben.

$$\vec{r}(t) = x_p(t) \cdot \vec{e}_x + y_p(t) \cdot \vec{e}_y + z_p(t) \cdot \vec{e}_z = \begin{pmatrix} x_p(t) \\ y_p(t) \\ z_p(t) \end{pmatrix}$$

Im Folgenden wird gezeigt, wie man vorgehen muss, um Gesetzmäßigkeiten bei Bewegungsabläufen herauszufinden.

1 Bewegung und Energie

Bei der Untersuchung einfacher Bewegungen muss zunächst festgestellt werden, zu welchen Zeitpunkten die einzelnen Bahnpunkte durchlaufen werden. Möglichkeiten hierfür sind:

- das Filmen des Bewegungsablaufes
- Fotografieren mit stroboskopischer Beleuchtung
- Bestimmung des Ortes zu einem bestimmten Zeitpunkt oder umgekehrt ...

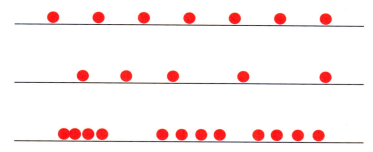

Stroboskopische Aufnahme einer Kugel, die verschiedene Bewegungen ausführt.

Zu Beginn der Untersuchungen beschränken wir uns auf die einfachen Vorgänge bei den geradlinigen Bewegungen, bei der zur Beschreibung nur eine Koordinate nötig ist.

Die hierbei verwendeten Begriffe werden zunächst an einem einfachen Beispiel vorgestellt.

Ein Körper bewegt sich längs einer Geraden vom Punkt A zum Punkt B. Die beiden Punkte A und B dienen der Beschreibung des **Ortes,** an dem sich der Körper zu unterschiedlichen Zeitpunkten befindet.

```
        *           *
        A           B
```

Zum Zeitpunkt t_1 befindet sich der Körper genau am Punkt A, zum Zeitpunkt t_2 beim Punkt B. Während der **Zeitspanne,** die zwischen den Zeitpunkten t_1 und t_2 liegt, hat der Körper die **Strecke** zwischen den Punkten A und B zurückgelegt.

Führt man zur besseren Beschreibung der Bewegung ein eindimensionales Koordinatensystem (x-Achse) ein, so ergeben sich folgende Zusammenhänge:

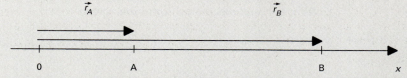

Der Vektor vom Koordinatenursprung (0) zum Punkt A ist der Ortsvektor $\vec{r}_A$, die Lage des Punktes B wird durch den Ortsvektor $\vec{r}_B$ beschrieben. Diese zwei Vektoren beschreiben die Lage des Körpers im verwendeten Koordinatensystem zu den Zeitpunkten t_1 und t_2 eindeutig.

Für den **Betrag** des Vektors $\vec{r}_A$, das ist die Entfernung (der Abstand) des Punktes A vom Koordinatenursprung, werden folgende Schreibweisen verwendet: $|\vec{r}_A| = r_A$

Die Entfernung zweier Punkte ist somit immer eine positive Größe. Für die Lage der Punkte gelte:

$\vec{r}_A = 5{,}0 \, m \cdot \vec{e}_x$ bzw. $\vec{r}_A = r_{Ax} \cdot \vec{e}_x$
$\vec{r}_B = 20 \, m \cdot \vec{e}_x$ bzw. $\vec{r}_B = r_{Bx} \cdot \vec{e}_x$

r_{Ax}: x-Koordinate des Punktes A im verwendeten Koordinatensystem
($r_{Ax} = 5{,}0 \, m$)

r_{Bx}: x-Koordinate des Punktes B im verwendeten Koordinatensystem
($r_{Bx} = 20 \, m$)

$\vec{e}_x$: Einheitsvektor in Richtung der x-Achse

Verwendet man die Koordinatengleichung in x-Richtung der Bewegung, so erhält man:

$x_A = 5{,}0 \, m, \quad x_B = 20 \, m$

Achtung: Im Gegensatz zum Betrag des Ortsvektors kann die Koordinate des Ortsvektors auch negative Werte annehmen.

Besonders einfach wird die Darstellung, wenn der Ursprung des Koordinatensystems so festgelegt wird, dass dieser mit dem Startpunkt der Untersuchung zusammenfällt. Im obigen Beispiel bedeutet dies, dass der Koordinatenursprung mit dem Punkt A zusammenfällt.

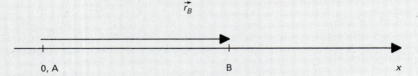

Der Körper befindet sich nun zum Zeitpunkt t_1 am Ort $x_A = 0 \, m$, zum Zeitpunkt t_2 am Ort $x_B = 15 \, m$.

Die Strecke Δx (Delta x), die der Körper in der Zeitspanne Δt (Delta t) zurücklegt, ergibt sich aus der Differenz der beiden Ortskoordinaten $\Delta x = x_B - x_A$.
Im Beispiel: $\Delta x = 15 \, m - 0 \, m = 15 \, m$.

> Wichtiger Hinweis: Bei der Berechnung der Differenz zweier Größen (Delta) gilt immer:
>
> ***Delta = Endzustand minus Anfangszustand***

Durch die spezielle Wahl des Koordinatenursprungs ergibt sich, dass die zurückgelegte Strecke (von A nach B) und der Ort des Körpers im Punkt B mit der x-Koordinate im Punkt B übereinstimmt. Bei einer Bewegung in Richtung der x-Achse ist zusätzlich die Entfernung und die Strecke gleich.

Hat man darüber hinaus die Möglichkeit den Nullpunkt der Zeitmessung beliebig festzulegen, so vereinfacht sich die Darstellung nochmals. Wird im Moment, in

1 Bewegung und Energie

dem der Körper den Punkt A passiert, eine Stoppuhr eingeschaltet, so kann diesem Zeitpunkt der Wert $t_1 = 0\,\text{s}$ zugeordnet werden. Der Zeitpunkt t_2, in dem sich der Körper am Ort B befindet, ist dann identisch mit der Zeitspanne, die der Körper zum Durchlaufen der Strecke benötigt.

1.2 Translationsbewegungen eines Massenpunktes

Zur Untersuchung der geradlinigen Bewegung eines Körpers muss ein Versuchsaufbau gewählt werden, der einige Bedingungen erfüllt:
- der bewegte Körper sollte mit dem Modell des Massenpunktes gut zu beschreiben sein
- die Bewegung sollte weitgehend reibungsfrei ablaufen
- unter gleichen Bedingungen sollte die Bewegung beliebig oft wiederholt werden können.

Diese Bedingungen werden bei Versuchen mit der **Luftkissenfahrbahn** sehr gut erfüllt.

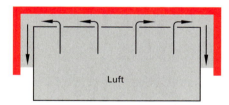

Prinzip der Luftkissenfahrbahn
In eine mit Löchern versehene, horizontal ausgerichtete Schiene wird mit einem Gebläse Luft gepumpt. Die Luft entweicht durch die Löcher in der Schiene nach oben, hebt den Fahrbahngleiter etwas an und bildet ein Luftpolster, auf dem der Fahrbahngleiter nahezu reibungsfrei gleitet.

Die Bewegung des Fahrbahngleiters auf der horizontalen Schiene wird nun mit verschiedenen Randbedingungen untersucht.

1.2.1 Untersuchung der gleichförmigen Bewegung

Durch einen Anstoß wird der Fahrbahngleiter in Bewegung gesetzt und dann sich selbst überlassen. Der Anstoß des Fahrbahngleiters wird bei der Untersuchung der Bewegung nicht berücksichtigt. Zur Untersuchung dieser Bewegung wird die von dem Fahrbahngleiter zurückgelegte Strecke in Abhängigkeit von der dazu benötigten Zeit gemessen.

Versuch:

Messung der Zeiten, die ein Körper (Fahrbahngleiter) nach einmaligem Anstoß benötigt, um eine bestimmte Strecke zurückzulegen.

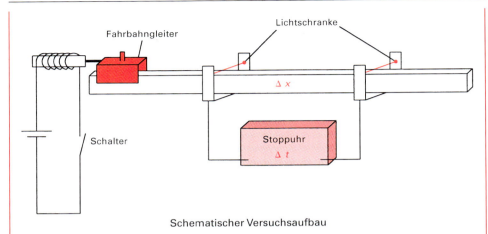

Schematischer Versuchsaufbau

Versuchsaufbau:
Um die Bewegung unter gleichen Bedingungen wiederholen zu können, muss der Anstoß des Gleiters immer mit gleicher Stärke erfolgen. Zur Erreichung dieses Ziels benutzt man einen Permanentmagneten, der am Fahrbahngleiter befestigt ist, und einen Elektromagneten. Bringt man den Permanentmagneten in die unmittelbare Nähe des Elektromagneten, so ziehen sich, wenn der Schalter geöffnet ist, der Eisenkern des Elektromagneten und der Permanentmagnet gegenseitig an. Beim Schließen des Schalters wird der Gleichstromkreis geschlossen, im Elektromagneten baut sich ein Magnetfeld auf. Ist das Magnetfeld des Elektromagneten so orientiert, dass gleichnamige Magnetpole an der Berührungsstelle zwischen Permanentmagnet und Elektromagnet entstehen, so wird der Gleiter abgestoßen. (Gleichnamige Magnetpole stoßen sich ab.)
Zur Messung der Zeiten, die der Fahrbahngleiter benötigt um eine bestimmte Strecke zurückzulegen, verwendet man zwei Infrarotlichtschranken.

Messhilfe: Lichtschranke
Beide Lichtschranken werden über je ein Kabel an ein Multifunktionsmessgerät angeschlossen. Dieses Multifunktionsmessgerät übernimmt die Spannungsversorgung der Infrarotlampen und der Fotozelle, so dass hier auf eine genaue Beschreibung der Beschaltung verzichtet werden kann. An das Multifunktionsmessgerät können gleichzeitig vier Lichtschranken angeschlossen werden, und am Display können die seit dem Versuchsbeginn verstrichenen Zeiten und jeweiligen Verdunklungsdauern der einzelnen Lichtschranken abgerufen werden. Im obigen Versuch wird das Multifunktionsmessgerät als Kurzzeitmessgerät verwendet.

Lichtschranke 1 markiert den Ort des Beginns der Messung. Durchfährt der Fahrbahngleiter die Lichtschranke 1, so wird mit Hilfe eines elektrischen Impulses, der an die Lichtschranke angeschlossene Kurzzeitmesser eingeschaltet.

Lichtschranke 2 markiert das Ende des untersuchten Wegintervalles Δx und stoppt den Kurzzeitmesser. Der Kurzzeitmesser zeigt somit die Zeitspanne Δt an, die der Fahrbahngleiter zum Durchfahren der Strecke Δx benötigt.

Bei konstanter Position der Lichtschranke 1 wird nun in einer Messreihe die Wegstrecke Δx zwischen den Lichtschranken verändert und die dazu benötigte Zeit-

1 Bewegung und Energie

spanne Δt gemessen. Durch die Wahl des Koordinatensystems gilt bei diesem Experiment: $\Delta x = x$ und $\Delta t = t$.

Versuch:

Als Messergebnis ergibt sich folgende Messwerttabelle:

x in cm	10	20	30	40	50	60	70	80	90	100
t in s	0,247	0,496	0,743	0,990	1,240	1,488	1,738	1,982	2,230	2,480

Diese experimentell gewonnenen Daten müssen nun ausgewertet werden. Einen ersten Anhaltspunkt liefert dabei die **grafische Auswertung,** bei der die gewonnen Daten in ein Koordinatensystem eingezeichnet werden. Ein Problem ist dabei die Achsenzuordnung.

Koordinatenachse – eindeutige Festlegung

Folgende Darstellungen und Formulierungen sind für eine eindeutige Zuordnung der Koordinatenachsen gebräuchlich:

- $y(x)$-Diagramm
- y in Abhängigkeit von x
- y ist eine Funktion von x; $y = f(x)$
- Darstellung im x-y-Diagramm

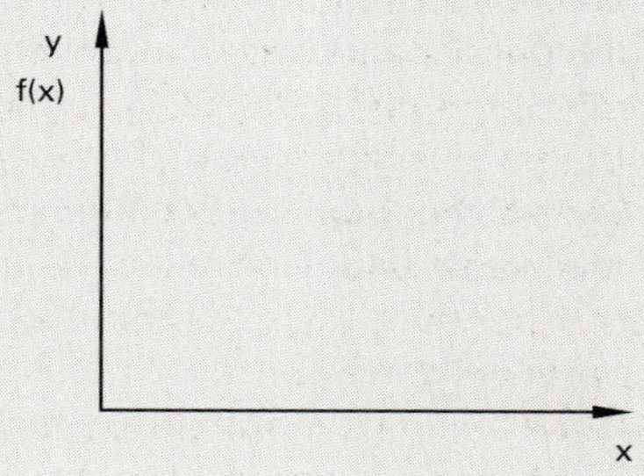

Wir untersuchen hier den Aufenthaltsort x des Fahrbahngleiters in Abhängigkeit von der Zeit t. Die Achsenzuordnung ist damit eindeutig festgelegt:

Ordinatenachse (senkrechte Achse; entspricht der y-Achse in der Mathematik): x
Abszissenachse (waagrechte Achse; entspricht der x-Achse in der Mathematik): t

Diese Zuordnung ist für die spätere Versuchsauswertung von großer Bedeutung und muss immer eingehalten werden.

Grafische Auswertung im t-x-Diagramm (Zeit-Ort-Diagramm)

Zeichnet man die Messwerte in das Koordinatensystem ein, so erkennt man, dass diese Messwerte alle auf einer Geraden liegen, die zusätzlich den Ursprung enthält. Man sagt: „Die grafische Auswertung ergibt eine Ursprungshalbgerade."
Bestimmt man mit Hilfe des Diagramms die Strecken, die der Fahrbahngleiter in gleichen Zeiten zurücklegt, so erkennt man, dass in gleichen Zeitintervallen gleich lange Strecken zurückgelegt werden. (Doppelte Zeit $\Rightarrow$ doppelte Wegstrecke; dreifache Zeit $\Rightarrow$ dreifache Wegstrecke; ...).

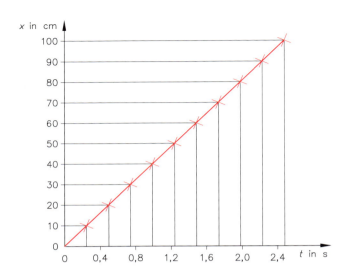

Die Beziehung, in der die beiden physikalischen Größen Länge und Zeit hierbei zueinander stehen, hat in der Sprache der Mathematik einen eigenen Namen:

Größen, die in gleicher Weise zunehmen (oder abnehmen), sind zueinander **direkt proportional**.

y ist **direkt proportional** zu x: $\quad y \sim x$

Für das untersuchte Beispiel folgt: Der vom Fahrbahngleiter zurückgelegte Weg ist zu der dazu benötigten Zeit direkt proportional. Kurzschreibweise: $x \sim t$

Mathematischer Nachweis einer direkten Proportionalität

Eine direkte Proportionalität lässt sich sowohl grafisch (Ursprungsgerade) als auch rechnerisch nachweisen. Bei der rechnerischen Bestätigung verwendet man die Tatsache, dass die Steigung einer Ursprungshalbgerade konstant ist. Im Unterschied zur Mathematik, wo die Steigung $m = \tan \alpha = \frac{\Delta y}{\Delta x}$ (**Steigungsdreieck**) eine unbenannte Zahl ist, kann es bei der Darstellung von physikalischen Zusammenhängen dazu kommen, dass der Quotient (Ordinatenabschnitt/Abszissenabschnitt) der dargestellten physikalischen Größen eine Einheit besitzt.

Betrachtet man die grafische Darstellung im t-x-Diagramm, so ist die Steigung der Ursprungshalbgeraden konstant. Für das untersuchte Beispiel muss somit der Quotient $\frac{x}{t}$ eine Konstante ergeben. Zur Überprüfung der Proportionalität wird nun zusätzlich der Quotient $\frac{x}{t}$ berechnet.

1 Bewegung und Energie

x in cm	10	20	30	40	50	60	70	80	90	100
t in s	0,247	0,496	0,743	0,990	1,240	1,488	1,738	1,982	2,230	2,480
$\frac{x}{t}$ in $\frac{cm}{s}$	40	40	40	40	40	40	40	40	40	40,3

Die Berechnung zeigt, dass der Quotient x/t im Rahmen der Messgenauigkeit konstant ist.

Versuchsergebnis:

Der vom Fahrbahngleiter zurückgelegte Weg x ist zur benötigten Zeit t direkt proportional.

$$x \sim t$$

Nachweis einer direkten Proportionalität

Gegeben sind zwei physikalische Größen a und b. Untersucht wird die Größe b in Abhängigkeit von a.

Zum Nachweis der direkten Proportionalität gibt es zwei Möglichkeiten:

Grafischer Nachweis

Ergibt die Darstellung im a-b-Diagramm eine Gerade durch den Ursprung, deren Steigung nicht null ist, so folgt: $b \sim a$

Rechnerischer Nachweis

Die Quotientenbildung $\frac{b}{a}$ ergibt im Rahmen der Messgenauigkeit eine Konstante, dann folgt: $b \sim a$ (Bedingung: $a \neq 0$)

Bei der bisherigen Versuchsdurchführung wurde der Ort der ersten Lichtschranke konstant gehalten. Zur Vereinfachung des Problems wurde zusätzlich der Koordinatenursprung, der Nullpunkt der x-Achse, an diesen Ort gelegt. Für die zurückgelegte Wegstrecke musste somit nur die x-Koordinate des Ortes der zweiten Lichtschranke angegeben werden. Möchte man den Ort des Beginns der Messung verlegen, so kann man grundsätzlich den Koordinatenursprung mit der Lichtschranke 1 verlegen.

Lässt man das Koordinatensystem jedoch fest mit der Luftkissenfahrbahn verbunden, so ändert sich mit dem Verschieben der Lichtschranke 1 auch die Ortskoordinate des Startpunktes der Messung.

Bezeichnet man nun allgemein die Ortskoordinate der Lichtschranke 1, die zum Start der Zeitmessung verwendet wird, mit x_1 und die Ortskoordinate der Lichtschranke 2 mit x_2, so erhält man für die zurückgelegte Wegstrecke Δx (Delta x): $\Delta x = x_2 - x_1$.

Die Zeitspanne, die der Fahrbahngleiter benötigt, um die Strecke Δx zurückzulegen, bezeichnet man in analoger Weise mit Δt (Delta t).

Die grafische Darstellung der untersuchten Bewegung im *t-x*-Diagramm ergibt eine Ursprungshalbgerade. Da sich bei einer Geraden die Steigung nicht ändert, bedeutet das für unseren Versuch, dass der Quotient $\frac{\Delta x}{\Delta t}$ unabhängig vom Ort der Messung den gleichen Wert ergibt.

$$\frac{\Delta x_1}{\Delta t_1} = \frac{\Delta x_2}{\Delta t_2}$$

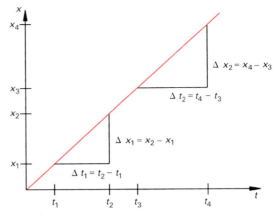

Es liegt nun nahe, für alle Bewegungen, die alle bisher gefundenen Zusammenhänge erfüllen, eine neue Bezeichnung einzuführen.

Gleichförmige Bewegung

Eine Bewegung heißt **gleichförmig**, wenn der Körper in gleichen Zeitintervallen gleiche Wege längs einer Geraden zurücklegt, unabhängig vom Ort der Messung. Für gleichförmige Bewegungen gilt stets:

$$\Delta x \sim \Delta t$$

Bei der Untersuchung der Bewegung und der Auswertung wurde ein Zusammenhang zwischen dem zurückgelegten Weg und der dafür benötigten Zeit gefunden. Der Quotient $\frac{\Delta x}{\Delta t}$ ergibt bei dieser Bewegung (im Rahmen der Messgenauigkeit) eine Konstante. Diese Konstante ist eine physikalische Größe (messbare physikalische Eigenschaft des Körpers), die zur genaueren Beschreibung der Bewegung verwendet werden kann. Da physikalische Größen skalare oder vektorielle Größen sind, bleibt noch zu klären, um welche Art von Größe es sich bei diesem Quotienten handelt.
Die Angabe des Ortes eines Körpers in einem Koordinatensystem erfolgt mit Hilfe des Ortsvektors. Ebenso ist die Ortsänderung eines Körpers eine vektorielle Größe, die sich aus der Differenz der Ortsvektoren zu unterschiedlichen Zeiten ergibt ($\Delta \vec{x} = \vec{x}_2 - \vec{x}_1$). Der Vektor $\Delta \vec{x}$ zeigt in Bewegungsrichtung (Richtung der Ortsänderung), und sein Betrag ist der Betrag der zurückgelegte Wegstrecke. Die neue physikalische Größe stellt somit eine **vektorielle Größe** dar.

Geschwindigkeit

Die **Geschwindigkeit** $\vec{v}$ einer gleichförmigen Bewegung ist der Quotient aus der Wegstrecke $\Delta \vec{x}$ und der dazu benötigten Zeit Δt.

$$\vec{v} = \frac{\Delta \vec{x}}{\Delta t}$$

1 Bewegung und Energie

Einheit der Geschwindigkeit: $[v] = \dfrac{m}{s}$ (**abgeleitete Einheit**)

Die Geschwindigkeit ist ein Vektor in Richtung der Ortsänderung. Die Koordinate der Geschwindigkeit des Körpers in Richtung der x-Achse entspricht der Steigung der Geraden im t-x-Diagramm.

Anmerkung: $1{,}0 \,\dfrac{km}{h} = 1{,}0 \cdot \dfrac{1\,000\,m}{3\,600\,s} = 1{,}0 \cdot 0{,}2778 \,\dfrac{m}{s}$

Damit ist es nun möglich eine Gleichung zu erstellen, die den vom Fahrbahngleiter zurückgelegten Weg in Abhängigkeit von der Zeit angibt. Verwendet man als Koordinatenachse für die eindimensionale Bewegung die x-Achse, so erhält man als **Koordinatengleichung der gleichförmigen Bewegung**:

$\Delta x = v \cdot \Delta t$

Bezeichnet man mit x_0 die Koordinate des Ortes, die der Körper zum Zeitpunkt $t_0 = 0\,s$ besitzt, dann gibt x_1 die Ortskoordinate des Körpers zum Zeitpunkt t_1 an.

$x_1 - x_0 = v \cdot (t_1 - t_0) \Leftrightarrow x_1 = x_0 + v \cdot (t_1 - t_0)$
$\Rightarrow x_1 = x_0 + v \cdot t_1$

Diese Gleichung lässt sich für jeden Ort x_1 aufstellen und kann verallgemeinert werden.

Die **Koordinatengleichung** für den Ort eines gleichförmig bewegten Körpers lautet damit:

$x(t) = x_0 + v \cdot t$

Die **Ortskoordinate** ist eine Funktion der Zeit.
In vektorieller Darstellung erhält man analog:

$\vec{x}(t) = \vec{x}_0 + \vec{v} \cdot t$

Anmerkung:
Bei der Koordinatengleichung der gleichförmigen Bewegung wird vorausgesetzt, dass die Bewegung in Richtung der positiven x-Achse erfolgt. In diesem Fall kann die Koordinate der Geschwindigkeit mit dem Betrag der Geschwindigkeit gleichgesetzt werden. Gleiches gilt für den Ort des bewegten Körpers. Die exakte Darstellung lautet: $r_x(t) = r_{ox} + v_x \cdot t$

Das Zeit-Geschwindigkeits-Diagramm einer gleichförmigen Bewegung

Bei einer gleichförmigen Bewegung erhält man im t-v-Diagramm eine parallel zur Zeitachse verlaufende Gerade. Betrachtet man ein bestimmtes Zeitintervall Δt, so kann man aus dem t-v-Diagramm den zurückgelegten Weg ablesen. Der Flächeninhalt des Rechtecks hat den Zahlenwert:

$\{A\} = \{v_0\} \cdot \{t_2 - t_1\}$

Für den Zahlenwert des zurückgelegten Weges erhält man:
$$\{\Delta x\} = \{v_0\} \cdot \{t_2 - t_1\}$$

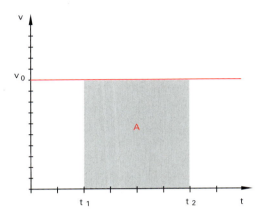

Die Fläche unter dem Graphen im *t-v*-Diagramm ist ein Maß für den zurückgelegten Weg. (Einheiten beachten!)

Aufgaben zur gleichförmigen Bewegung

Zur Lösung der Aufgaben sollte folgender Weg eingeschlagen werden:
a) Umrechnen der gegebenen Größen in das SI-System, falls nötig.
b) Darstellung der gesuchten Größe in Abhängigkeit der gegebenen Größen. Ausgehend von bekannten Gleichungen erfolgen die Lösungsschritte ohne Verwendung von Zahlenwerten und Einheiten nur mit den Symbolen, die nötigenfalls indiziert werden müssen. Das Ergebnis dieses Schrittes ist die **algebraische** Lösung.
c) Eine erste Überprüfung der erhaltenen Lösung liefert die sogenannte Einheitenkontrolle. Hier wird geprüft, ob die Einheit der algebraischen Lösung mit der Einheit der gesuchten Größe übereinstimmt. (Ein großer Teil der Fehler, die unter b) auftreten können, kann hier erkannt werden.)
d) Berechnung der Maßzahl der gesuchten physikalischen Größe mit Hilfe des Taschenrechners. Nach der ersten Berechnung sollte stets überprüft werden, ob das Ergebnis sinnvoll ist, bevor es nochmals nachgerechnet wird.
e) Angabe der gesuchten physikalischen Größe mit Zahlenwert und Einheit, wobei der Zahlenwert in Abhängigkeit von der Anzahl der zählenden Stellen gerundet werden muss.

Musteraufgabe zur gleichförmigen Bewegung.
Wie lange braucht das Licht von der Sonne zur Erde, wenn der Abstand Erde – Sonne 150 Millionen Kilometer beträgt und das Licht eine Ausbreitungsgeschwindigkeit von $2{,}998 \cdot 10^8 \, \frac{m}{s}$ hat?

Gegebene Größen: $\Delta x = 150 \cdot 10^6 \, km = 1{,}50 \cdot 10^{11} \, m$; $v_0 = 2{,}998 \cdot 10^8 \, \frac{m}{s}$
Gesuchte Größe: Δt

1 Bewegung und Energie

Lösung: $\Delta x = v_0 \cdot \Delta t \Leftrightarrow \Delta t = \dfrac{\Delta x}{v_0}$

$\Delta t = \dfrac{1{,}50 \cdot 10^{11}\,\text{m}}{2{,}998 \cdot 10^8\,\frac{\text{m}}{\text{s}}} \Leftrightarrow \Delta t = 5{,}00 \cdot 10^2\,\text{s} = 8\,\text{min}\,20\,\text{s}$

1.0 Bei der Echolotung der Meerestiefe wird ein kurzer Ultraschallimpuls von einem Schiff zum Meeresboden ausgesandt. Nach 2,6 s wird das Echo des Signals wieder empfangen.

1.1 Wie tief ist das Meer an der untersuchten Stelle, wenn die Schallgeschwindigkeit im Wasser den Wert 1475 m/s besitzt?

2.0 Um 13.42 Uhr fährt am Bahnhof A ein Güterzug mit der Geschwindigkeit $v_1 = 35\,\dfrac{\text{km}}{\text{h}}$ in Richtung des Bahnhofs B ab. Zur gleichen Zeit fährt auf dem 180 km entfernten Bahnhof B auf dem Gegengleis ein Schnellzug mit der Geschwindigkeit $v_2 = 115\,\dfrac{\text{km}}{\text{h}}$ in Richtung des Bahnhofs A ab.

2.1 Zu welchem Zeitpunkt und in welcher Entfernung vom Bahnhof A begegnen sich die beiden Züge?

3.0 Ein mit der Geschwindigkeit $v_L = 80\,\dfrac{\text{km}}{\text{h}}$ fahrender 18 m langer Lastzug soll von einem PKW (Geschwindigkeit $v_P = 100$; Länge 5,0 m) überholt werden. Der Personenwagen wechselt die Fahrbahn zu dem Zeitpunkt, in dem der Abstand der beiden Fahrzeuge 50 m beträgt. Der Überholvorgang wird beendet, wenn der Abstand zwischen beiden Fahrzeugen wieder auf 60 m angewachsen ist.

3.1 Wie lange dauert der Überholvorgang?

3.2 Welche Wege legen die beiden Fahrzeuge in dieser Zeit zurück?

1.2.2 Überlagerung von gleichförmigen Bewegungen beliebiger Richtungen

Im Alltag ist es oftmals so, dass ein Körper nicht nur eine Bewegung ausführt, sondern gleichzeitig an mehreren Bewegungen teilnimmt.

Beispiele:
- Gehen auf einer Rolltreppe
- Fliegen mit Rücken-, Seiten- oder Gegenwind
- Schwimmen in einem fließenden Gewässer

Am Beispiel eines Motorbootes, das sich auf einem Fluss mit konstanter Geschwindigkeit bewegt, wird nun versucht, mehrere Bewegungen zusammenzufassen.

Bei der Fahrt mit einem Motorboot sei bekannt, dass es durch den Antrieb der Schraube eine Geschwindigkeit $v_1 = 3{,}5\,\frac{m}{s}$ gegenüber dem Wasser erhält. Mit dieser Geschwindigkeit würde sich das Boot jedoch auch gegenüber dem Ufer bewegen, wenn es auf einem ruhenden See fährt. Befindet sich das Motorboot auf einem Fluss, so hängt die Bootsgeschwindigkeit gegenüber dem festen Ufer von der Richtung ab, mit der man das Motorboot in Bezug auf das Wasser bewegt.

Im einfachsten Fall, bei ausgeschaltetem Motor, bewegt sich das Boot mit der Strömungsgeschwindigkeit $v_s = 2{,}5\,\frac{m}{s}$.

Vereinbarung:
Die Strömungsgeschwindigkeit zeigt in Richtung der x-Achse.

Bei einer zusätzlichen Eigengeschwindigkeit des Bootes muss man einige Fälle unterscheiden:

A) Die Vektoren $\vec{v}_s$ und $\vec{v}_1$ besitzen gleiche Richtung und gleiche Orientierung

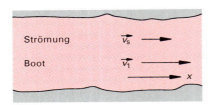 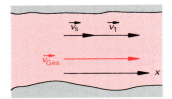

Die Strecke, die das Motorboot in 10 s zurücklegt, kann nun berechnet werden. Betrachtet man zunächst das antriebslose Boot, das mit der Strömung abgetrieben wird, so ergibt sich die Strecke:

$$\Delta x_1 = v_s \cdot \Delta t = 2{,}5\,\frac{m}{s} \cdot 10\,s = 25\,m$$

Mit Hilfe des Antriebs legt das Motorboot im ruhenden Gewässer die Strecke $\Delta x_2 = v_1 \cdot \Delta t = 3{,}5\,\frac{m}{s} \cdot 10\,s = 35\,m$ zurück.

Addiert man die beiden Strecken, so erhält man die Strecke, die das Motorboot auf dem Fluss stromabwärts zurücklegt.

$$\Delta x = \Delta x_1 + \Delta x_2 = 60\,m$$

B) Die Vektoren $\vec{v}_s$ und $\vec{v}_1$ besitzen gleiche Richtung aber entgegengesetzte Orientierung

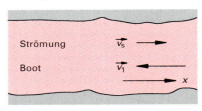 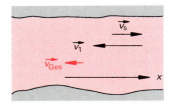

1 Bewegung und Energie

Wiederum soll die Strecke, die das Motorboot in 10 s zurücklegt, berechnet werden. Für das antriebslose Boot, das mit der Strömung abgetrieben wird, ergibt sich die Strecke: $\Delta x_1 = v_s \cdot \Delta t = 2{,}5 \, \frac{m}{s} \cdot 10 \, s = 25 \, m$

Mit Hilfe des Antriebs legt das Motorboot im ruhenden Gewässer die Strecke $\Delta x_2 = v_1 \cdot \Delta t = -3{,}5 \, \frac{m}{s} \cdot 10 \, s = -35 \, m$ zurück.

Achtung: Die Koordinate der Geschwindigkeit ist im vorgegebenen Koordinatensystem negativ!

Addiert man die beiden Wege, so erhält man die Strecke, die das Motorboot auf dem Fluss zurücklegt.

$\Delta x = \Delta x_1 + \Delta x_2 = -10 \, m$

Das negative Vorzeichen bedeutet dabei, dass sich das Boot flussaufwärts bewegt.

C) Die Vektoren $\vec{v}_s$ und $\vec{v}_1$ stehen senkrecht aufeinander

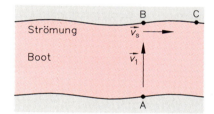 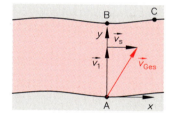

Steuert man das Boot senkrecht zur Strömungsgeschwindigkeit von A nach B, so wird es bis zum Punkt C abgetrieben.
Welche Wegstrecke legt das Boot nun in 10 s zurück?
In Richtung der Strömungsgeschwindigkeit gilt weiterhin:

$\Delta x_1 = v_s \cdot \Delta t = 2{,}5 \, \frac{m}{s} \cdot 10 \, s = 25 \, m$

Legt man die y-Achse eines zweidimensionalen Koordinatensystems in Richtung der Bootsgeschwindigkeit, so erhält man: $\Delta y = v_1 \cdot \Delta t = 3{,}5 \, \frac{m}{s} \cdot 10 \, s = 35 \, m$

Vom Ufer aus betrachtet, bewegt sich das Boot geradlinig in Richtung von C.
Für den Betrag der zurückgelegten Wegstrecke liefert der Satz des Pythagoras:

$|\Delta \vec{r}| = \sqrt{(\Delta x_1)^2 + (\Delta y)^2} \;\Rightarrow\; |\Delta \vec{r}| = \sqrt{(25 \, m)^2 + (35 \, m)^2} = 43 \, m$

Bewegt sich das Boot senkrecht zur Strömungsgeschwindigkeit, so legt es in 10 s die Strecke von 43 m zurück.

D) Die Vektoren $\vec{v}_s$ und $\vec{v}_1$ schließen einen beliebigen Winkel ein

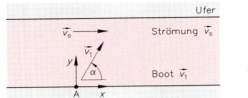

Steuert man das Boot unter einem beliebigen Winkel zur Strömungsgeschwindigkeit, so ergibt sich eine etwas schwierigere Situation. Auch hier soll zunächst berechnet werden, welche Wegstrecke das Boot nun in 10 s zurücklegt, wenn der Winkel α, den die beiden Geschwindigkeitsvektoren einschließen, 60° beträgt!

In Richtung der Strömungsgeschwindigkeit gilt weiterhin:

$$\Delta x_1 = v_s \cdot \Delta t = 2{,}5 \frac{m}{s} \cdot 10\,s = 25\,m$$

Legt man die y-Achse eines zweidimensionalen Koordinatensystems senkrecht zur Richtung der Strömungsgeschwindigkeit, so kann die Bootsgeschwindigkeit in zwei Komponenten ($\vec{v}_{1x}$ und $\vec{v}_{1y}$) zerlegt werden:

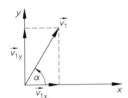

$$\vec{v}_1 = \vec{v}_{1x} + \vec{v}_{1y}$$

$$\vec{v}_1 = \begin{pmatrix} v_{1x} \\ v_{1y} \end{pmatrix} = \begin{pmatrix} v_1 \cdot \cos(60°) \\ v_1 \cdot \sin(60°) \end{pmatrix} = \begin{pmatrix} 3{,}5 \cdot 0{,}50 \\ 3{,}5 \cdot 0{,}87 \end{pmatrix} \frac{m}{s} = \begin{pmatrix} 1{,}8 \\ 3{,}0 \end{pmatrix} \frac{m}{s}$$

Auf einem ruhenden Gewässer würde nun das Boot zusätzlich den Weg
$\Delta x_2 = v_1 \cdot \cos(60°) \cdot \Delta t = 1{,}8 \frac{m}{s} \cdot 10\,s = 18\,m$ in Richtung der x-Achse zurücklegen.

Für den Gesamtweg in x-Richtung folgt damit: $\Delta x = \Delta x_1 + \Delta x_2 = 25\,m + 18\,m = 43\,m$

Senkrecht zur Strömungsgeschwindigkeit ergibt sich:

$$\Delta y = v_1 \cdot \sin(60°) \cdot \Delta t = 3{,}0 \frac{m}{s} \cdot 10\,s = 30\,m$$

Für die zurückgelegte Wegstrecke gilt:

$$|\Delta \vec{r}| = \sqrt{(\Delta x)^2 + (\Delta y)^2} \quad \Rightarrow \quad |\Delta \vec{r}| = \sqrt{(43\,m)^2 + (30\,m)^2} = 52\,m$$

Vom Ufer, aus der Sicht eines ruhenden Beobachters, bewegt sich das Motorboot somit mit einer Gesamtgeschwindigkeit von $|\vec{v}_{ges}| = 5{,}2 \frac{m}{s}$. Über den Winkel, unter dem sich das Motorboot bezogen auf das Ufer bewegt, kann momentan noch keine exakte Aussage gemacht werden.

Teilzusammenfassung:
Bei der bisherigen Untersuchung wurde die Bewegung des Motorbootes auf dem Fluss durch zwei Teilbewegungen beschrieben. Aus der Sicht eines Beobachters, der

1 Bewegung und Energie

am Ufer ruht, ergeben sich folgende Zusammenhänge (v_1 und v_s sind die Beträge der Geschwindigkeiten):

A) $\vec{v}_s$ und $\vec{v}_1$ mit gleicher Richtung und gleicher Orientierung	$v_{Ges_x} = v_1 + v_s$ $\vec{v}_{Ges_x} = \vec{v}_1 + \vec{v}_s$	$\Delta x = v_{Ges_x} \cdot \Delta t = 6{,}0\,\dfrac{m}{s} \cdot 10\,s = 60\,m$
B) $\vec{v}_s$ und $\vec{v}_1$ mit gleicher Richtung und entgegengesetzter Orientierung	$v_{Ges_x} = v_s - v_1$ $\vec{v}_{Ges} = \vec{v}_1 + \vec{v}_s$	$\Delta x = v_{Ges_x} \cdot \Delta t = -1{,}0\,\dfrac{m}{s} \cdot 10\,s = -10\,m$
C) $\vec{v}_s \perp \vec{v}_1$	$\lvert\vec{v}_{Ges}\rvert = \sqrt{v_s^2 + v_1^2}$ $\vec{v}_{Ges} = \vec{v}_1 + \vec{v}_s$	$\Delta r = v_{Ges} \cdot \Delta t = 4{,}3\,\dfrac{m}{s} \cdot 10\,s = 43\,m$
D) $\vec{v}_s$ und $\vec{v}_1$ beliebig	$\lvert\vec{v}_{Ges}\rvert = ?$ $\vec{v}_{Ges} = \vec{v}_1 + \vec{v}_s$	$\Delta r = v_{Ges} \cdot \Delta t = 5{,}2\,\dfrac{m}{s} \cdot 10\,s = 52\,m$

Die Gesamtgeschwindigkeit ergibt sich dabei in den ersten drei Fällen aus der vektoriellen Addition der Teilgeschwindigkeiten. Beide Betrachtungsweisen führen bei der Streckenberechnung zu gleichen Ergebnissen.

Offensichtlich beeinflussen sich die beiden Teilbewegungen nicht, sie können somit unabhängig voneinander betrachtet werden. Identisch hierzu ist die Aussage, dass sich der Ortsvektor und die Geschwindigkeit der Gesamtbewegung aus den entsprechenden Vektoren der Teilbewegungen durch Vektoraddition ergeben.

Ergänzung

Diese Vermutung soll nun für den allgemeinen Fall rechnerisch überprüft werden. (Diese rechnerische Darstellung ist im Gegensatz zur grafischen Lösung nicht prüfungsrelevant).

a) Berechnung Gesamtgeschwindigkeit.
Für die Gesamtgeschwindigkeit gilt:
$\vec{v}_{Ges} = \vec{v}_1 + \vec{v}_2$
Betrachtet man nun das Dreieck $\triangle ACE$, so liefert der Kosinussatz für allgemeine Dreiecke:
$v_{Ges}^2 = v_1^2 + v_2^2 - 2 \cdot v_1 \cdot v_2 \cdot \cos(\beta)$
Für den Winkel β erhält man sofort:
$\beta = 180° - \alpha$.
Da $\cos(180° - \alpha) = -\cos(\alpha)$, ergibt sich für den Betrag der Gesamtgeschwindigkeit:
$v_{Ges} = \sqrt{v_1^2 + v_2^2 + 2 \cdot v_1 \cdot v_2 \cdot \cos(\alpha)}$

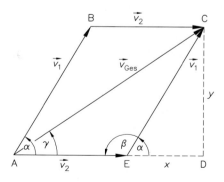

b) Berechnung des Winkels:
Der Winkel γ lässt sich ebenfalls aus der Zeichnung bestimmen:

Für das Dreieck $\triangle ACD$ erhält man: $\tan(\gamma) = \dfrac{\overline{CD}}{\overline{AE} + \overline{ED}}$

Die Stecken x und y lassen sich mit Hilfe des rechtwinkligen Dreiecks $\triangle ECD$ berechnen:

$\sin(\alpha) = \dfrac{\overline{CD}}{\overline{CE}}$ und $\cos(\alpha) = \dfrac{\overline{ED}}{\overline{CE}}$ mit $\overline{CE} \cong v_1$ und $\overline{AE} \cong v_2$

Daraus ergibt sich: $\tan(\gamma) = \dfrac{v_1 \cdot \sin(\alpha)}{v_2 + v_1 \cdot \cos(\alpha)} = \dfrac{|\vec{v}_{Ges_y}|}{|\vec{v}_{Ges_x}|}$

Mit den Zahlenwerten des Beispiels:

$v_{Ges} = \sqrt{\left(3{,}5\,\dfrac{m}{s}\right)^2 + \left(2{,}5\,\dfrac{m}{s}\right)^2 + 2 \cdot \left(3{,}5\,\dfrac{m}{s}\right) \cdot \left(2{,}5\,\dfrac{m}{s}\right) \cdot \cos(60°)}$; $v_{Ges} = 5{,}2\,\dfrac{m}{s}$

Für den Winkel γ erhält man:

$\tan(\gamma) = \dfrac{3{,}5\,\dfrac{m}{s} \cdot \sin(60°)}{2{,}5\,\dfrac{m}{s} + 3{,}5\,\dfrac{m}{s} \cdot \cos(60°)}$ $\Leftrightarrow$ $\tan(\gamma) = 0{,}71$ $\quad \gamma = 35°$

Im vierten Fall des untersuchten Beispieles würde sich das Boot aus der Sicht eines am Ufer ruhenden Beobachters mit der Geschwindigkeit $v_{Ges} = 5{,}2\,\dfrac{m}{s}$ unter dem Winkel $\gamma = 35°$ zum Ufer bewegen.

> **Ergebnis:**
>
> Nimmt ein Körper gleichzeitig an mehreren gleichförmigen Bewegungen teil, so überlagern sich diese Bewegungen ungestört (**Prinzip der Unabhängigkeit.**)
>
> Stets gilt:
>
> $\vec{r}_{ges}(t) = \sum \vec{r}_i(t)$ Der Ortsvektor zur Beschreibung der Gesamtbewegung ergibt sich aus der vektoriellen Addition der Ortsvektoren zur Beschreibung der Teilbewegungen. Für die Teilbewegungen gilt dabei: $\vec{r}_i(t) = \vec{r}_{0i} + \vec{v}_i \cdot t$
>
> $\vec{v}_{ges} = \sum \vec{v}_i$ Die Gesamtgeschwindigkeit ergibt sich aus der vektoriellen Addition der Teilgeschwindigkeiten.

Diese Addition der Geschwindigkeiten ist nur dann zulässig, wenn es sich um Geschwindigkeiten handelt, die kleiner als 10 % der Lichtgeschwindigkeit sind.

Bahnkurve

Die Menge aller Punkte, die ein Körper während seiner Bewegung einnimmt, nennt man seine **Bahn** oder **Bahnkurve**. Man erhält die Gleichung der Bahnkurve $y = f(x)$ aus den Koordinatengleichungen durch Elimination der Zeit t.

1 Bewegung und Energie

Beispiel:

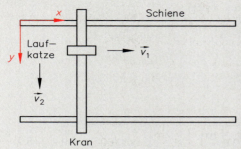

$\vec{v}_1$ Geschwindigkeit des Krans
$\vec{v}_2$ Geschwindigkeit der Laufkatze
$\vec{r}_1(t)$ Ortsvektor zur Beschreibung der Bewegung des Krans
$\vec{r}_2(t)$ Ortsvektor zur Beschreibung der Bewegung der Laufkatze

Aus dem Unabhängigkeitsprinzip folgt: $\vec{r}_{ges}(t) = \sum \vec{r}(t) = \vec{r}_1(t) + \vec{r}_2(t)$ und $\vec{v}_{ges} = \sum \vec{v}_1 = \vec{v}_1 + \vec{v}_2$

Für die Ortsvektoren zur Beschreibung der Teilbewegungen erhält man:
Bewegung des Krans: $\vec{r}_1(t) = \vec{r}_{01} + \vec{v}_1 \cdot t$
Bewegung der Laufkatze: $\vec{r}_2(t) = \vec{r}_{02} + \vec{v}_2 \cdot t$

$\vec{r}_{01}, \vec{r}_{02}$: Diese Ortsvektoren beschreiben die Lage des Krans und der Laufkatze zum Zeitpunkt $t = 0$ s.

Wenn man die Möglichkeit besitzt, sollte das zur Beschreibung der Bewegung verwendete Koordinatensystem stets so gelegt werden, dass die Anfangsaufenthaltsorte mit dem Koordinatenursprung zusammenfallen. In diesem Fall gilt: $\vec{r}_{01} = \vec{r}_{02} = \vec{0}$

Für die Gesamtbewegung erhält man:
$$\vec{r}_{ges}(t) = (\vec{r}_{01} + \vec{v}_1 \cdot t) + (\vec{r}_{02} + \vec{v}_2 \cdot t)$$
$$\vec{r}_{ges}(t) = (\vec{r}_{01} + \vec{r}_{02}) + (\vec{v}_1 + \vec{v}_2) \cdot t$$
$$\vec{r}_{ges}(t) = \vec{r}_0 + \vec{v}_{ges} \cdot t$$

Die Koordinatengleichungen im eingezeichneten Koordinatensystem lauten:
$$x(t) = r_{0x} + v_{gesx} \cdot t = x_0 + v_1 \cdot t \qquad y(t) = r_{0y} + v_{gesy} \cdot t = y_0 + v_2 \cdot t$$

r_{0x}, r_{0y} : Koordinaten des resultierenden Ortsvektors zum Zeitpunkt $t = 0$ s.
v_{gesx}, v_{gesy} : Koordinaten der resultierenden Geschwindigkeit
x_0, y_0, v_1, v_2 : Beträge der entsprechenden Größen

Für den Ortsvektor der Gesamtbewegung erhält man daraus:
$$\vec{r}(t) = \begin{pmatrix} x_0 + v_1 \cdot t \\ 0 \end{pmatrix} + \begin{pmatrix} 0 \\ y_0 + v_2 \cdot t \end{pmatrix} = \begin{pmatrix} x_0 + v_1 \cdot t \\ y_0 + v_2 \cdot t \end{pmatrix} = \begin{pmatrix} x_0 \\ y_0 \end{pmatrix} + \begin{pmatrix} v_1 \\ v_2 \end{pmatrix} \cdot t = \vec{r}_0 + \vec{v}_{ges} \cdot t$$

Die Gleichung der Bahnkurve erhält man durch Elimination der Zeit:

1) $x(t) = x_0 + v_1 \cdot t \Leftrightarrow$ 1)' $t = \dfrac{x - x_0}{v_1}$

2) $y(t) = y_0 + v_2 \cdot t$

1)' in 2): $y = y_0 + \dfrac{v_2}{v_1} \cdot (x - x_0)$

Das ist die Gleichung einer **Geraden**.

1.2 Translationsbewegungen eines Massenpunktes

Musteraufgabe:

1.0 Die Eigengeschwindigkeit eines Bootes sei $|\vec{v}_1| = 18{,}0 \, \frac{km}{h}$. Die Strömungsgeschwindigkeit des Flusses beträgt $v_{Fl} = 6{,}0 \, \frac{km}{h}$ und die Breite b des Flusses 90 m. Das Boot fährt senkrecht zum Ufer über den Fluss.

1.1 Berechnen Sie die Fahrzeit t_1, die Abdrift x_{ab} und die resultierende Geschwindigkeit $\vec{v}_{res}$ des Bootes.

1.2 In welche Richtung muss die Bootsachse zeigen, damit das Boot nicht abgetrieben wird? Wie groß ist nun die Fahrzeit t_2?

Lösung:

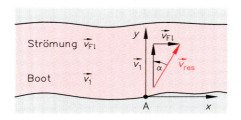

Für die Geschwindigkeiten erhält man:
$$v_1 = 18{,}0 \, \frac{km}{h} = 18{,}0 \cdot \frac{1000 \, m}{3600 \, s} = 5{,}00 \, \frac{m}{s}$$
und $v_{Fl} = 6{,}0 \, \frac{km}{h} = 6{,}0 \cdot \frac{1000 \, m}{3600 \, s} = 1{,}7 \, \frac{m}{s}$

Zu 1.1:
Für die Fahrzeit ergibt sich aus der gleichförmigen Bewegung des Bootes:

$b = v_1 \cdot t_1$

$\Leftrightarrow t_1 = \frac{b}{v_1}; \quad t_1 = \frac{90 \, m}{5{,}00 \, \frac{m}{s}} \Leftrightarrow t_1 = 18 \, s$

Während dieser Zeit wird das Boot mit der Strömungsgeschwindigkeit $v_{Fl} = 1{,}7 \, \frac{m}{s}$ abgetrieben. Auch hierbei handelt es sich um eine gleichförmige Bewegung.

$x_{ab} = v_{Fl} \cdot t_1; \quad x_{ab} = 1{,}7 \, \frac{m}{s} \cdot 18 \, s = 31 \, m$

Verwendet man das obige Koordinatensystem, so kann der Vektor der resultierenden Geschwindigkeit einfach dargestellt werden.

$$\vec{v}_{res} = \begin{pmatrix} 1{,}7 \, \frac{m}{s} \\ 5{,}0 \, \frac{m}{s} \end{pmatrix}; \quad |\vec{v}_{res}| = \sqrt{\left(1{,}7 \, \frac{m}{s}\right)^2 + \left(5{,}0 \, \frac{m}{s}\right)^2} = 5{,}3 \, \frac{m}{s}$$

Das Boot bewegt sich dabei mit einem Winkel von $\alpha = 19°$ zur Senkrechten (Nachrechnen!).

1 Bewegung und Energie

Zu 1.2:
Die Lösung dieser Aufgabe ist nur mit Hilfe einer Überlegung bezüglich der Teilgeschwindigkeiten möglich. Die Strömungsgeschwindigkeit bleibt gleich, ebenso der Betrag der Eigengeschwindigkeit des Bootes. Es ändert sich die Richtung der Bootsgeschwindigkeit. Damit das Boot nun nicht abgetrieben wird, muss die resultierende Geschwindigkeit ($\vec{v}_1 + \vec{v}_{Fl}$) senkrecht zum Ufer verlaufen.

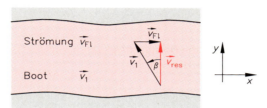

Aus der Zeichnung ergibt sich für die gesuchte Richtung:

$$\sin\beta = \frac{v_{Fl}}{v_1} \Rightarrow \beta = 20°$$

Für die Fahrzeit erhält man daraus:

$$t_2 = \frac{b}{v_{res}} = \frac{b}{v_1 \cdot \cos\beta} \; ; \quad t_2 = \frac{90\,\text{m}}{5{,}00\,\frac{\text{m}}{\text{s}} \cdot \cos(20°)} = 19\,\text{s}$$

Hinweis:
Die beiden Winkel α und β sind **nicht** gleich, wenn sich die Motorleistung des Bootes nicht ändert.

Übungsaufgaben zur Überlagerung gleichförmiger Bewegungen.

1.0 Ein Hubschrauber fliegt 100 km von West nach Ost. Die Eigengeschwindigkeit beträgt 216 $\frac{\text{km}}{\text{h}}$ und es herrscht ein Ostwind der Geschwindigkeit 10 $\frac{\text{m}}{\text{s}}$.

1.1 Wie lange braucht der Hubschrauber für Hin- und Rückflug?

1.2 Kann der Zeitverlust beim Hinflug (Gegenwind) durch den gleichstarken Rückenwind beim Rückflug wieder aufgeholt werden?
Begründen Sie Ihre Antwort. (Hinweis: Berechnen Sie die Rückflugzeit!)

2.0 Ein Dampfer hat stromabwärts die Geschwindigkeit vom Betrag 26,64 $\frac{\text{km}}{\text{h}}$, stromaufwärts bei gleicher Leistungsabgabe der Motoren die Geschwindigkeit vom Betrag 16,56 $\frac{\text{km}}{\text{h}}$.

2.1 Wie groß ist die Geschwindigkeit des Dampfers im stehenden Gewässer?

1.2 Translationsbewegungen eines Massenpunktes

2.2 Wie groß ist der Betrag der Strömungsgeschwindigkeit des Flusses in $\frac{m}{s}$?

3 Die Strömungsgeschwindigkeit eines Flusses beträgt $5{,}0\ \frac{km}{h}$. Ein Motorboot soll diesen Fluss mit der resultierenden Geschwindigkeit $7{,}0\ \frac{km}{h}$ queren.

3.1 Welche Eigengeschwindigkeit (Betrag und Richtung) besitzt das Motorboot, wenn es den Fluss auf dem kürzesten Weg überquert?

4.0 Ein Flugzeug legt eine Strecke von 500 km zwischen zwei Orten A und B zurück. Die Motorleistung gestattet eine maximale Eigengeschwindigkeit von $360\ \frac{km}{h}$.

4.1 Welche Zeit benötigt das Flugzeug mindestens, um diese Strecke bei Windstille zurückzulegen?

4.2 Welche Zeit benötigt das Flugzeug, um diese Strecke zurückzulegen, wenn ein Wind mit der Geschwindigkeit $18{,}0\ \frac{m}{s}$ weht

a) als Gegenwind? b) als Seitenwind? c) unter $30{,}0°$ gegen die Flugrichtung von 4.1?

5.0 Ein Flugzeug soll mit einer Geschwindigkeit von $324\ \frac{km}{h}$ genau von Süden nach Norden eine Strecke von 800 km zurücklegen. Es gerät dabei in einen Nord-Ost-Sturm, der mit einer Geschwindigkeit von $28{,}3\ \frac{m}{s}$ bläst.

5.1 Wie groß ist die Abweichung von der Nord-Süd-Richtung?

5.2 Welchen Kurs muss der Pilot steuern um den Flughafen im Norden zu erreichen?

5.3 Welche Geschwindigkeit besitzt das Flugzeug in Süd-Nord-Richtung?

1.2.3 Die gleichmäßig beschleunigte geradlinige Bewegung aus dem Zustand der Ruhe

Bei den bisher untersuchten Bewegungsabläufen bewegte sich der Körper nach einmaligem Anstoß mit konstanter Geschwindigkeit (gleichförmige Bewegung). Nun wird der Körper durch die konstante Gewichtskraft einer angehängten Masse gezogen und die entstehende Bewegung vom Zustand der Ruhe aus untersucht.

1 Bewegung und Energie

A) Experimentelle Untersuchung der Bewegung

Versuch:
Messung der Zeit t, die der Gleiter benötigt um eine bestimmte Strecke x zurückzulegen. (Der Fahrbahngleiter wird dabei von der Gewichtskraft der Masse m gezogen.)

Versuchsbeschreibung
Die experimentelle Untersuchung erfolgt auch hier wieder mit Hilfe einer waagrecht installierten Luftkissenfahrbahn. Im Gegensatz zur gleichförmigen Bewegung, die kräftefrei erfolgt, wird hier der Fahrbahngleiter durch die Gewichtskraft der Masse m, die über eine Umlenkrolle mit einem sehr dünnen Faden an dem Fahrbahngleiter befestigt ist, gezogen. Die Bewegung startet stets aus dem Zustand der Ruhe. Die Markierung am Fahrbahngleiter, die zur Unterbrechung der Lichtschranke verwendet wird, befindet sich am Ort $x = 0$ (Koordinatenursprung).

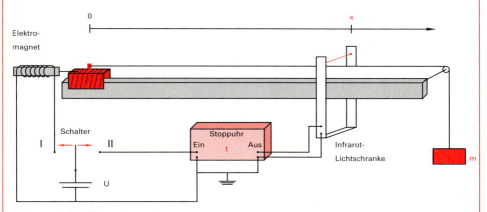

Schematischer Versuchsaufbau

Der Permanentmagnet, der bisher am Fahrbahngleiter befestigt war, wird durch einen dünnen Metallstift ersetzt. Ist der Stromkreis, der den Elektromagneten enthält, geschlossen (Schalterstellung I), so wird der Fahrbahngleiter am Ausgangspunkt der Untersuchungen festgehalten. Die Stärke des Magnetfeldes wird dabei so eingestellt, dass der Fahrbahngleiter gerade noch festgehalten wird.
Das Experiment wird nun durch Betätigen des Schalters, man bringt den Schalthebel in Stellung II, gestartet. Hierbei werden „gleichzeitig" zwei Forderungen erfüllt. Einerseits führt das Unterbrechen des Stromkreises mit dem Elektromagneten zum Zusammenbruch des Magnetfeldes, wodurch die Kraft, die den Fahrbahngleiter festhält, verschwindet und der Fahrbahngleiter losfährt, andererseits wird die Stoppuhr nahezu zeitgleich eingeschaltet. Unterbricht die Markierung am Fahrbahngleiter an der Stelle x die Lichtschranke wieder, so wird dadurch die Stoppuhr angehalten und die benötigte Zeit kann abgelesen werden.

Messwerttabelle:

x in cm	0	10	20	30	40	50	60	70	80	90	100
t in s	0	0,91	1,29	1,58	1,83	2,04	2,24	2,42	2,58	2,74	2,89
$\frac{x}{t}$ in $\frac{cm}{s}$	–	11	16	19	22	25	27	29	31	33	35
t^2 in s^2	0	0,83	1,66	2,50	3,35	4,16	5,02	5,86	6,66	7,51	8,35
$\frac{x}{t^2}$ in $\frac{cm}{s^2}$	–	12	12	12	12	12	12	12	12	12	12

Anmerkungen:
- Der Ausdruck t bezeichnet die Zeitdauer oder Zeitspanne, die vom Beginn der Messung bis zum Ende der Messung verstreicht. Der Zeitnullpunkt fällt dabei immer mit dem Beginn der Messung zusammen, so dass der Zeitpunkt des Durchfahrens der Lichtschranke der Zeitdauer der Bewegung entspricht.
- Das Ergebnis für den Abstand x = 0 cm ist kein Messergebnis.
- Der zweite Teil der Messwerttabelle dient bereits der Versuchsauswertung und wird zur Vereinfachung direkt an die Messwerttabelle angehängt. Die Bedeutung der einzelnen Zeilen wird im Folgenden genau erklärt.

Bei der grafischen Auswertung im *t-x*-Diagramm erhält man keine Gerade durch den Ursprung, die beiden Größen sind somit **nicht direkt proportional** zueinander. Zum gleichen Ergebnis gelangt man, wenn man die Quotienten beider Größen betrachtet, die **keine** Konstante ergeben. (Siehe Messwerttabelle.)

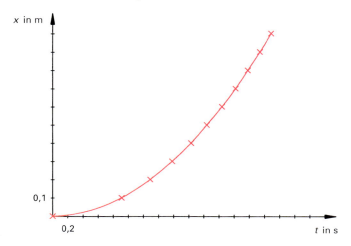

Die grafische Darstellung der Bewegung im *t-x*-Diagramm legt die Vermutung nahe, dass der zurückgelegte Weg quadratisch mit der Zeit zunimmt.
$x \sim t^2$?

Diese Vermutung lässt sich, wie bereits besprochen, auf zwei Arten überprüfen:

1 Bewegung und Energie

1. Grafische Überprüfung im t^2-x-Diagramm

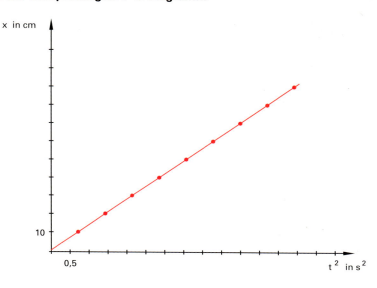

Ergebnis:
Die grafische Darstellung im t^2-x-Diagramm ergibt eine Ursprungshalbgerade.
$x \sim t^2$

2. Rechnerische Überprüfung durch Quotientenbildung (Siehe Messwerttabelle.)

Der Quotient $\frac{x}{t^2}$ ergibt im Rahmen der Messgenauigkeit eine Konstante.
$x \sim t^2$

(Im konkreten Beispiel hat die Proportionalitätskonstante k den Wert 12 $\frac{cm}{s^2}$.)

Wiederholt man den Versuch mit anderen Massen, deren Gewichtskraft den Fahrbahngleiter zieht, so erhält man immer die gleiche Abhängigkeit $x \sim t^2$. Der Wert des Quotienten (die Proportionalitätskonstante) ändert sich dabei mit der Masse.

Versuchsergebnis:
Wird der Fahrbahngleiter durch eine konstante Kraft gezogen, so besteht zwischen dem zurückgelegten Weg und der dazu benötigten Zeit der Zusammenhang:

$$x \sim t^2$$

Für die Koordinate des Ortes als Funktion der Zeit folgt damit: $x(t) = k \cdot t^2$

Anmerkung:
An dieser Stelle sei nochmals darauf hingewiesen, dass die letzte Gleichung nur dann Gültigkeit besitzt, wenn sich der Körper zum Zeitpunkt $t = 0\,\text{s}$ am Ort $x = 0\,\text{cm}$ befindet. Befindet sich der Körper zum Zeitnullpunkt am Ort x_0, so lautet die Koordinatengleichung für den Ort:
$$x(t) = x_0 + k \cdot t^2$$

Welche Bedeutung hat die Proportionalitätskonstante k?
Um diese Frage zu lösen, wird zunächst die Geschwindigkeit des Fahrbahngleiters bei dieser Bewegung näher untersucht.

B) Die mittlere Geschwindigkeit

Mit Hilfe des t-x-Diagramms der Bewegung wird nun die Zeit bestimmt, die der Fahrbahngleiter an unterschiedlichen Orten benötigt um die gleiche Strecke zurückzulegen.

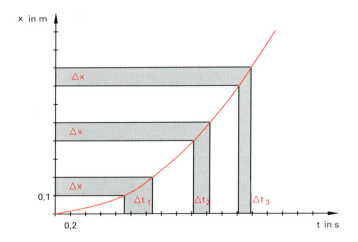

Man erkennt:
Die Zeit, die der Körper benötigt um eine bestimmte Strecke Δx zurückzulegen, nimmt mit der Entfernung vom Ursprung ab. Für die Quotienten aus Weg und Zeit erhält man somit:

$$\frac{\Delta x}{\Delta t_1} < \frac{\Delta x}{\Delta t_2} < \frac{\Delta x}{\Delta t_3}$$

Im Gegensatz zur gleichförmigen Bewegung, bei der dieser Quotient während des gesamten Bewegungsvorganges konstant bleibt und die Geschwindigkeit des Körpers angibt, nimmt der Wert dieses Quotienten und damit die *Geschwindigkeit* des Körpers bei dieser Bewegung zu. Welche Bedeutung diesem Quotienten $\Delta x/\Delta t$ bei der Beschreibung von nicht kräftefreien Bewegungen zukommt, soll nun anhand zweier Beispiele geklärt werden.

1 Bewegung und Energie

> **Beispiele:**
> - Ein Zug fährt von der Stadt A in die Stadt B. Die Wegstrecke, die der Zug dabei zurücklegt, ist Δx, die für die Fahrt benötigte Zeit Δt. Bildet man hier den Quotienten $\Delta x/\Delta t$, so erhält man die Geschwindigkeit, mit der sich der Zug fortbewegen muss, um in der Zeit Δt von A nach B zu gelangen. Geht man nun davon aus, dass der Zug auf seiner Fahrt in einigen Bahnhöfen anhält, Steigungen und Gefällstrecken durchfährt, so wird man sicherlich feststellen, dass der oben berechnete Quotient nur einen Näherungswert für die Geschwindigkeit des Zuges darstellt. Einen derartigen Näherungswert der Geschwindigkeit bezeichnet man auch als **mittlere Geschwindigkeit**.
> - Bei den Olympischen Spielen 1984 in Los Angeles gewann Carl Lewis den 100 m Lauf in 9,99 s. Leicht lässt sich damit seine mittlere Geschwindigkeit über die gesamte Distanz berechnen, sie betrug $10{,}0\ \frac{m}{s}$. Betrachtet man nur die zweite Hälfte des 100 m Laufes, so benötigte Lewis für die zweiten 50 m ungefähr 4,4 s. In diesem Abschnitt betrug seine mittlere Geschwindigkeit rund $11\ \frac{m}{s}$.

Bei Bewegungen, die nicht kräftefrei verlaufen, ergibt der Quotient $\Delta x/\Delta t$ die **mittlere Geschwindigkeit** des Körpers. Diese mittlere Geschwindigkeit ist abhängig vom Ort und von der Dauer der Messung.

Berücksichtigt man noch die Tatsache, dass die Geschwindigkeit eine vektorielle Größe darstellt, so gelangt man zu folgender Definition:

> **Mittlere Geschwindigkeit**
>
> Für die mittlere Geschwindigkeit $\overline{\vec{v}}$ eines Körpers gilt: $\overline{\vec{v}} = \dfrac{\Delta \vec{x}}{\Delta t}$
>
> Für die Koordinate der mittleren Geschwindigkeit erhält man:
>
> $\overline{v} = \dfrac{\Delta x}{\Delta t}$ mit $\Delta x = x(t_2) - x(t_1)$ und $\Delta t = t_2 - t_1$
>
> $\Rightarrow \overline{v} = \dfrac{x(t_2) - x(t_1)}{\Delta t} = \dfrac{x(t_1 + \Delta t) - x(t_1)}{\Delta t}$
>
> Die mittlere Geschwindigkeit $\overline{v}$ ist abhängig vom Zeitpunkt des Beginns der Messung (t_1) und von der Dauer der Messung (Δt) $\Rightarrow \overline{v} = v(t_1; \Delta t)$

Entsprechend der Messwerttabelle kann man die x-Koordinate der mittleren Geschwindigkeit für unterschiedliche Messstrecken berechnen und grafisch darstellen.

1.2 Translationsbewegungen eines Massenpunktes

Δx in cm	0	10	20	30	40	50	60	70	80	90	100
Δt in s	0	0,91	1,29	1,58	1,83	2,04	2,24	2,42	2,58	2,74	2,89
$\bar{v}$ in $\frac{cm}{s}$						34,6					
$\bar{v}$ in $\frac{cm}{s}$			25					59			
$\bar{v}$ in $\frac{cm}{s}$		16		37		49		59		65	
$\bar{v}$ in $\frac{cm}{s}$		11	26	34	40	48	50	56	63	63	67

Die mittleren Geschwindigkeiten geben an, mit welcher konstanten Geschwindigkeit sich der Fahrbahngleiter im jeweiligen Intervall bewegen müsste um die Strecke in der gemessenen Zeit zu durchfahren.

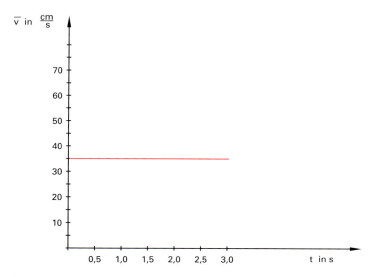

Die mittlere Geschwindigkeit im Bereich 0–100 cm

1 Bewegung und Energie

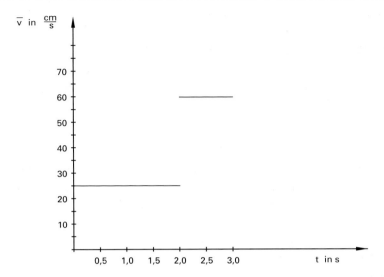

Die mittleren Geschwindigkeiten bei einer Messstrecke von 50 cm.

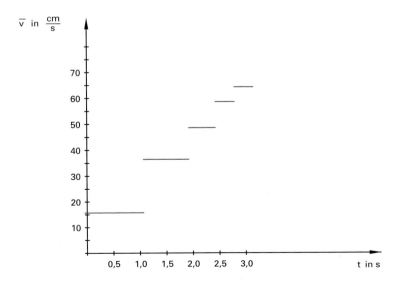

Die mittleren Geschwindigkeiten bei einer Messstrecke von 20 cm.

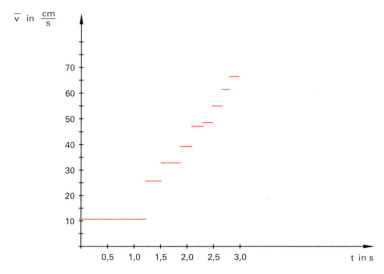

Die mittleren Geschwindigkeiten bei einer Messstrecke von 10 cm.

Diese vier Graphen zeigen darüber hinaus, wie sehr die mittlere Geschwindigkeit vom Beginn und der Dauer der Messung abhängt. Die Information über die Änderung der Geschwindigkeit wird besser, je kleiner das zu Grunde liegende Messintervall ist.

Wie soll aber die Geschwindigkeit des Körpers an einem Punkt, etwa am Ort 50 cm, den der Körper nach 2,04 s erreicht hat, bestimmt werden?
Dieses Problem soll zunächst experimentell untersucht werden.

C) Bestimmung der Geschwindigkeit des Gleiters an einem bestimmten Ort x_1

Versuch:
Bestimmung der Beträge der mittleren Geschwindigkeit $\bar{v}$ für verschiedene Messstrecken.

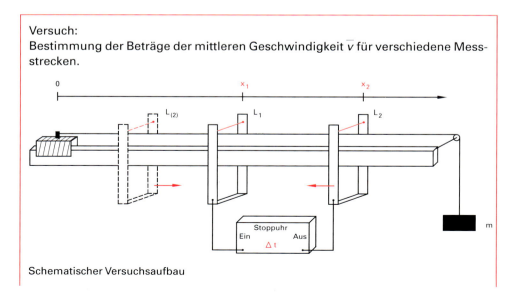

Schematischer Versuchsaufbau

1 Bewegung und Energie

Versuchsbeschreibung:
Der Versuchsaufbau (Vgl. S. 27) wird durch eine zweite Lichtschranke ergänzt, so dass es möglich ist, die Zeiten zu messen, die der Fahrbahngleiter benötigt um die Stecke zwischen den beiden Lichtschranken zu durchfahren. Der Fahrbahngleiter wird zunächst durch den Elektromagneten gehalten. Mit dem Ausschalten des Elektromagneten startet der Fahrbahngleiter vom Ort $x = 0$, wobei nun die Stoppuhr nicht eingeschaltet wird. Die Lichtschranke L_1 wird am Ort x_1 angebracht, wo sie während des gesamten Versuchs bleibt.

Zur Bestimmung der mittleren Geschwindigkeiten in der Umgebung des Ortes x_1 werden zwei Versuchsreihen durchgeführt. In **Versuchsreihe 1** wird die zweite Lichtschranke L_2 hinter der Lichtschranke L_1 angebracht ($x_2 > x_1$) und für immer kleinere Abstände $\Delta x = x_2 - x_1$ der Lichtschranken werden die zugehörigen Zeiten gemessen. In **Versuchsreihe 2** wird die zweite Lichtschranke von links an den Ort x_1 angenähert.

Messwerttabelle zu Versuchsreihe 1 (Annäherung von rechts):

Δx in cm	50,0	40,0	30,0	20,0	10,0	5,0	2,5
Δt in s	1,89	1,56	1,21	0,840	0,441	0,230	0,115
$\bar{v}$ in $\frac{cm}{s}$	26,5	25,6	24,8	23,8	22,7	22	22

Messwerttabelle zu Versuchsreihe 2 (Annäherung von links):

Δx in cm	50,0	40,0	30,0	20,0	10,0	5,0	2,5
Δt in s	4,56	2,52	1,67	1,02	0,481	0,231	0,115
$\bar{v}$ in $\frac{cm}{s}$	11,0	15,9	18,0	19,6	20,8	22	22

Versuchsergebnis:
Die mittleren Geschwindigkeiten, die man bei der Annäherung von rechts an die Lichtschranke L_1 erhält, nehmen erwartungsgemäß mit der Länge der Messstrecke ab. Nähert man sich mit immer kleineren Messstrecken dem Ort x_1 von rechts, so streben die berechneten mittleren Geschwindigkeiten einem bestimmten Wert zu: $22 \frac{cm}{s}$. Dieser Wert ändert sich ab einer bestimmten Entfernung der Lichtschranken nicht mehr.

Bei der Annäherung von links steigen die mittleren Geschwindigkeiten mit der Verringerung der Messstrecke und auch hier streben die mittleren Geschwindigkeiten einem bestimmten Wert zu ($22 \frac{cm}{s}$), der sich ab einem gewissen Abstand nicht mehr ändert.

Aus beiden Versuchsreihen folgt:
Verringert man die Länge Δx des Wegintervalls immer mehr, so ändert sich ab einer bestimmten Länge der berechnete Wert für den Betrag der mittleren Geschwindigkeit $\overline{v}$ nicht mehr. Beide Messreihen streben bei der Verkleinerung der Messstrecken **einem** Wert der mittleren Geschwindigkeit zu, dessen Genauigkeit von den verwendeten Messgeräten abhängt. Diesen Wert der mittleren Geschwindigkeit bezeichnet man als den Betrag der **messtechnisch gewonnenen momentanen Geschwindigkeit** des Körpers am Ort x_1.

Es wird hierbei immer noch eine Zeit Δt gemessen, in der vom Körper eine bestimmte Strecke Δx zurückgelegt wird.

D) Die momentane Geschwindigkeit

Das Verfahren zur Bestimmung der *messtechnisch gewonnenen Momentangeschwindigkeit* hat zwei große Nachteile.

1. Es liefert nur einen Näherungswert für die momentane Geschwindigkeit des Fahrbahngleiters an einem bestimmten Ort.
2. Das Verfahren ist sehr zeitaufwendig und umständlich, die Genauigkeit des Wertes der Momentangeschwindigkeit ist durch die geometrischen Abmessungen der Lichtschranken beschränkt.

Hilfreich wäre nun eine mathematische Gleichung, die angibt, wie sich die **Momentangeschwindigkeit** des Fahrbahngleiters in Abhängigkeit von der Zeit ändert. Um eine derartige Gleichung aufstellen zu können, muss die Momentangeschwindigkeit des Fahrbahngleiters an bestimmten Orten (oder zu bestimmten Zeiten) gemessen werden. Durch eine geschickte Anordnung der Versuchsapparatur ist es möglich, die Momentangeschwindigkeit des Fahrbahngleiters experimentell zu bestimmen. Man benutzt dazu die Tatsache, dass die kräftefreie Bewegung eines Körpers gleichförmig erfolgt.

Versuch:
Experimentelle Bestimmung der Momentangeschwindigkeit des Gleiters.

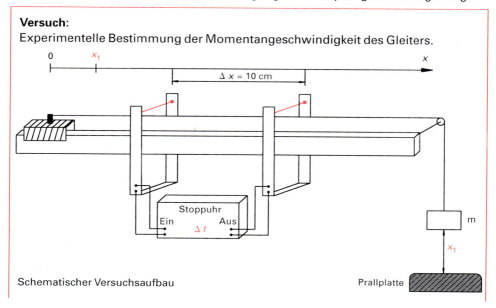

Schematischer Versuchsaufbau

1 Bewegung und Energie

Versuchsbeschreibung

Nach dem Start zieht die Gewichtskraft der Masse m den Fahrbahngleiter bis zum Ort x_1. Die Masse trifft dann auf eine höhenverstellbare Prallplatte. Ab diesem Zeitpunkt bewegt sich der Fahrbahngleiter mit der Momentangeschwindigkeit weiter, die er am Ort x_1 besitzt. Die Geschwindigkeit dieser nun gleichförmigen Bewegung (der Fahrbahngleiter wird nun nicht mehr gezogen) kann mit Hilfe zweier Lichtschranken, die einen Abstand von 10,0 cm besitzen, und einer Stoppuhr bestimmt werden.

Aus der bisherigen Untersuchung ist bereits bekannt, wo sich der Fahrbahngleiter zu welchen Zeiten befindet.

Messwerttabelle

x_1 in cm	0	10	20	30	40	50	60	70	80
t in s	0	0,91	1,29	1,58	1,83	2,04	2,24	2,42	2,58

Δx in cm	–	10,0	10,0	10,0	10,0	10,0	10,0	10,0	10,0
Δt in ms	–	459	323	264	228	204	186	172	162
v in $\frac{cm}{s}$	0	21,8	31,0	37,9	43,9	49,0	53,8	58,1	61,9

Grafische Darstellung im t-v-Diagramm

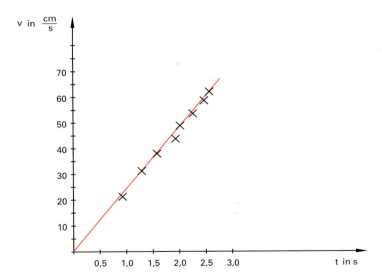

Bei der untersuchten Bewegung erhält man im t-v-Diagramm eine Ursprungshalbgerade. Die Momentangeschwindigkeit ist somit direkt proportional zur Zeit.

$\Rightarrow v \sim t$

Dieser Zusammenhang soll nun zusätzlich noch rechnerisch nachgewiesen werden.

v in $\frac{cm}{s}$	0	21,8	31,0	37,9	43,9	49,0	53,8	58,1	61,9
t in s	0	0,91	1,29	1,58	1,83	2,04	2,24	2,42	2,58
$\frac{v}{t}$ in $\frac{cm}{s^2}$	–	24	24,0	24,0	24,0	24,0	24,0	24,0	24,0

Versuchsergebnis

Die grafische Auswertung im t-v-Diagramm ergibt eine Gerade durch den Ursprung; der Quotient v/t ist im Rahmen der Messgenauigkeit konstant. Daraus folgt: Bei der untersuchten Bewegung ist die Momentangeschwindigkeit des Fahrbahngleiters direkt proportional zur Zeit. $\qquad v \sim t$

Da die Steigung des Graphen im t-v-Diagramm konstant ist, wurde auch bei diesem Versuch eine Größe gefunden, die sich während der gesamten Bewegung nicht ändert. Dieser Größe, dem Quotienten $\Delta v/\Delta t$, gibt man einen eigenen Namen, man bezeichnet sie als **Beschleunigung**. Auch bei dieser Größe handelt es sich wiederum um eine vektorielle Größe.

E) Die Beschleunigung

Beschleunigung

Für die Beschleunigung $\vec{a}$ eines Körpers gilt:

$$\vec{a} := \frac{\overrightarrow{\text{Geschwindigkeitsänderung}}}{\text{benötigte Zeit}} = \frac{\Delta \vec{v}}{\Delta t} \qquad [a] = \frac{m}{s^2}$$

Die Beschleunigung ist ein Vektor in Richtung der Geschwindigkeitsänderung. Ändert sich die Beschleunigung im Laufe der Zeit nicht, so bezeichnet man die daraus resultierende Bewegung als **gleichmäßig beschleunigte** Bewegung.

Anmerkung: Das Zeichen := bedeutet „nach Definition".

Für die Koordinate der Momentangeschwindigkeit bei der gleichmäßig beschleunigten Bewegung eines Körpers folgt aus dieser Definition:

$$v(t_2) - v(t_1) = a \cdot (t_2 - t_1)$$

In vielen Fällen gelten folgende Randbedingungen:

$t_1 = 0$ und $v(t_1) = 0$ (Der Körper startet zum Zeitpunkt $t_1 = 0\,\text{s}$ aus dem Zustand der Ruhe.)

$v(t_2) = a \cdot t_2$ Der Zeitpunkt t_2 kann beliebig gewählt werden.

1 Bewegung und Energie

> Allgemein erhält man für die Geschwindigkeit in Abhängigkeit von der Zeit bei der gleichmäßig beschleunigten Bewegung aus dem Zustand der Ruhe folgende Gleichungen:
>
> **Vektoriell:** $\vec{v}(t) = \vec{a} \cdot t$ **Koordinatengleichung:** $v(t) = a \cdot t$

Wird ein Fahrbahngleiter von der Gewichtskraft einer Masse gezogen, so führt er eine gleichmäßig beschleunigte Bewegung (aus dem Zustand der Ruhe) durch. Die Größe, die bei dieser Bewegung konstant bleibt, ist die Beschleunigung. Bei der Untersuchung des zurückgelegten Weges in Abhängigkeit von der Zeit konnte der Zusammenhang $x(t) = k \cdot t^2$ für die Koordinate des Ortes nachgewiesen werden. Die Frage, welche Bedeutung diese Proportionalitätskonstante k hat, kann nun beantwortet werden. Bereits bei der gleichförmigen Bewegung wurde dargelegt, dass die Fläche unter dem Graphen im t-v-Diagramm ein Maß für den zurückgelegten Weg darstellt.

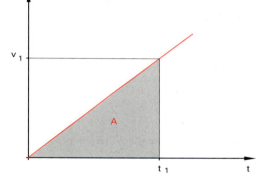

Betrachtet man nun im t-v-Diagramm den Bewegungsvorgang vom Start bis zu dem Zeitpunkt t_1, an dem der Fahrbahngleiter die Geschwindigkeit v_1 besitzt, so stellt die Fläche A unter dem Graphen ein Maß für den zurückgelegten Weg dar.

$$\{A\} = \frac{1}{2} \cdot \{v_1\} \cdot \{t_1\}$$

Bei der gleichmäßig beschleunigten Bewegung folgt für die Momentangeschwindigkeit v_1:

$$v_1 = v(t_1) = a \cdot t_1$$

Der Zahlenwert der Fläche unter dem Grafen im t-v-Diagramm bis zum Zeitpunkt t_1 ergibt damit:

$$\{A\} = \frac{1}{2} \cdot \{a\} \cdot \{t_1^2\}$$

Bei der gleichmäßig beschleunigten Bewegung erhält man für den vom Fahrbahngleiter bis zum Zeitpunkt t_1 zurückgelegten Weg:

$$x(t_1) = \frac{1}{2} \cdot a \cdot t_1^2$$

Da t_1 jeder beliebige Zeitpunkt sein kann, lässt sich diese Gleichung verallgemeinern:

> Für die Koordinate des Weges, den ein Körper bei der gleichmäßig beschleunigten Bewegung in Abhängigkeit von der Zeit zurücklegt, gilt:
>
> $$x(t) = \frac{1}{2} \cdot a \cdot t^2$$

Ein Vergleich der beiden Gleichungen für den zurückgelegten Weg in Abhängigkeit von der Zeit t liefert nun die Lösung der gestellten Frage nach der Bedeutung der Proportionalitätskonstanten k, die bei der ersten Auswertung der gleichmäßig beschleunigten Bewegung gefunden wurde.

$$\text{(I)}\ x(t) = k \cdot t^2 \quad \text{und} \quad \text{(II)}\ x(t) = \frac{1}{2} \cdot a \cdot t^2 \quad \Rightarrow k = \frac{1}{2} \cdot a$$

Die bei der grafischen Auswertung im t^2-x-Diagramm gefundene Proportionalitätskonstante k ist somit genau die Hälfte der Beschleunigung des Fahrbahngleiters.

Das t-a-Diagramm der gleichmäßig beschleunigten Bewegung aus dem Zustand der Ruhe:

Man erhält eine parallel zur Zeitachse verlaufende Gerade.
Für die Maßzahl der Fläche gilt:
$$\{A\} = \{a_0\} \cdot \{\Delta t\}$$

Die Fläche ist ein Maß für die **Geschwindigkeitsänderung**.

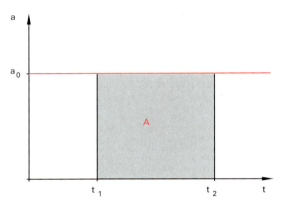

F) Zusammenfassung

Die Auswertung des Bewegungsablaufs eines Fahrbahngleiters, der von einer konstanten Kraft gezogen wird, führte zur Differenzierung des Begriffes Geschwindigkeit. Folgende *Geschwindigkeiten* sind zu unterscheiden:

- mittlere Geschwindigkeit
- messtechnische Momentangeschwindigkeit
- Momentangeschwindigkeit

Bei der gleichförmigen Bewegung ist die mittlere Geschwindigkeit gleich der momentanen Geschwindigkeit, die sich während der gesamten Bewegung nicht ändert.

> **Vereinbarung:**
> Unter dem Begriff Geschwindigkeit ist **immer die Momentangeschwindigkeit** eines Körpers zu verstehen.

Die grafische Auswertung der Bewegung im t-x-Diagramm ergab: $x \sim t^2$
Bei der Darstellung der Momentangeschwindigkeit in Abhängigkeit von der Zeit erhält man: $v \sim t$
Die Steigung des Graphen im t-v-Diagramm ist damit eine Konstante, die zur näheren

1 Bewegung und Energie

Beschreibung der Bewegung verwendet wird. Der Quotient $\frac{\Delta v}{\Delta t}$ ist die Beschleunigung des Körpers. (Bei der gleichförmigen Bewegung ist die Beschleunigung des Körpers null, da sich die Geschwindigkeit nicht ändert.)

Verwendet man den für jeden Bewegungsvorgang gültigen Zusammenhang, dass die Fläche unter dem Grafen im t-v-Diagramm ein Maß für den zurückgelegten Weg darstellt, so erhält man für die Koordinate des zurückgelegten Weges die Gleichung

$$x(t) = \frac{1}{2} \cdot a \cdot t^2$$

Für die gleichmäßig beschleunigte Bewegung aus dem Zustand der Ruhe ergeben sich folgende Bewegungsgleichungen, wenn man davon ausgeht, dass der Körper am Koordinatenursprung startet und sich in Richtung der positiven x-Achse bewegt.

Bewegungsgleichungen für die gleichmäßig beschleunigte Bewegung		
	Koordinatengleichungen	Vektorgleichungen
Ort	$x(t) = \frac{1}{2} \cdot a \cdot t^2$ (I)	$\vec{x}(t) = \frac{1}{2} \cdot \vec{a} \cdot t^2$
Geschwindigkeit	$v(t) = a \cdot t$ (II)	$\vec{v}(t) = \vec{a} \cdot t$
Beschleunigung	a = konstant	$\vec{a}$ = konst.
Verknüpfung	$v^2 = 2 \cdot a \cdot x$	

Herleitung der Verknüpfung:
Für die Geschwindigkeit an einem bestimmten Ort erhält man aus den Gleichungen (I) und (II) durch Elimination der Zeit t: $t = \frac{v}{a}$

$$x = \frac{1}{2} \cdot a \cdot \left(\frac{v}{a}\right)^2 = \frac{v^2}{2 \cdot a} \Leftrightarrow v^2 = 2 \cdot a \cdot x$$

Diese Gleichung liefert die Geschwindigkeit des Körpers am Ort x.

G) Ergänzung: Die momentane Geschwindigkeit als mathematischer Grenzwert

Die besprochenen Verfahren zur Gewinnung der Momentangeschwindigkeit sind sehr umständlich und zeitraubend. Deshalb benutzt man ein mathematisches Verfahren zur Bestimmung der momentanen Geschwindigkeit eines Körpers. Hierbei setzt man voraus, dass man die Folge der mittleren Geschwindigkeiten für $\Delta t \to 0$ (gleichbedeutend mit $\Delta x \to 0$) unbegrenzt bilden kann. Hat diese Folge einen Grenzwert (lim), so ist dieser als **momentane Geschwindigkeit** definiert.

Definition:

Für die momentane Geschwindigkeit gilt: $\vec{v} = \lim\limits_{\Delta t \to 0} \vec{\bar{v}} = \lim\limits_{\Delta t \to 0} \frac{\Delta \vec{x}}{\Delta t}$

Aus der Definitionsgleichung erkennt man, dass der Vektor der Momentangeschwindigkeit die gleiche Richtung besitzt wie der Vektor der Ortsänderung $\Delta \vec{x}$.

Für die Koordinate des Vektors der Momentangeschwindigkeit zu einem bestimmten Zeitpunkt t_1 erhält man:

$$v(t_1) = \lim_{\Delta t \to 0} \frac{\Delta x}{\Delta t} = \lim_{\Delta t \to 0} \left[\frac{x(t_1 + \Delta t) - x(t_1)}{\Delta t} \right]$$

Bei diesem Ausdruck ist die Grenzwertbildung noch nicht durchführbar, da für $\Delta t \to 0$ der Quotient nicht definiert ist. Um diesen Grenzwert berechnen zu können, benötigt man für die Funktion $x(t)$ eine Funktionsgleichung (Zeit-Weg-Gesetz der untersuchten Bewegung).
Bei der Versuchsauswertung wurde eine Funktionsgleichung für die untersuchte Bewegung gefunden:
$x(t) = k \cdot t^2$

Daraus ergibt sich: $x(t_1) = k \cdot t_1^2$ und $x(t_1 + \Delta t) = k \cdot (t_1 + \Delta t)^2$

Mit Hilfe dieser Funktionsgleichungen lässt sich der obige Grenzwert für den Betrag der Momentangeschwindigkeit zum Zeitpunkt t_1 umformen.

$$v(t_1) = \lim_{\Delta t \to 0} \left[\frac{k \cdot (t_1 + \Delta t)^2 - k \cdot t_1^2}{\Delta t} \right] = \lim_{\Delta t \to 0} \left[\frac{k \cdot (t_1^2 + 2 \cdot t_1 \cdot \Delta t + \Delta t^2) - k \cdot t_1^2}{\Delta t} \right]$$

$$\Rightarrow v(t_1) = \lim_{\Delta t \to 0} \left[\frac{k \cdot t_1^2 + 2 \cdot k \cdot t_1 \cdot \Delta t + k \cdot \Delta t^2 - k \cdot t_1^2}{\Delta t} \right]$$

$$= \lim_{\Delta t \to 0} \left[\frac{2 \cdot k \cdot t_1 \cdot \Delta t + k \cdot \Delta t^2}{\Delta t} \right]$$

$$\Rightarrow v(t_1) = \lim_{\Delta t \to 0} \left[\frac{(2 \cdot k \cdot t_1 + k \cdot \Delta t) \cdot \Delta t}{\Delta t} \right] = \lim_{\Delta t \to 0} (2 \cdot k \cdot t_1 + k \cdot \Delta t)$$

Führt man nun die Grenzwertbildung durch und lässt Δt gegen null gehen, so folgt:
$v(t_1) = 2 \cdot k \cdot t_1$

Die Momentangeschwindigkeit ergibt sich als mathematischer Grenzwert.
Die Herleitung kann für jeden beliebigen Zeitpunkt t durchgeführt werden und gilt damit allgemein.

Ergebnis:
Gilt für die Bewegung eines Körpers die Koordinatengleichung $x(t) = k \cdot t^2$, so folgt für die Koordinate der Momentangeschwindigkeit dieses Körpers: $v(t) = 2 \cdot k \cdot t$.
Bei der untersuchten Bewegung ist damit die Momentangeschwindigkeit direkt proportional zur Zeit: $v \sim t$.

1 Bewegung und Energie

Grafische Darstellung im *t-v*-Diagramm.

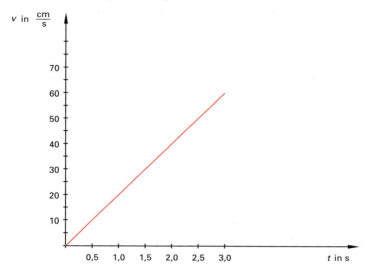

Bei der untersuchten Bewegung erhält man im *t-v*-Diagramm eine Ursprungshalbgerade.

Die Steigung der Funktion stellt ein Maß für die Beschleunigung des Körpers dar. Aus der Definition der Beschleunigung folgt:

$$v(t) = a \cdot t$$

Die mathematische Herleitung der Momentangeschwindigkeit lieferte als Ergebnis für die Momentangeschwindigkeit dieses Körpers:

$$v(t) = 2 \cdot k \cdot t$$

Vergleicht man beide Ergebnisse, so folgt:

$$a = 2 \cdot k \quad \Leftrightarrow \quad k = \frac{1}{2} \cdot a$$

Für das Zeit-Weg-Gesetz der gleichmäßig beschleunigten Bewegung aus dem Zustand der Ruhe erhält man:

$$x(t) = k \cdot t^2 = \frac{1}{2} \cdot a \cdot t^2$$

Die einzige Voraussetzung, die bei der Herleitung dieser Zusammenhänge verwendet wurde, war die Proportionalität $x \sim t^2$. Kann man zeigen, dass diese Proportionalität bei einer Bewegung zutrifft, so handelt es sich dabei immer um eine gleichmäßig beschleunigte Bewegung, die mit Hilfe der unter F) zusammengestellten Bewegungsgleichungen beschrieben werden kann.

H) Musteraufgabe zur gleichförmigen und gleichmäßig beschleunigten Bewegung

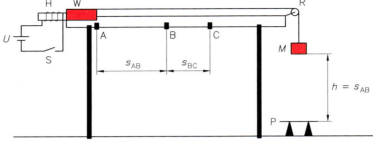

1.0 Auf einer horizontalen Luftkissenfahrbahn befindet sich ein Wagen W, der über einen dünnen Faden und eine kleine Rolle R mit der Masse M verbunden ist. Der Wagen wird durch den Haltemagneten H festgehalten. Wird der Schalter S geöffnet, so setzt sich der Wagen sofort in Bewegung. Er wird durch die Masse M so lange beschleunigt, bis er B erreicht. Genau in diesem Augenblick trifft die Masse M auf die Platte P und bleibt dort liegen. Der Wagen fährt jedoch weiter und passiert die Marke C.
Bei diesem Versuch werden die Strecke s_{BC} sowie die Fahrzeiten t_{AB} und t_{BC} für die Teilstrecken s_{AB} und s_{BC} gemessen.
Man erhält folgende Messwerte: $s_{BC} = 0,40$ m; $t_{AB} = 2,30$ s; $t_{BC} = 0,58$ s

1.1 Erläutern Sie kurz, wie die Zeiten t_{AB} und t_{BC} **gemessen** werden können.

1.2 Berechnen Sie den Betrag der Geschwindigkeit $\vec{v}_B$ des Wagens im Punkt B.

1.3.1 Zeichnen Sie das t-v-Diagramm für die Bewegung des Wagens auf der Strecke s_{AC}.

1.3.2 Entnehmen Sie Ihrem Diagramm von 1.3.1 den Betrag der Beschleunigung $\vec{a}$ des Wagens auf der Strecke s_{AB}.

1.3.3 Ermitteln Sie aus Ihrem Diagramm von 1.3.1 die Länge der Strecke s_{AB}. Kennzeichnen Sie die Strecke s_{BC} in Ihrem Diagramm.

1.3.4 Zeichnen Sie das t-s-Diagramm für die Bewegung des Wagens auf der Strecke s_{AC}.

Lösung:

1.1 Zur Messung benötigt man zwei Lichtschranken und zwei Kurzzeitmesser. Messung von t_{AB}: Mit Öffnung des Schalters S wird die erste Stoppuhr eingeschaltet. Beim Durchlaufen der Lichtschranke in B wird die Stoppuhr angehalten.
Messung von t_{BC}: Gleichzeitig mit dem Anhalten der Stoppuhr 1 wird durch die Lichtschranke in B die zweite Stoppuhr eingeschaltet. Durchfährt der Wagen die Lichtschranke in C, so wird die Stoppuhr 2 angehalten.

1.2 Bei der Bewegung von *B* nach *C* handelt es sich um eine gleichförmige Bewegung.

$$v_B = \frac{s_{BC}}{t_{BC}} \quad [v_B] = \frac{m}{s}$$

$$\Rightarrow v_B = \frac{0{,}40 \text{ m}}{0{,}58 \text{ s}} = 0{,}69 \frac{m}{s}$$

1.3.1 Die Darstellung im *t-v*-Diagramm ergibt für die gleichmäßig beschleunigte Bewegung eine Ursprungshalbgerade. Bei Geraden ist eine Wertetabelle nicht nötig, es genügen der Anfangs- und Endpunkt.

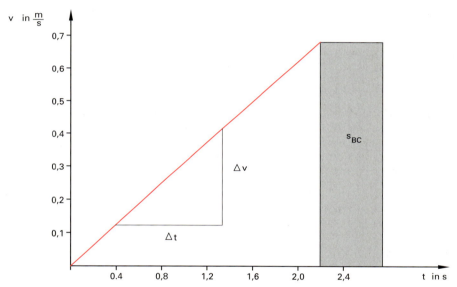

1.3.2 Die Definition der gleichmäßigen Beschleunigung lautet: $a = \frac{\Delta v}{\Delta t}$

Zur Bestimmung der Beschleunigung aus dem Diagramm zeichnet man dort ein nicht zu kleines Steigungsdreieck ein. Die Größen Δv und Δt werden aus dem Diagramm abgelesen. Man erhält:

$\Delta v = 0{,}30 \frac{m}{s}$ und $\Delta t = 1{,}0$ s

$$a = \frac{\Delta v}{\Delta t} = \frac{0{,}30 \frac{m}{s}}{1{,}0 \text{ s}} \Leftrightarrow a = 0{,}30 \frac{m}{s^2}$$

1.3.3 Die Fläche unter dem Grafen im *t-v*-Diagramm ist ein Maß für den zurückgelegten Weg.

$$\Rightarrow s_{AB} = \frac{1}{2} \cdot v_B \cdot t_{AB}$$

$$s_{AB} = \frac{1}{2} \cdot 0{,}69 \frac{m}{s} \cdot 2{,}30 \text{ s} \Leftrightarrow s_{AB} = 0{,}79 \text{ m}$$

Der Strecke s_{BC} entspricht das schraffierte Rechteck in der grafischen Darstellung.

1.3.4 Hier ist eine Fallunterscheidung nötig.
- $t \leq 2{,}30\,s$ gleichmäßige Beschleunigung
$$s(t) = \frac{1}{2} \cdot a \cdot t^2 = 0{,}15\,\frac{m}{s^2} \cdot t^2$$
- $t > 2{,}30\,s$ gleichförmige Bewegung
$$s(t) = s_{AB} + v_B \cdot (t - t_{AB})$$

Für den ersten Bereich ist eine Wertetabelle nötig.

t in s	0	0,50	1,0	1,5	2,0	2,3
s in m	0	0,038	0,15	0,34	0,60	0,79

Im Bereich von B nach C bewegt sich der Wagen mit konstanter Geschwindigkeit. Die grafische Darstellung im t-s-Diagramm für diesen Bereich ergibt eine Gerade. Um sie zeichnen zu können, benötigt man den Endpunkt.

$s(t_C) = s_{AB} + v_B \cdot (t_C - t_{AB})$ mit $t_C = t_{AB} + t_{BC}$

$\Rightarrow s(t_C) = s_{AB} + v_B \cdot t_{BC} = s_{AB} + s_{BC}$

$\Rightarrow s(t_C) = 0{,}79\,m + 0{,}40\,m = 1{,}19\,m$

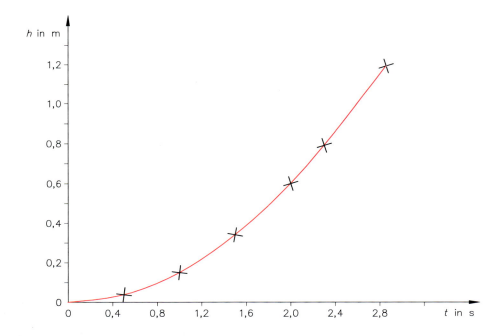

1 Bewegung und Energie

I) Übungsaufgaben zur gleichmäßig beschleunigten Bewegung

1.0 Ein Wagen wird auf einer Strecke von 0,22 km während der Zeitdauer von 10 s gleichmäßig beschleunigt.

1.1 Bestimmen Sie die Beschleunigung und die Endgeschwindigkeit.

2.0 Nach der Firmenangabe erreicht ein neuer Wagen in 11,4 s die Geschwindigkeit von $100 \; \frac{km}{h}$.

2.1 Welcher konstanten Beschleunigung entspricht das und welchen Weg legt der Wagen dabei zurück?

J) Der freie Fall

Eine alltägliche Bewegung, bei der sich die Geschwindigkeit im Laufe der Zeit ändert, wird nun genauer untersucht. Aus der Erfahrung ist bekannt, dass alle Körper, die sich im Schwerefeld der Erde frei bewegen können, zum Erdmittelpunkt hin „*fallen*". Diese Bewegung bezeichnet man als **freien Fall**.

Versuch:
Aufnahme einer frei fallenden Stahlkugel bei stroboskopischer Beleuchtung.

Beobachtung:
Aus der Aufnahme kann man entnehmen, dass bei dieser Bewegung der Weg, den der Körper in gleichen Zeitintervallen zurücklegt, nicht konstant ist. Der freie Fall kann somit nicht durch die Gesetzmäßigkeiten der gleichförmigen Bewegung beschrieben werden.
Da die Wegstrecke, die der Körper zwischen zwei Lichtblitzen zurücklegt, mit der Zeit zunimmt, muss auch die Geschwindigkeit des Körpers zunehmen. Es handelt sich somit um eine beschleunigte Bewegung aus dem Zustand der Ruhe.

Stroboskopische Aufnahme eines frei fallenden Körpers

Vergleicht man den freien Fall einer Daunenfeder und einer Bleikugel in Luft, so erkennt man, dass die Fallbewegung sehr stark durch die Luftreibung beeinflusst wird. In einem weiteren Versuch wird nun der freie Fall unterschiedlicher Körper (Feder und Bleikugel) in einer evakuierten Röhre (**Fallröhre**) untersucht.

Versuch:
Beobachtung:
In der evakuierten Fallröhre benötigen beide Körper für die gleiche Fallstrecke die gleiche Zeit.

Folgerung:
Die Beschleunigung, die Körper beim freien Fall im Vakuum erfahren, ist nicht von der Masse, Gestalt oder anderen Körpereigenschaften abhängig, sondern für alle Körper gleich groß.

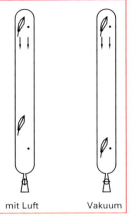

mit Luft   Vakuum

Mit Hilfe eines Experimentes soll nun eine Bewegungsgleichung für den freien Fall aufgestellt werden. Hierbei ist zunächst die Frage zu klären, ob die Beschleunigung längs der Fallstrecke konstant ist, der freie Fall somit eine gleichmäßig beschleunigte Bewegung aus dem Zustand der Ruhe darstellt.

Der Versuch zur Messung der Fallzeiten in Abhängigkeit der Fallstrecken müsste, um die Luftreibung auszuschalten, im Vakuum stattfinden. Da der experimentelle Aufwand hierfür jedoch zu groß ist, wählt man einen Körper mit hoher Dichte und möglichst kleinem Luftwiderstand.

Versuch:
Messung der Zeit t, die ein frei fallender Körper, eine kleine Stahlkugel, benötigt um in Luft die Fallstrecke h zu durchfallen.
In der Ausgangslage (Schalterstellung I) wird eine kleine Stahlkugel so an einem Elektromagneten befestigt, dass sie durch das Magnetfeld des Elektromagneten gerade noch festgehalten wird. Die Kugel befindet sich dabei am Ort $h = 0$.
(Da der freie Fall zum Erdmittelpunkt hin gerichtet ist, legt man das Bezugssystem zur Beschreibung dieser eindimensionalen Bewegung stets so, dass die positive h-Achse in diese Richtung zeigt.)

Bringt man nun den Schalter in die Stellung II, so wird der Stromfluss unterbrochen und das Magnetfeld des Elektromagneten bricht zusammen. Gleichzeitig wird die angeschlossene Stoppuhr gestartet. Die nun frei fallende Kugel unterbricht nach einiger Zeit die Lichtschranke am Ort h, wodurch die Stoppuhr angehalten wird. An der Stoppuhr kann nun die Zeit t abgelesen werden, die zum Durchfallen der Höhe h benötigt wurde.

1 Bewegung und Energie

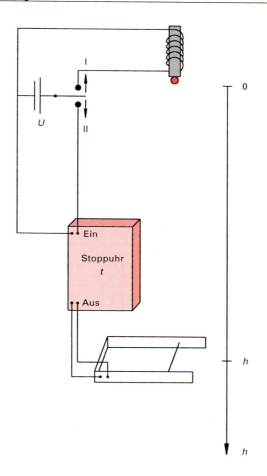

Schematischer Versuchsaufbau

Messwerttabelle:

h in cm	0	10	20	30	40	50	60	70	80	90	100
t in s	0	0,143	0,202	0,247	0,286	0,319	0,350	0,378	0,404	0,428	0,452
t^2 in 10^{-3} s^2	0	20,4	40,8	61,0	81,8	102	123	143	163	183	204
a in $\frac{m}{s^2}$	–	9,8	9,8	9,8	9,8	9,8	9,8	9,8	9,8	9,8	9,80

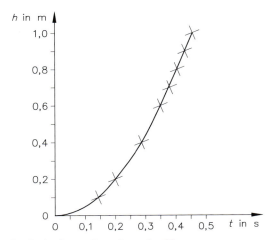

Grafische Darstellung im t–h–Diagramm.

Die grafische Darstellung im t-h-Diagramm legt die Vermutung nahe, dass der zurückgelegte Weg direkt proportional zum Quadrat der dazu benötigten Zeit ist.
$h \sim t^2$?

Diese Vermutung wird nun grafisch überprüft.

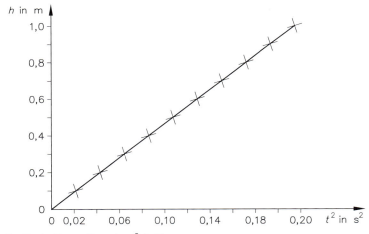

Grafische Darstellung im t^2-h-Diagramm.

Die grafische Auswertung im t^2-h-Diagramm ergibt im Rahmen der Messgenauigkeit eine Gerade durch den Ursprung.
$\Rightarrow h \sim t^2$

Der freie Fall ist somit eine gleichmäßig beschleunigte Bewegung aus dem Zustand der Ruhe.

1 Bewegung und Energie

Wie bereits gezeigt, existiert ein Zusammenhang zwischen der Steigung des Grafen im t^2-h-Diagramm und der Beschleunigung des Körpers. Die allgemeine Herleitung liefert:

„Steigung": $\dfrac{h}{t^2}$ = konst. = k und $k = \dfrac{1}{2} a$

Für den Wert der konstanten Beschleunigung folgt daraus: $a = 2 \cdot \dfrac{h}{t^2}$

Die Berechnung der Beschleunigung für die einzelnen Messwerte liefert im Rahmen der Messgenauigkeit den Wert $a = 9{,}8 \, \dfrac{m}{s^2}$ (siehe Messwerttabelle). Die Messgenauigkeit wird hier durch die begrenzte Einstellgenauigkeit der Entfernung bestimmt.

Versuchsergebnis:
Bei der Fallbewegung handelt es sich um eine gleichmäßig beschleunigte Bewegung aus dem Zustand der Ruhe. Der Wert der konstanten Fallbeschleunigung beträgt im Experiment $9{,}8 \, \dfrac{m}{s^2}$

Genaue Messungen ergeben, dass diese Beschleunigung am gleichen Ort für alle Körper gleich groß ist (exakt im Vakuum). Man gibt dieser speziellen Beschleunigung deshalb einen neuen Namen und bezeichnet sie als **Fallbeschleunigung g**. Die Fallbeschleunigung ist ein Vektor, der immer zum Erdmittelpunkt hin zeigt! Die Fallbeschleunigung ist an verschiedenen Orten verschieden groß. Man bezeichnet Orte, an denen die Fallbeschleunigung $g = 9{,}80665 \, \dfrac{m}{s^2}$ beträgt, als **Normorte**.

Fallbeschleunigungen an verschiedenen Orten in $\dfrac{m}{s^2}$

Nordpol	9,8322	Hamburg	9,8139	Sonne	274
Äquator	9,7805	München	9,8073	Mond	1,6
Südpol	9,8233	Rom	9,8035	Venus	8,4

Mit Hilfe des Versuchsergebnisses ist es nun leicht möglich die Bewegungsgleichungen für den freien Fall aufzustellen.
Die Bewegung des Körpers beim freien Fall ist immer zum Erdmittelpunkt gerichtet. Man definiert deshalb die Koordinatenachse zur Beschreibung dieser Bewegung in Richtung des Erdmittelpunktes.
Der Koordinatenursprung liegt, wenn möglich, am Ort des frei fallenden Körpers zum Zeitpunkt $t = 0$ s.

1.2 Translationsbewegungen eines Massenpunktes

Bewegungsgleichungen für den freien Fall		
	Koordinatengleichungen	Vektorgleichungen
Ort	$h(t) = \frac{1}{2} \cdot g \cdot t^2$ (I)	$\vec{h}(t) = \frac{1}{2} \cdot \vec{g} \cdot t^2$
Geschwindigkeit	$v(t) = g \cdot t$ (II)	$\vec{v}(t) = \vec{g} \cdot t$
Beschleunigung	$g = \text{Konstant} = 9{,}81 \, \frac{m}{s^2}$	$\vec{g} = 9{,}81 \cdot \frac{m}{s^2} \cdot \vec{e}_h$
Verknüpfung (I und II)	$v^2 = 2 \cdot g \cdot h$	

Musteraufgabe

Ein Stein wird von einem 100 m hohen Turm fallen gelassen. Nach 1,0 s lässt man einen zweiten Stein fallen. Berechnen Sie die Entfernungen der Steine von Sekunde zu Sekunde, bis beide den Boden erreicht haben! Wie groß ist ihre Fallzeit und ihre Geschwindigkeit beim Aufschlagen?

Lösung:

Vereinbarung eines Koordinatensystems.

Gegebene Größen:
$h(t_F) = 100$ m t_F: Fallzeit
h_1: Fallstrecke des 1. Steines
h_2: Fallstrecke des 2. Steines
$\Delta t = 1{,}0$ s

Gesucht: Δh; t_F und $v(t_F)$

Allgemein gilt für die Koordinaten des Ortes und der Geschwindigkeit:

$$h(t) = \frac{1}{2} \cdot g \cdot t^2; \quad v(t) = g \cdot t$$

Die berechneten Werte trägt man in eine Tabelle ein. Den Abstand der beiden Steine erhält man aus der Beziehung: $\Delta h = |h_1 - h_2|$

t in s	0	1,0	2,0	3,0	4,0	5,0
h_1 in m	0	4,9	20	44	78	(> $1{,}0 \cdot 10^2$)
h_2 in m	0	0	4,9	20	44	78
Δh in m	0	4,9	15	24	34	(22)

Anmerkung:

Der 1. Stein trifft zwischen der 4. und 5. Sekunde auf dem Boden auf. Der Abstand zum Zeitpunkt $t = 5{,}0$ s gibt somit die Entfernung des 2. Steines zum Boden an.

Die allgemeine Lösung lautet hier:

$$\Delta h(k \cdot 1{,}0\,\text{s}) = \left| \frac{1}{2} \cdot g \,(k \cdot 1{,}0\,\text{s})^2 - \frac{1}{2} \cdot g \cdot ((k-1) \cdot 1{,}0\,\text{s})^2 \right| \text{ mit } k \geq 1$$

k ist ein Laufparameter, der die Werte 1, 2, 3, ... n annehmen kann.

1 Bewegung und Energie

Berechnung der Fallzeit:

$$h(t_F) = \frac{1}{2} \cdot g \cdot t_F^2 \quad \Leftrightarrow \quad t_F^2 = \frac{2 \cdot h(t_F)}{g}$$

$$\Leftrightarrow t_F = \sqrt{\frac{2 \cdot h(t_F)}{g}} \quad \text{(Hier ist nur die positive Lösung sinnvoll.)}$$

$$t_F = \sqrt{\frac{2 \cdot 100 \text{ m}}{9{,}81 \frac{\text{m}}{\text{s}^2}}} \quad \Leftrightarrow \quad t_F = 4{,}52 \text{ s}$$

Die Fallzeit der beiden Steine beträgt 4,52 s.

Berechnung der Geschwindigkeit beim Auftreffen:

$$v(t_F) = g \cdot t_F$$

$$v(t_F) = 9{,}81 \frac{\text{m}}{\text{s}^2} \cdot 4{,}52 \text{ s} \quad \Leftrightarrow \quad v(t_F) = 44{,}3 \frac{\text{m}}{\text{h}} = 1{,}60 \cdot 10^2 \frac{\text{km}}{\text{h}}$$

Der Stein trifft mit einer Geschwindigkeit von $1{,}60 \cdot 10^2 \frac{\text{km}}{\text{h}}$ auf dem Boden auf.

1.2.4 Anwendungsbeispiel zur gleichförmigen und gleichmäßig beschleunigten Bewegung

Die bisher besprochenen geradlinigen Bewegungen treten im alltäglichen Leben häufig auf. Speziell im Straßenverkehr ergeben sich Probleme (Anfahr-, Überhol- und Transportvorgänge), die mit Hilfe der gewonnenen Bewegungsgleichungen gelöst werden können. Die möglichen Lösungsstrategien werden nun anhand eines Beispiels exemplarisch vorgestellt.

1.0   Ein Auto wird auf einer Geraden im Zeitintervall $\Delta t = 15{,}0$ s aus dem Stillstand auf die Geschwindigkeit $v_1 = 30{,}0 \frac{\text{m}}{\text{s}}$ konstant beschleunigt. Die Zeitmessung beginnt zum Zeitpunkt $t_0 = 0$ s, die Wegmessung am Startpunkt des Autos.

1.1   Stellen Sie den Beschleunigungsvorgang in einem t-s-Diagramm grafisch dar.

1.2.0 Zum Zeitpunkt $t_0 = 0$ s befindet sich hinter dem anfahrenden Auto im Abstand $d_0 = 120$ m ein Motorrad, das mit der konstanten Geschwindigkeit $v_0 = 20{,}0 \frac{\text{m}}{\text{s}}$ in gleicher Richtung fährt.

1.2.1 Stellen Sie den Bewegungsablauf des Motorrades für $0 \text{ s} \leq t \leq 15 \text{ s}$ in dem Diagramm von 1.1 grafisch dar.

1.2.2 Entnehmen Sie dem Diagramm näherungsweise diejenigen Zeitpunkte, in denen die beiden Fahrzeuge den Abstand $d_1 = 40$ m haben.

1.2.3 Geben Sie den Abstand $d(t)$ der beiden Fahrzeuge in Abhängigkeit von der Zeit mit eingesetzten Größenwerten an.

1.2.4 Was kann über die Geschwindigkeit der beiden Fahrzeuge zum Zeitpunkt ihres kleinsten Abstandes aussagen? (Begründung!)

1.2.5 Ermitteln Sie rechnerisch, zu welchem Zeitpunkt t_2 dieser Abstand minimal ist und berechnen Sie diesen kleinsten Abstand d_{min}.

Lösung

1.1 Das Auto führt eine gleichmäßig beschleunigte Bewegung aus dem Zustand der Ruhe aus; die Bewegung erfolgt in Richtung der positiven Weg-Achse, ausgehend vom Koordinatenursprung. Die grafische Darstellung im t-s-Diagramm muss somit einen Parabelast ergeben.

Aus der Aufgabenstellung kann keine Angabe über die Bewegung des Autos nach den ersten 15 Sekunden gemacht werden. Diese Einschränkung muss in der Wertetabelle und bei der grafischen Darstellung berücksichtigt werden.

Für die Bewegungsgleichung des Autos während des Anfahrens gilt:

$$s(t) = \frac{1}{2} \cdot a \cdot t^2$$

Unter Verwendung der Definition der Beschleunigung $a = \frac{\Delta v}{\Delta t}$ ergibt sich:

$$s(t) = \frac{1}{2} \cdot \frac{\Delta v}{\Delta t} \cdot t^2$$

Achtung: An dieser Stelle dürfen die Größen t und Δt nicht gleichgesetzt werden. Δt gibt die feste Zeitspanne von 15,0 s an, t ist eine variable Größe, die verschiedene Werte annehmen kann.

Mit eingesetzten Zahlenwerten erhält man daraus:

$$s(t) = \frac{1}{2} \cdot \frac{30{,}0\,\frac{m}{s}}{15{,}0\,s} \cdot t^2 \Leftrightarrow s(t) = 1{,}00\,\frac{m}{s^2} \cdot t^2$$

Mit Hilfe dieser Gleichung kann nun eine Wertetabelle erstellt werden.

t in s	0	2,0	4,0	6,0	8,0	10,0	12,0	14,0	15,0
s in m	0	4,0	16	36	64	100	144	196	225

Grafische Darstellung im t-s-Diagramm.

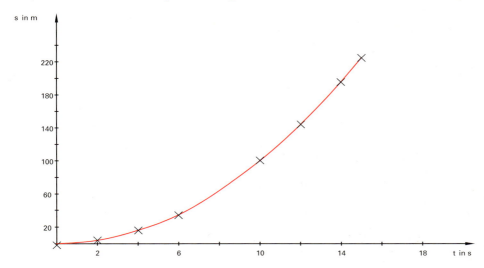

1.2.1 Das Motorrad fährt mit konstanter Geschwindigkeit in Richtung des Autos. Diese Bewegung ergibt bei der grafischen Darstellung eine Gerade durch den Ursprung. Da eine Gerade durch zwei Punkte eindeutig festgelegt ist, benötigt man hier, neben dem Ursprung, nur noch einen Wert.
$s_{Mot}(t) = v_0 \cdot t$ für $t_1 = 15{,}0$ s erhält man

$s_{Mot}(t_1) = 20{,}0 \; \frac{m}{s} \cdot 15{,}0 \, s = 300 \, m$

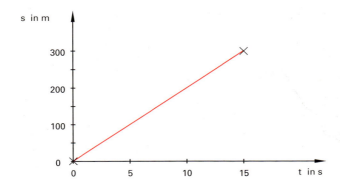

Grafische Darstellung im t-s-Diagramm

Die obenstehende Darstellung setzt voraus, dass sich zum Zeitpunkt $t = 0$ s das Motorrad am Koordinatenursprung befindet.
In der Aufgabenstellung wird nun verlangt, beide Bewegungen in einem Diagramm darzustellen.

Der Koordinatenursprung wird durch den Startpunkt des Autos festgelegt. In einer Entfernung von 120 m zum Koordinatenursprung befindet sich das Motorrad, das sich hinter dem Auto befindet.

Im gewählten Koordinatensystem gilt somit:

$s_{Mot}(t_0) = -120\,\text{m}$

Allgemein:

$s_{Mot}(t) = -120\,\text{m} + 20{,}0\,\dfrac{\text{m}}{\text{s}} \cdot t$

Man erkennt, dass der Graf zur Beschreibung der Bewegung des Motorrades nur nach unten verschoben wurde (Koordinatentransformation).

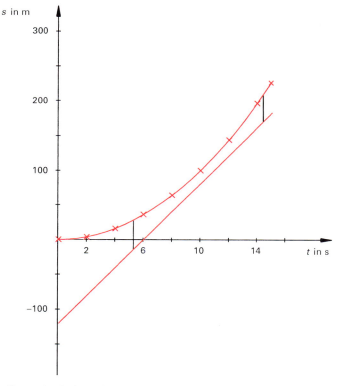

Darstellung der beiden Bewegungen in einem Diagramm

Da zu jedem Zeitpunkt die Beziehung $s_{Auto} > s_{Mot}$ erfüllt ist, folgt: Der Motorradfahrer kann das anfahrende Auto nicht einholen.

1.2.2   Zeichnet man in die letzte grafische Darstellung eine Hilfsgerade ein, deren Abstand zum Grafen des Motorrades in jedem Zeitpunkt 40 m beträgt, so erhält man zwei Schnittpunkte mit dem Grafen des Autos. Die Zeiten, die zu diesen Schnittpunkten gehören, sind die Lösung der Aufgabe. Aus dem Diagramm erhält man: $t_1 \approx 5{,}4\,\text{s}$ und $t_2 \approx 14{,}4\,\text{s}$

1 Bewegung und Energie

1.2.3 Für den Abstand der beiden Fahrzeuge gilt allgemein:

$d(t) = |s_{Auto}(t) - s_{Mot}(t)|$

(Auf die Betragstriche könnte man hier verzichten, da $s_{Auto} > s_{Mot}$.)

$$d(t) = \left| \frac{1}{2} \cdot a \cdot t^2 - (-120\,\text{m} + v_0 \cdot t) \right|$$

Mit eingesetzten Zahlenwerten erhält man:

$$d(t) = \left| 1{,}00\,\frac{\text{m}}{\text{s}^2} \cdot t^2 + 120\,\text{m} - 20{,}0\,\frac{\text{m}}{\text{s}} \cdot t \right|$$

1.2.4 Die Frage nach der Geschwindigkeit der beiden Fahrzeuge beim kleinsten Abstand lässt sich anhand einer einfachen Überlegung beantworten. Zunächst ist das Auto, dessen Geschwindigkeit von Null ausgehend linear ansteigt, langsamer als das Motorrad, das sich mit konstanter Geschwindigkeit bewegt. Der Abstand zwischen Motorrad und Auto wird solange kleiner, bis beide Fahrzeuge gleiche Geschwindigkeit besitzen. Erhöht sich nun die Geschwindigkeit des Autos, so wird der Abstand zum Motorrad wieder größer. Man erkennt daraus, dass der kleinste Abstand dann erreicht wird, wenn beide Fahrzeuge exakt die gleiche Geschwindigkeit besitzen.

1.2.5 Aus der Lösung von Aufgabe 1.2.4 folgt direkt: $v_{Auto}(t_2) = v_0$

$$a \cdot t_2 = v_0 \Leftrightarrow t_2 = \frac{v_0}{a}\,; \qquad \text{mit } a = \frac{\Delta v}{\Delta t} = \frac{30{,}0\,\frac{\text{m}}{\text{s}}}{15{,}0\,\text{s}} = 2{,}00\,\frac{\text{m}}{\text{s}^2}$$

$$\Rightarrow t_2 = \frac{20{,}0\,\frac{\text{m}}{\text{s}}}{2{,}00\,\frac{\text{m}}{\text{s}^2}} \Leftrightarrow t_2 = 10{,}0\,\text{s}$$

Zur Ermittlung des minimalen Abstandes braucht man nun nur diese Zeit in die allgemeine Gleichung zur Berechnung des Abstandes einzusetzen.

$$d_{min} = d(t_2) = \left| 1{,}00\,\frac{\text{m}}{\text{s}^2} \cdot t_2^2 + 120\,\text{m} - 20{,}0\,\frac{\text{m}}{\text{s}} \cdot t_2 \right| \Rightarrow d_{min} = 20\,\text{m}$$

Der minimale Abstand der beiden Fahrzeuge beträgt 20 m; er wird 10,0 s nach dem Start des Automobils erreicht.

1.3 Zusammengesetzte Bewegungen

1.3.1 Das Unabhängigkeitsprinzip

Die Ergebnisse von 1.2.2 lassen sich auch auf die Überlagerung gleichmäßig beschleunigter Bewegungen übertragen.

Zusammengefasst erhält man das sogenannte **Unabhängigkeitsprinzip**:

> **Besitzt eine Bewegung mehrere Komponenten, so bleibt der Bewegungsvorgang in Richtung der einen Komponente unbeeinflusst von dem Bewegungsvorgang in Richtung einer anderen Komponente. Bei der Überlagerung beliebiger Bewegungen ergeben sich der Ortsvektor, die Gesamtgeschwindigkeit und die Gesamtbeschleunigung als Vektorsumme der entsprechenden Einzelgrößen.**

Beispiel: Demonstration des Unabhängigkeitsprinzips mit dem Wurfapparat.

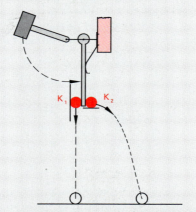

Die Kugel K_1 wird durch eine Blattfeder gegen eine Halterung gedrückt, die Kugel K_2 liegt höhengleich auf einer Unterlage.
Schlägt man mit einem Hammer gegen die Blattfeder, so verlassen beide Kugeln ihre Halterung nahezu gleichzeitig. Die Kugel K_1 fällt direkt auf den Boden, während die Kugel K_2 zusätzlich in der Waagrechten eine kurzzeitige Beschleunigung erfährt. Man beobachtet, dass beide Kugeln gleichzeitig am Boden aufschlagen. Dies ist nur möglich, wenn die Fallbewegung der Kugel K_2 unabhängig von der Bewegung in der Waagrechten abläuft. Das Unabhängigkeitsprinzip wird so eindrucksvoll bestätigt.

1.3.2 Überlagerung von gleichförmiger und gleichmäßig beschleunigter Bewegung

Bisher wurden bei der Überlagerung nur gleichförmige Bewegungen betrachtet. Nun sollen Bewegungen untersucht werden, deren Komponenten gleichförmig und gleichmäßig beschleunigt sind. Dabei müssen wiederum einige Fälle untersucht werden.

1 Bewegung und Energie

A) Die Vektoren $\vec{v}_0$ und $\vec{a}$ sind parallel

Hierbei handelt es sich beispielsweise um eine gleichmäßig beschleunigte Bewegung eines Körpers, der bei Beginn der Beschleunigung bereits eine Geschwindigkeit, die sog. **Anfangsgeschwindigkeit**, besitzt. Die Vektoren der Geschwindigkeit und Beschleunigung sind linear abhängig, die Bewegung damit eindimensional.

Ist die Beschleunigung eines Körpers seiner momentanen Bewegungsrichtung entgegengesetzt, so spricht man von einer **negativen Beschleunigung** oder **Verzögerung** (Die Koordinate des Beschleunigungsvektors in Bewegungsrichtung ist negativ).

t-v-Diagramm ($\vec{v}_0 \parallel \vec{a}$)

Nach dem Unabhängigkeitsprinzip erhält man den Geschwindigkeitsvektor der Gesamtbewegung durch Vektoraddition der entsprechenden Teilbewegungen.

$$\vec{v}(t) = \vec{v}_0 + \vec{a} \cdot t$$

Für den Ortsvektor erhält man daraus:

$$\vec{x}(t) = \vec{v}_0 \cdot t + \frac{1}{2} \cdot \vec{a} \cdot t^2$$

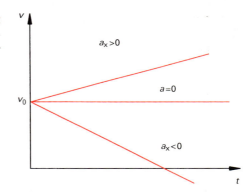

Diese Gleichung lässt sich auch grafisch nachweisen.

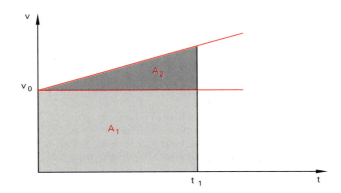

Die Fläche unter dem Grafen im *t-v*-Diagramm ist ein Maß für die bis zum Zeitpunkt t_1 zurückgelegte Strecke.

Die Fläche A_1 entspricht der Strecke, die der Körper bei einer gleichförmigen Bewegung zurücklegt. A_2 gibt die Fläche an, die er aus dem Zustand der Ruhe bis zum Zeitpunkt t_1 zurücklegt.

Für die Bewegungsgleichungen der gleichmäßig beschleunigten Bewegung mit Anfangsgeschwindigkeit ergibt sich:

	Koordinatengleichung	Vektorgleichung
Ort	$x(t) = v_{0x} \cdot t + \frac{1}{2} \cdot a_x \cdot t^2$ (I)	$\vec{x}(t) = \vec{v}_0 \cdot t + \frac{1}{2} \cdot \vec{a} \cdot t^2$
Geschwindigkeit	$v_x(t) = v_{0x} + a_x \cdot t$ (II)	$\vec{v}(t) = \vec{v}_0 + \vec{a} \cdot t$
Beschleunigung	$a_x(t) =$ konstant (III)	$\vec{a}(t) = \overline{\text{konst.}}$
Verknüpfung	$v_x^2 - v_{0x}^2 = 2 \cdot a_x \cdot x$	

Die Gleichungen I, II und III geben die Grundgrößen von Bewegungen in Abhängigkeit der Zeit an. Da diese Gleichungen für jeden Zeitpunkt erfüllt sind, ist es nun möglich die Zeit zu eliminieren. Aus der Gleichung II folgt:

$$\Rightarrow t = \frac{v_x - v_{0x}}{a_x}$$

Eingesetzt in Gleichung I:

$$x = v_{0x} \cdot \frac{v_x - v_{0x}}{a_x} + \frac{1}{2} \cdot a_x \cdot \left(\frac{v_x - v_{0x}}{a_x}\right)^2$$

$$\Leftrightarrow x = \frac{v_{0x} \cdot v_x - v_{0x}^2}{a_x} + \left(\frac{v_x^2 - 2 \cdot v_x \cdot v_{0x} + v_{0x}^2}{2 \cdot a_x}\right)$$

$$\Leftrightarrow x = \frac{2 \cdot v_{0x} \cdot v_x - 2 \cdot v_{0x}^2 + v_x^2 - 2 \cdot v_x \cdot v_{0x} + v_{0x}^2}{2 \cdot a_x}$$

$$\Leftrightarrow 2 \cdot a_x \cdot x = v_x^2 - v_{0x}^2$$

Diese Gleichung liefert einen Zusammenhang zwischen Geschwindigkeit und Weg bei der gleichmäßig beschleunigten Bewegung.

Beispiele:

a) Der senkrechte Wurf nach unten

Bei dieser Bewegung sind die Vektoren der Geschwindigkeit und der Beschleunigung gleichgerichtet. Für die Bewegungsgleichungen (Koordinatensystem: siehe freier Fall) erhält man:

	Koordinatengleichung	Vektorgleichung
Ort	$h(t) = v_0 \cdot t + \frac{1}{2} \cdot g \cdot t^2$ (I)	$\vec{h}(t) = \vec{v}_0 \cdot t + \frac{1}{2} \cdot \vec{g} \cdot t^2$
Geschwindigkeit	$v(t) = v_0 + g \cdot t$ (II)	$\vec{v}(t) = \vec{v}_0 + \vec{g} \cdot t$
Beschleunigung	$g =$ konstant $= 9{,}81 \, \frac{m}{s^2}$ (III)	$\vec{g}(t) = \overline{\text{konst.}}$
Verknüpfung	$v^2 - v_0^2 = 2 \cdot g \cdot h$	

1 Bewegung und Energie

b) Der senkrechte Wurf nach oben

Bei dieser Bewegung sind die Vektoren der Anfangsgeschwindigkeit und der Beschleunigung entgegengerichtet.

Es gilt:
$$\vec{g} = -g \cdot \vec{e}_h$$
$$|\vec{g}| = g$$

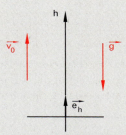

Vereinbarung eines Koordinatensystems

	Koordinatengleichung	Vektorgleichung
Ort	$h(t) = v_0 \cdot t - \frac{1}{2} \cdot g \cdot t^2$ (I)	$\vec{h}(t) = \vec{v}_0 \cdot t + \frac{1}{2} \cdot \vec{g} \cdot t^2$
Geschwindigkeit	$v(t) = v_0 - g \cdot t$ (II)	$\vec{v}(t) = \vec{v}_0 + \vec{g} \cdot t$
Beschleunigung	$g = $ konstant (III)	$\vec{g}(t) = $ konst.
Verknüpfung	$v_0^2 - v^2 = 2 \cdot g \cdot h$	

Mit Hilfe dieser Gleichungen lässt sich diese Bewegung näher analysieren.

– Berechnung der **Steigzeit** t_H und der **Wurfhöhe** H.
 Im höchsten Punkt der Bahn befindet sich der Körper in Ruhe, für seine Geschwindigkeit gilt:
 $v(t_H) = 0$

Aus der Gleichung II folgt für die Steigzeit:

$v(t_H) = 0 = v_0 - g \cdot t_H$

$\Leftrightarrow t_H = \dfrac{v_0}{g}$ „Steigzeit"

Für die Wurfhöhe gilt: $h(t_H) = H$

$H = v_0 \cdot t_H - \dfrac{1}{2} \cdot g \cdot t_H^2$

$\Leftrightarrow H = v_0 \cdot \dfrac{v_0}{g} - \dfrac{1}{2} \cdot g \cdot \left(\dfrac{v_0}{g}\right)^2$

$\Leftrightarrow H = \dfrac{v_0^2}{2 \cdot g}$ „Wurfhöhe"

- Gesucht ist die Zeit, die verstreicht, bis der Körper wieder die Höhe $h = 0$ besitzt. Betrachtet man die Gleichung (I), so erhält man:

$$0 = v_0 \cdot t - \frac{1}{2} \cdot g \cdot t^2$$

$$\Leftrightarrow 0 = t \cdot \left(v_0 - \frac{1}{2} \cdot g \cdot t\right)$$

1. Lösung:

Die Gleichung ist erfüllt für $t_1 = 0$. (Zeitpunkt des Abwurfes.)

2. Lösung:

$$0 = v_0 - \frac{1}{2} \cdot g \cdot t_2 \Leftrightarrow t_2 = \frac{2 \cdot v_0}{g} = 2 \cdot \frac{v_0}{g}$$

Nach dieser Zeit befindet sich der Körper wieder auf der Höhe der Abwurfstelle. Allgemein kann diese Zeit auch als Summe der Steigzeit und der Fallzeit des Körpers angesehen werden. $\Rightarrow t_2 = t_H + t_F$

Für die Steigzeit wurde bereits gezeigt: $t_H = \frac{v_0}{g}$

Für die Fallzeit ergibt sich:

$$t_F = t_2 - t_H = 2 \cdot \frac{v_0}{g} - \frac{v_0}{g} = \frac{v_0}{g}$$

$\Rightarrow$ **Steigzeit = Fallzeit**

- Kann der zweite Teil der Bewegung als freier Fall interpretiert werden? Zur Lösung dieser Frage wird die Zeit t_3 berechnet, die der Körper benötigt, die Wurfhöhe zu durchfallen.

$$h(t) = \frac{1}{2} \cdot g \cdot t^2; \quad \text{mit } h(t_3) = H = \frac{v_0^2}{2 \cdot g}$$

$$\Rightarrow t_3 = \sqrt{\frac{2 \cdot H}{g}} = \sqrt{\frac{2 \cdot \frac{v_0^2}{2 \cdot g}}{g}} = \frac{v_0}{g} = t_F$$

Der zweite Teil der Wurfbewegung kann als freier Fall interpretiert werden. Man darf bei diesen Überlegungen jedoch nicht vergessen, dass der Wechsel des Bezugssystems innerhalb einer Aufgabe zu falschen Ergebnissen führt und nur in Ausnahmefällen und unter genauer Begründung der Zusammenhänge erlaubt ist.

Musteraufgabe

Ein Stein wird senkrecht nach oben geworfen und erreicht nach $t_1 = 3{,}0\,\text{s}$ wieder die Abwurfstelle. Wie hoch ist der Stein gestiegen?

1 Bewegung und Energie

Lösung

$$h(t_1) = 0 \Rightarrow 0 = v_0 \cdot t_1 - \frac{1}{2} \cdot g \cdot t_1^2$$

$$\Leftrightarrow 0 = t_1 \cdot \left(v_0 - \frac{1}{2} \cdot g \cdot t_1\right)$$

Das Produkt zweier Faktoren ergibt null, wenn einer der beiden Faktoren null ist. Die obige Gleichung ist damit für $t_1 = 0$ erfüllt, was jedoch der Abwurfzeitpunkt ist und somit keine Lösung der Aufgabe darstellt!

Für den zweiten Faktor der Gleichung erhält man: $v_0 = \frac{1}{2} \cdot g \cdot t_1$

Da die Zeitspanne t_1 gegeben ist, kann die Anfangsgeschwindigkeit des senkrechten Wurfs berechnet werden. Allgemein gilt für die Wurfhöhe: $H = \frac{v_0^2}{2 \cdot g}$

$$H = \frac{v_0^2}{2 \cdot g} = \frac{\left(\frac{1}{2} \cdot g \cdot t_1\right)^2}{2 \cdot g} = \frac{g \cdot t_1^2}{8} \Rightarrow H = \frac{9{,}81 \frac{m}{s^2} \cdot (3{,}0\,s)^2}{8} = 11\,m$$

Der Stein erreicht eine Wurfhöhe von 11 m.

Übungsaufgaben zur gleichmäßig beschleunigten Bewegung mit Anfangsgeschwindigkeit.

1   Ein PKW wird von der Geschwindigkeit 65 $\frac{km}{h}$ auf 5,0 $\frac{km}{h}$ abgebremst. Er legt dabei die Strecke von 30 m zurück. Berechnen Sie die Bremsdauer!

2.0   Ein PKW macht eine Notbremsung. Seine Beschleunigung ist dabei durchschnittlich $-7{,}2 \frac{m}{s^2}$. Genau 3,0 s nach dem Beginn der Vollbremsung kommt der Wagen zum Stehen.

2.1   Wie groß war seine Anfangsgeschwindigkeit, wie lange der Bremsweg?

2.2   Vor dem Beginn der Vollbremsung fuhr der Wagen mit konstanter Geschwindigkeit. Bis zum Einsetzen des Bremsvorgangs verging nach dem Erkennen der Gefahr eine Zeitspanne von 1,0 s, die so genannte Schrecksekunde. Welche Strecke legte der Wagen in der Schrecksekunde bereits zurück?

3.0   Eine Kugel wird mit der Anfangsgeschwindigkeit vom Betrag 50 $\frac{m}{s}$ senkrecht nach oben geschleudert.

3.1   Wie lange steigt sie? Welche Höhe erreicht sie und wie groß ist die Geschwindigkeit der Kugel 1,00 s nach dem Erreichen der Gipfelhöhe?

4.0 Eine A-4-Rakete wurde durch ihr Antriebssystem in 57,8 s von der Anfangsgeschwindigkeit $0\,\frac{m}{s}$ auf die Endgeschwindigkeit $v_1 = 2{,}4\,\frac{km}{s}$ in senkrechter Richtung beschleunigt. Danach flog die Rakete antriebslos weiter.

4.1 Wie hoch ist sie während der Antriebsphase gestiegen und welche Gipfelhöhe könnte sie erreichen, wenn der Luftwiderstand nicht wäre und g als konstant betrachtet wird?

4.2 Beim ersten gelungenen Probestart in Peenemünde 1944 erreichte die Rakete eine Gipfelhöhe von 85 km. Wie viel Prozent der theoretischen Höhe sind das?

B) Die Vektoren $\vec{v}_0$ und $\vec{a}$ stehen senkrecht aufeinander (waagerechter Wurf)

Im Gegensatz zum ersten Fall (A) benötigt man hier zur Beschreibung der Bewegung zwei Koordinaten, da es sich um eine Bewegung in einer Ebene handelt.
Nach dem Unabhängigkeitsprinzip erhält man den Ortsvektor (Geschwindigkeitsvektor, Beschleunigungsvektor) der Gesamtbewegung durch Vektoraddition der entsprechenden Teilbewegungen.

Ortsvektor: $\qquad \vec{r}(t) = \vec{v}_0 \cdot t + \frac{1}{2} \cdot \vec{a} \cdot t^2$

Geschwindigkeitsvektor: $\qquad \vec{v}(t) = \vec{v}_0 + \vec{a} \cdot t$

Beschleunigungsvektor: $\qquad \vec{a} = \overrightarrow{\text{konst.}}$

Eine Bewegung, bei der die genannten Voraussetzungen erfüllt sind, ist der waagerechte Wurf.

a) Der waagerechte Wurf

Koordinatensystem

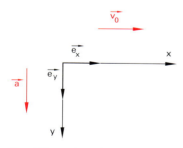

Ein Körper bewege sich mit der Geschwindigkeit $\vec{v}_0$ in Richtung der x-Achse und mit der Beschleunigung $\vec{a} = \vec{g}$ in Richtung der y-Achse.

Der Körper beschreibt gleichzeitig zwei Bewegungen:
– in x-Richtung eine gleichförmige Bewegung.
– in y-Richtung eine gleichmäßig beschleunigte Bewegung (Freier Fall).
Die Überlagerung beider Bewegungen bezeichnet man als ‚**Waagrechten Wurf**'.

1 Bewegung und Energie

Darstellung der beim waagrechten Wurf geltenden Zusammenhänge an einem konkreten Beispiel.

Bei einem waagrechten Wurf beträgt die Geschwindigkeit in Richtung der x-Achse $2{,}0\,\frac{m}{s}$.

Zeichnen Sie in einem x-y-Koordinatensystem die Punkte der Bahn ein, die der Körper durchläuft, wenn er im Koordinatenursprung abgeworfen wird.

Für die Bewegung in x-Richtung gilt: $x(t) = v_0 \cdot t$

Für die Bewegung in y-Richtung gilt: $y(t) = \frac{1}{2} \cdot g \cdot t^2$

Wertetabelle:

t in s	0	0,50	1,0	1,5	2,0	2,5	3,0	3,5	4,0	4,5	5,0	5,5	6,0
x in m	0	1,0	2,0	3,0	4,0	5,0	6,0	7,0	8,0	9,0	10	11	12
y in m	0	1,2	4,9	11	20	31	44	60	78	99	$1{,}2 \cdot 10^2$	$1{,}5 \cdot 10^2$	$1{,}8 \cdot 10^2$

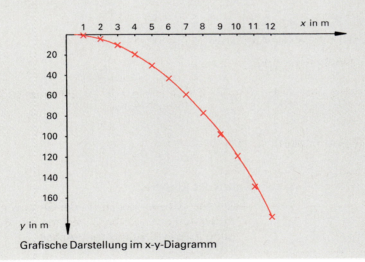

Grafische Darstellung im x-y-Diagramm

1.3 Zusammengesetzte Bewegungen

Betrachtung für den Ort des Körpers.

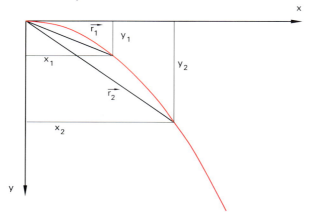

Es gilt für die Ortsvektoren:

$$\vec{r}_1 = x_1 \cdot \vec{e}_x + y_1 \cdot \vec{e}_y = \begin{pmatrix} x_1 \\ y_1 \end{pmatrix}$$

$$\vec{r}_2 = x_2 \cdot \vec{e}_x + y_2 \cdot \vec{e}_y = \begin{pmatrix} x_2 \\ y_2 \end{pmatrix}$$

Allgemein:

$$\vec{r}(t) = x(t) \cdot \vec{e}_x + y(t) \cdot \vec{e}_y = \begin{pmatrix} x(t) \\ y(t) \end{pmatrix} \quad \text{mit} \quad x(t) = v_0 \cdot t \text{ und } y(t) = \frac{1}{2} \cdot g \cdot t^2$$

$$\Rightarrow \vec{r}(t) = (v_0 \cdot t) \cdot \vec{e}_x + \left(\frac{1}{2} \cdot g \cdot t^2 \right) \cdot \vec{e}_y = \begin{pmatrix} v_0 \cdot t \\ \frac{1}{2} \cdot g \cdot t^2 \end{pmatrix}$$

Betrachtung für die Geschwindigkeit des Körpers.

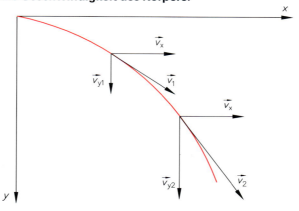

1 Bewegung und Energie

Die Geschwindigkeitskomponente in x-Richtung bleibt während der gesamten Bewegung konstant.

$$\vec{v}_x = \vec{v}_0 = v_0 \cdot \vec{e}_x$$

Für die Vektoren der Momentangeschwindigkeit erhält man:

$$\vec{v}_1 = \vec{v}_0 + \vec{v}_{y1}$$
$$\vec{v}_2 = \vec{v}_0 + \vec{v}_{y2}$$

Allgemein:

$$\vec{v}(t) = v_0 \cdot \vec{e}_x + v_y(t) \cdot \vec{e}_y = \begin{pmatrix} v_0 \\ v_y(t) \end{pmatrix} \text{ mit } v_y(t) = g \cdot t$$

$$\Rightarrow \vec{v}(t) = v_0 \cdot \vec{e}_x + (g \cdot t) \cdot \vec{e}_y = \begin{pmatrix} v_0 \\ g \cdot t \end{pmatrix}$$

Der Betrag des Vektors der Momentangeschwindigkeit ergibt:

$$|\vec{v}(t)| = v(t) = \sqrt{v_x(t)^2 + v_y(t)^2} = \sqrt{v_0^2 + (g \cdot t)^2} \quad \text{(Pythagoras)}$$

Die Richtung des Vektors der Momentangeschwindigkeit

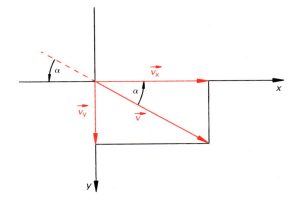

Aus den obigen Darstellung folgt für den Winkel des Vektors der Momentangeschwindigkeit zur x-Achse:

$$\tan \alpha = \frac{|\vec{v}_y|}{|\vec{v}_x|}$$

Hinweis:
Möchte man den Winkel bestimmen, unter dem ein Körper auf dem Boden aufschlägt, so muss die Richtung des Vektors der **Momentangeschwindigkeit** bestimmt werden. Die Momentangeschwindigkeit beinhaltet die Änderung des Ortes und damit die Bewegungsrichtung. Der Vektor der Momentangeschwindigkeit verläuft somit immer **tangential** zur Bahnkurve.

1.3 Zusammengesetzte Bewegungen

Bahnkurve im x-y-Koordinatensystem

Man erhält die Gleichung der Bahnkurve $y = f(x)$ aus den Koordinatengleichungen durch Elimination der Zeit.

$$x(t) = v_0 \cdot t \;\Rightarrow\; t = \frac{x}{v_0}$$

$$\text{mit } y(t) = \frac{1}{2} \cdot g \cdot t^2 \Rightarrow y = \frac{g}{2 \cdot v_0^2} \cdot x^2 \Leftrightarrow y(x) = k \cdot x^2 \text{ mit } k = \frac{g}{2 \cdot v_0^2}$$

Das ist die Gleichung einer Parabel. Der Körper durchläuft beim waagrechten Wurf eine Bahnkurve, die durch eine Parabel beschrieben werden kann.

Berechnung von Wurfhöhe und Wurfweite

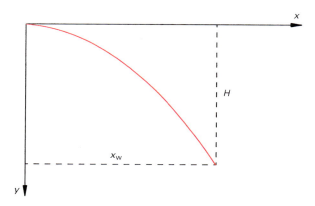

Ersetzt man in der Gleichung der Bahnkurve y durch H und x durch x_w, so erhält man:

$$H = \frac{g}{2 \cdot v_0^2} \cdot x_w^2 \quad \text{(Wurfhöhe)}$$

und

$$|x_w| = v_0 \cdot \sqrt{\frac{2 \cdot H}{g}} \quad \text{(Wurfweite)}$$

Andere Herleitung:

Gegeben: x_w; v_0

Gesucht: H

Lösung: $x_w = v_0 \cdot t_1$

$$\Leftrightarrow t_1 = \frac{x_w}{v_0}$$

$$\text{mit } H = \frac{1}{2} \cdot g \cdot t_1^2$$

$$\Rightarrow H = \frac{g}{2 \cdot v_0^2} \cdot x_w^2$$

Gegeben: H; v_0

Gesucht: x_w

Lösung:

$$H = \frac{1}{2} \cdot g \cdot t_1^2 \Leftrightarrow t_1 = \sqrt{\frac{2 \cdot H}{g}}$$

$$\text{mit } x_w = v_0 \cdot t_1$$

$$\Rightarrow x_w = v_0 \cdot \sqrt{\frac{2 \cdot H}{g}}$$

1 Bewegung und Energie

b) Übungsaufgaben zum waagrechten Wurf.

1.0   Ein Wasserstrahl steigt 80 cm hoch.

1.1   Mit welcher Geschwindigkeit verlässt er die Düse senkrecht nach oben?

1.2.0   Mit einer Geschwindigkeit von diesem Betrag verlassen die Wasserteilchen nun die Düse in waagrechter Richtung und treffen auf dem 1,2 m tiefer liegenden Boden auf.

1.2.1   Wie weit kommen die Wasserteilchen in waagrechter Richtung?

1.2.2   Unter welchem Winkel zur Horizontalen treffen sie am Boden auf?

2.1   Mit welcher Geschwindigkeit muss ein Körper vom oberen Rand einer 123 m hohen senkrechten Felswand waagrecht weggeschleudert werden, damit er in einer Entfernung von 100 m zum Fußpunkt der Felswand am Boden auftrifft?

2.2   Wie groß ist die Geschwindigkeit beim Auftreffen?

3.0   Ein Flugzeug fliegt in 250 m Höhe mit der Geschwindigkeit von 90 $\frac{m}{s}$ und wirft eine Versorgungskiste ab. In welchem horizontalen Abstand zum Ziel muss der Pilot die Kiste abwerfen, wenn der Luftwiderstand nicht berücksichtigt wird.

4.0   Ein Stein wird von einem 45 m hohen Turm horizontal abgeschleudert und trifft 60 m vom Fußpunkt des Turmes auf dem Erdboden auf.

4.1   Mit welcher Geschwindigkeit wurde der Stein abgeschleudert?

4.2   Berechnen Sie die Endgeschwindigkeit nach Betrag und Richtung, und zeichnen Sie den Geschwindigkeitsvektor in die Darstellung von 4.3 ein.

4.3   Zeichnen Sie den Verlauf der Wurfbahn in ein geeignetes Koordinatensystem ein (M 1:500), wobei mindestens vier weitere Punkte der Bahn durch Rechnung zu ermitteln sind.

1.3.3 Zusammenfassung und Übungsaufgaben

Beachtet man, dass die Geschwindigkeit und die Beschleunigung durch Vektoren dargestellt werden und das Unabhängigkeitsprinzip für diese Bewegungen gilt, so lässt sich das Kapitel 1.3 in drei Gleichungen zusammenfassen.

Ort	$\vec{r}(t) = \vec{v}_0 \cdot t + \frac{1}{2} \cdot \vec{a} \cdot t^2$
Geschwindigkeit	$\vec{v}(t) = \vec{v}_0 + \vec{a} \cdot t$
Beschleunigung	$\vec{a}(t) = \overrightarrow{konst.}$

Übungsaufgaben zu 1.3

1.0 Die Bewegung eines quaderförmigen Körpers K_1 auf einer waagrechten Platte soll untersucht werden. K_1 ist durch einen dünnen Faden, der über eine reibungsfreie Rolle geführt wird, mit einem frei hängenden Körper K_2 verbunden (siehe Skizze).
Der Körper K_1 wird zum Zeitpunkt $t_0 = 0\,\text{s}$ losgelassen, beide Körper setzen sich in Bewegung. Während des gesamten Bewegungsablaufs wird die zwischen K_1 und der Platte wirkende Reibungskraft als konstant angenommen.

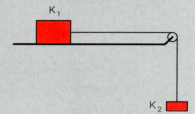

1.1.1 In einem Versuch wird der vom Startpunkt aus zurückgelegte Weg s des Körpers K_1 in Abhängigkeit von der Zeit t gemessen. Die registrierten Wertepaare sind in folgender Tabelle zusammengefasst:

Messung Nr.	1	2	3	4
t in s	1,4	2,1	2,7	3,1
s in m	0,20	0,44	0,73	0,96

Zeigen Sie durch rechnerische Auswertung der Messreihe, dass K_1 eine Bewegung mit konstanter Beschleunigung ausführt. Geben Sie den Betrag der Beschleunigung $\vec{a}$ an.

1.1.2 Zeichnen Sie das t-v-Diagramm der Bewegung von 1.1 für $t \leq 3{,}1\,\text{s}$.

Maßstab: $1{,}0\,\text{s} \,\hat{=}\, 2\,\text{cm}$; $0{,}10\,\dfrac{\text{m}}{\text{s}} \,\hat{=}\, 1\,\text{cm}$;

Bereich: $0 \leq t \leq 5{,}0\,\text{s}$ und $0 \leq v \leq 0{,}80\,\dfrac{\text{m}}{\text{s}}$

1.2.0 Der Körper behält die konstante Beschleunigung von 1.1.1 so lange bei, bis der Körper K_2 zum Zeitpunkt $t_1 = 3{,}6\,\text{s}$ am Boden aufschlägt.
Nun wird K_1 durch die weiterhin konstante Reibungskraft abgebremst. Er kommt zum Zeitpunkt t_2 vor der Rolle zum Stillstand. Seine Entfernung zum Startpunkt beträgt dann $s_2 = 1{,}70\,\text{m}$.

1.2.1 Berechnen Sie die maximale Geschwindigkeit von K_1.

Ergebnis: $v_{max} = 0{,}72\,\dfrac{\text{m}}{\text{s}}$

1.2.2 Bestätigen Sie durch Rechnung, dass die Bremsstrecke $\Delta s = 0{,}40\,\text{m}$ beträgt.

1.2.3 Berechnen Sie die Bremszeit Δt.

1.2.4 Ergänzen Sie Ihr Diagramm von 1.1.2 so, dass es den gesamten Bewegungsablauf bis zum Stillstand von K_1 wiedergibt und kennzeichnen Sie den Bremsweg Δs in diesem Diagramm.

1 Bewegung und Energie

2.0 Ein Radfahrer $\left(v_0 = 18 \frac{km}{h}\right)$ überholt ein parkendes Auto. Nach 15 s fährt das Auto mit der Beschleunigung 0,70 $\frac{m}{s^2}$ an.

2.1 Nach welcher Zeit und mit welcher Geschwindigkeit überholt das Auto den Radfahrer?

3 Ein Fahrzeug fährt 5,0 s mit der Beschleunigung $a_1 = 2,5 \frac{m}{s^2}$, hierauf mit konstanter Geschwindigkeit weiter und bremst dann mit einer Beschleunigung von $a_2 = -3,5 \frac{m}{s^2}$ bis zum Stillstand. Die gesamte Fahrstrecke beträgt 100 m. Berechnen Sie die Fahrzeit.

4 Berechnen Sie aus dem gegebenen t-a-Diagramm geeignete Werte der Geschwindigkeit und zeichnen Sie damit das t-v-Diagramm der Bewegung. Verwenden Sie dazu $v_0 = 0$

$\left(\text{Maßstab: } 10\,s \cong 1,0\,cm;\ 2,0\,\frac{m}{s} \cong 1,0\,cm\right)$

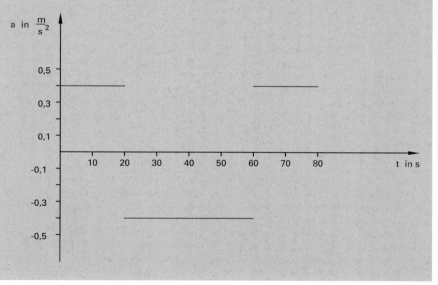

1.4 Kraft und Masse

In den letzten Kapiteln ist es gelungen, einfache Bewegungen eines Körpers innerhalb eines Bezugssystems mit Hilfe mathematischer Gleichungen zu beschreiben. Diese Art der Betrachtung physikalischer Zusammenhänge geht auf *Galilei* zurück, der erstmals derartige Beziehungen aufstellte.

Ungeklärt blieb bisher die Frage nach der **Ursache**. Wann setzt sich ein Körper überhaupt in Bewegung und unter welchen Umständen ändert er seine Geschwindigkeit.

1.4.1 Das erste Newton'sche Gesetz

Die erste Frage, die sich in diesem Zusammenhang stellt, könnte lauten:
„Unter welchen Bedingungen behält ein Körper seine Geschwindigkeit bei?"
Mit Hilfe einiger einfacher Überlegungen, die auf *Galilei* zurückgehen, soll diese Frage nun gelöst werden.
Man betrachtet die Bewegung eines Körpers (Kugel) auf unterschiedlichen Unterlagen. Der Betrag der Anfangsgeschwindigkeit des Körpers ist dabei in allen drei Fällen gleich.

a) Der Körper wird mit einer best. Anfangsgeschwindigkeit $\vec{v}_0$ auf der geneigten Ebene losgelassen.	b) Der gleiche Körper soll mit gleicher Anfangsgeschwindigkeit $\vec{v}_0$ bergauf rollen.	c) Bewegung der Kugel auf der Horizontalen.
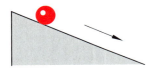		
Beobachtung: Seine Geschwindigkeit bergab nimmt zu.	**Beobachtung:** Seine Geschwindigkeit nimmt ab.	**Beobachtung:** Die Geschwindigkeit der Kugel bleibt unverändert (wenn man von Reibung absieht).

Aus diesem Experiment schloss *Galilei,* dass ein Körper seine Geschwindigkeit beibehält, wenn keine Ursache der Bewegungsänderung vorhanden ist.
Dieses Ergebnis wird nun in weiteren Beispielen untersucht.

a) Der Körper befindet sich in Ruhe und erfährt eine Änderung seines Bewegungszustandes.

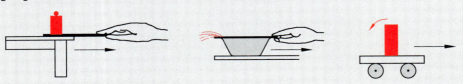

b) Der Körper bewegt sich mit konstanter Geschwindigkeit und erfährt dann eine Änderung seines Bewegungszustandes.

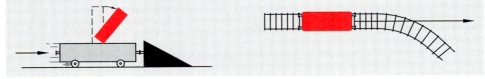

1 Bewegung und Energie

Alle diese Versuche haben eine Gemeinsamkeit. Sie zeigen, dass die verschiedenen Körper einer Änderung ihres Bewegungszustandes einen Widerstand entgegensetzen. Die Körper haben somit das Bestreben, in ihrem momentanen Bewegungszustand zu verharren. Diese Eigenschaft der Materie bezeichnet man als **Trägheit**. Zur Beschreibung der Trägheit war man gezwungen eine neue Grundgröße einzuführen, die man als **träge Masse m** des Körpers bezeichnet.

Die Ursache für eine Änderung des Bewegungszustandes eines Körpers ist eine Einwirkung von außen durch andere Körper. Diese äußeren Einwirkungen bezeichnet man als **Kräfte**, die man nur an ihren Wirkungen auf andere Körper erkennt.
Aus diesen Überlegungen heraus und mit Hilfe des Kraftbegriffes formulierte *Newton* 1686 sein erstes Gesetz:

> „Jeder Körper bleibt in Ruhe oder bewegt sich mit konstanter Geschwindigkeit geradlinig weiter, wenn keine äußere Kraft auf ihn wirkt."
> (Trägheitssatz)

Anmerkung:
Der Trägheitssatz ist eine Extrapolation der Beobachtungen, da es keinen kräftefreien Körper gibt, und er ist nur im nichtrelativistischen Fall ($v < 0{,}10\,c$) gültig.

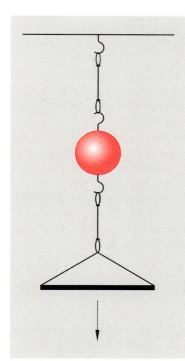

Beispiele:
– Eine Kugel wird zwischen zwei gleich starken Fäden eingehängt.
Welcher Faden reißt, wenn man am Handgriff zieht?
Beobachtung:
Zieht man ruckhaft am Handgriff, so reißt der untere Faden. Langsames Anziehen führt dazu, dass der obere Faden reißt.

Begründung: Trägheitssatz.

- Sicherheitsgurt
  Bei einem Auffahrunfall würde sich der Körper des Fahrers mit der momentanen Geschwindigkeit weiterbewegen, wenn keine äußere Kraft auf ihn wirkt. Damit die Bewegung des Fahrers nicht durch das Lenkrad oder die Windschutzscheibegebremst wird, verwendet man Sicherheitsgurte. Sie bringen die äußere Kraft auf, den Bewegungszustand des Fahrers zu ändern.

- Fahren in der Kurve.
  Der Mitfahrer wird bei der Kurvenfahrt nach außen gedrückt, da er versucht im Zustand der gleichförmigen Bewegung zu verharren. Erst eine von außen wirkende Kraft ermöglicht es ihm die Kurve zu durchfahren. (Bei einer Kurvenfahrt ändert sich nur die Richtung der Geschwindigkeit, nicht ihr Betrag). Das gleiche beobachtet man, wenn man bei Glatteis eine Kurve durchfahren will und die äußeren Kräfte nicht ausreichen die Trägheit des Fahrzeuges zu überwinden.

1.4.2 Das zweite Newton'sche Gesetz

Das erste Newton'sche Gesetz (Trägheitssatz) löst die Frage, warum ein Körper in Ruhe bleibt oder sich gleichförmig bewegt. Man folgert daraus, dass zwischen der auf einen Körper einwirkenden Kraft und der Geschwindigkeit des Körpers kein Zusammenhang bestehen kann.

Wie bereits angesprochen ist die Ursache für eine Änderung des Bewegungszustandes (Momentangeschwindigkeit) eines Körpers eine Einwirkung von außen durch andere Körper. Diese äußeren Einwirkungen bezeichnet man als **Kräfte**, die man nur an ihren Wirkungen auf andere Körper erkennt.

Bei der Untersuchung der gleichmäßig beschleunigten Bewegung war die Ursache für die Änderung des Bewegungszustandes die Einwirkung eines „Gewichts", das über einen Faden und eine Umlenkrolle an dem Körper befestigt wurde.

Der umgangssprachliche Begriff *Gewicht* ist im physikalischen Sinn eine Kraft, die durch die Anziehung der Erde hervorgerufen wird und deshalb immer als Gewichtskraft bezeichnet werden sollte. In der Sekundarstufe I wurde die Kraft als Quasi-Basisgröße mit der Einheit Newton eingeführt. Die Messung der Gewichtskraft erfolgt mit Federwaagen, zur Berechnung der Gewichtskraft eines Körpers auf der Erdoberfläche wurde folgende Gleichung verwendet:

$\vec{F}_G = m \cdot \vec{g}$ *m:* Masse des Körpers $\vec{g}$: Ortsfaktor mit $g = 10\ \frac{N}{kg}$ zum Erdmittelpunkt hin gerichtet

Die bisherigen Ergebnisse deuten auf einen Zusammenhang zwischen der beschleunigten Masse m, der beschleunigenden Kraft F und der Beschleunigung a hin.

Der Zusammenhang zwischen den drei Größen wird nun experimentell untersucht.

1 Bewegung und Energie

Zur Untersuchung verwendet man folgenden Versuchsaufbau an der Luftkissenfahrbahn:

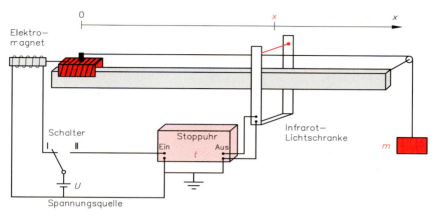

Die Bestimmung der Beschleunigung a erfolgt über die Messung der Zeiten, die der Fahrbahngleiter benötigt um die Messstrecke zu durchfahren. Aus den bekannten Gleichungen erhält man: $a = \dfrac{2 \cdot \Delta x}{t^2}$

(Genaue Beschreibung siehe Kapitel 1.2.2)

Wichtig ist in diesem Zusammenhang die Tatsache, dass die bewegte Masse des Systems sich aus der Masse des Fahrbahngleiters, der Masse des Fadens und der Masse der angehängten Massestücke zusammensetzt. Alle Elemente diese Gespanns erhalten die **gleiche** Beschleunigung. Hervorgerufen wird die Beschleunigung durch die Gewichtskraft der angehängten Masse m'. (Die Gewichtskraft des vertikalen Fadenteils kann vernachlässigt werden.) Die angehängte Masse m' setzt sich aus gleichartigen Massestücken zusammen, die miteinander verbunden werden können. Zur Messung der Gewichtskraft der angehängten Masse m' wird eine geeichte Federwaage verwendet.

1. Versuch

Untersuchung der Beschleunigung a in Abhängigkeit der beschleunigenden Kraft bei konstanter Masse. Die Beschleunigung erfolgt dabei aus dem Zustand der Ruhe.

Da hier die Gesamtmasse m des Systems (Fahrbahngleiter plus Massestücke) konstant bleiben muss, die beschleunigende Kraft F, die durch die angehängten Massestücke m' hervorgerufen wird, sich aber ändert, müssen die Massestücke, die momentan nicht zur Beschleunigung beitragen, als „Ballast" mit dem Fahrbahngleiter transportiert werden. Auf diese Art ist sichergestellt, dass sich die beschleunigte Masse m während des gesamten Versuchs nicht ändert.
In einem Vorversuch wird die Gesamtmasse des beschleunigten Systems mit 105 g bestimmt.
Gegebene Größen: Messstrecke $\Delta x = 0{,}50$ m; $m = 105$ g

Wertetabelle:

F in mN	9,8	20	29	39	49
t in s	3,28	2,31	1,86	1,64	1,46
a in $\frac{m}{s^2}$	0,093	0,19	0,28	0,37	0,47
$\frac{a}{F}$ in $\frac{m}{s^2 \cdot N}$	9,5	9,5	9,7	9,5	9,6

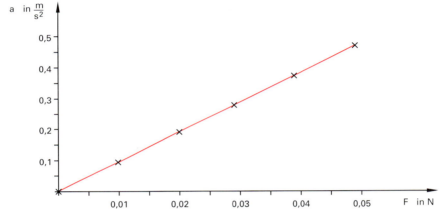

Grafische Darstellung im F-a-Diagramm.

Ergebnis:

Die grafische Auswertung liefert eine Gerade durch den Ursprung.
    $a \sim F$

Zur Bestätigung wird zusätzlich der Quotient $\frac{a}{F}$ berechnet (siehe Wertetabelle).

Diese Quotienten sind im Rahmen der Messgenauigkeit konstant und bestätigen so die direkte Proportionalität.

2. Versuch

Untersuchung der Beschleunigung a in Abhängigkeit von der Masse m des beschleunigten Systems.

Die beschleunigende Kraft (die Gewichtskraft von vier Massestücken) bleibt konstant und die Beschleunigung erfolgt aus dem Zustand der Ruhe.

Auch hier ist darauf zu achten, dass die Gesamtmasse des Systems sich aus der Summe der Masse des Fahrbahngleiters, dessen Masse durch das Auflegen von Massestücken vergrößert wird, und der Masse der angehängten Massestücke zusammensetzt.

Gegebene Größen: Messstrecke $\Delta x = 0{,}50\,\text{m}$; $F = 3{,}9 \cdot 10^{-2}\,\text{N}$

1 Bewegung und Energie

Wertetabelle:

m in kg	0,104	0,204	0,304	0,404
t in s	1,62	2,29	2,77	3,21
a in $\frac{m}{s^2}$	0,38	0,19	0,13	0,097
$a \cdot m$ in $10^{-2} \frac{kg \cdot m}{s^2}$	4,0	3,9	4,0	3,9

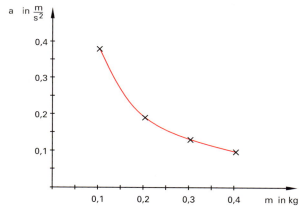

Grafische Darstellung im m-a-Diagramm.

Die grafische Darstellung legt die Vermutung nahe, dass Beschleunigung direkt proportional zu $\frac{1}{m}$ ist.

Zur mathematischen Bestätigung der Vermutung wird der Quotient beider Größen gebildet.

$$\frac{a}{\frac{1}{m}} = a \cdot m \quad \text{(siehe Messwerttabelle)}$$

Ergebnis:

Das Produkt ($a \cdot m$) ergibt im Rahmen der Messgenauigkeit eine Konstante.

$$a \sim \frac{1}{m}$$

Zusammenfassung der Versuchsergebnisse:

$$\left.\begin{array}{l}\text{Versuch 1:}\quad a \sim F \\ \text{Versuch 2:}\quad a \sim \dfrac{1}{m}\end{array}\right\} \Rightarrow a \sim \dfrac{F}{m} \Rightarrow \dfrac{a \cdot m}{F} = \text{konst.} = k$$

$$\Leftrightarrow F \cdot k = m \cdot a$$

Durch die Wahl der Proportionalitätskonstanten ist es nun möglich, die physikalische Größe Kraft festzulegen. Bisher wurde die Kraft als „Basisgröße" behandelt und mit der Einheit Newton verwendet. Gibt man der Proportionalitätskonstanten den Wert 1, so folgt:

$$F = m \cdot a$$

Durch diese Gleichung wird die Kraft als eine aus Masse und Beschleunigung abgeleitete Größe definiert.
Für die Einheit der Kraft erhält man daraus:

$$[F] = \frac{\text{kg} \cdot \text{m}}{\text{s}^2} = \text{N (\textbf{Newton})}$$

Greifen mehrere Kräfte an einem Massenpunkt an, so müssen zunächst alle Kräfte vektoriell addiert werden. Für die resultierende Kraft aus n angreifenden Kräften erhält man:

$$\vec{F}_{res} = \sum_{i=1}^{n} \vec{F}_i$$

Berücksichtigt man noch, dass sowohl Kraft als auch Beschleunigung vektorielle Größen sind, so erhält man für die geradlinige Bewegung eines Massenpunktes:

$$\vec{F}_{res} = m \cdot \vec{a}$$

„Um einem Körper der Masse m die Beschleunigung vom Betrag a zu erteilen, ist die Kraft $\vec{F}_{res} = m \cdot \vec{a}$ erforderlich. Die Beschleunigung erfolgt dabei stets in Richtung der **resultierenden Kraft**."

1.4.3 Das dritte Newton'sche Gesetz

Anhand einiger Experimente soll nun ein Aspekt betrachtet werden, der bisher vernachlässigt wurde.

Versuch:
Zwei Korken schwimmen in einem Wassergefäß. Auf einem Korken befindet sich ein Magnet, auf dem anderen ein Stück nicht magnetisiertes Eisen. Der Magnet und das Eisen besitzen die gleiche Masse.

1 Bewegung und Energie

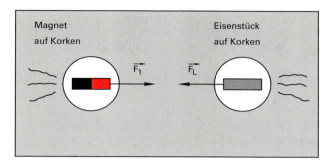

Beobachtung:
Die beiden Korken bewegen sich beschleunigt aufeinander zu. Der von beiden Körpern jeweils zurückgelegte Weg ist dabei gleich.

Folgerung:
Es übt also nicht nur der Magnet eine Kraft auf das Eisen, sondern auch das Eisen eine Kraft auf den Magneten aus. Aus den gleichen Wegen kann man auf eine gleiche Beschleunigung schließen, was nur möglich ist, wenn die beiden Kräfte betragsmäßig gleich sind.

Versuch:
Zwei Skateboardfahrer sind durch ein Seil miteinander verbunden. Nun zieht einer der beiden Fahrer am Seil.

Beobachtung:
Die beiden Fahrer bewegen sich beschleunigt aufeinander zu.

Aus diesen und ähnlichen Versuchen erkennt man, dass Kräfte **nur paarweise** auftreten. Die beiden zusammen auftretenden Kräfte besitzen in jedem Fall den gleichen Betrag und entgegengesetzte Richtung. *Newton* formulierte diesen Zusammenhang in seinem dritten Gesetz.

Wirkt ein Körper A auf einen Körper B mit der Kraft $\vec{F}_1$, so wirkt der Körper B mit der Kraft $\vec{F}_2$ auf den Körper A. Die Kräfte $\vec{F}_1$ und $\vec{F}_2$ besitzen den gleichen Betrag, haben jedoch entgegengesetzte Richtungen.

Dieses Gesetz wird auch als Prinzip von **actio und reactio**, von **Kraft und Gegenkraft** oder als **Wechselwirkungsprinzip** bezeichnet.
Wichtig dabei ist, dass Kraft und Gegenkraft stets an **verschiedenen** Körpern angreifen.

Beispiele:
- Ein Stein wird von der Erde angezogen. Mit der betragsmäßig gleichen Kraft zieht der Stein die Erde an.
- Aus der Erfahrung des Alltags ist bekannt, dass man sich auf einer glatten Eisfläche nur schlecht vorwärts bewegen kann. Der Grund dafür besteht darin, dass die Wechselwirkung zwischen Schuhsohle und Boden sehr gering ist. Die Füße können auf den Boden keine nennenswerten Kräfte nach hinten ausüben, was wiederum zur Folge hat, dass der Boden keine ausreichenden Kräfte auf die Füße nach vorne ausüben kann.
- Eine Schiffsschraube übt eine Kraft auf das Wasser aus. Die Gegenkraft des Wassers auf das Schiff treibt es an.

1.4.4 Zusammenhang zwischen Masse und Gewichtskraft

Das 2. Newton'sche Gesetz liefert: $\vec{F} = m \cdot \vec{a}$
Wird ein Körper nicht unterstützt, so führt er einen freien Fall durch. Die Beschleunigung, die der Körper dabei erfährt, ist die Fallbeschleunigung $\vec{g}$, die für alle Körper gleich groß ist.
Man nennt die Kraft, die beim freien Fall auf einen Körper wirkt, seine **Gewichtskraft** $\vec{F}_G$. Sie berechnet sich nach der Gleichung: $\vec{F}_G = m \cdot \vec{g}$

Die Gewichtskraft greift am Schwerpunkt des Körpers an und zeigt immer zum Erdmittelpunkt.

Anmerkung zu Begriff der Masse:
Mit dem Begriff Masse werden zwei Eigenschaften eines Körpers bezeichnet:
- Die schwere Masse m_S.
  Jeder Körper erfährt im Anziehungsbereich eines anderen Körpers (z. B. Erde) eine anziehende Kraft.
  Auf der Erde gilt: $m_S = \dfrac{F_G}{g}$
- Die träge Masse m_T.
  Um einem Körper eine Beschleunigung zu erteilen ist eine gewisse Kraft nötig.
  $m_T = \dfrac{F}{a}$

Betrachtet man nun einen Körper und bestimmt in unterschiedlichen Versuchen dessen träge und schwere Masse, so stellt man stets fest:
   $m_S = m_T$
Es genügt somit auch in Zukunft von der Masse eines Körpers zu sprechen.
Die exakte Begründung für die Gleichheit liefert das Relativitätsprinzip der speziellen Relativitätstheorie.

1.4.5 Anwendungen zu den Newton'schen Gesetzen

Die Auswirkungen der Newton'schen Gesetze auf einfache Bewegungen (dynamische Probleme) werden nun an einigen Beispielen besprochen.

1 Bewegung und Energie

A) Einfache Probleme aus der Statik

Die **Statik** ist die Lehre vom Gleichgewicht der Kräfte, die auf einen Körper einwirken, der sich im Zustand der Ruhe befindet. Die dabei untersuchten Körper besitzen damit die Beschleunigung und die Geschwindigkeit null.

Das Kraftgesetz von Newton liefert damit sofort die Bedingung: $\vec{F}_{res} = \sum_{i=1}^{n} \vec{F}_i = \vec{0}$

An zwei einfachen Beispielen soll nun die Anwendung dieser Gleichung exemplarisch vorgestellt werden.

Beispiel 1

Eine Straßenlampe der Masse m wird an zwei gleich langen Halteseilen, die höhengleich befestigt sind, aufgehängt (siehe Abbildung). Gesucht ist die Kraft, mit der ein Seil an der Straßenlampe zieht, wenn das Seil mit der Horizontalen den Winkel α einschließt.

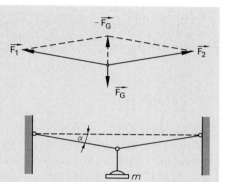

Auf die ruhende Straßenlampe wirken insgesamt drei Kräfte:
- die Gewichtskraft $\vec{F}_G$
- die Zugkraft des linken Seils $\vec{F}_1$
- die Zugkraft des rechten Seils $\vec{F}_2$

Die Summe der drei Kräfte, die resultierende Kraft, muss null ergeben. Aus Symmetriegründen muss darüber hinaus der Betrag der beiden Seilkräfte gleich groß sein.

$$\vec{F}_G + \vec{F}_1 + \vec{F}_2 = \vec{0} \quad \text{mit} \quad |\vec{F}_1| = |\vec{F}_2| = F$$

Die grafische Lösung des Problems:

Die Wirkungslinien der drei genannten Kräfte können in ein Koordinatensystem eingezeichnet werden. Berechnet man den Betrag der Gewichtskraft, so können in einem geeigneten Maßstab die Kraft $\vec{F}_G$ und die Gegenkraft $-\vec{F}_G$ eingetragen werden. Die Seilkraft erhält man nun, wenn man eine Hilfsgerade einzeichnet, die parallel zur Wirkungslinie von $\vec{F}_1$ verläuft und die Spitze des Vektors $-\vec{F}_G$ gerade noch berührt. Der Schnittpunkt dieser Hilfsgeraden mit der Wirkungslinie der Kraft $\vec{F}_2$ ergibt die Spitze des Kraftvektors $\vec{F}_2$. (Analog erhält man den Kraftvektor $\vec{F}_1$.) Mit Hilfe eines Lineals bestimmt man nun die Länge des Vektors $\vec{F}_1$ oder $\vec{F}_2$ und kann unter Verwendung des verwendeten Maßstabes den Betrag der Zugkraft eines Seiles angeben.

Die rechnerische Lösung des Problems:

Die Vektoren $\vec{F}_1$, $\vec{F}_2$ und $-\vec{F}_G$ bilden ein gleichschenkliges Dreieck. Zeichnet man die Seitenhalbierende der Basis ein, so steht diese senkrecht auf der Basis. Für das entstehende rechtwinklige Dreieck folgt:

$$\sin(\alpha) = \frac{\frac{1}{2} \cdot |-\vec{F}_G|}{|\vec{F}_2|} = \frac{F_G}{2 \cdot F} \quad \Leftrightarrow \quad F = \frac{F_G}{2 \cdot \sin(\alpha)}$$

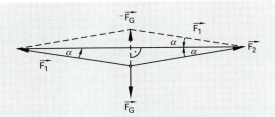

Rechenbeispiel:
Gegebene Größen: Masse der Straßenlampe $m = 8{,}0\,\text{kg}$; Winkel der Seile zur Horizontalen $\alpha = 15°$.
Für den Betrag der Zugkraft eines Halteseils erhält man:

$$F = \frac{F_G}{2 \cdot \sin(\alpha)} \quad \Rightarrow \quad F = \frac{m \cdot g}{2 \cdot \sin(\alpha)} \quad ; \quad [F] = \text{N}$$

$$F = \frac{8{,}0 \cdot 9{,}81}{2 \cdot \sin(15°)} \, \text{N} = 1{,}5 \cdot 10^2 \, \text{N}$$

Das einzelne Halteseil wirkt mit einer Zugkraft von $F = 1{,}5 \cdot 10^2$ N auf die Straßenlampe, was etwa der zweifachen Gewichtskraft der Lampe entspricht.

Beispiel 2
An einer Hauswand befindet sich die nebenstehende Vorrichtung. Im Punkt A ist eine Umlenkrolle befestigt, so dass diese Anordnung als Wandkran verwendet werden kann. Die Fragestellung ist nun: Welche Kräfte wirken im Punkt A, wenn dort die Gewichtskraft einer Masse m angreift?

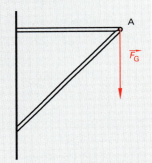

Zunächst ein kleiner Hinweis:
Im letzten Beispiel wurde bereits ein Bauteil (Seil) verwendet, das in der Lage ist Kräfte zu übertragen. Ein Seil kann jedoch nur **Zugkräfte** übertragen; die hier verwendeten Stäbe können in Stabrichtung sowohl Zug- als auch **Schubkräfte** übertragen. Die **Wirkungslinie** dieser Kräfte verläuft dabei stets in Richtung der Stabachse.

Das Kräftegleichgewicht für den Punkt A lautet:

$$\vec{F}_1 + \vec{F}_2 + \vec{F}_G = \vec{0}$$

Durch Umstellen der Gleichung erhält man:

$$\vec{F}_1 + \vec{F}_2 = -\vec{F}_G$$

Die Vektoren $\vec{F}_1$ und $\vec{F}_2$ lassen sich nun nach dem gleichen Verfahren wie beim ersten Beispiel zeichnerisch bestimmen.

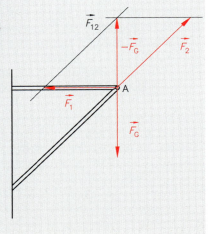

1 Bewegung und Energie

Ergebnis:
Der horizontale Stab zieht mit der Kraft $\vec{F}_1$ am Angriffspunkt A (Zugstab); er könnte durch ein Seil ersetzt werden.
Die Kraft $\vec{F}_2$ drückt gegen den Punkt A; der Stab wird deshalb als **Druckstab** bezeichnet.

Neben diesen einfachen Problemen der Statik lassen sich die Newton'schen Gesetze auch auf dynamische Probleme anwenden. Hier bestimmt die resultierende Kraft die Bewegung des Körpers.

B) Bewegung eines Körpers auf horizontaler Bahn

Wirkende Kräfte:

$\vec{F}_G$: Gewichtskraft
$\vec{F}_E$: Elastische Kraft der Unterlage
$\vec{F}_Z$: Zugkraft
$\vec{F}_R$: Reibungskraft

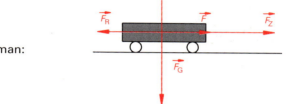

Für die resultierende Kraft $\vec{F}$ erhält man:

$$\vec{F} = \sum_{i=1}^{n} \vec{F}_i = m \cdot \vec{a}$$

Die Kräfte $\vec{F}_G$ und $\vec{F}_E$ sind betragsmäßig gleich groß, aber von entgegengesetzter Richtung.

$$\vec{F}_G + \vec{F}_E = \vec{0}$$

Zur Berechnung des Betrags der Reibungskraft verwendet man den Zusammenhang:

$F_R = \mu \cdot F_N$

μ: Reibungszahl
F_N: Betrag der Normalkraft, das ist der Betrag der senkrecht zur Unterlage wirkenden Komponente der Gewichtskraft. (In diesem Fall ist die Normalkraft gleich der Gewichtskraft.)

$F_R = \mu \cdot m \cdot g$

Führt man zur Beschreibung der Bewegung ein Koordinatensystem ein, dessen positive Achse in Richtung der Zugkraft zeigt, und berücksichtigt, dass die Reibungskraft stets der Bewegungsrichtung entgegengerichtet ist, so erhält man für die Koordinate der resultierenden Kraft:

$F_x = F_z - F_R$
$\Leftrightarrow \quad m \cdot a_x = F_z - F_R$
$\Rightarrow \quad m \cdot a_x = F_z - \mu \cdot m \cdot g$

Spezialfall: Der Körper befindet sich in Bewegung, die Zugkraft ist null.

$a_x = -\mu \cdot g$

Die Beschleunigung in Bewegungsrichtung ist negativ, der Wagen wird gebremst.

C) Bewegung eines Körpers auf der schiefen Ebene

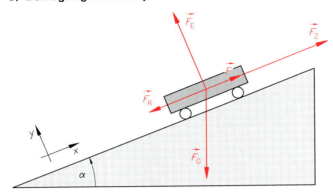

Wirkende Kräfte:

$\vec{F}_G$: Gewichtskraft

$\vec{F}_E$: Elastische Kraft der Unterlage

$\vec{F}_Z$: Zugkraft

$\vec{F}_R$: Reibungskraft

Zur Beschreibung dieser geradlinigen Bewegung wählt man ein zweidimensionales Koordinatensystem, dessen x-Achse in Richtung der auf den Körper wirkenden Zugkraft weist.
Die Gewichtskraft steht in diesem Fall nicht senkrecht auf der Unterlage. Ein Teil der Gewichtskraft drückt den Körper auf die Unterlage, der andere Teil beschleunigt ihn parallel dazu.

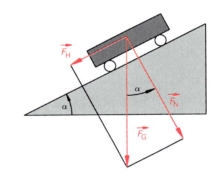

Zur Berechnung dieser Teilkräfte führt man eine Komponentenzerlegung des Vektors der Gewichtskraft durch.

$$\vec{F}_G = \vec{F}_N + \vec{F}_H$$

Die Komponente der Gewichtskraft senkrecht zur Unterlage nennt man **Normalkraft**, die Komponente parallel zur Unterlage **Hangabtriebskraft**.
Für die beiden Vektoren erhält man im vereinbarten Koordinatensystem:

Normalkraft: $\quad \vec{F}_N = -|\vec{F}_G| \cdot \cos(\alpha) \cdot \vec{e}_y = -m \cdot g \cdot \cos(\alpha) \cdot \vec{e}_y$

Hangabtriebskraft: $\quad \vec{F}_H = -|\vec{F}_G| \cdot \sin(\alpha) \cdot \vec{e}_x = -m \cdot g \sin(\alpha) \cdot \vec{e}_x$

Für die Reibungskraft, die stets der Bewegungsrichtung entgegengesetzt ist, erhält man bei einer Bewegung in x-Richtung:

$$\vec{F}_R = -\mu \cdot |\vec{F}_N| \cdot \vec{e}_x = -\mu \cdot m \cdot g \cdot \cos(\alpha) \cdot \vec{e}_x$$

Bei den folgenden Überlegungen geht man zunächst davon aus, dass sich der Körper in Richtung der Zugkraft bewegt.

Als resultierende Kraft erhält man: $\quad \vec{F} = \vec{F}_G + \vec{F}_Z + \vec{F}_R + \vec{F}_E$

$$\vec{F} = \begin{pmatrix} F_x \\ F_y \end{pmatrix} = \begin{pmatrix} -m \cdot g \cdot \sin(\alpha) \\ -m \cdot g \cdot \cos(\alpha) \end{pmatrix} + \begin{pmatrix} F_{Zx} \\ 0 \end{pmatrix} + \begin{pmatrix} -\mu \cdot m \cdot g \cdot \cos(\alpha) \\ 0 \end{pmatrix} + \begin{pmatrix} 0 \\ m \cdot g \cdot \cos(\alpha) \end{pmatrix}$$

1 Bewegung und Energie

Für die Koordinate der resultierenden Kraft in y-Richtung folgt sofort:
$$F_y = -m \cdot g \cdot \cos(\alpha) + m \cdot g \cdot \cos(\alpha) = 0$$

(Der Normalkraft wird durch die elastische Kraft der Unterlage das Gleichgewicht gehalten.)

Die Koordinate der Kraft in x-Richtung:
$$F_x = -m \cdot g \cdot \sin(\alpha) + F_{Zx} - \mu \cdot m \cdot g \cdot \cos(\alpha)$$
$$\Leftrightarrow F_x = F_{Zx} - m \cdot g (\sin(\alpha) + \mu \cdot \cos(\alpha))$$

Aus dieser Gleichung kann man sofort entnehmen, welche Bedingung die Zugkraft erfüllen muss, damit die Bewegung beschleunigt in Richtung der Zugkraft (positive x-Richtung, siehe a) erfolgt:
$$F_{Zx} > m \cdot g (\sin(\alpha) + \mu \cdot \cos(\alpha))$$

Gilt bei der Bewegung bergauf der Zusammenhang:
$F_{Zx} = m \cdot g (\sin(\alpha) + \mu \cdot \cos(\alpha))$, so bewegt sich der Körper mit konstanter Geschwindigkeit den Hang hinauf.

Für $F_{Zx} < m \cdot g (\sin(\alpha) + \mu \cdot \cos(\alpha))$ erfährt der Körper eine negative Beschleunigung, die ihn bis zum Stillstand abbremst.

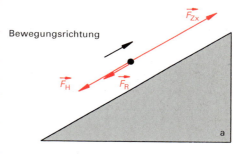

Nun ändert sich die Richtung und die Art der Reibungskraft. Im Zeitpunkt, in dem der Körper ruht, wird die Gleitreibungskraft zur Haftreibungskraft, die nun in Richtung der x-Achse zeigt. Herrscht Gleichgewicht zwischen den angreifenden Kräften
($F_H = F_R + F_{Zx}$), so ruht der Körper auf der schiefen Ebene.
Unter der Bedingung $F_H > F_R + F_{Zx}$ rutscht der Körper die schiefe Ebene hinunter (siehe b).

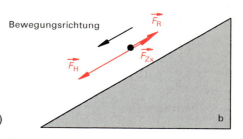

Für diesen Fall (der Körper rutscht zurück) gilt für die Reibungskraft (Gleitreibung):
$$\vec{F}_R = \mu \cdot |\vec{F}_N| \cdot \vec{e}_x = \mu \cdot m \cdot g \cdot \cos(\alpha) \cdot \vec{e}_x$$

Für die Bewegung in x-Richtung ergibt sich:
$$F_x = F_{Zx} - m \cdot g \sin(\alpha) + \mu \cdot m \cdot g \cdot \cos(\alpha)$$
$$\Leftrightarrow F_x = F_{Zx} - m \cdot g (\sin(\alpha) - \mu \cdot \cos(\alpha))$$

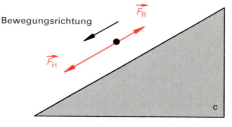

Verzichtet man nun noch zusätzlich auf die Zugkraft in x-Richtung ($F_{Zx} = 0$, siehe c), so erhält man:
$$F_x = -m \cdot g \cdot (\sin(\alpha) - \mu \cdot \cos(\alpha))$$
$$\Leftrightarrow m \cdot a_x = -m \cdot g \cdot (\sin(\alpha) - \mu \cdot \cos(\alpha))$$
$$\Leftrightarrow a_x = -g \cdot (\sin(\alpha) - \mu \cdot \cos(\alpha))$$

Die Koordinate der Beschleunigung in x-Richtung ist negativ, da die Bewegung entgegengesetzt zur Richtung der x-Achse erfolgt!
Für die Beträge der Kräfte gilt hier: Reibungskraft < Hangabtriebskraft.
Soll der Körper gerade noch nicht zurückrutschen, so ist seine Beschleunigung null. (Gleiches gilt für die Bewegung mit konstanter Geschwindigkeit.)

$$0 = -g \cdot (\sin(\alpha) - \mu \cdot \cos(\alpha))$$
$$\Leftrightarrow \sin(\alpha) = \mu \cdot \cos(\alpha) \quad \Leftrightarrow \quad \mu = \tan(\alpha)$$

Diese Beziehung gilt nur für den Fall, dass der Körper gerade noch liegen bleibt. Man kann damit auf einfache Art die Haftreibungszahl bestimmen.

1.4.6 Aufgaben zu den Gesetzen von Newton

1.0 Ein Zug der Masse 360 t erreicht aus dem Zustand der Ruhe in 2,0 min eine Geschwindigkeit von 72 $\frac{km}{h}$. Die Reibungszahl beträgt 0,0050.

1.1 Welche Zugkraft ist nötig, wenn die Schienen horizontal verlaufen?

1.2 Welche Kraft muss neben der Zugkraft noch wirken, um den mit 72 $\frac{km}{h}$ fahrenden Zug in 50 s zum Stehen zu bringen?

2.0 Ein PKW der Masse 1,2 t soll auf einer Bergstraße mit 15 % Steigung so anfahren, dass er nach einer Strecke von 100 m die Geschwindigkeit 60 $\frac{km}{h}$ besitzt.

2.1 Welche Beschleunigung ist dazu nötig?

2.2 Welche Antriebskraft ist vom Motor aufzubringen, wenn die Reibungszahl 0,10 beträgt?

3.0 Ein Körper hat die Masse 3,5 kg. Er ruht auf einer horizontalen Unterlage und kann sich auf dieser reibungsfrei bewegen. Auf ihn wirkt in der Horizontalen eine konstante Kraft, so dass er nach einem Weg von 5,0 m die Geschwindigkeit 0,80 $\frac{m}{s}$ erreicht.

3.1 Wie groß ist die Beschleunigung und die auf den Körper wirkende Kraft?

3.2 Nach welcher Zeit hat der Körper die Geschwindigkeit 0,80 $\frac{m}{s}$ erreicht?

3.3.0 Die horizontale Unterlage ist ein Tisch von 55 cm Höhe. Nachdem der Körper die Geschwindigkeit 0,80 $\frac{m}{s}$ besitzt, erreicht er die Tischkante und fällt herunter.

3.3.1 Wie groß ist der horizontale Abstand der Aufschlagstelle von der Kante?

3.3.2 Welche Geschwindigkeit (Betrag und Richtung) besitzt der Körper beim Auftreffen am Boden?

4.0 Ein Wagen der Masse 60,0 kg und ein zweiter Körper der Masse 70,0 kg sind durch ein Seil über eine Rolle verbunden.

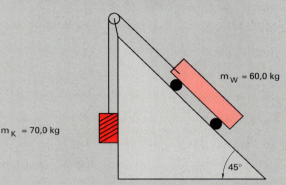

4.1 Wie groß ist die Beschleunigung?

4.2 Welche Zeit benötigt der Wagen für die 4,80 m lange Strecke, wenn von Reibung abgesehen wird?

4.3 Unter welcher Voraussetzung ist der Wagen zum Heruntertransportieren von Lasten geeignet?

5.0 Beim Eisstockschießen bleibt ein Stock (Masse 5,0 kg) nach 4,0 s in einer Entfernung von 20 m stehen.

5.1 Wie groß sind die Beschleunigung, die dem Stock erteilte Anfangsgeschwindigkeit und die Reibungskraft?

6.0 Ein Sportwagen der Masse 1,1 t kann auf horizontaler Strecke in 9,8 s aus dem Stand auf eine Geschwindigkeit von 100 $\frac{km}{h}$ beschleunigt werden.

6.1 Welche Zugkraft ist dazu erforderlich, wenn die Rollreibungszahl $\mu_{roll} = 0,080$ beträgt und der Luftwiderstand vernachlässigt wird?

7.0 Auf einer schiefen Ebene ($\alpha = 30°$) wird eine Körper der Masse 10 kg mit der Anfangsgeschwindigkeit vom Betrag 6,0 $\frac{m}{s}$ nach oben angestoßen.

7.1 Wie groß ist die Beschleunigung in Bewegungsrichtung, wenn die Reibungszahl 0,30 beträgt?

7.2 Welche Entfernung vom Abstoßpunkt erreicht der Körper?

7.3 Mit welcher Geschwindigkeit und nach welcher Zeit passiert er wieder die Abstoßstelle?

8.0 Ein Schlitten fährt bei einer Reibungszahl von 0,040 eine Bahn der Länge 100 m (Steigung 15°) hinunter und anschließend auf ebener Strecke weiter.

8.1 Welche Geschwindigkeit besitzt der Schlitten am Ende der schiefen Ebene?

8.2 Wie weit und wie lange fährt er danach noch auf der Ebene?

1.5 Die gleichmäßige Kreisbewegung eines Massenpunktes

1.5.1 Grundlagen zur Beschreibung der Kreisbewegung.

Man erkennt, dass hier in gleichen Zeitabschnitten gleiche „**Drehungen**" erfolgen. Zur einfacheren Beschreibung der Kreisbewegung führt man eine neue Größe ein, die **Winkelgeschwindigkeit** ω (Omega).

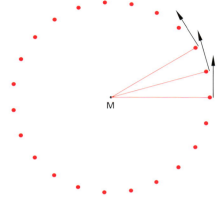

Stroboskopische Aufnahme einer gleichmäßigen Kreisbewegung.

$$\text{Winkelgeschwindigkeit} = \frac{\text{vom Fahrstrahl überstrichener Winkel}}{\text{dazu benötigte Zeit}} \quad ; \quad \omega = \frac{\Delta\varphi}{\Delta t}$$

Anmerkung:
Der **Fahrstrahl** ist ein Vektor, der vom Kreismittelpunkt zum jeweiligen Bahnpunkt zeigt. Befindet sich der Kreismittelpunkt am Ort des Koordinatenursprungs, so kann man den Fahrstrahl durch den Ortsvektor ersetzen (siehe auch 1.5.2 A).

Mit den Anfangsbedingungen $t_1 = 0$; $\varphi_1 = 0$; $t_2 = t$ und $\varphi_2 = \varphi$ folgt:

$$\omega = \frac{\varphi}{t} \quad \Rightarrow \quad \varphi(t) = \omega \cdot t$$

Zur Festlegung einer Einheit für die Winkelgeschwindigkeit ω muss zunächst die Definition des Winkels genauer untersucht werden.

In der Physik verwendet man meist die Festlegung des **Winkels im Bogenmaß**. Es gilt dabei folgender Zusammenhang:

$$\text{Drehwinkel} = \frac{\text{Bogenlänge}}{\text{Radius}}$$

Einheit des Winkels: $[\varphi] = 1$ rad (Radiant)

Wegen $[\varphi] = \frac{[s]}{[r]} = \frac{m}{m} = 1$ trifft man folgende Vereinbarung:

Sind keine Verwechslungen zu befürchten, ersetzt man 1 rad durch die Zahl 1.

1 Bewegung und Energie

Der Zusammenhang zwischen dem Winkel im Gradmaß und dem Winkel im Bogenmaß lässt sich an einem Beispiel sehr einfach herleiten.

Für den Vollwinkel gilt im Gradmaß: $\Delta\varphi = 360°$

Aus der Definitionsgleichung für den Winkel im Bogenmaß ergibt sich:

$$\Delta\varphi = \frac{s_u}{r} \quad ; \quad \text{mit } s_u = 2 \cdot \pi \cdot r \text{ (Kreisumfang)}$$

$$\Rightarrow \Delta\varphi = \frac{2 \cdot \pi \cdot r}{r} = 2 \cdot \pi \text{ rad}$$

Der Vollwinkel im Bogenmaß beträgt: $\Delta\varphi = 2 \cdot \pi$ rad.

Für den Vollwinkel erhält man somit: $360° = 2 \cdot \pi$ rad.

Allgemein gilt:

$1{,}00° = \frac{\pi}{180}$ rad	$1{,}00 \text{ rad} = \left(\frac{180}{\pi}\right)°$

Nach diesen Überlegungen lässt sich nun die Einheit der Winkelgeschwindigkeit festlegen:

$$[\omega] = \frac{[\varphi]}{[t]} = \frac{\text{rad}}{\text{s}} = \frac{1}{\text{s}}$$

Die Winkelgeschwindigkeit ist positiv bei einer Drehung im mathematisch positiven Drehsinn, was einer Drehung entgegengesetzt dem Drehsinn des Uhrzeigers entspricht.

Umlaufzeit T

Für einen Durchlauf der gesamten Kreisbahn benötigt der Körper die **Umlaufzeit T,** (auch **Umlaufdauer** oder **Periodendauer** genannt).

Frequenz f

Annahme: In der Zeit t durchläuft der Körper die Kreisbahn n mal.

$$\text{Frequenz} = \frac{\text{Anzahl der Umläufe}}{\text{benötigte Zeit}} \quad ; \quad f := \frac{n}{t}$$

Einheit der Frequenz: $[f] = \text{s}^{-1} = \text{Hz}$ (**Hertz**)

Für einen vollständigen Umlauf, gilt: $n = 1$ und $t = T$

$$f = \frac{1}{T} \quad \Leftrightarrow \quad T = \frac{1}{f}$$

Weitere wichtige Zusammenhänge:
Betrachtet man wiederum eine vollständige Kreisbewegung eines Körpers, so ergibt sich für die Winkelgeschwindigkeit:

$$\omega = \frac{\Delta\varphi}{\Delta t} \quad \text{mit} \quad \Delta\varphi = 2 \cdot \pi \quad \text{und} \quad \Delta t = T$$

$$\omega = \frac{2 \cdot \pi}{T} = 2 \cdot \pi \cdot f \quad \text{da } f = \frac{1}{T}$$

1.5.2 Die Vektoren der Kreisbewegung

Ähnlich wie bei den Translationsbewegungen werden nun bei der **Rotation** die Vektoren zur Beschreibung der Bewegung genauer untersucht. Zur Vereinfachung wird nur die Kreisbewegung mit konstanter Winkelgeschwindigkeit untersucht.
Da die Kreisbewegung immer in einer Ebene abläuft, benötigt man zur Beschreibung zwei Koordinaten. Das verwendete Koordinatensystem hat dabei seinen Ursprung stets im Mittelpunkt der Kreisbewegung und der Körper bewege sich im mathematisch positiven Drehsinn von der x-Achse aus beginnend.

A) Der Ort als Vektor der Kreisbewegung

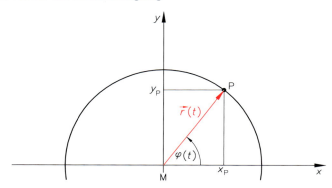

Der Körper kreist mit konstanter Winkelgeschwindigkeit ω um den Koordinatenursprung (M). Der Betrag des Ortsvektors (Kreisbahnradius) bleibt immer gleich groß.
$$|\vec{r}(t)| = \text{konst.} = r$$
Für die kartesischen Koordinaten des Punktes P zu einem beliebigem Zeitpunkt t_1 erhält man:
$$x_p(t_1) = |\vec{r}(t_1)| \cdot \cos \varphi(t_1)$$
$$y_p(t_1) = |\vec{r}(t_1)| \cdot \sin \varphi(t_1)$$
Der Ortsvektor lässt sich damit allgemein darstellen:
$$\vec{r}(t) = \begin{pmatrix} r \cdot \cos \varphi(t) \\ r \cdot \sin \varphi(t) \end{pmatrix}$$

Bei der gleichmäßigen Kreisbewegung ist die Winkelgeschwindigkeit konstant. Für den Drehwinkel in Abhängigkeit von der Zeit gilt: $\varphi(t) = \omega \cdot t$.

Bezeichnet man den Winkel, den der Ortsvektor zum Zeitpunkt $t = 0\,\text{s}$ mit der x-Achse einschließt, mit φ_0, so erhält man: $\varphi(t) = \omega \cdot t + \varphi_0$

1 Bewegung und Energie

Für die folgenden Überlegungen gilt jedoch vereinfachend $\varphi_0 = 0$.

Verwendet man diese Zusammenhänge, so folgt für den Ortsvektor:

$$\Rightarrow \vec{r}(t) = \begin{pmatrix} r \cdot \cos(\omega \cdot t) \\ r \cdot \sin(\omega \cdot t) \end{pmatrix} \Leftrightarrow \vec{r}(t) = r \cdot \begin{pmatrix} \cos(\omega \cdot t) \\ \sin(\omega \cdot t) \end{pmatrix}$$

Betrachtet man den letzten Ausdruck näher, so erkennt man, dass der zweite Faktor die Richtung des Vektors in Abhängigkeit von der Zeit angibt. Der Betrag des Spaltenvektors ist Eins. Es handelt sich somit um einen **Einheitsvektor**, der seine Richtung mit der Zeit ändert. Da dieser Einheitsvektor zu jedem Zeitpunkt vom Kreismittelpunkt zum jeweiligen Bahnpunkt des kreisenden Körpers zeigt, bezeichnet man ihn als **Einheitsvektor in radialer Richtung**.

$$\vec{r}(t) = r \cdot \vec{e}_r(t) \quad \text{mit} \quad \vec{e}_r(t) = \begin{pmatrix} \cos(\omega t) \\ \sin(\omega t) \end{pmatrix}$$

Der Einheitsvektor in radialer Richtung kreist mit dem Ortsvektor um den Koordinatenursprung.

B) Der Vektor der Bahngeschwindigkeit

Bei der gleichmäßigen Kreisbewegung (ω = konst.) legt der rotierende Körper in gleichen Zeitintervallen gleiche Wege längs der Kreisbahn zurück (siehe stroboskopische Aufnahme S. 88). Der Betrag der Bahngeschwindigkeit ist somit an jedem Ort gleich.

Allgemein gilt:

$$|\vec{v}| = \frac{\Delta s}{\Delta t} = \frac{\Delta \varphi \cdot r}{\Delta t} = \omega \cdot r \qquad \Delta s = \text{Bogenlänge}$$

Bei einer vollen Umdrehung erhält man analog:

$$|\vec{v}| = \frac{\Delta s}{\Delta t} = \frac{2 \cdot \pi \cdot r}{T} = \omega \cdot r$$

Da der Körper bei der gleichmäßigen Kreisbewegung fortwährend seine Bewegungsrichtung ändert, muss auch der Vektor der Momentangeschwindigkeit laufend seine Richtung ändern (Zur Erinnerung: Der Vektor der momentanen Geschwindigkeit zeigt stets in die Bewegungsrichtung des Körpers).

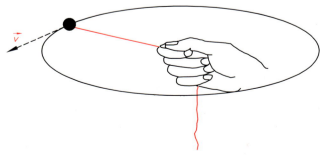

Bewegungsrichtung des rotierenden Körpers.

1.5 Die gleichmäßige Kreisbewegung eines Massenpunktes

Rotiert eine Kugel, die an einer Schnur befestigt ist, auf einer horizontalen Kreisbahn, so erhält man die Richtung der Momentangeschwindigkeit in einem Bahnpunkt, wenn man die Schnur in dem Moment, an dem sich der Körper an dem betreffenden Bahnpunkt befindet, durchtrennt.

Der Körper bewegt sich, da er nicht mehr auf die Kreisbahn gezwungen wird, geradlinig weiter in Richtung der **Bahntangente** (vergleiche Hammerwurf und Funkenflug bei Schleifgeräten).

> **Die Bewegungsrichtung bei der Kreisbewegung zeigt in jedem Punkt der Bahn stets in Richtung der Tangente an den Kreis, der Vektor der Momentangeschwindigkeit ist somit tangential zur Kreisbewegung gerichtet.**

Führt man einen **Einheitsvektor in tangentialer Richtung** $\vec{e}_t(t)$ ein, der sich mit dem rotierenden Körper bewegt und stets in Richtung der Bahntangente an den jeweiligen Bahnpunkt zeigt, so kann man den Vektor der momentanen Bahngeschwindigkeit leicht darstellen.

> Momentangeschwindigkeit: $\vec{v}(t) = \omega \cdot r \cdot \vec{e}_t(t)$ Betrag: $v = \omega \cdot r$

Darstellung des Vektors der Momentangeschwindigkeit in einem kartesischen Koordinatensystem.

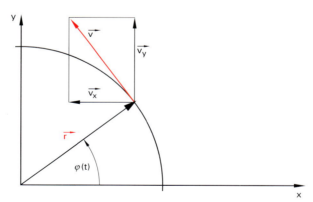

Für die Koordinaten der momentanen Bahngeschwindigkeit erhält man:
$v_x(t) = -v \cdot \sin(\omega \cdot t) = -\omega \cdot r \cdot \sin(\omega \cdot t)$
$v_y(t) = v \cdot \cos(\omega \cdot t) = \omega \cdot r \cdot \cos(\omega \cdot t)$

Daraus erhält man:
$$\vec{v}(t) = \begin{pmatrix} -\omega \cdot r \cdot \sin(\omega \cdot t) \\ \omega \cdot r \cdot \cos(\omega \cdot t) \end{pmatrix}$$

$$\Leftrightarrow \quad \vec{v}(t) = \omega \cdot r \cdot \begin{pmatrix} -\sin(\omega \cdot t) \\ \cos(\omega \cdot t) \end{pmatrix}$$

1 Bewegung und Energie

Betrachtet man den letzten Spaltenvektor näher, so erkennt man einige Besonderheiten:
- der Betrag des Spaltenvektors ist Eins;
- der Vektor zeigt zu jedem Zeitpunkt in Richtung der Tangente an den jeweiligen Bahnpunkt des kreisenden Körpers.

⇒ Der Spaltenvektor ist der **Einheitsvektor in tangentialer Richtung**.

$$\vec{v}(t) = \omega \cdot r \cdot \vec{e}_t(t) = v \cdot \vec{e}_t(t) \quad \text{mit} \quad \vec{e}_t(t) = \begin{pmatrix} -\sin(\omega \cdot t) \\ \cos(\omega \cdot t) \end{pmatrix}$$

C) Der Vektor der Beschleunigung

Die Beschleunigung eines Körpers ist definiert als die zeitliche Änderung seiner Momentangeschwindigkeit. Da sich die Richtung der Momentangeschwindigkeit laufend ändert, kann der Vektor der Beschleunigung nicht konstant sein. Es ist deshalb nötig, hier von einer mittleren Beschleunigung zu sprechen und den Momentanwert als Grenzwert dieser mittleren Beschleunigung anzusehen.

Betrachtet man den rotierenden Körper zu den Zeitpunkten t_1 und t_2, so kann man aus der Zeichnung den Vektor der Geschwindigkeitsänderung entnehmen (Der Geschwindigkeitsvektor zum Zeitpunkt t_1 wird so verschoben, dass sein Fußpunkt im Punkt B liegt).

Für das entstehende Vektordreieck gilt: $\vec{v}_1 + \Delta \vec{v} = \vec{v}_2$ bez. $\Delta \vec{v} = \vec{v}_2 - \vec{v}_1$

Für die mittlere Beschleunigung gilt allgemein: $\overline{\vec{a}} = \dfrac{\Delta \vec{v}}{\Delta t}$

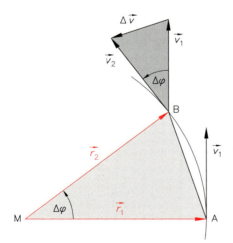

Die Momentanbeschleunigung erhält man aus diesem Ausdruck, wenn man den Grenzwert der mittleren Beschleunigung für $\Delta t \to 0$ betrachtet.

Bei diesem Grenzübergang für $\Delta t \to 0$ ändert sich die Richtung des Vektors der Geschwindigkeitsänderung. Dieser Vektor zeigt immer mehr in Richtung des Zentrums der Kreisbewegung. Unter Verwendung des bereits eingeführten Einheitsvektors in radialer Richtung folgt:

> Der Vektor der Momentanbeschleunigung bei der gleichmäßigen Kreisbewegung zeigt stets in Richtung des negativen Einheitsvektors in radialer Richtung. Man bezeichnet diese Beschleunigung deshalb auch als **Zentripetalbeschleunigung** $\vec{a}_z(t)$ (zum Mittelpunkt hin gerichtete Beschleunigung).

Der Betrag des Vektors der Zentripetalbeschleunigung lässt sich aus der grafischen Darstellung ebenfalls ableiten. Betrachtet man die beiden schraffierten Dreiecke, so kann man feststellen, dass diese ähnlich sind. Das Verhältnis der Seitenlänge zur Basis ist in beiden Dreiecken gleich.

$$\frac{r_1}{\overline{AB}} = \frac{v_1}{\Delta v} \Leftrightarrow \Delta v = \frac{v_1 \cdot \overline{AB}}{r_1}$$

Für den Betrag der mittleren Zentripetalbeschleunigung ergibt sich damit:

$$\overline{a_z} = \frac{\frac{v_1 \cdot \overline{AB}}{r_1}}{\Delta t} = \frac{v_1 \cdot \overline{AB}}{r_1 \cdot \Delta t} \quad \text{mit } |\vec{v}_1| = v_1 = |\vec{v}_2| = v_2 = \omega \cdot r$$
$$\text{und } |\vec{r}_1| = r_1 = |\vec{r}_2| = r_2 = r$$

Führt man nun den Übergang von der mittleren zur momentanen Zentripetalbeschleunigung durch, so nähert sich in der Zeichnung der Vektor $\vec{r}_2$ immer mehr an den Vektor $\vec{r}_1$ an, der Winkel $\Delta\varphi$ und damit verbunden die Zeitspanne Δt werden immer kleiner. Bei sehr kleinen Winkeln kann die Strecke $\overline{AB}$ durch den Bogen Δs zwischen A und B ersetzt werden.

Für den Betrag der Zentripetalbeschleunigung folgt damit:

$$a_z = \frac{v \cdot \Delta s}{r \cdot \Delta t} = \frac{v \cdot \Delta\varphi \cdot r}{r \cdot \Delta t} = v \cdot \omega$$

> Zusammengefasst erhält man somit für den Vektor der momentanen Zentripetalbeschleunigung:
>
> $$\vec{a}_z(t) = -a_z \cdot \vec{e}_r(t) \quad \text{mit} \quad a_z = \omega \cdot v = \omega^2 \cdot r = \frac{v^2}{r}$$

Darstellung des Vektors der Zentripetalbeschleunigung in einem kartesischen Koordinatensystem:

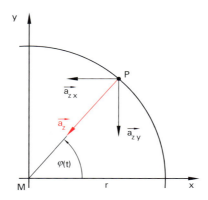

Die Koordinaten der momentanen Zentripetalbeschleunigung:

$$a_{zx}(t) = -a_z \cdot \cos(\omega \cdot t) = -\omega \cdot v \cdot \cos(\omega \cdot t)$$
$$a_{zy}(t) = -a_z \cdot \sin(\omega \cdot t) = -\omega \cdot v \cdot \sin(\omega \cdot t)$$
$$\Rightarrow \vec{a}_z(t) = -\omega \cdot v \cdot \begin{pmatrix} \cos(\omega \cdot t) \\ \sin(\omega \cdot t) \end{pmatrix} \Leftrightarrow \vec{a}(t) = -\omega \cdot v \cdot \vec{e}_r(t) = -a_z \cdot \vec{e}_r(t)$$

1 Bewegung und Energie

D) Zusammenfassung der Vektoren der Kreisbewegung

Ort: $\quad \vec{r}(t) = r \cdot \vec{e}_r(t) \quad \text{mit} \quad \vec{e}_r(t) = \begin{pmatrix} \cos(\omega t) \\ \sin(\omega t) \end{pmatrix}$

Geschwindigkeit: $\quad \vec{v}(t) = \omega \cdot r \cdot \vec{e}_t(t) = v \cdot \vec{e}_t(t) \quad \text{mit} \quad \vec{e}_t(t) = \begin{pmatrix} -\sin(\omega t) \\ \cos(\omega t) \end{pmatrix}$

Zentripetalbeschleunigung: $\quad \vec{a}_z(t) = -\omega \cdot v \cdot \vec{e}_r(t) = -a_z \cdot \vec{e}_r(t)$

Grafische Darstellung der Vektoren der Kreisbewegung

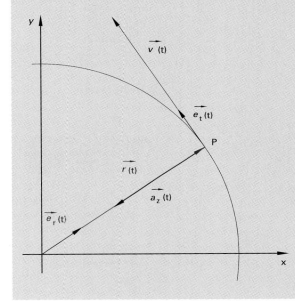

Koordinatengleichungen in einem x-y-Koordinatensystem

Ort:
$x(t) = r \cdot \cos(\omega \cdot t)$
$y(t) = r \cdot \sin(\omega \cdot t)$

Geschwindigkeit:
$v_x(t) = -r \cdot \omega \cdot \sin(\omega \cdot t)$
$v_y(t) = r \cdot \omega \cdot \cos(\omega \cdot t)$

Zentripetalbeschleunigung:
$a_{zx}(t) = -v \cdot \omega \cdot \cos(\omega \cdot t)$
$a_{zy}(t) = -v \cdot \omega \cdot \sin(\omega \cdot t)$

1.5.3 Übungsaufgaben zur gleichmäßigen Kreisbewegung

1.0 Die Bahn der Erde um die Sonne kann in guter Näherung als Kreis mit dem Radius $1,5 \cdot 10^{11}$ m betrachtet werden. Jeder Punkt der Erde nimmt an ihrer Rotation um die eigene Achse teil. Der mittlere Erdradius beträgt $6,4 \cdot 10^6$ m.

1.1 Wie groß ist die Winkelgeschwindigkeit der beiden Bewegungen?

1.2 Wie groß ist die Bahngeschwindigkeit der Erde?

1.3 Welche Bahngeschwindigkeit besitzt München (geografische Breite: 48°) bei der Rotation um die Erdachse?

2.0 Die Spurweite eines PKW beträgt 140 cm, der Durchmesser der Räder 60,0 cm. Der Schwerpunkt des Wagens durchfährt einen Viertelkreis der Länge 120 m mit der Geschwindigkeit $50,0 \frac{\text{km}}{\text{h}}$.

2.1 Welche Zeit benötigt der PKW dazu?

2.2 Welchen Weg legen dabei die äußeren und die inneren Räder zurück?

2.3 Wie groß ist die Winkelgeschwindigkeit des PKW auf seiner Kreisbahn?

2.4 Mit welcher Winkelgeschwindigkeit drehen sich die inneren und die äußeren Räder?

3.0 Eine Ultrazentrifuge führt in der Minute $60 \cdot 10^3$ Umdrehungen durch.

3.1 Berechnen Sie die Umdrehungszeit und die Winkelgeschwindigkeit.

3.2 Berechnen Sie den Betrag der Bahngeschwindigkeit eines in 40 mm Entfernung von der Drehachse mitgeführten Teilchens und geben Sie die Richtung der Bahngeschwindigkeit an.

3.3 Welche Zentripetalbeschleunigung (Betrag) muss auf das in 3.2 genannte Teilchen wirken, damit es auf seiner Kreisbahn gehalten wird? Vergleichen Sie das Ergebnis mit dem Betrag der Fallbeschleunigung.

4 Auf einer Stange sind drei Kugeln der Massen m_1, m_2 und m_3 in den gegebenen Abständen fest angebracht.

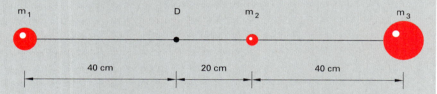

Die Stange rotiert mit der Winkelgeschwindigkeit $0{,}80\ \dfrac{1}{s}$ um den Drehpunkt D. Zeichnen Sie die Stange zu den Zeiten 0 s, 1,0 s und 3,0 s. Tragen Sie jeweils die Vektoren des Ortes, der Momentangeschwindigkeit und der Zentripetalbeschleunigung für die drei Kugeln ein.

(Maßstab: $10\,\text{cm} \cong 1{,}0\,\text{cm}$; $10\ \dfrac{\text{cm}}{\text{s}} \cong 1{,}0\,\text{cm}$; $10\ \dfrac{\text{cm}}{\text{s}^2} \cong 1{,}0\,\text{cm}$)

1.5.4 Das Kraftgesetz für die Kreisbewegung

Durchläuft ein Körper eine Kreisbahn, so muss auf ihn eine Kraft ausgeübt werden (Trägheitssatz!). Diese Kraft nennt man Zentripetalkraft $\vec{F}_z$, da sie zum Kreismittelpunkt hin wirkt.

Von welchen Größen der Betrag der Zentripetalkraft bei der Kreisbewegung mit konstanter Winkelgeschwindigkeit abhängig ist, wird nun wiederum experimentell untersucht.

Versetzt man sich in die Lage eines Hammerwerfers, so kann man leicht erste Vermutungen über die Abhängigkeit der Zentripetalkraft von anderen Größen anstellen. Man vermutet, dass der Betrag der Zentripetalkraft bei der Kreisbewegung mit konstanter Winkelgeschwindigkeit von folgenden Größen abhängig ist:

- Masse m des Körpers
- Winkelgeschwindigkeit ω
- Radius r der Kreisbewegung

Bei der nun folgenden experimentellen Untersuchung werden Zusammenhänge zwischen vier physikalischen Größen untersucht. Hierzu sind drei Versuche nötig, wobei jeweils der Betrag der Zentripetalkraft gemessen wird, zwei weitere Größen innerhalb einer Versuchsreihe konstant gehalten werden und die verbleibende Größe variiert wird.

Prinzipieller Versuchsaufbau:

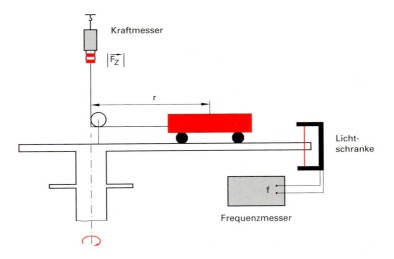

Die Aufhängung des *Kraftmessgerätes* ist höhenverstellbar, damit ein bestimmter Radius für die Kreisbahn eingestellt werden kann. Die Zentripetalkraft dehnt die Federwaage (Kraftmessgerät), was sich auch immer auf den Radius der Kreisbewegung auswirkt, so dass der Radius bei jeder Messung überprüft und korrigiert werden muss. (Bei modernen Geräten erfolgt die Messung mit Hilfe eines Dehnungsmessstreifens). Zur Bestimmung der Winkelgeschwindigkeit wird eine Lichtschranke mit angeschlossenem Frequenzmessgerät verwendet.

Versuch 1
Messung des Betrags der Zentripetalkraft in Abhängigkeit von der Masse des Körpers.

Hier wird durch die Höhenverschiebung des Kraftmessgrätes der Radius bei allen Massen (während der Kreisbewegung) auf den gleichen Wert eingestellt und der Betrag der Zentripetalkraft am Kraftmessgerät abgelesen. Die Drehfrequenz bleibt während des gesamten Versuchs konstant.

Konstante Größen: $r = 10\,\text{cm}$; $\quad f = 2{,}0\,\text{Hz}$; $\quad \Rightarrow \omega = 13\,\dfrac{1}{\text{s}}$

Messwerttabelle:

m in 10^{-3} kg	50	75	100
F_z in N	0,79	1,2	1,6
$\frac{F_z}{m}$ in $\frac{m}{s^2}$	16	16	16

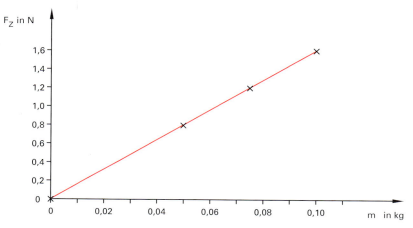

Grafische Darstellung im m-F_z-Diagramm.

Versuchsergebnis:
Die grafische Auswertung ergibt eine Ursprungshalbgerade; der Quotient $\frac{F_z}{m}$ ist im Rahmen der Messgenauigkeit konstant.

$F_z \sim m$

Versuch 2
Messung des Betrags der Zentripetalkraft in Abhängigkeit vom Radius der Kreisbahn.

Die unterschiedlichen Kreisbahnradien werden wiederum durch eine Höhenverstellung des Kraftmessers erzielt. Konstante Größen bei diesem Versuch:
$m = 100$ g; $f = 2,0$ Hz; $\omega = 13$ s^{-1}

Messwerttabelle:

r in cm	0	5,0	10	15	20	25
F_z in N	0	0,79	1,6	2,4	3,2	3,9
$\frac{F_z}{r}$ in $\frac{N}{m}$	–	16	16	16	16	16

1 Bewegung und Energie

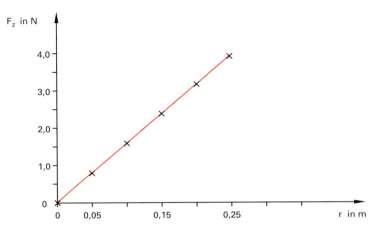

Grafische Auswertung im r-F_z-Diagramm.

Versuchsergebnis:

Die grafische Auswertung liefert eine Ursprungshalbgerade; die Quotientenbildung ergibt im Rahmen der Messgenauigkeit eine Konstante.

$F_z \sim r$

Versuch 3
Messung des Betrags der Zentripetalkraft in Abhängigkeit von der Winkelgeschwindigkeit ω.

Konstante Größen: $m = 100$ g; $r = 10$ cm

Messwerttabelle:

f in Hz	0	1,0	1,5	2,0	2,5	3,0
ω in s^{-1}	0	6,3	9,4	13	16	19
F_z in N	0	0,39	0,89	1,6	2,5	3,6
ω^2 in 10^1 s^{-2}	0	4,0	8,8	17	26	36
$\frac{F_z}{\omega^2}$ in 10^{-3} N·s^2	–	9,8	10	9,4	9,6	10

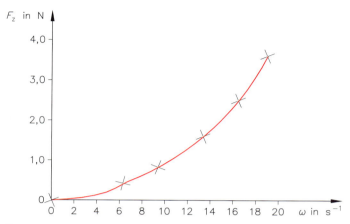

Grafische Auswertung im ω-F_z-Diagramm.

Versuchsergebnis:
Die grafische Darstellung im ω-F_z-Diagramm liefert **keine** Ursprungshalbgerade, die Größen sind somit **nicht** direkt proportional zueinander.

Die grafische Darstellung liefert eine Parabel, es schließt sich somit die Vermutung an, dass der Betrag der Zentripetalkraft direkt proportional zum Quadrat der Winkelgeschwindigkeit ist.
Diese Vermutung wird nun grafisch und rechnerisch überprüft.

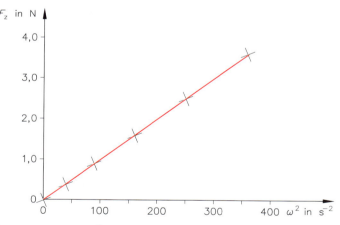

Grafische Darstellung im ω^2-F_z-Diagramm

Die grafische Darstellung im ω^2-F_z-Diagramm liefert eine Gerade durch den Ursprung. Daraus folgt: $F \sim \omega^2$

Durch die Berechnung der Quotienten $\dfrac{F_z}{\omega^2}$ wird dieser Zusammenhang nun noch rechnerisch überprüft (siehe Wertetabelle).

1 Bewegung und Energie

Ergebnis:

Die grafische Darstellung im ω^2-F_z-Diagramm liefert eine Gerade durch den Ursprung; die Quotienten $\dfrac{F_z}{\omega^2}$ ergeben im Rahmen der Messgenauigkeit eine Konstante. Aus beiden Ergebnissen folgt:
Der Betrag der Zentripetalkraft ist direkt proportional zum Quadrat der Winkelgeschwindigkeit. $F_z \sim \omega^2$.

Zusammenfassung der Versuchsergebnisse.

$\left.\begin{array}{l}\text{Versuch 1:} \quad F_z \sim m \\ \text{Versuch 2:} \quad F_z \sim r \\ \text{Versuch 3:} \quad F_z \sim \omega^2\end{array}\right\} \quad F_z \sim m \cdot r \cdot \omega^2 \quad \Leftrightarrow \quad \dfrac{F_z}{m \cdot r \cdot \omega^2} = \text{konst.} = k$

Berechnung der Proportionalitätskonstanten k mit den Daten aus Versuchsreihe 2, Messung Nr. 3:

$$k = \dfrac{F_z}{m \cdot r \cdot \omega^2} \; ; \quad [k] = \dfrac{N \cdot s^2}{kg \cdot m} = 1$$

$$\Rightarrow k = \dfrac{2{,}4}{0{,}100 \cdot 0{,}15 \cdot (2 \cdot \pi \cdot 2{,}0)^2} = 1{,}0$$

Versuchsergebnis:

Für den Betrag der Zentripetalkraft erhält man aus dem Experiment:
$F_z = m \cdot r \cdot \omega^2$
In vektorieller Schreibweise folgt für die Zentripetalkraft:
$\vec{F}_z(t) = - m \cdot \omega^2 \cdot r \cdot \vec{e}_r(t)$

Allgemeine Form der Zentripetalkraft.

Das soeben gefundene Ergebnis lässt sich noch in einer anderen Form darstellen:
Die Herleitung der Zentripetalbeschleunigung $\vec{a}_z(t)$ ergab: $\quad \vec{a}_z(t) = -\omega^2 \cdot r \cdot \vec{e}_r(t)$

Experimentell wurde nun für die Zentripetalkraft ermittelt: $\quad \vec{F}(t) = - m \cdot \omega^2 \cdot r \cdot \vec{e}_r(t)$

Man erkennt, dass die Vektoren $\vec{F}_z(t)$ und $\vec{a}_z(t)$ die gleiche Richtung besitzen und kann so die beiden Ergebnisse zusammenfassen:

Für die Zentripetalkraft bei der gleichmäßigen Kreisbewegung erhält man:
$$\vec{F}_z(t) = m \cdot \vec{a}_z(t)$$
Die Zentripetalkraft ist ein Vektor in Richtung der Zentripetalbeschleunigung. Für den Betrag der Zentripetalkraft, der bei der gleichmäßigen Kreisbewegung konstant ist, erhält man:
$$F_z = m \cdot \omega^2 \cdot r = m \cdot \omega \cdot v = m \cdot \frac{v^2}{r}$$

Anmerkung:
Die experimentelle Untersuchung lieferte folgende Ergebnisse:

a) Geradlinige Bewegung mit konstanter Beschleunigung.
$$\vec{F}(t) = m \cdot \vec{a}$$

b) Kreisbewegung mit konstanter Winkelgeschwindigkeit.
$$\vec{F}_z(t) = m \cdot \vec{a}_z(t)$$

Beide Ergebnisse lassen sich zum 2. Newton'schen Gesetz zusammenfassen:
Eine Kraft $\vec{F}(t)$ ruft an einem Körper eine Beschleunigung $\vec{a}(t)$ in Richtung dieser Kraft hervor. Der Betrag der Beschleunigung ist nur von der Masse m und dem Betrag der Kraft abhängig.

$$\vec{F}(t) = m \cdot \vec{a}(t) \qquad \textbf{Grundgleichung der Mechanik}$$

Wirken mehrere Kräfte auf einen Körper ein, so erfolgt die Beschleunigung immer in Richtung der **resultierenden Kraft**, die sich durch Vektoraddition ergibt.
Das erste Newton'sche Gesetz ist im zweiten Newton'schen Gesetz als Grenzfall enthalten. Wirkt keine Kraft auf einen Körper, so ist der Körper in Ruhe oder bewegt sich mit konstanter Geschwindigkeit.

1.5.5 Anwendungen zur Zentralkraft

A) Durchfahren einer nicht überhöhten Kurve
Bei dieser Bewegung soll der Körper (Fahrzeug) eine Kreisbahn durchlaufen. Damit er die Kreisbahn durchläuft, muss die Resultierende aller Kräfte, die auf den Körper einwirken, die Zentripetalkraft ergeben.
Die Zentripetalkraft wird durch die Wechselwirkung der Reifen mit dem Untergrund und der damit entstehenden Reibungskraft erzeugt. Zum problemlosen Durchfahren der Kurve muss die Reibungskraft größer oder gleich der für die Kurvenfahrt nötigen Zentripetalkraft sein.
Für die Beträge der Kräfte folgt daraus:

$$F_z \leq F_{R_{max}} \quad \Leftrightarrow \quad m \cdot \frac{v^2}{r} \leq \mu_H \cdot m \cdot g \quad \Leftrightarrow \quad \frac{v^2}{r \cdot g} \leq \mu_H$$

Ob das Durchfahren einer nicht überhöhten Kurve mit dem Radius r bei einer bestimmten Geschwindigkeit möglich ist, hängt nur von der Haftreibungszahl ab (unabhängig von der Masse).

B) Kurvenüberhöhung
Durch eine geänderte Gestaltung der Unterlage kann die oben angesprochene Beschränkung ($F_z \leq F_R$) aufgehoben werden. Am sichersten wird die Kurve durchfahren,

1 Bewegung und Energie

wenn die Vektorsumme aller am Auto angreifenden Kräfte eine Zentripetalkraft ergibt, die eine horizontale Kreisbahn bewirkt und zusätzlich keine seitliche Belastung der Räder (keine Haftreibung) auftritt.

Auf den Körper wirken zwei Kräfte ein:
- die elastische Kraft der Unterlage
- die Gewichtskraft

Addiert man beide Kräfte, so erhält man als resultierende Kraft die Zentripetalkraft.
Aus der Zeichnung folgt:

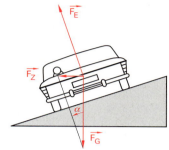

$$\tan(\alpha) = \frac{F_z}{F_G} \Leftrightarrow \tan(\alpha) = \frac{m \cdot v^2}{m \cdot g \cdot r} \Leftrightarrow \tan(\alpha) = \frac{v^2}{g \cdot r}$$

Für einen bestimmten Kurvenradius r gibt es zu jeder Geschwindigkeit v eine optimale Kurvenüberhöhung, die ein sicheres Durchfahren der Kurve ermöglicht.

C) Drehfrequenzregler

Zur Steuerung der Drehzahl von Dampfmaschinen verwendete man sogenannte **Drehfrequenzregler**. Versetzt man diesen in schnelle Rotation, so werden die beiden Kugeln angehoben.
Die elastische Kraft wird hier durch die Stange, mit der die Kugel an der Drehachse befestigt ist, vermittelt. Auch hier ist die resultierende Kraft die Zentripetalkraft.

Aus der Zeichnung folgt:

$$\tan(\alpha) = \frac{F_z}{F_G} \Leftrightarrow \tan(\alpha) = \frac{m \cdot \omega^2 \cdot r}{m \cdot g} \Leftrightarrow \tan(\alpha) = \frac{\omega^2 \cdot r}{g}$$

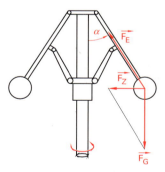

Steigt nun die Drehfrequenz der Dampfturbine, so werden die Kugeln angehoben, ein Ventil öffnet sich, der Dampfdruck sinkt und mit ihm die Drehfrequenz. Dies hat zur Folge, dass die beiden Kugeln wieder nach unten gehen und das Ventil schließen. Der Dampfdruck steigt, die Drehfrequenz nimmt zu, usw.
Die Drehfrequenz der Dampfturbine lässt sich so konstant halten.

D) Radfahren in der Kurve

Um eine Kurve mit einem Zweirad zu durchfahren, ist eine gewisse Innenlage nötig.
Aus der Zeichnung entnimmt man:

$$\tan(\varphi) = \frac{F_z}{F_g} \Leftrightarrow \tan(\varphi) = \frac{m \cdot v^2}{m \cdot g \cdot r}$$

$$\Leftrightarrow \tan(\varphi) = \frac{v^2}{g \cdot r}$$

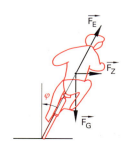

Problematisch ist hier die parallel zur Unterlage wirkende Komponente der Kraft, mit der das Fahrrad auf den Boden einwirkt. Dieser Komponente der Kraft muss durch die Haftreibung das Gleichgewicht gehalten werden.

1.5.6 Zentrifugalkraft und Zentripetalkraft; Rotierende Bezugssysteme

Bisher wurde die Kreisbewegung eines Körpers immer aus der Sicht eines im Bezugssystem S ruhenden Beobachters betrachtet. Das Ergebnis lautete:
Die Kreisbewegung mit konstanter Winkelgeschwindigkeit stellt eine beschleunigte Bewegung dar. Der Trägheitssatz fordert, dass diese Bewegung durch eine äußere Kraft hervorgerufen wird. Aus der Sicht eines ruhenden Beobachters führt ein Körper eine Kreisbewegung somit nur dann aus, wenn auf ihn eine resultierende Kraft von außen einwirkt.

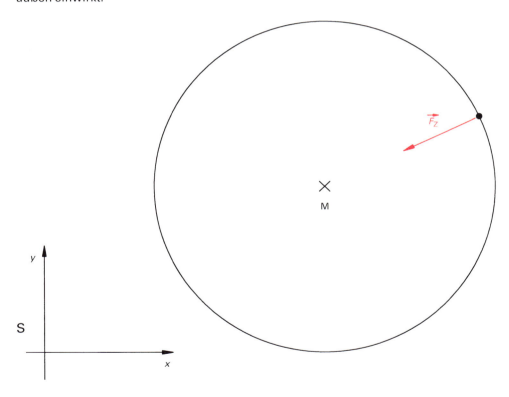

Diese Kraft ist eine **Zentralkraft** und wird durch andere Körper hervorgerufen (Anziehungskräfte von Massen, Zugkraft eines Seils, …). Da diese Kraft in Richtung des Kreismittelpunktes wirkt, heißt sie auch **Zentripetalkraft**.

1 Bewegung und Energie

> **Beispiel:** Hammerwurf aus der Sicht eines Zuschauers.
> Der Hammer beschreibt eine Kreisbewegung. Die hierzu nötige Zentripetalkraft wird durch die Haltekraft des Athleten aufgebracht. Wird diese Haltekraft nicht mehr aufgebracht, dann verlässt der Hammer die Hand des Athleten und bewegt sich nach dem Trägheitssatz mit konstanter Anfangsgeschwindigkeit in Richtung der momentanen Bahntangente. (Die Schwerkraft führt zur Bahnkurve einer Wurfparabel.)

Betrachtet man nun die Kreisbewegung aus der Sicht eines Beobachters, der im Zentrum der Kreisbewegung ist und an der Rotation teilnimmt.
Dieser Beobachter macht folgende Aussage:
Ein Körper, auf den eine Kraft wirkt, befindet sich in Ruhe.

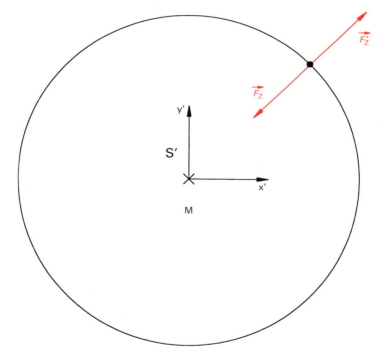

Das System S' rotiert um den Kreismittelpunkt.

Diese Aussage steht nun im krassen Gegensatz zum Trägheitssatz.

Zur Erinnerung: Der Trägheitssatz besagt, dass ein kräftefreier Körper ruht oder sich gleichförmig bewegt. Kräftefrei kann hierbei bedeuten, dass der Körper sehr weit von anderen Körpern entfernt ist oder sich die angreifenden Kräfte aufheben. Die Frage, ob ein Körper ruht oder sich gleichförmig bewegt ist stets abhängig vom verwendeten Bezugssystem.

Das soeben besprochene Beispiel macht klar, dass der Trägheitssatz (mit ihm die Gesetze der Mechanik) keineswegs in allen Bezugssystemen Gültigkeit besitzt. Man bezeichnet alle Bezugssysteme, in denen der Trägheitssatz Gültigkeit besitzt, als **Inertialsysteme**.

Inertialsysteme sind Bezugssysteme, die relativ zum Fixsternhimmel ruhen oder sich relativ zu ihm gleichförmig bewegen. Die Erde darf für kurzzeitige Experimente näherungsweise als Inertialsystem betrachtet werden.

Um den Trägheitssatz zu retten, führt man eine neue Kraft ein, eine **Trägheitskraft**, die bei der Kreisbewegung **Zentrifugalkraft** $\vec{F}_z'$ heißt. Diese Zentrifugalkraft stellt eine **Scheinkraft** dar, die vom Zentrum nach außen wirkt und nur durch die Wahl des Bezugssystems geschaffen wurde.

Diese Scheinkräfte sind keine realen Kräfte. Es lassen sich keine Körper angeben, von welchen Sie ausgehen. Beim Übergang zu einem Inertialsystem verschwinden sie völlig. Es handelt sich um Erfindungen, welche uns in die Lage versetzen die Newton'sche Mechanik auch in beschleunigten Bezugssystemen (wo die Gesetze der Newton'sche Mechanik sonst eigentlich nicht gelten würden) anzuwenden. Scheinkräfte können in einem **rotierenden Bezugssystem** wie andere Kräfte auch gemessen werden, sie unterliegen **nicht** dem dritten Newton'schen Gesetz, dem Wechselwirkungsprinzip.

Für den Hammerwurf aus der Sicht des rotierenden Athleten (beschleunigtes Bezugsystem) ergibt sich somit:
Auf den Hammer wirkt eine Kraft nach außen, die Zentrifugalkraft. Dieser Kraft muss der Athlet durch die nach innen wirkende Haltekraft das Gleichgewicht halten. Aus seiner Sicht ist der Körper nun in Ruhe.

Achtung: Die Zentrifugalkraft existiert nur in einem rotierenden Bezugssystem. Wechselt man in ein ruhendes Bezugssystem, so verschwindet die Zentrifugalkraft.
Vereinbarung: Alle Kräftepläne werden, wenn es nicht ausdrücklich anders verlangt wird, aus der Sicht eines ruhenden Beobachters gezeichnet. Scheinkräfte treten in diesen Systemen nicht auf.

1.5.7 Übungsaufgaben zur Zentralkraft

1	Eine Wäscheschleuder (Durchmesser 0,60 m) dreht sich 40 mal in einer Sekunde. Welche Zentripetalkraft müßte ein Wasserteilchen der Masse 1,0 g am Rand festhalten, damit es nicht wegfliegt?
2	Ein Körper der Masse 1,0 kg wird an einer 40 cm langen Schnur auf einem vertikalen Kreis herumgeschleudert. Welche Kraft wird auf die Schnur im höchsten und tiefsten Punkt der Bahn ausgeübt, wenn dort die Bahngeschwindigkeit jeweils den Betrag 2,0 $\frac{m}{s}$ besitzt?
3.0	Ein Kraftwagen fährt mit der Geschwindigkeit vom Betrag 50 $\frac{km}{h}$ in eine nicht überhöhte Kurve mit dem Krümmungsradius $r = 30$ m.
3.1	Bei welcher Reibungszahl rutscht der Wagen gerade noch nicht weg?
3.2	Mit welcher Höchstgeschwindigkeit darf der Wagen bei einer Reibungszahl von 0,25 die Kurve durchfahren?

1 Bewegung und Energie

4.0 Ein Wagen auf der Achterbahn durchfährt eine horizontale Kurve von 2,5 m Krümmungsradius mit der Geschwindigkeit 2,5 $\frac{m}{s}$.

4.1 Welche Neigung gegenüber der Horizontalen sollte die Bahn haben, wenn kein seitlicher Druck auf die Schienen ausgeübt werden soll?

4.2 Berechnen Sie den Betrag der auftretenden Zentripetalbeschleunigung.

5 Um welchen Winkel hat sich ein Radfahrer in der Kurve nach innen zu legen, wenn er mit einer Geschwindigkeit vom Betrag 4,0 $\frac{m}{s}$ eine Kurve von 8,4 m Krümmungsradius durchfahren will?

6.0 Bei einem Kettenkarussell befinden sich die Aufhängehaken für die Ketten in einem horizontalen Abstand von 3,0 m von der Rotationsachse. Die Länge jeder Kette (Aufhängepunkt – Schwerpunkt des Fahrgastes) beträgt 5,5 m. Bei der Kreisbewegung des Karussells werden die Ketten um 25° aus der Vertikalen ausgelenkt. Ein Fahrgast hat die Masse 80 kg.

6.1 Fertigen Sie eine Skizze mit Kräfteplan aus der Sicht eines ruhenden Beobachters an.

6.2 Wie groß sind Winkel- und Bahngeschwindigkeit der Fahrgäste? In welcher Zeit macht das Karussell eine volle Umdrehung?

7 Wie stark muss die äußere Schiene überhöht werden, damit ein Schnellzug mit 100 $\frac{km}{h}$ in einer Kurve von 900 m Radius senkrecht auf die Verbindungslinie der beiden Schienen drückt, so dass jegliche Kipp- und Schleudergefahr ausgeschlossen ist? (Spurbreite: 1,435 m)

8.1 Wie hoch steigt eine Kugel in einer halbkreisförmig gebogenen Rinne, die sich in der Minute 180 mal um die vertikale Achse dreht? (Allgemeine Herleitung!)

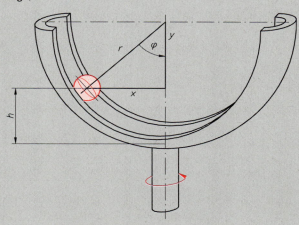

8.2 Wie groß ist die von der Kugel auf die Rinne ausgeübte Kraft, wenn der Radius $r = 15$ cm beträgt und die Kugel eine Masse von 100 g besitzt?

9.0 In einem zylindrischen Gefäß mit dem Radius R befindet sich eine Flüssigkeit. Das Gefäß rotiert mit 240 Umdrehungen in der Minute um die Zylinderachse.

9.1 Mit welcher Winkelgeschwindigkeit ω_0 dreht sich das Gefäß? Skizzieren Sie qualitativ die Flüssigkeitsoberfläche bei den Umdrehungszahlen 0, 120 und 240, wobei angenommen wird, dass die Flüssigkeit schon längere Zeit mit dieser Geschwindigkeit rotiert.

9.2 Fertigen Sie für ein Oberflächenteilchen, das sich im Abstand $0 < r < R$ von der Drehachse befindet, einen Kräfteplan aus der Sicht eines ruhenden Beobachters an.

9.3 Die Flüssigkeitsoberfläche schließt im Abstand $r = 3{,}0$ cm von der Drehachse bei der Winkelgeschwindigkeit ω_0 mit der Horizontalen den Winkel α ein. Berechnen Sie diesen Winkel.

9.4 Leiten Sie allgemein eine Beziehung her, welche die Abhängigkeit des Winkels α von der Winkelgeschwindigkeit ω und dem Abstand des Teilchens von der Drehachse r angibt.

9.5 Bei festem r ist α eine Funktion der Winkelgeschwindigkeit ω. Berechnen Sie nun für $r = 3{,}0$ cm den Winkel α bei verschiedenen Winkelgeschwindigkeiten zwischen $0\,\frac{1}{s}$ und $60\,\frac{1}{s}$ und zeichnen Sie den Grafen dieser Funktion.

10.0 Gegeben ist ein Rotor auf einem Volksfest, der den Durchmesser d besitzt.

10.1 Fertigen Sie einen beschrifteten Kräfteplan aus der Sicht eines ruhenden Beobachters an.

10.2 Nun soll im Rotor der Boden abgesenkt werden, ohne dass ein Körper der Masse m von der Wand abgleitet. Welche Geschwindigkeit (Betrag) muss die Wand besitzen, wenn die Reibungszahl μ vorgegeben ist?

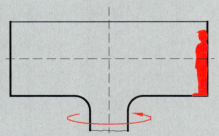

10.3 Durch eine hydraulische Vorrichtung wird der Rotor um den Winkel α gegen die Horizontale geneigt. Wie groß ist die Kraft, mit der die Wand eine Person der Masse m im höchsten Punkt A bzw. im tiefsten Punkt B der Bahn in die Kreisbahn zwingt, wenn sich der Rotor in a Sekunden b mal dreht?

1 Bewegung und Energie

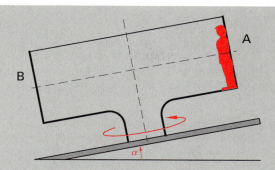

11.0 Eine Kreisscheibe ist um eine zu ihr senkrechte, vertikale Achse drehbar. In der Scheibe befinden sich mehrere Bohrungen vom Durchmesser 3,00 cm. Auf einer Bohrung liegt eine Metallkugel mit dem Durchmesser 5,00 cm und der Masse 0,500 kg. Ihr Schwerpunkt S hat von der Drehachse der Scheibe den Abstand r. Die Scheibe wird in Drehung versetzt und die Winkelgeschwindigkeit von $0\,s^{-1}$ an langsam erhöht.

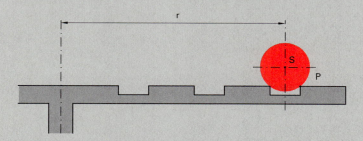

11.1 Bestimmen Sie für die angegebene Anordnung die Winkelgeschwindigkeit $\omega_{max}(r)$, bei der die Kugel gerade noch in der Bohrung liegen bleibt, in Abhängigkeit von r. Fertigen Sie dazu eine Zeichnung im Maßstab 1:1 mit allen im Punkt S angreifenden Kräften an ($1{,}0\,N \cong 1{,}0\,cm$).

11.2 Berechnen Sie die Werte von ω_{max} für folgende Abstände:

r in cm	5,00	10,0	20,0	30,0	40,0

Zeichnen Sie $\omega_{max}(r)$ in Abhängigkeit von r für $5{,}00\,cm \leq r \leq 40{,}0\,cm$.
Maßstab: $2{,}5\,cm \cong 1{,}0\,cm$; $1{,}0\,s^{-1} \cong 1{,}0\,cm$

1.6 Arbeit und Energie

1.6.1 Verschiedene Formen der Arbeit

Wirkt eine Kraft F längs einer Wegstrecke s auf einen Körper ein, so bezeichnet man das Produkt $F \cdot s$ als Arbeit, die von der Kraft F längs des Weges verrichtet wird.

> $W = F \cdot s$ „Arbeit ist gleich Kraft mal Weg."

Für die Einheit der Arbeit erhält man aus dieser Definition: $[W] = N \cdot m = J$ (**Joule**)

Bei der Definition der Arbeit wird stillschweigend vorausgesetzt, dass sich die Kraft längs des Weges nicht ändert und zusätzlich in Richtung des Weges zeigt.
Benutzt man Vektoren, so lassen sich die Einschränkungen der obigen Definition einfach darstellen.

    a) $\vec{F} \parallel \vec{s}$ und   b) $\vec{F} = \overrightarrow{\text{konst.}}$

Wie sich die Gleichung zur Berechnung der Arbeit ändert, wenn man beide Bedingungen aufgibt, wird nun kurz untersucht.

Zunächst wird nur die Bedingung a) aufgegeben.

Versuch:
Man betrachtet eine konstante Kraft $\vec{F}$, die mit der Richtung des Weges einen beliebigen Winkel α einschließt.

Beobachtung:
Es verrichtet nur die Komponente $\vec{F}_1$ der Kraft eine Arbeit in Richtung des Weges. Die Komponente $\vec{F}_2$ beeinträchtigt die Ortsänderung des Wagens nicht, sie verringert nur die Auflagekraft des Wagens auf den Boden.

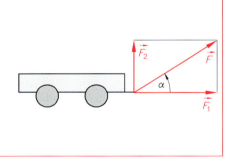

Bezeichnet man die Bewegungsrichtung des Wagens als x-Richtung, so kann die Arbeit einer beliebigen Kraft längs dieser Richtung durch folgende Beziehung dargestellt werden:

$W = F_x \cdot \Delta x$ mit $F_x = F \cdot \cos(\alpha)$
$W = F \cdot \Delta x \cdot \cos(\alpha)$ wobei $\Delta x = |\overrightarrow{\Delta x}|$ und $F = |\vec{F}|$
$\Leftrightarrow W = |\vec{F}| \cdot |\overrightarrow{\Delta x}| \cdot \cos(\alpha)$

Unter Verwendung der Definition des **Skalarproduktes**
$\{\vec{a} \circ \vec{b} = |\vec{a}| \cdot |\vec{b}| \cdot \cos(\sphericalangle \vec{a}, \vec{b})\}$ zweier Vektoren kann diese Gleichung noch vereinfacht werden.

    $W = \vec{F} \circ \overrightarrow{\Delta x}$

1 Bewegung und Energie

Ergebnis:
Lässt man beliebige Winkel zwischen dem Weg und einer konstanten Kraft zu, so erhält man die Arbeit, die durch diese Kraft längs des Weges verrichtet wird, aus dem Skalarprodukt der beiden Vektoren Kraft und Weg.

$$W = \vec{F} \circ \Delta \vec{x}$$

Die Arbeit ist eine skalare Größe und kann **positive** und **negative** Werte annehmen.

Fallunterscheidung:

a) $\vec{F}$ **und** $\Delta \vec{x}$ sind gleichgerichtet.
   Das Vorzeichen der Arbeit ist in diesem Fall positiv ($W > 0$), man spricht von **positiver Arbeit**. Beim Heben eines Körpers ist die angreifende äußere Kraft und der Weg gleichgerichtet, die Arbeit der äußeren Kraft damit positiv.

b) $\vec{F}$ **und** $\Delta \vec{x}$ **stehen senkrecht aufeinander.**
   Wirkt die Kraft senkrecht zum Weg, so wird keine Arbeit verrichtet ($W = 0$ da $\cos(90°) = 0$).
   Ein Mann, der auf einer horizontalen Ebene einen schweren Koffer vom Punkt A zum Punkt B trägt, verrichtet im physikalischen Sinn keine Arbeit. Ebenso verrichtet die Zentripetalkraft, die einen Körper auf eine Kreisbahn zwingt, keine Arbeit, da sie immer senkrecht zum Weg gerichtet ist.

c) $\vec{F}$ **und** $\Delta \vec{x}$ **sind entgegengerichtet.**
   Aus der Definitionsgleichung der Arbeit folgt sofort, dass in diesem Fall die Arbeit **negativ** ist ($W < 0$).
   Die bereits besprochenen Reibungskräfte haben die Eigenschaft, dass sie der Bewegungsrichtung entgegengerichtet sind. Reibungsarbeit ist damit immer negativ. Ebenso ist die Arbeit der Gewichtskraft beim Hochheben eines Körpers kleiner als Null, da die Vektoren der Kraft und des Weges entgegengesetzt gerichtet sind. (Lässt man den Körper fallen, dann ist die Arbeit der Gewichtskraft längs des Weges positiv).

Darstellung der Arbeit im x-F-Diagramm.

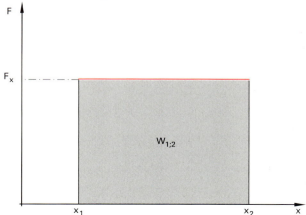

Die Arbeit wird als Fläche unter dem Grafen im x-F-Diagramm dargestellt.

Anmerkung: Bestimmung der Arbeit bei nicht konstanten Kräften.

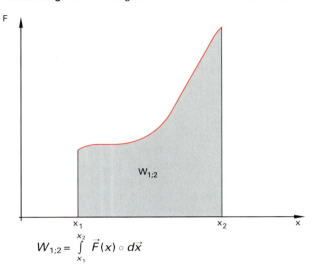

Im nebenstehenden Beispiel ist die Kraft längs des Weges nicht mehr konstant, damit auch die Einschränkung $\vec{F} = $ konst. nicht mehr gegeben.

Hier benutzt man zur Berechnung der Arbeit die Integralrechnung, was der Bestimmung der Fläche unter dem Grafen entspricht.

$$W_{1;2} = \int_{x_1}^{x_2} \vec{F}(x) \circ d\vec{x}$$

Nach der allgemeinen Definition der Arbeit werden nun die unterschiedlichen Formen der mechanischen Arbeit besprochen.

A) Beschleunigungsarbeit

Eine konstante Kraft $\vec{F}$ beschleunigt einen Körper in Richtung dieser Kraft. Die Koordinate der Kraft in x-Richtung ist F_x.

Für die **Beschleunigungsarbeit** W_a folgt: $W_a = F_x \cdot \Delta x$
Das 2. Newton'sche Gesetz liefert: $F_x = m \cdot a_x$

$$W_a = m \cdot a_x \cdot \Delta x$$

Bei der gleichmäßig beschleunigten Bewegung besteht ein Zusammenhang zwischen der Beschleunigung und dem zurückgelegten Weg:

$$2 \cdot a_x \cdot \Delta x = v^2 - v_0^2 \quad \Leftrightarrow \quad a_x \cdot \Delta x = \frac{1}{2} \cdot \left(v^2 - v_0^2\right)$$

Für die Beschleunigungsarbeit erhält man daraus:

$$W_a = \frac{1}{2} \cdot m \cdot (v^2 - v_0^2) = \frac{1}{2} \cdot m \cdot v^2 - \frac{1}{2} m \cdot v_0^2$$

Dieses Resultat gilt für jede Beschleunigungsart. Mit dieser Gleichung lässt sich die Arbeit berechnen, die man verrichten muss, um einen Körper von der Geschwindigkeit v_0 auf die Geschwindigkeit v zu beschleunigen.

1 Bewegung und Energie

B) Hubarbeit

Wird ein Körper nicht unterstützt, so führt er einen freien Fall durch. Möchte man nun einen Körper hochheben, ohne ihn dabei zu beschleunigen, so muss auf den Körper eine der Gewichtskraft entgegengerichtete, betragsgleiche äußere Kraft einwirken. Da auch in diesem Fall die Kraft in Bewegungsrichtung konstant ist, kann die Berechnung der Arbeit über das Skalarprodukt erfolgen.

Der Körper soll vom Punkt A mit der Höhe h_1 zum Punkt B mit der Höhe h_2 längs des Weges Δs angehoben werden.

Aus der Definition ergibt sich für die Arbeit:

$W_{A;B} = F_a \cdot \Delta s \cdot \cos \alpha$

Aus der Zeichnung erkennt man:

$\cos(\alpha) = \dfrac{\Delta h}{\Delta s}$

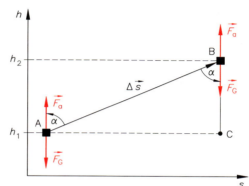

Die Hubarbeit lässt sich damit in folgender Weise darstellen:

$W_{A;B} = F_a \cdot \Delta h$

Berücksichtigt man noch, dass die Beträge der äußeren Kraft und der Gewichtskraft gleich sind, so folgt für die Hubarbeit: $\Rightarrow$ $W_{A;B} = m \cdot g \cdot \Delta h$

Nun soll der Körper auf einem anderen Weg zum Punkt B transportiert werden. Zunächst wird der Körper zum Punkt C und von dort weiter zum Punkt B transportiert. Für die Gesamtarbeit erhält man:

$W_{A;B} = W_{A;C} + W_{C;B}$

Für die Teilarbeiten gilt: $W_{A;C} = 0$ und $W_{C;B} = m \cdot g \cdot \Delta h$

$W_{A;B} = m \cdot g \cdot \Delta h$

> **Ergebnis:**
> Für die Hubarbeit auf dem Weg von A nach B erhält man:
> $W_{A;B} = m \cdot g \cdot (h_B - h_A)$
> Die zu verrichtende Hubarbeit ist nur von der Masse und der **Höhendifferenz** abhängig. Der Weg, den man zwischen den Punkten A und B einschlägt, ist für die Arbeit bedeutungslos.

C) Reibungsarbeit als nicht mechanische Form der Arbeit

Ist die Reibungskraft längs des Weges konstant, so kann auch hier die Arbeit mit Hilfe des Skalarproduktes errechnet werden.

Allgemein gilt: $W_R = \vec{F}_R \circ \Delta \vec{r} \iff W_R = -F_R \cdot \Delta r$
Das Vorzeichen der **Reibungsarbeit ist immer negativ**. Durch die Reibungsarbeit erhöht sich die Temperatur eines Körpers.

D) Spannarbeit
Gegeben ist folgende Aufgabe:

Welche Arbeit muss man verrichten, um die Feder von der Dehnung x_1 zur Dehnung x_2 zu spannen?

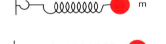

Hier darf erstmals die Arbeit nicht mit Hilfe des Skalarproduktes berechnet werden, da die Kraft längs des Weges nicht mehr konstant ist.

Einen Lösungsansatz liefert die grafische Darstellung der Spannarbeit im x-F-Diagramm. (Wie bereits gezeigt, stellt die Fläche unter dem Grafen im $F(x)$-Diagramm ein Maß für die Arbeit dar).
Für die Kraft gilt das Hooke'sche Gesetz:
$F = D \cdot x$ (D: **Federkonstante**)

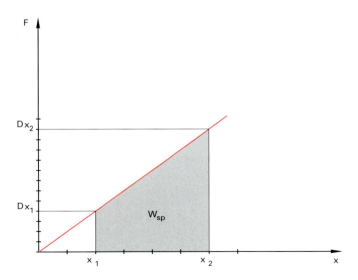

Aus der grafischen Darstellung folgt:
$$W_{Sp} = \frac{1}{2} \cdot D \cdot x_2^2 - \frac{1}{2} \cdot D \cdot x_1^2$$
$$\iff W_{Sp} = \frac{1}{2} \cdot D \cdot \left(x_2^2 - x_1^2\right)$$

1 Bewegung und Energie

Ergebnis:
Die Federspannarbeit kann mit Hilfe der Gleichung

$$W_{Sp} = \frac{1}{2} \cdot D \cdot \left(x_2^2 - x_1^2\right)$$

berechnet werden.

1.6.2 Verschiedene Formen mechanischer Energie

Die unter 1.6.1 besprochenen Formen der Arbeit führen zu einer Änderung des Zustandes, in dem sich der Körper befindet. Um diesen Zustand näher bezeichnen zu können führt man eine neue physikalische Größe ein.

Allgemein bezeichnet man mit Energie das Arbeitsvermögen, das ein Körper besitzt.

Die Energie eines Körpers ist eine skalare Größe und kann in verschiedenen Formen auftreten. Eine dieser Formen ist die **mechanische Energie** eines Körpers, die wiederum zwei unterschiedlichen Erscheinungsformen besitzt.

A) Kinetische Energie

Die Energie, die ein Körper aufgrund seines Bewegungszustandes besitzt, nennt man seine **kinetische Energie**. Befindet sich ein Körper in Ruhe, so ist seine kinetische Energie null. Um ihn von diesem Ausgangszustand auf die Geschwindigkeit v zu beschleunigen, muss die Beschleunigungsarbeit $W_a = \frac{1}{2} \cdot m \cdot v^2$ aufgebracht werden. Diese Beschleunigungsarbeit ist in Form von kinetischer Energie im Körper gespeichert.

Für die kinetische Energie gilt:

$$E_{kin} = \frac{1}{2} \cdot m \cdot v^2; \quad [E_{kin}] = \frac{kg \cdot m^2}{s^2} = N \cdot m = J$$

Im Gegensatz zur Beschleunigungsarbeit ist die **kinetische Energie immer positiv**.

Aus der Definitionsgleichung der Beschleunigungsarbeit ergibt sich darüber hinaus:

$$W_a = \frac{1}{2} \cdot m \cdot v_2^2 - \frac{1}{2} \cdot m \cdot v_1^2$$

$$\Leftrightarrow W_a = E_{kin2} - E_{kin1}$$

$$\Leftrightarrow W_a = \Delta E_{kin}$$

Ergebnis:
Die an einem Körper verrichtete Beschleunigungsarbeit ist gleich der Änderung seiner kinetischen Energie.

$$W_a = \Delta E_{kin}$$

Bei positiver Beschleunigungsarbeit wächst die kinetische Energie, bei negativer Beschleunigungsarbeit nimmt die kinetische Energie ab.

B) Potentielle Energie

Diese Form der Arbeitsfähigkeit eines Körpers ist an die Lage des Körpers im Raum gebunden.
Man unterscheidet zwei Formen potentieller Energie:

– **Die potentielle Energie der Erdanziehung (Lageenergie)**
Eine Angabe der potentiellen Energie der Erdanziehung ist nur sinnvoll, wenn das Nullniveau der potentiellen Energie bekannt ist. Dieses Nullniveau (auch **Bezugsniveau** genannt) kann frei gewählt werden. Befindet sich ein Körper (an der Erdoberfläche) auf der Höhe h über einem frei gewählten Bezugsniveau, so hat er die Fähigkeit Arbeit zu verrichten. Diese Energie wurde in Form von Hubarbeit in den Körper hineingesteckt.

$$E_{pot} = m \cdot g \cdot h; \quad [E_{pot}] = \frac{kg \cdot m \cdot m}{s^2} = N \cdot m = J$$

– **Die potentielle Energie der Elastizität (Spannenergie einer Feder)**
Ein Körper, der an einer um die Strecke x gedehnten Feder befestigt ist, besitzt Arbeitsfähigkeit.
Diese potentielle Energie ist gleich der Spannarbeit, die man aufbringen muss, wenn man eine Feder um die Strecke x (bezogen auf den entspannten Zustand der Feder) dehnt.

$$E_{pot} = \frac{1}{2} \cdot D \cdot x^2; \quad [E_{pot}] = \frac{N \cdot m^2}{m} = N \cdot m = J$$

Ist die Feder bereits um die Strecke x_0 vorgespannt, so erhält man folgenden Zusammenhang zwischen der Spannarbeit und der potentiellen Energie der Elastizität:

$$W_{Sp} = \frac{1}{2} \cdot D \cdot (x^2 - x_0^2) = \Delta E_{pot}$$

C) Wärmeenergie

Die bereits besprochene Reibungsarbeit erhöht die Temperatur des Körpers und ändert damit die so genannte **innere Energie** des Körpers. Diese innere Energie zählt nicht zu den Formen der mechanischen Energie.

Anmerkung:
Die auf einen Körper in Folge eines Temperaturunterschiedes übertragene Energie nennt man **Wärmeenergie** Q oder kurz Wärme. (Die Wärme bezeichnet dabei nicht die Energieform, sondern die Art der Energieübertragung.) Die Fähigkeit eines Körpers, einen anderen Körper zu erwärmen,

1 Bewegung und Energie

kennzeichnet einen Energiezustand des Körpers, der von der Temperatur abhängig ist. Diese Energie nennt man die **inneren Energie** U eines Körpers. Es gilt:
Die Änderung der inneren Energie ist gleich der abgegebenen oder aufgenommenen Wärme. $\Delta U = Q$

Geht man nun davon aus, dass die Reibungsarbeit nur dazu dient, einen Körper zu erwärmen, dann kann man zeigen, dass die Beträge der Reibungsarbeit und der Wärme gleich sind:
$W_R = Q$

1.6.3 Der Energieerhaltungssatz der Mechanik

Die mechanische Energie tritt in zwei Formen auf, der kinetischen und der potentiellen Energie. Mit Hilfe eines Experimentes soll nun geklärt werden, ob zwischen den möglichen Energieformen eines mechanischen Systems Zusammenhänge bestehen.

> **Versuch:** Freier Fall eines vollelastischen Gummiballs auf eine Stahlplatte.
> **Beobachtung:** Der Gummiball erreicht (im Idealfall) seine Ausgangshöhe wieder.

Dieser Versuch wird nun aus energetischer Sicht betrachtet.
Damit der Gummiball einen freien Fall ausführen kann, muss er auf die Höhe h_0 angehoben werden. Dazu ist Arbeit (Hubarbeit) nötig, die in Form von potentieller Energie im Gummiball gespeichert ist. Zur Berechnung der potentiellen Energie muss das Nullniveau für die potentiellen Energie festgelegt werden. Sinnvollerweise nimmt man hier den tiefsten Punkt, den der Gummiball erreichen kann.
$E_{pot}(h = 0) = 0$ (Festlegung!)
Für die potentielle Energie des Gummiballs im Punkt C gilt somit:
$E_{potC} = 0$

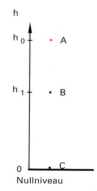

Auf dem Weg von C nach A nimmt die potentielle Energie zu.
Im höchsten Punkt der Bahn (A) ruht der Gummiball. Seine Geschwindigkeit und somit auch die kinetische Energie ist dort null.
$E_{kinA} = 0$
Auf dem Weg von A nach C nimmt die kinetische Energie zu.

Anmerkung:
Im Punkt C soll der Gummiball seine größte Geschwindigkeit besitzen. Der Vorgang der elastischen Verformung verbunden mit dem Abbremsen bis zum Stillstand beim Auftreffen auf der Platte, sowie die Beschleunigung des Balles bei der Rückbildung der Deformation, die zur betragsmäßig gleichen Geschwindigkeit führt, wird zunächst nicht berücksichtigt.

Wählt man nun einen beliebigen Punkt B auf der Fallstrecke, der zwischen A und C liegt, so kann man sofort die Aussage treffen, dass weder die kinetische noch die potentielle Energie des Gummiballs in diesem Punkt null ist.

Für die Energien des Gummiballs in den drei angesprochenen Punkten erhält man die folgende Tabelle:

Punkt	A	B	C
Höhe h	$h_A = h_0$	h_B	$h_C = 0$
Geschwindigkeit v	$v_A = 0$	$v_B = ?$	$v_C = ?$
Potentielle Energie	$E_{potA} = m \cdot g \cdot h_0$	$E_{potB} = m \cdot g \cdot h_B$	$E_{potC} = 0$
Kinetische Energie	$E_{kinA} = 0$	$E_{kinB} = \frac{1}{2} \cdot m \cdot v_B^2$	$E_{kinC} = \frac{1}{2} \cdot m \cdot v_C^2$

Die Gesetzmäßigkeiten des freien Falls liefern einen Zusammenhang zwischen der **durchfallenen Höhe** und der zugehörigen Geschwindigkeit: $v(h) = \sqrt{2 \cdot g \cdot h}$

Damit lassen sich die unbekannten Geschwindigkeiten v_B und v_C bestimmen und die Gleichungen für die kinetischen Energien umformen.

Punkt	A	B	C
Durchfallene Höhe	0	$h_0 - h_B$	$h_0 - h_C = h_0 - 0 = h_0$
Geschwindigkeit	$v_A = 0$	$v_B^2 = 2 \cdot g \cdot (h_0 - h_B)$	$v_C^2 = 2 \cdot g \cdot h_0$
Kinetische Energie	$E_{kinA} = 0$	$E_{kinB} = m \cdot g \cdot (h_0 - h_B)$	$E_{kinC} = m \cdot g \cdot h_0$

Betrachtet man nun erneut die Energien in den drei Punkten, so erhält man:

Punkt	A	B	C
Potentielle Energie	$E_{potA} = m \cdot g \cdot h_0$	$E_{potB} = m \cdot g \cdot h_B$	$E_{potC} = 0$
Kinetische Energie	$E_{kinA} = 0$	$E_{kinB} = m \cdot g \cdot (h_0 - h_B)$	$E_{kinC} = m \cdot g \cdot h_0$

Aus dieser Tabelle kann man bereits einige Zusammenhänge entnehmen:
- Der Maximalwert der potentiellen Energie, der im Punkt A erreicht wird, und der Maximalwert der kinetischen Energie im Punkt C sind gleich groß.
- Nimmt die kinetische (potentielle) Energie ihren Maximalwert an, dann ist die potentielle (kinetische) Energie null.

Um Angaben über die Energien im Punkt B machen zu können, wird zusätzlich die Summe aus kinetischer und potentieller Energie berechnet.

Punkt	A	B	C
Gesamtenergie	$E_{GesA} = 0 + m \cdot g \cdot h_0$	$E_{GesB} = m \cdot g \cdot (h_0 - h_B) + m \cdot g \cdot h_B$	$E_{GesC} = m \cdot g \cdot h_0 + 0$
$E_{Ges} = E_{kin} + E_{pot}$	$E_{GesA} = m \cdot g \cdot h_0$	$E_{GesB} = m \cdot g \cdot h_0$	$E_{GesC} = m \cdot g \cdot h_0$

⇒ Für alle drei Punkte ist die Summe aus kinetischer und potentieller Energie des Gummiballs gleich groß.

$$E_{kinA} + E_{potA} = E_{kinB} + E_{potB} + E_{kinC} + E_{potC}$$

Da der Punkt B jeder beliebige Punkt zwischen A und C sein kann, lässt sich für jeden Bahnpunkt folgende Aussage treffen und damit die anfangs gestellte Frage nach einem Zusammenhang zwischen den einzelnen Energieformen beantworten:

„**Die Summe aus kinetischer und potentieller Energie, die mechanische Gesamtenergie des Gummiballs, ist in jedem Bahnpunkt gleich groß.**"

1 Bewegung und Energie

Die mechanische Gesamtenergie des Gummiballs ist folglich eine Größe, die sich (im Idealfall) während des gesamten Bewegungsablaufes nicht verändert, sie stellt damit eine Erhaltungsgröße der untersuchten Bewegung dar. Die mechanische Gesamtenergie tritt in unterschiedlichen Erscheinungsformen, der kinetischen und potentiellen Energie auf, die während des Bewegungsablaufs ineinander umgewandelt werden können. Aus energetischer Sicht lässt sich der Bewegungsablauf des Gummiballs folgendermaßen beschreiben:

– Im Punkt A liegt die mechanische Gesamtenergie in Form von potentieller Energie vor, die kinetische Energie ist null.
– Auf dem Weg von A nach C wird die potentielle Energie in kinetische Energie umgewandelt. Die Gewichtskraft verrichtet bei dieser Bewegung Beschleunigungsarbeit ($W_a > 0$) und erhöht die kinetische Energie.
– Im Punkt C liegt die mechanische Energie als reine kinetische Energie vor.
– Nun kommt es zur elastischen Verformung des Gummiballs. Die kinetische Energie wird dabei vollständig in potentielle Energie der Elastizität umgewandelt. Die Arbeit der elastischen Kraft bei der Deformation ist dabei zunächst negativ. Ist der nun abgeplattete Gummiball vollständig zur Ruhe gekommen (die potentielle Energie der Elastizität ist maximal), dann beginnt sofort die Arbeit der elastischen Kraft, nun jedoch in Bewegungsrichtung. Die potentielle Energie der Elastizität wird wieder in kinetische Energie umgewandelt.
– Auf dem Weg von C nach A wird die kinetische Energie in potentielle Energie verwandelt. Die Beschleunigungsarbeit der Gewichtskraft ist nun negativ.

Anmerkung:
Der Grund dafür, dass der Gummiball die Anfangshöhe nicht mehr ganz erreicht, liegt in der Luftreibung und in der unelastischen Deformation des Balles und der Unterlage bei der Reflexion.

Die bisherigen Erkenntnisse wurden am Beispiel einer geradlinigen Bewegung mit konstanter Beschleunigung erarbeitet. Unter welchen Bedingungen die gewonnenen Erkenntnisse auch auf andere Bewegungsabläufe angewendet werden dürfen, wird hier nur mitgeteilt:

– **Das betrachtete System muss abgeschlossen sein.**
  Betrachtet man mehrere Körper, die miteinander in Wechselwirkung treten, so stellen diese Körper ein System dar. (Bei der untersuchten Bewegung bilden Gummiball, Platte und Erde ein System.) Ein solches System heißt abgeschlossen, wenn zwischen den Körpern des Systems nur Kräfte wirken, die von Körpern des Systems ausgehen. Diese Kräfte bezeichnet man als innere Kräfte.

– **Es wirken nur innere konservative Kräfte.**
  Die inneren Kräfte müssen konservativ sein (conservare = erhalten), das heißt, die Arbeit, die diese Kräfte verrichten, führt nur zu einer Umwandlung von kinetischer in potentielle Energie oder umgekehrt. Die mechanische Energie bleibt dabei erhalten. (Die inneren konservativen Kräfte im untersuchten Beispiel sind die Gewichtskraft und die elastische Kraft.)
  Reibungskräfte zählen **nicht** zu den konservativen Kräften.

Berücksichtigt man die angesprochenen Bedingungen, so erhält man das folgende Ergebnis:

> **Der Energieerhaltungssatz der Mechanik.**
>
> **In einem abgeschlossenen System, in dem nur konservative Kräfte wirken, ist die mechanische Gesamtenergie unveränderlich. Die Summe aus potentieller und kinetischer Energie ist in jedem Bahnpunkt konstant.**
>
> $$E_{Ges} = E_{kin} + E_{pot} = \text{konst.}$$

1.6.4 Anwendungsbeispiele zum Energieerhaltungssatz der Mechanik

Anhand von Beispielen wird nun die Anwendung des Energieerhaltungssatzes (er wurde am Beispiel eines frei fallenden Körpers hergeleitet) auf weitere konkrete Bewegungsvorgänge vorgestellt.

> **A) Vertikale Kreisbewegung**
> Eine Kugel, die an einem Faden befestigt ist, durchläuft ein vertikale Kreisbahn mit Radius r. Diese vertikale Kreisbewegung erfolgt **nicht** mit konstanter Winkelgeschwindigkeit.
> Mit Hilfe des Energieerhaltungssatzes soll nun die Frage gelöst werden, wie groß der Betrag der Bahngeschwindigkeit der Kugel im tiefsten Punkt der Bahn mindestens sein muss, damit der Faden im höchsten Punkt gerade noch gespannt bleibt.

Die Lösung dieser Aufgabe ist mit den bisherigen Mitteln nicht möglich, da die Bewegungsgleichungen für diese Bewegung unbekannt sind. Betrachtet man das System aus energetischer Sicht und vernachlässigt die Reibung, so gilt der Erhaltungssatz der mechanischen Energie. Der Lösungsweg mit Hilfe des Energieerhaltungssatzes benutzt nun die Tatsache, dass die Gesamtenergie in allen Punkten der Bahn gleich groß ist. Wie und warum der Körper diese Bahn durchläuft, spielt dabei keine Rolle. Durch eine geschickte Wahl des Bezugsniveaus der potentiellen Energie kann man zusätzlich den Lösungsweg einfacher gestalten, wobei jedoch stets zu beachten ist:

Das Bezugsniveau der potentiellen Energie darf innerhalb einer Aufgabe nicht verändert werden.

> **Lösung:**
> Normalerweise legt man das Bezugsniveau der potentiellen Energie auf die Höhe des Punktes B. Hier wird aus Übungszwecken das Bezugsniveau der potentiellen Energie auf die Höhe des Punktes A gelegt.
> $\Rightarrow \quad E_{pot}(h_A) = 0$

1 Bewegung und Energie 121

Für die Gesamtenergie im Punkt A gilt:

$$E_{GesA} = E_{potA} + E_{kinA}$$
$$\Leftrightarrow E_{GesA} = 0 + \frac{1}{2} \cdot m \cdot v_A^2$$
$$\Leftrightarrow E_{GesA} = \frac{1}{2} \cdot m \cdot v_A^2$$

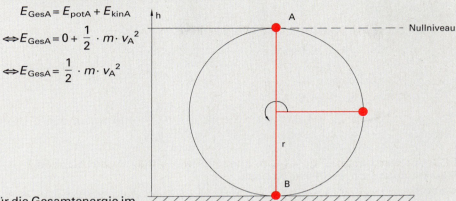

Für die Gesamtenergie im Punkt B erhält man:

$$E_{GesB} = E_{potB} + E_{kinB}$$
$$\Leftrightarrow E_{GesB} = -2 \cdot r \cdot m \cdot g + \frac{1}{2} \cdot m \cdot v_B^2$$

Die potentielle Energie des Punktes B ist in dem gewählten Bezugsniveau negativ, da die äußere Kraft bei der Hubarbeit der Wegstrecke entgegengerichtet ist. Der Betrag des zurückgelegten Weges bei der Hubarbeit ist der doppelte Radius.
Der Erhaltungssatz der mechanischen Energie fordert: $E_{GesA} = E_{GesB}$

$$\Rightarrow \frac{1}{2} \cdot m \cdot v_A^2 = -2 \cdot r \cdot m \cdot g + \frac{1}{2} \cdot m \cdot v_B^2 \quad (1)$$

In dieser Gleichung sind zwei unbekannte Größen, die Geschwindigkeiten v_A und v_B, so dass eine Lösung der Gleichung noch nicht möglich ist.
Einen weiteren Lösungsansatz liefert die Kräftebilanz im höchsten Punkt der Bahn. Dort soll der Faden gerade noch gespannt sein, das heißt, die resultierende Kraft im Punkt A ist null. Im Punkt A wird somit die Zentripetalkraft vollständig durch die Gewichtskraft des Körpers aufgebracht, die Schnur ist damit unbelastet. Für die Beträge der Kräfte gilt:

$$\Rightarrow m \cdot g = \frac{m \cdot v_A^2}{r} \Leftrightarrow v_A^2 = r \cdot g$$

Setzt man dieses Ergebnis in die Gleichung (1) ein, so erhält man für die gesuchte Größe v_B:

$$\Rightarrow \frac{1}{2} \cdot m \cdot g \cdot r = \frac{1}{2} \cdot m \cdot v_B^2 - m \cdot g \cdot (2 \cdot r) \Leftrightarrow \frac{1}{2} \cdot m \cdot v_B^2 = \frac{5}{2} \cdot m \cdot g \cdot r$$
$$\Leftrightarrow v_B^2 = 5 \cdot r \cdot g \Rightarrow v_B = \sqrt{5 \cdot r \cdot g}$$

Unter den genannten Bedingungen ist bei der vertikalen Kreisbewegung der Betrag der Bahngeschwindigkeit im tiefsten Punkt um den Faktor $\sqrt{5}$ größer als im höchsten Punkt.
Welche Belastung muss der Faden im tiefsten Punkt aushalten?
Der Faden muss zwei Kräfte aufbringen. Er muss der Gewichtskraft des Körpers das

Gleichgewicht halten und zusätzlich die für die Kreisbewegung nötige Zentripetalkraft aufbringen.

Für den Betrag der Fadenspannung folgt daraus:

$F_F = F_G + F_Z$

$\Leftrightarrow F_F = F_G + \dfrac{m \cdot v_B^2}{r}$

$\Leftrightarrow F_F = F_G + 5 \cdot m \cdot g = 6 \cdot F_G$

Der Betrag der Kraft, die der Faden im tiefsten Punkt aufbringen muss, ist das sechsfache des Betrags der Gewichtskraft des Körpers.

Musteraufgabe zur vertikalen Kreisbewegung:
Ein bekanntes Beispiel für eine vertikale Kreisbahn ist eine so genannte **Luftschleifenbahn**. Ein kleiner Versuchswagen, der sich am oberen Ende der Bahn (Punkt A) befindet, wird losgelassen. Er soll eine vertikale Kreisbahn vom Radius r durchlaufen ohne herunterzufallen. Welche Höhe h muss der Startpunkt gegenüber dem tiefsten Punkt C mindestens haben, wenn von Reibung abgesehen wird?

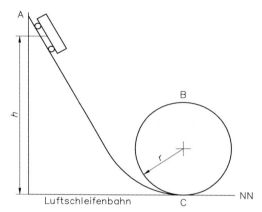

Lösung:
Festlegung: Das Nullniveau der potentiellen Energie (NN) liegt auf Höhe des Punktes C, dem tiefsten Punkt der Kreisbahn.

Für die Gesamtenergie im Punkt B erhält man: $E_{gesB} = E_{potB} + E_{kinB}$

$\Rightarrow E_{gesB} = m \cdot g \cdot h_B + \dfrac{1}{2} \cdot m \cdot v_B^2$ mit $h_B = 2 \cdot r$

und $v_B^2 = r \cdot g$ (aus $F_{ZB} = F_G$; Herleitung siehe oben)

$\Rightarrow E_{gesB} = m \cdot g \cdot 2 \cdot r + \dfrac{1}{2} \cdot m \cdot r \cdot g = \dfrac{5}{2} \cdot m \cdot g \cdot r$

Für die mechanische Gesamtenergie im Punkt A gilt: $E_{gesA} = E_{potA} + E_{kinA}$
Da der Körper aus dem Zustand der Ruhe startet, ist die kinetische Energie im Punkt A null.

$\Rightarrow E_{gesA} = m \cdot g \cdot h$

Der Erhaltungssatz der mechanischen Gesamtenergie besagt: $E_{gesA} = E_{gesB}$

$\Rightarrow m \cdot g \cdot h = \dfrac{5}{2} \cdot m \cdot g \cdot r \quad \Leftrightarrow \quad h = \dfrac{5}{2} \cdot r$

Ohne Berücksichtigung von Reibung muss der Wagen mindestens aus einer Höhe von $\dfrac{5}{2} r$ starten, damit er die Luftschleifenbahn durchfahren kann.

1 Bewegung und Energie

B) Fadenpendel

Versuch:
Bestimmung der Geschwindigkeit eines Pendelkörpers beim Nulldurchgang.

Versuchsdurchführung:
Das Fadenpendel wird so weit ausgelenkt, dass der Pendelkörper, der einen Durchmesser von 1,1 cm besitzt, auf die Höhe $h = 8,6$ cm über der Ruhelage angehoben wird. Dann wird der Pendelkörper losgelassen.

Mit Hilfe einer Lichtschranke wird nun am Punkt A die Verdunklungszeit der Lichtschranke beim Durchgang der Kugel gemessen.
Das Experiment liefert eine Zeitdauer von 8,5 ms.
Für die mittlere Geschwindigkeit ergibt sich daraus:

$$v_A = \frac{1,1 \cdot 10^{-2}\,m}{8,5 \cdot 10^{-3}\,s} = 1,3\,\frac{m}{s}$$

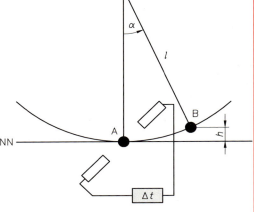

Nun soll die Geschwindigkeit des Pendelkörpers im tiefsten Punkt A **berechnet** werden.
Beim Fadenpendel ist es sinnvoll, das Bezugsniveau der potentiellen Energie auf die Höhe des tiefsten Punktes der Bahn, den Punkt A, zu legen. Die Gesamtenergie in diesem Punkt ist dann die kinetische Energie der Masse in diesem Punkt.

Für die Gesamtenergie des schwingenden Körpers in den Bahnpunkten A und B gilt:

A	B
$E_{GesA} = E_{potA} + E_{kinA}$	$E_{GesB} = E_{potB} + E_{kinB}$
$\Rightarrow E_{GesA} = 0 + \frac{1}{2} \cdot m \cdot v_A^2$	$\Rightarrow E_{GesB} = \cdot g \cdot h_B + 0$
$\Leftrightarrow E_{GesA} = \frac{1}{2} \cdot m \cdot v_A^2$	$\Leftrightarrow E_{GesB} = m \cdot g \cdot h_B$

Der Energieerhaltungssatz besagt: $E_{GesA} = E_{GesB}$

$$\Leftrightarrow \frac{1}{2} \cdot m \cdot v_A^2 = m \cdot g \cdot h_B$$

$$\Leftrightarrow v_A^2 = 2 \cdot g \cdot h_B \Leftrightarrow |v_A| = \sqrt{2 \cdot g \cdot h_B}\,; \quad [v_A] = \sqrt{\frac{m \cdot m}{s^2}} = \frac{m}{s}$$

$$\Leftrightarrow |v_A| = \sqrt{2 \cdot 9,81 \cdot 8,6 \cdot 10^{-2}}\,\frac{m}{s} \Leftrightarrow |v_A| = 1,3\,\frac{m}{s}$$

Der Energieerhaltungssatz liefert für die Geschwindigkeit des Körpers im tiefsten Punkt den Wert 1,3 $\frac{m}{s}$.

Ergebnis:
Die berechnete und die gemessene Geschwindigkeit stimmen überein. Das Versuchsergebnis ist eine Bestätigung der Gültigkeit es Energieerhaltungssatzes.

C) Federpendel
Betrachtung des Bewegungsablaufes des schwingenden Körpers bei einem **horizontalen Federpendel** aus energetischer Sicht. Das Federpendel besteht dabei aus einer Feder, deren Masse bei der Betrachtung nicht berücksichtigt wird, und einem mit der Feder fest verbundenen punktförmigen Körper der Masse m. Das andere Ende der Feder mit einer starren Halterung verbunden. Befindet sich die Feder im entspannten Zustand (Ruhelage), so ist die Kugel mit der Masse m am Ort $x = 0\ m$.

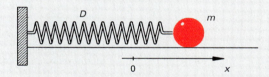

Die Bewegung des schwingenden Körpers erfolgt horizontal und führt dazu, dass die Feder abwechselnd gedehnt ($x > 0$) und gestaucht ($x < 0$) wird. (Das Hooke'sche Gesetz liefert für beide Bewegungsrichtungen die Kraft). Da bei der horizontalen Bewegung des Federpendels die Feder im Ruhezustand des Federpendels nicht gespannt ist, liegt das Bezugsniveau der potentiellen Energie der Elastizität ebenfalls am Ort $x = 0\ m$. (Die *Höhe* des schwingenden Körpers ändert sich bei der Bewegung nicht, deshalb legt man das Bezugsniveau der potentiellen Energie der Erdanziehung auf die Höhe des Schwerpunkts, was dazu führt, dass die potentielle Energie der Erdanziehung null ist). Die potentielle Energie des schwingenden Körpers bei einem horizontalen Federpendel ist die potentielle Energie der Elastizität.

Um den Körper der Masse m aus der Ruhelage auszulenken ist Arbeit (Federspannarbeit) nötig. Diese Arbeit wird in Form von potentieller Energie der Elastizität im System gespeichert. Überlässt man das System sich selbst, so wird der Körper in Richtung der Ruhelage beschleunigt (die Federkraft verrichtet Beschleunigungsarbeit).

1 Bewegung und Energie

Das Federpendel wird zunächst um die Strecke x_{max} nach rechts ausgelenkt.

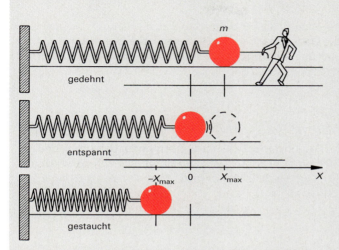

Folgende Fälle können beobachtet werden:

Maximale Dehnung:
$x = + x_{max}$

$E_{pot}(x_{max}) = E_{pot\,max}$ und
$E_{kin}(x_{max}) = 0$

Durchgang durch die Ruhelage: $x = 0$

$E_{pot}(x = 0) = 0$
$E_{kin}(x = 0) = E_{kin\,max}$

Maximale Stauchung:
$x = - x_{max}$

$E_{pot}(-x_{max}) = E_{pot\,max}$
und $E_{kin}(-x_{max}) = 0$

Während der Bewegung kommt es hier zu einer Umwandlung von potentieller Energie in kinetische Energie und umgekehrt. Für alle Punkte, die der Körper bei seiner Bewegung durchläuft, ist die mechanische Gesamtenergie konstant. Es gilt somit:

$$E_{Ges} = E_{pot}(x) + E_{kin}(x) = \frac{1}{2} \cdot D \cdot x^2 + \frac{1}{2} \cdot m \cdot v(x)^2 \quad \text{mit} \quad E_{Ges} = E_{pot\,max} = E_{kin\,max}$$

Der exakte Nachweis der Gleichung erfolgt in Kapitel 2.4!

Kennt man die Gesamtenergie des Systems, so lässt sich daraus beispielsweise die Geschwindigkeit des schwingenden Körpers in einer bestimmten Entfernung vom Ruhezustand berechnen.

Die gleiche energetische Betrachtung wird nun an einem **vertikalen Federpendel** vorgenommen.

Die nebenstehende Abbildung zeigt ein **vertikales Federpendel,** ein System aus einer masselosen Feder und einem am unteren Ende der Feder befestigten punktförmigen Körper der Masse m. Am oberen Ende der Feder wird das gesamte Federpendel aufgehängt (fixiert) und dann sich selbst überlassen. Nach einiger Zeit kommt durch die Reibung bedingt das System zur Ruhe. Diese Ruhelage bezeichnet man auch als Gleichgewichtslage, da die Gewichtskraft des Körpers und die am Körper angreifende Federkraft entgegengesetzt gleich groß sind. Bei einem vertikalen Federpendel bewegt sich der schwingende

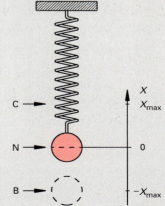

Körper in der Vertikalen um die Gleichgewichtslage, so dass die Bewegung des Massenmittelpunktes eindimensional ist, zur Beschreibung der Bewegung somit eine Koordinatenachse (x-Achse) genügt.

Der Ursprung der Koordinatenachse ($x = 0$) wird so gelegt, dass er mit der Lage des Massenmittelpunktes in der Gleichgewichtslage (Punkt N) übereinstimmt.
Achtung: Beim vertikalen Federpendel ist die Feder in der Ruhelage nicht entspannt, sondern durch die Gewichtskraft des Körpers etwas vorgedehnt. Es gilt für die Gleichgewichtslage:

$$\vec{F}_G = -\vec{F}_F; \quad \Rightarrow \quad F_G = F_F; \quad \Leftrightarrow \quad m \cdot g = D \cdot s_0$$

s_0: Dehnung der masselosen Feder durch das Anhängen des Körpers der Masse m

Lenkt man nun das System bis zum Punkt B ($x = -x_{max}$) aus und lässt es dann los, so kann man eine vertikale Bewegung des Körpers zwischen den Punkten B und C beobachten. Für die Dehnung der Feder in Abhängigkeit von der Auslenkung x aus der Ruhelage erhält man: $s(x) = s_0 - x$

Bezeichnet man die potentielle Energie der Erdanziehung mit E_{potE} und die potentielle Energie der Elastizität (Feder) mit E_{potF}, so ergibt sich für die mechanische Gesamtenergie des Systems:

$$E_{Ges} = E_{kin}(x) + E_{potE}(x) + E_{potF}(x)$$

Der Zahlenwert der mechanischen Gesamtenergie hängt nun nur noch von der Lage der Nullniveaus der potentiellen Energien ab. Für die potentielle Energie der Elastizität wird das Nullniveau so gelegt, dass es mit dem entspannten Zustand der Feder ($s = 0$) zusammenfällt, was am Ort $x = s_0$ der Fall ist.

$$E_{potF} = \frac{1}{2} \cdot D \cdot s^2 = \frac{1}{2} \cdot D \cdot (s_0 - x)^2$$

Für die potentielle Energie der Erdanziehung werden kurz drei Möglichkeiten vorgestellt.
Legt man das Bezugsniveau der potentiellen Energie der Erdanziehung auf die Höhe der Gleichgewichtslage (Punkt N), so folgt:

$$E_{Ges} = \frac{1}{2} \cdot m \cdot v(x)^2 + m \cdot g \cdot x + \frac{1}{2} \cdot D \cdot (s_0 - x)^2$$

Das Nullniveau der potentiellen Energie der Erdanziehung liegt im höchsten Punkt, den der Körper bei der Bewegung erreicht (Punkt C; $x = x_{max}$):

$$E_{Ges} = \frac{1}{2} \cdot m \cdot v(x)^2 + [-m \cdot g \cdot (x_{max} - x)] + \frac{1}{2} \cdot D \cdot (s_0 - x)^2$$

x_{max}: maximale Auslenkung des schwingenden Körpers aus der Ruhelage

Bei dieser Festlegung ist die potentielle Energie der Erdanziehung immer kleiner oder gleich null.

Das Nullniveau der potentiellen Energie der Erdanziehung liegt auf der Höhe des unteren Umkehrpunktes (Punkt B mit $x = -x_{max}$):

$$E_{Ges} = \frac{1}{2} \cdot m \cdot v(x)^2 + m \cdot g \cdot (x_{max} + x) + \frac{1}{2} \cdot D \cdot (s_0 - x)^2$$

Hier ist die potentielle Energie der Erdanziehung immer größer oder gleich null.

1 Bewegung und Energie

Aus den allgemeinen Ansätzen lassen sich nun für alle Bahnpunkte die Anteile der einzelnen Energieformen an der Gesamtenergie berechnen.

Anmerkung:
Betrachtet man das System aus Feder und Körper als Einheit, so lässt sich für dieses System die potentielle Energie einfach berechnen. Das Bezugsniveau der potentiellen Energie des Systems wird in den Ursprung des Bezugsystems (Koordinatensystem) gelegt. Verwendet man die allgemeine Definition der potentiellen Energie so muss nur noch die Verschiebungsarbeit der äußeren Kraft vom Bezugsniveau zum jeweiligen Ort des Körpers berechnet werden. Für die Koordinate der äußeren Kraft erhält man: $F_{ax} = -D \cdot x$ (exakte Herleitung siehe 2.3.1). Die Gesamtenergie lässt sich dann in gleicher Weise wie beim horizontalen Federpendel darstellen:

$$E_{Ges} = E_{pot}(x) + E_{kin}(x) = \frac{1}{2} \cdot D \cdot x^2 + \frac{1}{2} \cdot m \cdot v(x)^2$$

D) Pumpspeicherkraftwerk

Bei den Speicher- und **Pumpspeicherkraftwerken** wird das im Speicherbecken gesammelte Wasser, bei meist größerer Fallhöhe, zur elektrischen Energieerzeugung benutzt.
Legt man das Bezugsniveau der potentiellen Energie der Erdanziehung auf die Höhe der Turbinen, so besitzt das Wasser dort keine potentielle Energie.
Im Speichersee (hochgelegener natürlich oder künstlich gestauter See) besitzt das Wasser reine potentielle Energie der Erdanziehung (entspricht der Hubarbeit).
Lässt man nun das Wasser aus dem Stausee über Druckstollen abfließen, so kommt es zu einer Umwandlung von potentieller Energie in kinetische Energie.

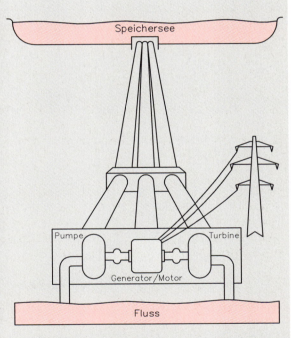

Diese Bewegungsenergie des Wassers versetzt die Turbinen in Rotation (Rotationsenergie). An die Turbinen angekoppelt sind Generatoren, die zur Wandlung der Rotationsenergie in elektrische Energie verwendet werden.

Eine Sonderstellung nehmen hierbei die Pumpspeicherwerke ein, in denen die in Schwachlastzeiten frei verfügbare elektrische Leistung der Wärmekraftwerke dazu benutzt wird, Wasser aus einem Unterbecken (Höhenniveau der Pumpen und Turbinenstation) oder Fluss in das hoch gelegene Speicherbecken zu pumpen, um auf diese Weise Energie für Spitzenbedarfszeiten bereitstellen zu können. (Siehe hierzu auch die Musteraufgabe im Kapitel 1.6.7).

1.6.5 Übungsaufgaben zum Energieerhaltungssatz der Mechanik

1 Ein Auto mit der Masse $m = 1{,}0$ t fährt mit der Geschwindigkeit von $72\,\frac{\text{km}}{\text{h}}$ $\left(144\,\frac{\text{km}}{\text{h}}\right)$. Berechnen Sie die kinetische Energie des Fahrzeuges, und bestimmen Sie die Höhe, aus der es senkrecht herunterfallen müsste um die gleiche Energie zu erhalten.

2 Mit der Geschwindigkeit von $18\,\frac{\text{km}}{\text{h}}$ fährt ein Auto gegen eine Betonwand und wird dabei um 0,50 m zusammengedrückt (Knautschzone). Welche Kraft wird dabei auf einen angegurteten Insassen mit der Masse 75 kg ausgeübt, wenn die Kraft während des Abbremsvorganges konstant ist?

3 Ein Fadenpendel der Länge *l* wird um 60° ausgelenkt und dann losgelassen. Im tiefsten Punkt der Bahn wird der Faden durchschnitten, so dass der Pendelkörper einen waagrechten Wurf ausführt. Berechnen Sie die Wurfweite, wenn der Körper die Höhe h_0 durchfallen hat.

4.0 Eine Kugel der Masse 2,0 kg rollt auf der horizontalen Strecke AB mit der konstanten Geschwindigkeit von 6,0 m/s. Bei B kommt die Kugel in eine nach oben führende Rinne BC von Halbkreisform mit dem Radius 0,50 m. Die Reibung und die Rotationsenergie der Kugel sollen vernachlässigt werden.

4.1 Mit welcher Bewegungsenergie und welcher Geschwindigkeit (Betrag) verlässt die Kugel bei C die Rinne?

4.2 Dieselbe Kugel wird mit $6{,}0\,\frac{\text{m}}{\text{s}}$ senkrecht nach oben geworfen. Welche Geschwindigkeit hat sie in 1,0 m Höhe? In welcher Höhe kehrt die Kugel um?

4.3 Welche Fallgeschwindigkeit hat die Kugel, nachdem Sie wieder 1,0 m heruntergefallen ist?

5.0 Eine Federpistole kann mit der Kraft 50 N gespannt werden, wobei die Feder um 8,0 cm verkürzt wird.

5.1 Welche maximale Steighöhe erreicht ein senkrecht abgeschossener Pfeil mit der Masse 20 g?

5.2 Welche Energieumwandlungen spielen sich bei dem Vorgang ab?

5.3 Welche Anfangsgeschwindigkeit hat das Geschoss?

1 Bewegung und Energie

6 Welche Anfangsgeschwindigkeit v_0 hat ein senkrecht nach oben abgeschossenes Teilchen, wenn in der Höhe h = 2000 m kinetische und potentielle Energie gleich groß sind?

7 Eine Kugel fällt aus einer bestimmten Höhe frei herunter und kommt am Boden mit der Geschwindigkeit v an. In welcher Zwischenhöhe h_1 hat sie gerade den halben Betrag der Endgeschwindigkeit? Geben Sie h_1 in Abhängigkeit von h an.

8.0 Auf einer glatten unbeweglichen Kugel befindet sich ein Massenpunkt in einer labilen Stellung. Wird er aus der Gleichgewichtslage ausgelenkt, so bewegt er sich zunächst auf der Kugeloberfläche.

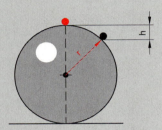

8.1 In welchem vertikalen Abstand h verlässt der Massenpunkt die Oberfläche?

8.2 In welcher Entfernung vom senkrechten Durchmesser der großen Kugel trifft die Masse auf die horizontale Unterlage, wenn der Kugelradius 1,50 m beträgt.
(Hinweis: Bei dieser Bewegung handelt es sich um einen schiefen Wurf nach unten. Es ist eine Komponentenzerlegung der Anfangsgeschwindigkeit nötig.)

9.0 Auf einer Tischplatte ist eine lotrechte Spiralfeder $\left(D = 40 \, \dfrac{\text{N}}{\text{cm}}\right)$ befestigt. Senkrecht über der Feder hängt eine Kugel (M = 400 g) in der Höhe 1,2 m. Diese Höhe ist vom oberen Federende bis zum tiefsten Kugelpunkt gemessen. Nun fällt die Kugel auf die Feder und staucht sie. (Seitliches Verbiegen ist durch eine Führung ausgeschlossen.)

9.1 Berechnen Sie die maximale Stauchung s_{max} der Feder.

10.0 Am unteren Ende einer schrägen Fahrbahn wird ein Wagen (m = 467 g) durch eine gespannte Feder beschleunigt und rollt die Bahn hoch. Das Ende der 1,30 m langen Bahn ist 9,00 mm höher als der Anfang.

10.1 Bei welcher Federkraft herrscht Gleichgewicht?

10.2 Nun wird die Feder von der Kraft F = 0,300 N um 1,70 cm gestaucht, der Wagen ohne Koppelung auf das Federende gelegt und losgelassen. Bis zu welcher Stelle nimmt die Geschwindigkeit zu?

10.3 Wie groß ist an dieser Stelle die Geschwindigkeit?

10.4 Wie groß ist die Geschwindigkeit an der Stelle, wo der Wagen die Feder verlässt?

10.5 Wie weit kommt der Wagen?

1.6.6 Erweiterung des mechanischen Energieerhaltungssatzes

Der Erhaltungssatz der mechanischen Energie wurde unter zwei Voraussetzungen gefunden:

- **Das betrachtete System muss abgeschlossen sein.**
- **Es wirken nur innere konservative Kräfte.**

Betrachtet man die erste Bedingung und verzichtet zusätzlich auf Reibungskräfte, dann kann man die Abgeschlossenheit des Systems aus energetischer Sicht so deuten, dass im System keine Kräfte vorhanden sind, die eine Änderung der mechanischen Gesamtenergie bewirken. Treten nun derartige äußere Kräfte in einem System auf, so ist das System nicht mehr abgeschlossen und die mechanische Gesamtenergie ändert sich.

> **Beispiel:**
> Beim Heben eines Körpers mit konstanter Geschwindigkeit ändert sich die kinetische Energie des Körpers nicht, zur Verrichtung der Hubarbeit ist jedoch eine äußere Kraft erforderlich die zur Erhöhung der potentielle Energie und damit zur Erhöhung der Gesamtenergie führt. Beim freien Fall hingegen wirkt keine äußere Kraft auf den Körper, es kommt zur Umwandlung von potentieller Energie in kinetische Energie, wobei die Gesamtenergie konstant bleibt.

Bezeichnet man die Arbeit der äußeren Kräfte, die in einem System wirken, mit W_a, so gelangt man zu folgendem Resultat:

> Die Arbeit der äußeren Kräfte verändert die mechanische Gesamtenergie eines Systems.
>
> $$W_a = \Delta E_{ges}$$
>
> Das Vorzeichen der Arbeit der äußeren Kräfte bestimmt die Änderung der Gesamtenergie.

Bei der Hubarbeit wurde bereits gezeigt, dass sie vom Weg, den man zwischen dem Anfangspunkt und dem Endpunkt einschlägt, unabhängig ist. Mit Hilfe der letzten Gleichung kann man das einfach interpretieren.

Bei diesem Vorgang kommt es zu keiner Beschleunigungsarbeit, die kinetische Energie bleibt somit konstant. Die Änderung der mechanischen Gesamtenergie des Systems ist dadurch gleich der Änderung der potentiellen Energie, die nur von der Höhendifferenz der beiden Punkte abhängt und somit vom Weg unabhängig ist.

Ergänzung: **Das Arbeit-Energie-Prinzip**
Bei allen bisher untersuchten Bewegungen trat Reibung auf. Mit großem Aufwand wurde in manchen Fällen versucht, diese Reibung möglichst klein zu halten, in anderen Fällen soll sie möglichst groß sein. Der Erhaltungssatz der mechanischen Gesamtenergie berücksichtigt die Reibung nicht, denn er wurde unter der Bedingung

1 Bewegung und Energie

hergeleitet, dass in einem abgeschlossenen System keine Reibungskräfte auftreten. Dieser offensichtliche Mangel des Energieerhaltungssatzes der Mechanik soll nun beseitigt werden.

Tritt in einem System Reibung auf, so verrichten nichtkonservative Kräfte Arbeit. Diese Arbeit ist stets negativ, da die Reibungskräfte der Bewegungsrichtung entgegengerichtet sind. Betrachtet man die horizontale Bewegung eines Körpers auf einer Unterlage, so bremsen die Reibungskräfte die Bewegung. Die kinetische Energie des bewegten Körpers nimmt bei konstanter potentieller Energie ab. Die Reibungsarbeit verringert so die mechanische Gesamtenergie eines Körpers.

Zum gleichen Ergebnis gelangt man, wenn man einen Schifahrer beobachtet, der einen Hang hinunter und den Gegenhang wieder hinauffährt (ohne Stockschub und Schlittschuhschritt). Das Höhenniveau seines Startpunktes wird er nicht mehr erreichen. Da in den beiden höchsten Punkten der Bahn die kinetische Energie Null ist, muss die Differenz der potentiellen Energien in diesen Punkten gleich der Arbeit der Reibungskraft längs des Weges sein.

Bezeichnet man die Arbeit der nichtkonservativen inneren Kräfte mit W_i, so gelangt man zu folgendem Ergebnis:

> **In einem abgeschlossenen System bewirkt die Reibungsarbeit eine Abnahme der mechanischen Gesamtenergie.**
> $$W_i = \Delta E; \quad \text{mit} \quad W_i < 0$$

Lässt man in einem System nichtkonservative innere Kräfte und gleichzeitig äußere Kräfte zu, so lassen sich die beiden Teilergebnisse zusammenfassen:

> **Arbeit – Energie – Prinzip der Mechanik**
> $$W_a + W_i = \Delta E_{ges}$$
> Die Summe aus der Arbeit W_a der äußeren Kräfte und der Arbeit W_i der nichtkonservativen inneren Kräfte ist gleich der Änderung der mechanischen Energie eines Systems.

Dieses Arbeit-Energie-Prinzip der Mechanik ist sehr viel umfassender als der Energieerhaltungssatz. Es sollte immer dann verwendet werden, wenn in einem System Reibungskräfte und (oder) äußere Kräfte auftreten.

Abschließend noch eine weitreichende Folgerung aus dem Arbeit-Energie-Prinzip:

Verrichtet ein mechanisches System (in dem keine Reibungskräfte auftreten) nach außen Arbeit, so verliert es mechanische Energie. Es ist somit unmöglich, eine Maschine zu konstruieren, die dauernd Arbeit verrichtet, ohne dass ihr von außen Energie zugeführt wird. (Es gibt kein mechanisches Perpetuum Mobile!)

Übungsaufgaben zum Arbeit-Energie-Prinzip

1. Ein Schifahrer fährt einen Hang aus der Höhe 50 m herunter und den gegenüberliegenden Hang 40 m wieder hinauf. Wie groß ist die mittlere Reibubungskraft und die mittlere Reibungszahl, wenn der Gesamtweg 500 m beträgt und der Läufer die Masse 75 kg besitzt?

2. Ein Eisenbahnzug von $4{,}0 \cdot 10^5$ kg wird abgebremst und vermindert auf einer Strecke von 1,0 km seine Geschwindigkeit von 7,0 m/s auf 4,0 m/s. Wie groß war die Bremskraft und die dem System verlorengegangene Energie?

1.6.7 Leistung, mittlere Leistung und Wirkungsgrad

Die Leistung

Bei den bisherigen Betrachtungen zur Arbeit wurde der zeitliche Aspekt nicht berücksichtigt. Wird die gleiche Arbeit von unterschiedlichen Personen in verschiedenen Zeiten vollbracht, so kommt das in der **Leistung** zum Ausdruck.

$$P = \frac{W}{\Delta t} = \frac{\Delta E}{\Delta t} \qquad \text{Leistung ist der Quotient aus Arbeit und Zeit.}$$

Die Leistung ist eine skalare Größe, für ihre Einheit gilt: $[P] = \frac{J}{s} = W$ (Watt)

Bei dieser Definition geht man davon aus, dass die Arbeit während der gesamten Zeit konstant ist. Verändert sich die Arbeit im Laufe der Zeit, so ist auch hier, ähnlich wie bei der Geschwindigkeit, eine genauere Bezeichnung nötig.

- Kennt man nur die Anfangs- und Endzustände der Energie eines Systems, so kann man die mittlere Leistung berechnen.

  Mittlere Leistung $\quad P_m = \overline{P} = \dfrac{\Delta E}{\Delta t} = \dfrac{W}{\Delta t}$

- Ist der funktionale Zusammenhang zur Berechnung der Arbeit bekannt, dann kann der momentane Wert der Leistung berechnet werden.

  Momentane Leistung $\quad P(t) = \lim\limits_{\Delta t \to 0} \overline{P} = \lim\limits_{\Delta t \to 0} \dfrac{\Delta E}{\Delta t} = \dfrac{dE(t)}{dt} = \dot{E}(t)$

Anmerkung:
Für konstante äußere Kräfte, die auf ein System einwirken, kann die Arbeit als Skalarprodukt dargestellt werden. Die Leistung lässt sich damit folgendermaßen darstellen:

$$P(t) = \lim\limits_{\Delta t \to 0} \overline{P} = \lim\limits_{\Delta t \to 0} \frac{\Delta E}{\Delta t} = \lim\limits_{\Delta t \to 0} \frac{W}{\Delta t} = \lim\limits_{\Delta t \to 0} \frac{\vec{F}_a \circ \Delta \vec{s}}{\Delta t} = \vec{F}_a \circ \vec{v}$$

Die Momentanleistung ist somit das Skalarprodukt aus der an einem Körper angreifenden äußeren Kraft und der Momentangeschwindigkeit des Körpers.

1 Bewegung und Energie

Beispiele für Leistungen:

Das menschliche Herz	2 W	Personenwagen	60 kW
Mensch Dauerleistung	75 W	Schiffsschraube	50 MW
Dauerleistung eines Pferdes	735,5 W = 1 PS	Kernkraftwerk	1,1 GW

Der Wirkungsgrad

Bei allen Umwandlungsprozessen tritt Reibung und damit verbunden ein Verlust an mechanischer Energie auf. Wird einem Elektromotor eine Leistung von 1,0 kW zugeführt, so beträgt die mechanische Leistung des Elektromotors etwa 0,90 kW. Ein Teil der Leistung geht bei der Umwandlung verloren. Der **Wirkungsgrad** η (eta) gibt nun das Verhältnis von abgegebener Leistung (Nutzleistung) zur zugeführten Leistung an. Der Wirkungsgrad ist stets kleiner als 1 und sagt etwas über die Wirtschaftlichkeit eines **Energiewandlers** aus.

$$\eta = \frac{P_{nutz}}{P_{zu}}$$ **Der Wirkungsgrad wird stets in Prozent angegeben.**

Energiewandler	Wirkungsgrad in %	Energiewandler	Wirkungsgrad in %
Elektrischer Generator	99	große Elektromotoren	92
Trockenzelle	90	Raketenantrieb	47
Akkumulator	72	Dieselmotor	38
Brennstoffzelle	60	Ottomotor	25
Solarbatterie	10	Wankelmotor	18
Kombikraftwerk	58	Dampflokomotive	8
Steinkohlekraftwerk	43	Elektroheizung	100
Kernkraftwerk	33	Gasheizung	85
Glühlampe	3	Ölheizung	65

Beispiel

Berechnung des Gesamtwirkungsgrades einer vielschichtigen Energieanlage (Solarkraftwerk).
Für die einzelnen Komponenten der Anlage ergeben sich folgende Wirkungsgrade:
- Heliostaten (76 %)
  Verlust durch Absorption und Verschmutzung der Spiegel, sowie Fehlstellung der Spiegel
- Absorption und Streuung der gebündelten Sonnenstrahlen auf dem Weg vom Heliostaten zum Turmempfänger (94 %)
- Nicht nutzbarer schwacher und kurzer Sonnenschein. (85 %)
- Turmempfänger (90 %), Kühlmittelkreislauf (80 %)
- Turbine (40 %), Generator (98 %)

Der Gesamtwirkungsgrad der Anlage ergibt sich aus dem Produkt der Teilwirkungsgrade.

$\eta = 0{,}76 \cdot 0{,}94 \cdot 0{,}85 \cdot 0{,}90 \cdot 0{,}80 \cdot 0{,}40 \cdot 0{,}98 = 0{,}17$

Für die Umwandlung der Strahlungsenergie in elektrische Energie mit Hilfe eines Energiewandlers „Solarturm-Anlage" ergibt sich ein Gesamtwirkungsgrad von nur 17 %.

Musteraufgabe:
Die 4 Turbinen der Hauptstufe Kaprun des Tauernkraftwerkes erhalten in jeder Sekunde aus dem Speicher **Wasserfallboden** (Höhe 1762 m) insgesamt 32 Kubikmeter Wasser in der Sekunde. Die 4 Turbinen befinden sich im Krafthaus Kaprun auf einer Höhe von 781 m. Der Gesamtwirkungsgrad der Anlage beträgt 80 %. Der Wirkungsgrad der Druckleitung wird mit 95 % angegeben.

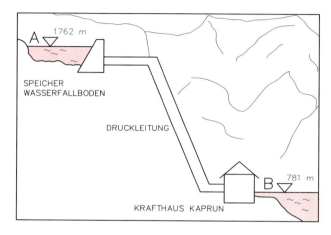

1 Berechnen Sie die elektrische Leistung des Kraftwerkes.

Lösung:

Die Definition des Wirkungsgrades ergibt: $\eta_{ges} = \dfrac{P_{nutz}}{P_{zu}} = \dfrac{E_{nutz}}{E_{zu}}$

Die Nutzleistung ist die gesuchte elektrische Leistung. Für die zugeführte Leistung erhält man:

$E_{zu}(t) = m(t) \cdot g \cdot \Delta h \quad \text{mit} \quad m(t) = \rho \cdot V(t)$

$m(t), \rho, V(t)$: die Masse, Dichte und das Volumen des Wassers, das in die Turbinen einströmt.

$E_{zu}(t) = \rho \cdot V(t) \cdot g \cdot \Delta h$

mit $P_{zu} = \dfrac{\Delta E_{zu}}{\Delta t} = \rho \cdot g \cdot \Delta h \cdot \dfrac{\Delta V}{\Delta t}$ mit $\dfrac{\Delta V}{\Delta t}$: Volumenstrom ($V \sim t$; lineare Funktion)

$P_{nutz} = \eta_{ges} \cdot P_{zu} = \eta_{ges} \cdot \rho \cdot g \cdot \Delta h \cdot \dfrac{\Delta V}{\Delta t}$

Für die Einheiten ergibt sich: $[P_{nutz}] = \dfrac{kg \cdot m \cdot m \cdot m^3}{m^3 \cdot s^2 \cdot s} = \dfrac{kg \cdot m^2}{s^3} = \dfrac{N \cdot m}{s} = \dfrac{J}{s} = W$

Für die Nutzleistung folgt: $P_{nutz} = 2{,}5 \cdot 10^8 \text{ W} = 2{,}5 \cdot 10^2 \text{ MW}$

Die elektrische Leistung des Kraftwerkes beträgt $2{,}5 \cdot 10^2$ MW.

1 Bewegung und Energie

2 Berechnen Sie, unter Berücksichtigung des Wirkungsgrades der Rohrleitung, die Eintrittsgeschwindigkeit v des Wassers in die Turbinen in km/h.

Lösung:
Das Nullniveau der potentiellen Energie liegt auf der Höhe des Krafthauses Kaprun (Punkt B).
Das Wasser besitzt beim Eintritt in die Druckleitung (Wasserfallboden; Punkt A) keine kinetische Energie.
Für die zugeführte Energie erhält man somit: $E_{zu} = m \cdot g \cdot \Delta h$. Im Krafthaus Kaprun besitzt das Wasser nur kinetische Energie. Für die Nutzenergie ergibt sich daraus:

$$E_{nutz} = \frac{1}{2} \cdot m \cdot v_B^2$$

Berücksichtigt man noch den Wirkungsgrad der Druckleitung, so erhält man:

$$\eta_{Dr} = \frac{E_{nutz}}{E_{zu}} \Leftrightarrow E_{nutz} = \eta_{Dr} \cdot E_{zu}$$

$$\frac{1}{2} \cdot m \cdot v_B^2 = \eta_{Dr} \cdot m \cdot g \cdot \Delta h$$

$$|v_B| = \sqrt{2 \cdot \eta_{Dr} \cdot g \cdot \Delta h} \qquad [v_B] = \left(\frac{m \cdot m}{s^2}\right)^{\frac{1}{2}} = \frac{m}{s}$$

$$|v_B| = 1{,}4 \cdot 10^2 \; \frac{m}{s} = 4{,}9 \cdot 10^2 \; \frac{km}{h}$$

Die Eintrittsgeschwindigkeit des Wassers in die Turbinen beträgt $4{,}9 \cdot 10^2 \; \frac{km}{h}$.

1.7 Impuls und Impulserhaltungssatz

1.7.1 Der Impuls

Aus dem zweiten Newton'schen Gesetz erhält man bei der Betrachtung **eines** Körpers sofort die folgende Aussage:

$$\vec{F}_{res} = m \cdot \vec{a} = m \cdot \frac{\Delta \vec{v}}{\Delta t}$$

Bewegt sich ein Körper mit einer Geschwindigkeit ungleich null und ist zusätzlich die Summe der äußeren, auf den Körper einwirkenden Kräfte null, so folgt:
Die zeitliche Änderung der Geschwindigkeit des Körpers ist null, seine Geschwindigkeit damit konstant.
Das Produkt aus Masse und Geschwindigkeit eines Körpers, der keiner äußeren Kraft unterliegt, ist eine konstante Größe, die zur näheren Beschreibung der Bewegung benutz werden kann.

Der **Impuls** ist das Produkt aus der Masse eines Körpers und der Geschwindigkeit, mit der er sich bewegt.

$$\vec{p} = m \cdot \vec{v} \qquad [p] = \frac{kg \cdot m}{s} = N \cdot s$$

Der Impuls eines Körpers ist eine vektorielle Größe in Richtung seiner Geschwindigkeit.

Der Impuls eines Körpers $\vec{p} = m \cdot \vec{v}$ steht in enger Beziehung zur kinetischen Energie eines Körpers.
Besitzt ein Körper einen Impuls, so ist er auch Träger von kinetischer Energie.

Die Tatsache, dass sich der Impuls eines kräftefreien Körpers nicht ändert, ist bei konstanter Masse äquivalent zum Trägheitssatz.

1.7.2 Zusammenhang zwischen Impuls und Kraft

Wirkt auf einen Körper eine konstante äußere Kraft ein, so wird der Körper beschleunigt. Das zweite Gesetz von Newton besagt für diesen speziellen Fall:

$$\vec{F} = m \cdot \vec{a} = m \cdot \frac{\Delta \vec{v}}{\Delta t}$$

$$\vec{F} \cdot \Delta t = m \cdot \Delta \vec{v} \qquad \vec{F} \cdot \Delta t = m \cdot \vec{v}_2 - m \cdot \vec{v}_1$$

(Das Produkt $\vec{F} \cdot \Delta t$ trägt die Bezeichnung Kraftstoß)

Verwendet man die Definition des Impulses, so folgt:

$$\vec{F} \cdot \Delta t = \vec{p}_2 - \vec{p}_1 = \Delta \vec{p} \qquad \vec{F} = \frac{\Delta \vec{p}}{\Delta t}$$

Diese Form des zweiten Newton'schen Gesetzes wurde für den Spezialfall der konstanten Kraft hergeleitet.
Lässt man beliebige Kräfte zu, so folgt:

$$\vec{F}(t) = \lim_{\Delta t \to 0} \frac{\Delta \vec{p}}{\Delta t} = \frac{d\vec{p}(t)}{dt} = \dot{\vec{p}}(t) \quad \text{(Ableitung beachten)}$$

Die auf einen Körper einwirkende (resultierende) Kraft ist gleich der zeitlichen Änderung des Impulses.

Diese letzte Definitionsgleichung der Kraft wurde bereits von Newton verwendet. Sie ist sehr viel allgemeiner als die bisher verwendete Form des zweiten Newton'schen Gesetzes. Bisher wurde immer davon ausgegangen, dass sich die Masse des Körpers beim Beschleunigungsvorgang nicht ändert. Diese Einschränkung kann nun aufgegeben werden.

Eine Änderung des Impulses ist auf zwei Arten möglich. Es kann sich sowohl die Masse als auch die Geschwindigkeit des Körpers ändern. Mit Hilfe der Produktregel der Differentialrechnung erhält man:

$$\vec{F}(t) = \dot{\vec{p}} = (m \cdot \vec{v})\dot{} = \frac{d}{dt}(m \cdot \vec{v}) \qquad \vec{F}(t) = \dot{m} \cdot \vec{v} + m \cdot \dot{\vec{v}} = \frac{dm(t)}{dt} \cdot \vec{v} + m \cdot \frac{d\vec{v}(t)}{dt}$$

Die letzte Gleichung gibt nun allgemein die Impulsänderung eines Körpers an und berücksichtigt dabei die Möglichkeit einer veränderlichen Masse. Diese Gleichung bildet die Grundlage zur Berechnung von Raketenbahnen (vgl. Anwendungsbeispiel Raketenantrieb).

1.7.3 Impulserhaltungssatz

Nun treten zwei Körper miteinander in Wechselwirkung.
Die Geschwindigkeiten der Körper vor dem Zusammenstoß werden mit $\vec{v}_1$ (Körper 1) und $\vec{v}_2$ (Körper 2), die nach dem Stoß mit $\vec{u}_1$ und $\vec{u}_2$ bezeichnet.
Für die Geschwindigkeitsänderungen der Körper folgt:

$$\Delta \vec{v} = \vec{u}_1 - \vec{v}_1 \quad \text{und} \quad \Delta \vec{v}_2 = \vec{u}_2 - \vec{v}_2$$

Das dritte Newton'schen Gesetz (actio = reactio) macht eine Aussage über die Kräfte, mit denen die Körper aufeinander einwirken.

Wirkt ein Körper 1 mit der Kraft $\vec{F}_1$ auf einen Körper 2, so wirkt der Körper 2 mit einer Kraft $\vec{F}_2$ auf den Körper 1. Die beiden Kräfte sind betragsmäßig gleich groß und einander entgegengerichtet. $\vec{F}_1 = -\vec{F}_2$

Aus der letzten Gleichung folgt sofort:
$$m_1 \cdot \vec{a}_1 = -m_2 \cdot \vec{a}_2$$

Bei den hier untersuchten Vorgängen ist die Beschleunigung sicher nicht mehr konstant. Beschränkt man sich auf die Mittelwerte der Beschleunigungen, so erhält man:

$$m_1 \cdot \frac{\Delta \vec{v}_1}{\Delta t} = -m_2 \cdot \frac{\Delta \vec{v}_2}{\Delta t}$$

Die Dauer des Zusammenstoßes ist für beide Körper gleich lang. Es ergibt sich damit:
$$m_1 \cdot \Delta \vec{v}_1 = -m_2 \cdot \Delta \vec{v}_2$$
$$m_1 \cdot (\vec{u}_1 - \vec{v}_1) = -m_2 \cdot (\vec{u}_2 - \vec{v}_2)$$
$$m_1 \cdot \vec{u}_1 - m_1 \cdot \vec{v}_1 = -m_2 \cdot \vec{u}_2 + m_2 \cdot \vec{v}_2$$
$$m_1 \cdot \vec{v}_1 + m_2 \cdot \vec{v}_2 = m_1 \cdot \vec{u}_1 + m_2 \cdot \vec{u}_2$$

Die linke Seite der Gleichung ist die Summe der Impulse vor dem Stoß, die rechte Seite die Summe der Impulse nach dem Stoß. Der Gesamtimpuls des Systems ist somit vor und nach dem Stoß gleich groß, der Gesamtimpuls damit eine Erhaltungsgröße.

In einem abgeschlossenen System ist die Summe der Impulse aller enthaltener Körper eine konstante Größe.

$$\vec{p} = \sum_{i=1}^{n} \vec{p}_i = \overrightarrow{\text{konst.}} \qquad \textbf{Impulserhaltungssatz}$$

Der Impulserhaltungssatz folgt aus der Annahme, dass die Kräfte, die zwei Körper aufeinander ausüben, entgegengesetzt gleich groß sind.

Newton vermutete, dass dieser Zusammenhang immer gültig ist, gleichgültig um welche Kräfte es sich dabei handelt. Obwohl actio = reactio dem allgemeinen Relativitätsprinzip widerspricht, zählt der Impulserhaltungssatz zu den bestfundierten Gesetzmäßigkeiten der Physik. Der Impulserhaltungssatz lässt sich allgemein aus der „Homogenität des Raumes" ableiten.

1.7.4 Der zentrale Stoß

Bei der Untersuchung der Zusammenstöße zweier Körper werden nur solche Stöße betrachtet, bei denen sich die beiden Körper (Massenmittelpunkte und die Berührungspunkte) längs einer gemeinsamen Geraden bewegen. Zur Beschreibung genügt damit ein eindimensionales Koordinatensystem.

A) Experimentelle Untersuchung des geraden zentralen Stoß

Untersucht wird der Zusammenstoß zweier Körper (Fahrbahngleiter) auf der Luftkissenfahrbahn.

Das Koordinatensystem zur Beschreibung dieser Bewegung zeige in Richtung der Anfangsgeschwindigkeit des Körpers 1. Beschränkt man sich bei der Behandlung der Zusammenstöße auf kleine Geschwindigkeiten ($v \ll 0{,}1\,c$), so darf die Masse der Stoßpartner als konstant angesehen werden.

Versuchsaufbau:

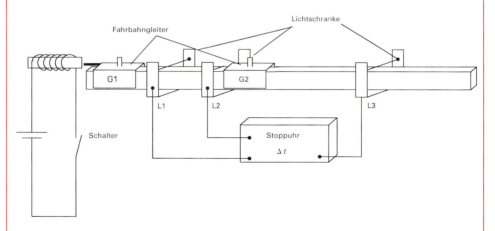

Versuchsdurchführung:
Durch das Schließen des Schalters wird der Fahrbahngleiter 1 angestoßen (gleichnamige Magnetpole stoßen sich ab) und bewegt sich danach gleichförmig weiter. Mit Hilfe der Lichtschranke L1 wird die Verdunklungsdauer gemessen, die der auf dem Fahrbahngleiter 1 befestigte Reiter benötigt um die Lichtschranke zu durchlaufen. Aus der Verdunklungsdauer und der Breite des Reiters (0,50 cm) lässt sich die Geschwindigkeit v_1 des Fahrbahngleiters 1 vor dem Stoß berechnen. Danach kommt es zum Zusammenstoß der beiden Fahrbahngleiter. Der Zusammenstoß erfolgt, bevor der Fahrbahngleiter 1 die Lichtschranke 2 erreicht. Der Fahrbahngleiters 2 wird so auf der Luftkissenfahrbahn positioniert, dass sein Reiter hinter der Lichtschranke L2 steht und diese nicht mehr auslösen kann. Bei allen

1 Bewegung und Energie

Versuchen ist die Anfangsgeschwindigkeit des Fahrbahngleiters 2 null, seine Masse (100 g) wird nicht verändert. Die Lichtschranke L3 muss so weit von L2 entfernt sein, dass nach dem Zusammenstoß zunächst der Fahrbahngleiter 1 die Lichtschranke L2 durchläuft (Bestimmung der Geschwindigkeit u_1 des Fahrbahngleiters 1 nach dem Zusammenstoß) und danach der Fahrbahngleiter 2 die Lichtschranke 3 unterbricht (Bestimmung der Geschwindigkeit u_1 des Fahrbahngleiters 2 nach dem Stoß).

Versuch 1
Am linken Ende des Fahrbahngleiters 2 wird eine Feder befestigt. Die Masse m_1 des Gleiters 1 wird nun verändert.

Messwerttabelle:

Nummer	1	2	3
m_1 in g	100	200	300
m_2 in g	100	100	100
Δt_1 in ms	18,8	18,8	22,9
Δt_2 in ms	–	55,6	45,5
Δt_3 in ms	18,8	13,9	15,2

Versuchsauswertung:
Bei der Messung 1 verwendet man zwei baugleiche Fahrbahngleiter gleicher Masse. Man beobachtet, dass bei diesem Zusammenstoß die Fahrbahngleiter ihre Geschwindigkeiten austauschen. (Nach dem Zusammenstoß ruht der Fahrbahngleiter 1). Bei diesem Beispiel ist sofort nachvollziehbar, dass sowohl der Impulserhaltungssatz als auch der Erhaltungssatz der mechanischen Energie erfüllt ist.
Nun werden die Versuche 2 und 3 ebenfalls hinsichtlich der beiden Erhaltungssätze untersucht.

Nummer	m_1 in g	m_2 in g	v_1 in $\frac{m}{s}$	u_1 in $\frac{m}{s}$	u_2 in $\frac{m}{s}$
1	100	100	0,27	0	0,27
2	200	100	0,27	0,090	0,36
3	300	100	0,22	0,11	0,33

	Impuls	
Nr.	vorher	nachher
1	$m_1 \cdot v_1 = 2,7 \cdot 10^{-2}$ Ns	$m_1 \cdot u_1 + m_2 \cdot u_2 = 2,7 \cdot 10^{-2}$ Ns
2	$m_1 \cdot v_1 = 5,4 \cdot 10^{-2}$ Ns	$m_1 \cdot u_1 + m_2 \cdot u_2 = 5,4 \cdot 10^{-2}$ Ns
3	$m_1 \cdot v_1 = 6,6 \cdot 10^{-2}$ Ns	$m_1 \cdot u_1 + m_2 \cdot u_2 = 6,6 \cdot 10^{-2}$ Ns

Ns: Newtonsekunde

	Energie	
Nr.	vorher	nachher
1	$\frac{1}{2} \cdot m_1 \cdot v_1^2 = 3{,}6 \cdot$ mJ	$\frac{1}{2} \cdot m_1 \cdot u_1^2 + \frac{1}{2} \cdot m_2 \cdot u_2^2 = 3{,}6$ mJ
2	$\frac{1}{2} \cdot m_1 \cdot v_1^2 = 7{,}3 \cdot$ mJ	$\frac{1}{2} \cdot m_1 \cdot u_1^2 + \frac{1}{2} \cdot m_2 \cdot u_2^2 = 7{,}3$ mJ
3	$\frac{1}{2} \cdot m_1 \cdot v_1^2 = 7{,}3 \cdot$ mJ	$\frac{1}{2} \cdot m_1 \cdot u_1^2 + \frac{1}{2} \cdot m_2 \cdot u_2^2 = 7{,}3$ mJ

mJ: Millijoule

Versuchsergebnis
Befindet sich zwischen den beiden am Zusammenstoß beteiligten Körpern eine Feder, so bleiben der Impuls und die mechanische Gesamtenergie des Systems erhalten. Derartige Zusammenstöße zwischen zwei Körpern bezeichnet man als **vollelastische** oder **elastische** Stöße.

Ein Stoß heißt **elastisch**, wenn die Summe der kinetischen Energien der Stoßpartner vor und nach dem Stoß gleich groß ist.

Versuch 2
Nun wird die Feder am Fahrbahngleiter 2 durch eine Plastilinkugel ersetzt. Ähnlich wie bei einem Auffahrunfall, wo sich zwei PKW ineinander verkeilen und danach gemeinsam den Weg fortsetzen, kommt es auch hier zu einer Deformationsarbeit. Nach dem Zusammenstoß bewegen sich beide Fahrbahngleiter gemeinsam mit der Geschwindigkeit u. Die Masse m_1 des Gleiters 1 wird nun wiederum verändert und die entsprechenden Geschwindigkeiten werden bestimmt. Hier kann auf die Lichtschranke L3 verzichtet werden.

Nummer	m_1 in g	m_2 in g	Δt_1 in ms	Δt_2 in ms	v_1 in $\frac{m}{s}$	u in $\frac{m}{s}$
1	100	100	13,2	27,0	0,38	0,19
2	200	100	18,9	29,4	0,26	0,17
3	300	100	21,5	29,6	0,23	0,17

Versuchsauswertung:

Die Gültigkeit der Erhaltungssätze für den Impuls und die mechanische Gesamtenergie werden überprüft.

	Impuls	
Nr.	vorher	nachher
1	$m_1 \cdot v_1 = 3{,}8 \cdot 10^{-2}$ Ns	$(m_1 + m_2) \cdot u = 3{,}8 \cdot 10^{-2}$ Ns
2	$m_1 \cdot v_1 = 5{,}2 \cdot 10^{-2}$ Ns	$(m_1 + m_2) \cdot u = 5{,}1 \cdot 10^{-2}$ Ns
3	$m_1 \cdot v_1 = 6{,}9 \cdot 10^{-2}$ Ns	$(m_1 + m_2) \cdot u = 6{,}8 \cdot 10^{-2}$ Ns

1 Bewegung und Energie

Energie		
Nr.	vorher	nachher
1	$\frac{1}{2} \cdot m_1 \cdot v_1^2 = 7{,}2\,\text{mJ}$	$\frac{1}{2} \cdot (m_1 + m_2) \cdot u^2 = 3{,}6\,\text{mJ}$
2	$\frac{1}{2} \cdot m_1 \cdot v_1^2 = 6{,}8\,\text{mJ}$	$\frac{1}{2} \cdot (m_1 + m_2) \cdot u^2 = 4{,}3\,\text{mJ}$
3	$\frac{1}{2} \cdot m_1 \cdot v_1^2 = 7{,}9\,\text{mJ}$	$\frac{1}{2} \cdot (m_1 + m_2) \cdot u^2 = 5{,}8\,\text{mJ}$

Versuchsergebnis:
Im Rahmen der Messgenauigkeit ist auch bei diesen Experimenten der Impulserhaltungssatz erfüllt. Bei dieser zweiten Kategorie der Stöße ist die mechanische Energie vor und nach dem Stoß nicht mehr gleich, der mechanische Energieerhaltungssatz **nicht mehr erfüllt**. (Bei der ersten Messung wird die Bewegungsenergie halbiert.) Derartige Stöße bezeichnet man als vollkommen **unelastische** oder **inelastische** Stöße.

Zusammenfassung der Versuchsergebnisse:

Das Verhalten der beiden Stoßpartner nach dem Stoß hängt stark von der Art und Weise des Zusammenstoßes ab. Man unterscheidet zwei extreme Fälle:

a) **Der elastische Stoß**
   Hierbei sind der Impulserhaltungssatz und der Energieerhaltungssatz der Mechanik gültig.
b) **Der unelastische Stoß**
   Der Impulserhaltungssatz bleibt auch hier gültig, der Energieerhaltungssatz der Mechanik gilt nicht (siehe 1.6.6).

B) Allgemeine Berechnung der Geschwindigkeiten beim völlig unelastischen Stoß

Die experimentelle Untersuchung wurde mit der Einschränkung durchgeführt, dass einer der beiden Stoßpartner vor dem Zusammenstoß ruhte. Diese Einschränkung wird nun aufgegeben.

Ausgangspunkt ist der Impulserhaltungssatz:

$$\vec{p}_{\text{gesvor}} = \vec{p}_{\text{gesnach}}$$
$$\vec{p}_{1\text{vor}} + \vec{p}_{2\text{vor}} = \vec{p}_{1\text{nach}} + \vec{p}_{2\text{nach}}$$

Vor dem Stoß besitzt der Körper 1 die Geschwindigkeit $\vec{v}_1$, der Körper 2 die Geschwindigkeit $\vec{v}_2$. Die entsprechenden Geschwindigkeiten nach dem Stoß werden mit $\vec{u}_1$ und $\vec{u}_2$ bezeichnet.

$$m_1 \cdot \vec{v}_1 + m_2 \cdot \vec{v}_2 = m_1 \cdot \vec{u}_1 + m_2 \cdot \vec{u}_2$$

Für die Koordinaten in x-Richtung erhält man:

$$m_1 \cdot v_{1x} + m_2 \cdot v_{2x} = m_1 \cdot u_{1x} + m_2 \cdot u_{2x}$$

Nach dem Zusammenstoß bewegen sich beim völlig unelastischen Stoß die Körper mit gleicher Geschwindigkeit. Es gilt somit: $u_{1x} = u_{2x} = u_x$

Damit erhält man:

$$m_1 \cdot v_{1x} + m_2 \cdot v_{2x} = (m_1 + m_2) \cdot u_x \Leftrightarrow u_x = \frac{m_1 \cdot v_{1x} + m_2 \cdot v_{2x}}{m_1 + m_2}$$

Diese Gleichung lässt sich nun für einige Spezialfälle noch vereinfachen.

a) Beide Körper besitzen die gleiche Masse m.

$$u_x = \frac{m \cdot (v_{1x} + v_{2x})}{2 \cdot m} = \frac{1}{2} \cdot (v_{1x} + v_{2x})$$

b) Beide Körper besitzen gleiche Massen m und Geschwindigkeiten, die bei gleichem Betrag entgegengerichtet sind. $v_{1x} = -v_{2x}$ (Koordinaten!)

$u_x = 0$ Die Körper ruhen nach dem Zusammenstoß!

c) Die Masse des Körpers 1 ist sehr viel größer als die Masse des Körpers 2.

$$u_x = \frac{m_1 \cdot v_{1x} + m_2 \cdot v_{2x}}{m_1 + m_2} \quad \text{mit} \quad m_1 + m_2 \approx m_1$$

$$u_x = \frac{m_1 \cdot v_{1x} + m_2 \cdot v_{2x}}{m_1} = v_{1x} + \frac{m_2}{m_1} \cdot v_{2x}$$

Besitzen die beiden Körper etwa gleiche Geschwindigkeitsbeträge, so bewegen sich nach dem Stoß die beiden Körper mit der Geschwindigkeit der schweren Masse weiter. $u_x = v_{1x}$

C) Berechnung des Energieverlustes beim völlig unelastischen Stoß

Die Verformungsenergie und Wärme, die beim Zusammenstoß erzeugt wird, lässt sich aus der Differenz der kinetischen Energien der Stoßpartner vor und nach dem Stoß errechnen. Es gilt:

$$\Delta E_{kin} = \frac{1}{2} \cdot (m_1 + m_2) \cdot u_x^2 - \left[\frac{1}{2} \cdot m_1 v_{1x}^2 + \frac{1}{2} \cdot m_2 \cdot v_{2x}^2\right] \quad \text{mit} \quad u_x = \frac{m_1 \cdot v_{1x} + m_2 \cdot v_{2x}}{m_1 + m_2}$$

$$\Delta E_{kin} = \frac{1}{2} \cdot (m_1 + m_2) \cdot \left[\frac{m_1 \cdot v_{1x} + m_2 \cdot v_{2x}}{m_1 + m_2}\right]^2 - \left[\frac{1}{2} \cdot m_1 \cdot v_{1x}^2 + \frac{1}{2} \cdot m_2 \cdot v_{2x}^2\right]$$

$$\Delta E_{kin} = \frac{1}{2} \cdot \frac{m_1^2 \cdot v_{1x}^2 + 2 \cdot m_1 \cdot m_2 \cdot v_{1x} \cdot v_{2x} + m_2^2 \cdot v_{2x}^2}{m_1 + m_2} - \frac{1}{2} \cdot m_1 \cdot v_{1x}^2 - \frac{1}{2} \cdot m_2 \cdot v_{2x}^2$$

$$\Delta E_{kin} = \frac{1}{2 \cdot (m_1 + m_2)} \cdot (m_1^2 \cdot v_{1x}^2 + 2 \cdot m_1 \cdot m_2 \cdot v_{1x} \cdot v_{2x} + m_2^2 \cdot v_{2x}^2 -$$
$$m_1 \cdot v_{1x}^2 \cdot (m_1 + m_2) - m_2 \cdot v_{2x}^2 \cdot (m_1 + m_2))$$

$$\Delta E_{kin} = \frac{1}{2 \cdot (m_1 + m_2)} \cdot (2 \cdot m_1 \cdot m_2 \cdot v_{1x} \cdot v_{2x} - m_1 \cdot m_2 \cdot v_{1x}^2 - m_2 \cdot m_1 \cdot v_{2x}^2)$$

$$\Delta E_{kin} = \frac{-m_1 \cdot m_2}{2 \cdot (m_1 + m_2)} \cdot (v_{1x}^2 - 2 \cdot v_{1x} \cdot v_{2x} + v_{2x}^2) = \frac{-m_1 \cdot m_2 \cdot (v_{1x} - v_{2x})^2}{2 \cdot (m_1 + m_2)}$$

$$\Delta E_{kin} = -\frac{1}{2} \cdot \frac{m_1 \cdot m_2}{m_1 + m_2} \cdot (v_{1x} - v_{2x})^2$$

1 Bewegung und Energie

Diese Abnahme der kinetischen Energie wird bei der Verformung in potentielle Energie der Elastizität und Wärme umgewandelt.

D) Allgemeine Berechnung der Geschwindigkeiten beim elastischen Stoß

Hier liegen zwei Erhaltungssätze vor:
- der Impulserhaltungssatz: $m_1 \cdot v_{1x} + m_2 \cdot v_{2x} = m_1 \cdot u_{1x} + m_2 \cdot u_{2x}$ (I)
- Erhaltungssatz der kinetischen Energie:

$$\frac{1}{2} \cdot m_1 \cdot v_{1x}^2 + \frac{1}{2} \cdot m_2 \cdot v_{2x}^2 = \frac{1}{2} \cdot m_1 \cdot u_{1x}^2 + \frac{1}{2} \cdot m_2 \cdot u_{2x}^2 \quad \text{(II)}$$

Durch Umformen erhält man aus beiden Gleichungen:

$m_1 \cdot v_{1x} - m_1 \cdot u_{1x} = m_2 \cdot u_{2x} - m_2 \cdot v_{2x}$

$\Leftrightarrow \quad m_1 \cdot (v_{1x} - u_{1x}) = m_2 \cdot (u_{2x} - v_{2x})$ (I')

$m_1 \cdot v_{1x}^2 - m_1 \cdot u_{1x}^2 = m_2 \cdot u_{2x}^2 - m_2 \cdot v_{2x}^2 \quad \Leftrightarrow \quad m_1 \cdot (v_{1x}^2 - u_{1x}^2) = m_2 \cdot (u_{2x}^2 - v_{2x}^2)$ (II')

Bildet man nun den Quotienten der beiden Gleichungen, so folgt:

$$\frac{m_1 \cdot (v_{1x}^2 - u_{1x}^2)}{m_1 \cdot (v_{1x} - u_{1x})} = \frac{m_2 \cdot (u_{2x}^2 - v_{2x}^2)}{m_2 \cdot (u_{2x} - v_{2x})} \quad \Leftrightarrow \quad v_{1x} + u_{1x} = u_{2x} + v_{2x}$$

Für die beiden gesuchten Geschwindigkeiten erhält man daraus:

$u_{1x} = u_{2x} + v_{2x} - v_{1x}$ bzw. $u_{2x} = u_{1x} + v_{1x} - v_{2x}$

Eingesetzt in die Gleichung (I') ergibt sich:

$m_1 \cdot (v_{1x} - u_{1x}) = m_2 \cdot (u_{1x} + v_{1x} - v_{2x} - v_{2x})$

$\Leftrightarrow \quad m_1 \cdot v_{1x} - m_1 \cdot u_{1x} = m_2 \cdot u_{1x} + m_2 \cdot v_{1x} - 2 \cdot m_2 \cdot v_{2x}$

$\Leftrightarrow \quad (m_1 + m_2) \cdot u_{1x} = m_1 \cdot v_{1x} + 2 \cdot m_2 \cdot v_{2x} - m_2 \cdot v_{1x}$

$\Leftrightarrow \quad u_{1x} = \dfrac{m_1 \cdot v_{1x} + m_2 \cdot (2 \cdot v_{2x} - v_{1x})}{m_1 + m_2}$

Analog erhält man:

$m_1 \cdot (v_{1x} - u_{2x} - v_{2x} + v_{1x}) = m_2 \cdot (u_{2x} - v_{2x})$

$\Leftrightarrow \quad 2 \cdot m_1 \cdot v_{1x} - m_1 \cdot u_{2x} - m_1 \cdot v_{2x} = m_2 \cdot u_{2x} - m_2 \cdot v_{2x}$

$\Leftrightarrow \quad (m_1 + m_2) \cdot u_{2x} = m_2 \cdot v_{2x} + 2 \cdot m_1 \cdot v_{1x} - m_1 \cdot v_{2x}$

$\Leftrightarrow \quad u_{2x} = \dfrac{m_2 \cdot v_{2x} + m_1 \cdot (2 \cdot v_{1x} - v_{2x})}{m_1 + m_2}$

Sonderfälle:
- Betrachtet man auch hier zwei Stoßpartner gleicher Masse m (zentraler Stoß zweier Billardkugeln), so erhält man:

$$u_{2x} = \frac{2 \cdot m \cdot v_{1x}}{2 \cdot m} = v_{1x} \quad \text{bzw.} \quad u_{1x} = \frac{2 \cdot m \cdot v_{2x}}{2 \cdot m} = v_{2x}$$

Man erkennt, dass bei einem zentralen elastischen Stoß zweier Körper gleicher Masse die beiden Körper Ihre Geschwindigkeiten austauschen.

Diese Tatsache verwendet man unter anderem zur Abbremsung schneller Neutronen im Kernreaktor. Durch Zusammenstöße mit etwa gleich schweren Teilchen (Protonen) werden die schnellen Neutronen abgebremst (moderiert).

- Die Masse des Körpers 2 ist sehr viel größer als die Masse des Körpers 1 ($m_2 \gg m_1$). Zusätzlich sind die Geschwindigkeiten der beiden Körper vergleichbar.

Verwendet man die Näherungen $(m_1 + m_2) \approx m_2$ und $\dfrac{m_1}{m_2} \approx 0$, so erhält man aus den allgemeinen Lösungen

$$u_{1x} = \dfrac{m_1 \cdot v_{1x} + m_2 \cdot (2 \cdot v_{2x} - v_{1x})}{m_2} = \dfrac{m_1}{m_2} \cdot v_{1x} + 2 \cdot v_{2x} - v_{1x} \Leftrightarrow u_{1x} = 2 \cdot v_{2x} - v_{1x}$$

$$u_{2x} = \dfrac{m_2 \cdot v_{2x}}{m_2} = v_{2x}$$

Der Körper 2 behält seine Geschwindigkeit (Betrag und Richtung) bei. Zur Interpretation der Bewegung des Körpers 1 wird das Ergebnis etwas umgeformt:

$$u_{1x} = 2 \cdot v_{2x} - v_{1x} = v_{2x} + (v_{2x} - v_{1x})$$

$$u_{1x} - v_{2x} = -(v_{1x} - v_{2x})$$

Die linke Seite beschreibt die Geschwindigkeit des Körpers 1 nach dem Stoß aus der Sicht eines Beobachters, der sich mit dem Körper 2 bewegt (Relativgeschwindigkeit). Die rechte Seite der Gleichung ist die Relativgeschwindigkeit vor dem Stoß. Der Körper 1 wird somit am Körper 2 **reflektiert**.

Anmerkung

Wirft man einen Ball gegen eine Hauswand, so kommt er mit nahezu gleicher Geschwindigkeit (Betrag) zurück. Betrachtet man das letzte Beispiel aus energetischer Sicht, so ist die kinetische Energie vor und nach dem Stoß gleich groß. Die Impulsänderung ist jedoch $2\,mv$. Hier wurde an die Wand ein Impuls von $2\,mv$ übertragen, ohne dass es hierbei zu einem Energieübertrag an die Wand gekommen ist. Gibt ein Körper jedoch an einen anderen Körper mechanische Energie ab, so übergibt er damit auch immer einen Teil seines Impulses.

Rechenbeispiel:

Gegebene Größen: $m_1 = 1{,}0\,\text{kg}$; $m_2 = 1{,}0\,\text{t}$; $v_{1x} = 20\,\dfrac{\text{m}}{\text{s}}$; $v_{2x} = 15\,\dfrac{\text{m}}{\text{s}}$

Gesucht: u_{1x}

Lösung: $u_{1x} = 2 \cdot v_{2x} - v_{1x} = 10\,\dfrac{\text{m}}{\text{s}}$

1 Bewegung und Energie

Betrachtet man die Geschwindigkeiten des Körpers 1 relativ zum Körper 2 so gilt:
Der Körper 1 nähert sich mit der Geschwindigkeit

$v_{relx} = v_{1x} - v_{2x} = +5 \, \frac{m}{s}$ dem Körper 2.

Vor dem Stoß

Nach dem Stoß bewegt sich der Körper mit der Geschwindigkeit

$u_{relx} = u_{1x} - v_{2x} = -5 \, \frac{m}{s}$.

Nach dem Stoß

Bei diesem Zusammenstoß wird der Körper reflektiert.
Trivial wird der Sachverhalt, wenn der Körper 2 ruht. Hier folgt direkt: $u_{1x} = -v_{1x}$

1.7.5 Anwendungsbeispiele zum Impulserhaltungssatz und den Stoßgesetzen

A) Ballistisches Pendel

Zur Messung der Geschwindigkeit von Geschossen (Luftgewehr; Kleinkaliber) verwendet man nebenstehenden Versuchsaufbau.

Ein prall gefüllter kleiner Sandsack der Masse M wird an einem langen Faden der Länge l aufgehängt. Das Geschoss der Masse m trifft mit der Geschwindigkeit $\vec{v}_0$ horizontal und zentral auf den Sandsack und bleibt in diesem stecken. Der Sandsack wird aus der Vertikalen um die Strecke d ausgelenkt und schwingt.

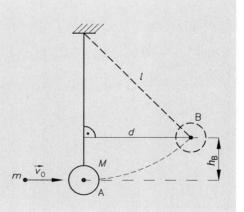

Es handelt sich dabei um einen unelastischen Stoß, die Geschwindigkeit der beiden Körper nach dem Stoß ist somit gleich. Mit Hilfe des Impulserhaltungssatzes kann man daraus die Geschwindigkeit $\vec{v}_0$ bestimmen.

Es gilt: $m \cdot \vec{v}_0 + \vec{0} = (m + M) \cdot \vec{u}$

Für die Koordinatengleichung in Richtung von $\vec{v}_0$ erhält man: $m \cdot v_0 = (m + M) \cdot u$

$$\Leftrightarrow u = \frac{m \cdot v_0}{m + M} \quad (1)$$

Dies ist die Geschwindigkeit, mit der sich das System (Sandsack mit Geschoss) nach dem Zusammenstoß bewegen. Setzt man die Gültigkeit des Energieerhaltungssatzes der Mechanik voraus, so wird diese kinetische Energie des Systems in potentielle Energie umgewandelt. Legt man darüber hinaus des Bezugsniveau der potentiellen Energie auf die Höhe des ruhenden Sandsacks (Punkt A) und beachtet, dass im höchsten Punkt (B) der Auslenkung die Geschwindigkeit null ist, so folgt: $E_{gesA} = E_{gesB}$

$$E_{potA} + E_{kinA} = E_{potB} + E_{kinB}$$

$$0 + \frac{1}{2} \cdot (M + m) \cdot u^2 = (M + m) \cdot g \cdot h_B + 0$$

$$u^2 = 2 \cdot g \cdot h_B \quad u = \sqrt{2 \cdot g \cdot h_B} \quad (2)$$

Durch Gleichsetzen der beiden Gleichungen (1 und 2) ergibt sich:

$$v_0 = \frac{m + M}{m} \cdot \sqrt{2 \cdot g \cdot h_B}$$

Für die Höhe h_B erhält man aus der Zeichnung: $h_B = l - \sqrt{l^2 - d^2}$

$$v_0 = \frac{m + M}{m} \cdot \sqrt{2 \cdot g \cdot (l - \sqrt{l^2 - d^2})}$$

Beispiel: ($M = 200$ g; $m = 2{,}0$ g; $l = 1{,}5$ m; $d = 0{,}38$ m)

$$[v_0] = \frac{kg}{kg} \cdot \sqrt{\frac{m \cdot m}{s^2}} = \frac{m}{s} \; ; \; v_0 = 99 \, \frac{m}{s} = 3{,}6 \cdot 10^2 \, \frac{km}{h}$$

Das Geschoss drang mit eine Geschwindigkeit von 99 m/s in den Sandsack ein. Interessant ist hier zusätzlich die Frage, wie groß der Anteil der kinetischen Energie ist, der bei diesem Vorgang (unelastischer Stoß) verloren geht.
Die allgemeine Herleitung lieferte:

$$\Delta E_{kin} = -\frac{1}{2} \cdot \frac{m \cdot M}{m + M} \cdot v_0^2 \Leftrightarrow \Delta E_{kin} = -\left(\frac{M}{m + M}\right) \cdot \frac{1}{2} \cdot m \cdot v_0^2$$

Verwendet man die Massen aus dem Beispiel, so erhält man hier einen Verlust von 99 % (nachrechnen!) der ursprünglich vorhandenen kinetischen Energie.

1 Bewegung und Energie   147

B) Kugelpendel

Versuch:
Gegeben sind mehrere gleichlange bifilar aufgehängte Fadenpendel mit gleichen Massen, die sich im Ruhezustand gerade berühren. Nun lenkt man links zwei Kugeln aus und lässt sie auf die anderen stoßen.

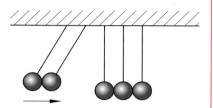

Beobachtung:
Auf der rechten Seite werden ebenfalls zwei Kugeln mit gleicher Geschwindigkeit ausgelenkt und die beiden linken Kugeln kommen zur Ruhe.
Das analoge Ergebnis erhält man, wenn man eine, drei oder vier Kugeln auslenkt.

Begründung:
Man kann zunächst experimentell nachweisen, dass die mechanische Gesamtenergie vor und nach dem Stoß gleich groß ist (die Kugeln auf der rechten Seite erreichen die gleiche Höhe, die zuvor die Kugeln auf der linken Seite innehatten). Bei diesem Experiment handelt es sich somit um einen zentralen elastischen Stoß, bei dem beide Erhaltungssätze erfüllt sein müssen.

Annahme:
2 Kugeln der Masse m werden ausgelenkt und stoßen mit der Geschwindigkeit v auf die 3 anderen Kugeln. Der Gesamtimpuls vor dem Stoß beträgt damit $p_{Gesvor} = 2 \cdot m \cdot v$ die mechanische Gesamtenergie

$$E_{Gesvor} = \frac{1}{2} \cdot 2 \cdot m \cdot v^2 = m \cdot v^2.$$

Der Energieerhaltungssatz wäre aber ebenfalls erfüllt, wenn sich im obigen Beispiel mehr oder weniger Kugeln mit anderen Anfangsgeschwindigkeiten nach rechts bewegen. In der folgenden Tabelle wurde mit Hilfe des Energieerhaltungssatzes die jeweilige Anfangsgeschwindigkeit nach dem Zusammenstoß für eine unterschiedliche Anzahl von Kugeln und der daraus resultierende Impuls berechnet.

Bewegte Kugeln	Anfangsgeschwindigkeit u	Impuls
1	$u = \sqrt{2} \cdot v$	$p_{Gesnach} = m \cdot u = \sqrt{2} \cdot m \cdot v$
2	$u = v$	$p_{Gesnach} = 2 \cdot m \cdot u = 2 \cdot m \cdot v$
3	$u = \sqrt{\frac{2}{3}} \cdot v$	$p_{Gesnach} = 3 \cdot m \cdot u = \sqrt{6} \cdot m \cdot v$
4	$u = \sqrt{\frac{1}{2}} \cdot v$	$p_{Gesnach} = 4 \cdot m \cdot u = \sqrt{8} \cdot m \cdot v$
5	$u = \sqrt{\frac{2}{5}} \cdot v$	$p_{Gesnach} = 5 \cdot m \cdot u = \sqrt{10} \cdot m \cdot v$

Mit den berechneten Geschwindigkeiten wird der Energieerhaltungssatz stets erfüllt. Nur bei dem 2. Fall hingegen ist zusätzlich der Impulserhaltungssatz erfüllt. Das System hat somit nur eine Möglichkeit auf den Anstoß von zwei Kugeln zu reagieren, es müssen wieder zwei Kugeln nach rechts abgestoßen werden.

C) Raketenantrieb

Bisher wurde bei allen Bewegungen davon ausgegangen, dass die Masse des sich bewegenden Körpers konstant bleibt. Bei einer Vielzahl vom Bewegungen tritt jedoch bei der Bewegung eine Massenänderung ein. Ein Beispiel hierfür ist eine **Rakete**, deren Vorwärtsbewegung durch das Ausstoßen einer Brennstoffmischung verursacht wird.

Zum Verdeutlichen des **Rückstoßprinzips** hier ein einfaches Beispiel:
Ein Gewehr hat eine Masse von 3,0 kg und ist in der Lage Gewehrkugeln der Masse 10 g mit einer Mündungsgeschwindigkeit von 600 m/s abzufeuern.

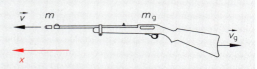

Wird das Gewehr beim Abschuss nicht fest an die Schulter gedrückt, so schlägt es mit der Rückstoßgeschwindigkeit $\vec{v}_g$ gegen die Schulter.

Aus dem Impulserhaltungssatz folgt sofort: $\vec{0} = m \cdot \vec{v} + m_g \cdot \vec{v}_g$ (kein Anfangsimpuls)

Koordinatengleichung: $0 = m \cdot v_x + m_g \cdot v_{gx}$

$$\Leftrightarrow v_{gx} = -\frac{m}{m_g} \cdot v_x \quad v_{gx} = -2,0 \, \frac{m}{s} = -7,2 \, \frac{km}{h}$$

Das Gewehr schlägt mit der Geschwindigkeit 2,0 m/s gegen die Schulter.

Das gleiche Prinzip verwendet der Raketenantrieb.

Die Rakete entspricht dabei dem Gewehr, die ausgestoßenen Brennstoffteilchen der Kugel.
Wirken auf die Rakete nun keine äußeren Kräfte ein, so kann die Schubkraft der Rakete berechnet werden.
Zum Zeitpunkt t beträgt die Geschwindigkeit der Rakete gegenüber einem ruhenden Beobachter $\vec{v}_R$. Im folgenden Zeitintervall Δt stößt die Rakete die Masse $|\Delta m|$ aus. Die Raketenmasse verringert sich dabei von m auf $(m-|\Delta m|)$. Die Geschwindigkeit der Rakete vergrößert sich im gleichen Zeitintervall um Δv_R. Diese Geschwindigkeitszunahme ist durch den Rückstoß bedingt. Man geht davon aus, dass die Ausströmgeschwindigkeit der Gase v_T' bezogen auf die Rakete in jedem Moment des Beschleunigungsvorganges konstant ist.

1 Bewegung und Energie

Von der Rakete aus betrachtet gilt für den Impulssatz:

$$\vec{0} = \vec{p}(t) = \vec{p}(t+\Delta t) \quad \text{mit} \quad \vec{p}(t+\Delta t) = (m-|\Delta m|) \cdot \Delta \vec{v}_R + |\Delta m| \cdot \vec{v}_T{}'$$

Für die Koordinatengleichung in Richtung der Raketengeschwindigkeit ergibt sich:

$$0 = (m-|\Delta m|) \cdot \Delta v_{Rx} + |\Delta m| \cdot v_{Tx}{}'$$
$$(m-|\Delta m|) \cdot \Delta v_{Rx} = -|\Delta m| \cdot v_{Tx}{}'$$

Für sehr kleine Zeitintervalle gilt näherungsweise: $(m-|\Delta m|) \approx m$

$$m \cdot \Delta v_{Rx} = -|\Delta m| \cdot v_{Tx}{}' \quad \text{bzw.} \quad m \cdot \frac{\Delta v_{Rx}}{\Delta t} = -\frac{|\Delta m|}{\Delta t} \cdot v_{Tx}{}'$$

$$m \cdot a_{Rx} = -\frac{|\Delta m|}{\Delta t} \cdot v_{Tx}{}' \quad \text{mit} - v_{Tx}{}' = v_T{}' \quad \text{und} \quad \frac{|\Delta m|}{\Delta t} = D$$

$$m \cdot a_{Rx} = D \cdot v_T{}'$$

Die linke Seite der Gleichung ist die **Schubkraft** der Rakete, sie berechnet sich aus dem Massendurchsatz D und der Ausströmgeschwindigkeit bezüglich der Rakete. Obwohl beide Größen auf der rechten Seite der Gleichung während des Beschleunigungsvorganges konstant sind, nimmt die Beschleunigung der Rakete zu, da ihre Masse im Laufe der Zeit abnimmt.

Bezeichnet man die Masse der Rakete zum Zeitpunkt $t=0$ mit m_0, so folgt:

$$m(t) = m_0 - D \cdot t$$

Für die Beschleunigung in Abhängigkeit von der Zeit ergibt sich:

$$a_{Rx}(t) = \frac{D}{m_0 - D \cdot t} \cdot v_T{}'$$

Die grafische Darstellung im $a_{Rx}(t)$-Diagramm

Zum Zeitpunkt t_e ist der vorhandene Treibstoff aufgebraucht. Der Wert des Flächeninhalts entspricht dem Wert der Geschwindigkeitsänderung der Rakete bis zum Brennschluss.

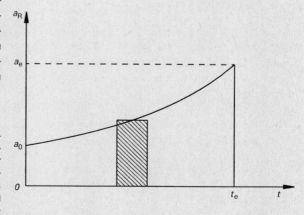

Anmerkung:
Die Berechnung des Flächeninhalts erfolgt mit Hilfe der Integralrechnung, die am Ende der 12. Jahrgangsstufe im Mathematikunterricht behandelt wird. Die Integration der Gleichung ergibt für die Momentangeschwindigkeit:

$$v(t) = v_0 + v_T{}' \cdot \ln \frac{m_0}{m_0 - D \cdot t}$$

1.7.6 Übungsaufgaben zum Impulserhaltungssatz und den Stoßgesetzen

1.0 Ein Tennisball der Masse 60 g wird beim Aufschlag aus dem Ruhezustand heraus auf die Geschwindigkeit 50 $\frac{m}{s}$ beschleunigt.

1.1 Welche Impulsänderung erfährt der Tennisball?

1.2 Wie groß ist die hierzu nötige mittlere Kraft, wenn der Vorgang in 20 ms abgeschlossen ist?

1.3 Welche mittlere Beschleunigung erfährt der Ball und auf welcher Strecke wurde er beschleunigt?

2.0 Ein Wagen der Masse 0,80 t bewegt sich gleichförmig mit der Geschwindigkeit 18 $\frac{km}{h}$. Nun springt ein Mann ($m = 80$ kg) von oben senkrecht in den Wagen.

2.1 Welche Geschwindigkeit besitzt der Wagen danach?

2.2 Berechnen Sie die Differenz der kinetischen Energien vor und nach dem Einsteigen des Mannes und begründen Sie die Differenz.

3.0 Auf einer horizontalen Luftkissenfahrbahn befinden sich zwei Fahrbahngleiter unterschiedlicher Masse (G_1: $m_1 = 0,400$ kg; G_2: $m_2 = 0,600$ kg). An dem Ende eines Gleiters befindet sich ein Puffer aus Knetmasse, so dass der Zusammenstoß völlig unelastisch erfolgt.

3.1 Der zweite Gleiter fährt auf den ruhenden ersten Gleiter auf. Beide bewegen sich nach dem Zusammenstoß mit der Geschwindigkeit $u = 0,13 \frac{m}{s}$ weiter. Welche Geschwindigkeit hatte der Gleiter G_2 vor dem Zusammenstoß?

3.2 Für die Geschwindigkeiten der beiden Fahrbahngleiter gelte nun:

$v_{1x} = 0,15 \frac{m}{s}$ und $v_{2x} = -0,080 \frac{m}{s}$

Welche Geschwindigkeit besitzen die beiden Gleiter nach dem Zusammenstoß? Interpretieren Sie das Ergebnis!

3.3 Der Gleiter G_1 besitzt nun die Geschwindigkeit $v_{1x} = 0,25 \frac{m}{s}$. Welche Geschwindigkeit muss G_2 besitzen, damit die beiden Fahrbahngleiter nach dem Zusammenstoß ruhen?

3.4 Für die Geschwindigkeiten der beiden Fahrbahngleiter gilt: $v_{1x} = 0,25 \frac{m}{s}$; $v_{2x} = -0,17 \frac{m}{s}$.

Innerhalb von 50 ms wird die Knetmasse bei diesem Zusammenstoß verformt. Berechnen Sie den Betrag der mittleren Kraft, mit der beide Körper aufeinander wirken.

1 Bewegung und Energie

4.0 Ein Plastilinball (Geschwindigkeit 8,0 $\frac{m}{s}$; Masse 0,25 kg) trifft auf einen ruhenden Holzkörper der Masse 0,85 kg. Der Zusammenstoß erfolgt vollkommen unelastisch.

4.1 Mit welcher Geschwindigkeit bewegen sich beide Körper nach dem Zusammenstoß weiter?

4.2 Wie groß ist der Verlust an kinetischer Energie?

5.0 Ein leerer Güterwagen der Masse 8,0 t stößt mit der Geschwindigkeit 2,5 $\frac{m}{s}$ auf 4 fest miteinander verbundene, ruhende Wagen gleicher Bauart, die ebenfalls leer sind. Bei diesem Zusammenstoß werden die Pufferfedern der beiden direkt am Stoß beteiligten Wagen um jeweils 20 cm verkürzt.

5.1 Berechnen Sie die Federkonstante einer Pufferfeder.
(Bei diesem Vorgang wird der einzelne Wagen an die 4 bereits verbundenen angekoppelt, so dass sich das System nach dem Zusammenstoß mit konstanter Geschwindigkeit weiterbewegt.)

6.0 Bei einer V-2-Rakete strömten die Verbrennungsgase mit einer Geschwindigkeit von 2,0 $\frac{km}{s}$ aus.

6.1 Welche Treibstoffmasse musste pro Sekunde verbrannt werden, damit die Rakete eine Schubkraft von 200 kN erfuhr?

6.2 Welche vertikale Beschleunigung hatte die V-2-Rakete beim Start, wenn dort die Masse der Rakete 10 t betrug?

6.3 Nach welcher Zeit waren die 5,0 t Treibstoff der Rakete verbraucht?

7.0 Auf der Erde wird eine Rakete senkrecht zur Erdoberfläche nach oben abgeschossen. Innerhalb der ersten 5,0 s stößt die Rakete Ihren verbrannten Treibstoff mit der Geschwindigkeit $v_{Tr} = 2,8 \cdot 10^4 \frac{m}{s}$ aus.

(Diese Geschwindigkeit besitzen die Treibstoffgase auch in guter Näherung von der Erdoberfläche aus betrachtet.) Auf diese Art verliert die Rakete in der Sekunde 0,040 % ihrer Masse, so dass auch diese in den ersten 5,0 s als nahezu konstant betrachtet werden darf.

7.1 Berechnen Sie die Geschwindigkeit v_R der Rakete 5,0 s nach dem Start unter der Annahme, dass keine Gewichtskraft wirkt.

7.2 Berücksichtigen Sie nun die Gewichtskraft der Rakete und berechnen Sie die tatsächliche Geschwindigkeit der Rakete nach 5,0 s.

8.0 Eine Aluminiumkugel $\left(\rho_{Al} = 2{,}7 \cdot 10^3 \, \frac{kg}{m^3}\right)$ und eine Holzkugel gleicher Größe $\left(\rho_{Ho} = 0{,}50 \cdot 10^3 \, \frac{kg}{m^3}\right)$ sind an zwei gleich langen Fäden so aufgehängt, dass sie sich gerade berühren. Eine Kugel wird so weit ausgelenkt, dass sie um die Höhe $H = 5{,}0$ cm angehoben wird. Nun lässt man die angehobene Kugel los.

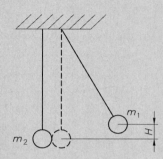

8.1 Welche Höhen h_1 und h_2 erreichen die beiden Kugeln, wenn die angehobene Kugel die Aluminiumkugel (die Holzkugel) ist?

8.2 Zeigen Sie für die ausgelenkte Aluminiumkugel, dass der Energieerhaltungssatz für die maximalen potentiellen Energien erfüllt ist.

9.0 Ein LKW-Fahrer ist kurzzeitig unaufmerksam und übersieht ein parkendes Auto, das glücklicherweise unbesetzt ist. Es gelingt ihm noch seinen LKW ($m_{LKW} = 12$ t inkl. Fahrer) auf die Geschwindigkeit von 40 $\frac{km}{h}$ herunterzubremsen, bevor er auf das stehende Fahrzeug ($m_F = 800$ kg) auffährt.

9.1 Berechnen Sie die Verformungsarbeit die an beiden Fahrzeugen verrichtet wird, wenn sie sich beim Zusammenstoß ineinander verkeilen.

10.0 Schnelle Neutronen ($m_n = 1{,}67 \cdot 10^{-27}$ kg) werden moderiert, d. h. sie werden durch den elastischen Zusammenstoß mit anderen Teilchen abgebremst.

10.1 Berechnen Sie zunächst allgemein den Betrag der relativen Änderung der kinetischen Energie, die ein schnelles Neutron beim Zusammenstoß mit einem ruhenden Targetkern der Masse m_T erfährt.

10.2 Begründen Sie, weshalb mit zunehmender Masse des Targetkerns die Energieabgabe kleiner wird.

1 Bewegung und Energie

10.3 Berechnen Sie den Betrag der relativen Änderung der kinetischen Energie für folgende Stoßpartner des Neutrons:

Proton ($m_p = 1{,}67 \cdot 10^{-27}$ kg) Heliumkern ($m_{He} = 6{,}64 \cdot 10^{-27}$ kg)
Kohlenstoffkern ($m_C = 1{,}99 \cdot 10^{-26}$ kg) Eisenkern ($m_{Fe} = 9{,}30 \cdot 10^{-26}$ kg)
Bleikern ($m_{Pb} = 3{,}44 \cdot 10^{-25}$ kg) Urankern ($m_U = 3{,}95 \cdot 10^{-25}$ kg)

11.0 Beim Franck-Hertz-Versuch treffen Elektronen mit der kinetischen Energie von $9{,}60 \cdot 10^{-19}$ J auf ruhende Quecksilberatome der Masse 202 u. Bei **einem** Zusammenstoß nimmt das Quecksilberatom die Energie $7{,}85 \cdot 10^{-19}$ J auf.

11.1 Welche Geschwindigkeiten besitzen das Elektron und das angeregte Hg-Atom nach dem Stoß?

11.2 Wie groß sind die Geschwindigkeiten, wenn sich das Hg-Atom aufgrund der Wärmebewegung mit der Geschwindigkeit 230 $\frac{m}{s}$ auf das Elektron zubewegt?

12.0 Mit Hilfe eines ballistischen Pendels lassen sich die Geschwindigkeiten von Projektilen bestimmen. In einen kleinen Sandsack der Masse M, der an einem Faden aufgehängt ist, dringt ein Projektil der Masse m. Es wird dabei so stark abgebremst, dass es im Sandsack steckenbleibt. Der Sandsack (das Pendel) wird bei diesem Vorgang ausgelenkt und um die Höhe h gegenüber der Ruhelage angehoben.

12.1 Berechnen Sie allgemein die Geschwindigkeit des Projektils, wenn die Fallbeschleunigung g gegeben ist.

13.0 Beim Sprung von einem Boot ($m_B = 60$ kg) ins Wasser befindet sich der Bootsrand des ruhenden Bootes 1,0 m über der Wasseroberfläche. Der Absprung erfolgt so, dass der Springer ($m_{Sp} = 80$ kg) bezüglich des Bootes die relative Geschwindigkeit 4,0 $\frac{m}{s}$ in horizontaler Richtung besitzt.

13.1 Berechnen Sie die Beträge der Geschwindigkeiten von Springer und Boot im Moment des Absprungs.

13.2 In welcher Entfernung zum Boot taucht der Springer ins Wasser ein?

14.0 Ein Mann (Masse 80 kg) springt vom Bootssteg aus in ein ruhendes Ruderboot der Masse 50 kg. Der Aufsprungpunkt im Boot liegt 1,0 m tiefer als der Bootssteg und ist von diesem 2,0 m in horizontaler Richtung entfernt.

14.1 Berechnen Sie die Energie, die der Mann beim Aufsprung mit den Beinen abfedern muss. (Reibung und das Eintauchen des Bootes werden vernachlässigt.)

2 Mechanische Schwingungen

2.1 Allgemeine Eigenschaften und Kennzeichen von mechanischen Schwingungen

2.1.1 Beispiele

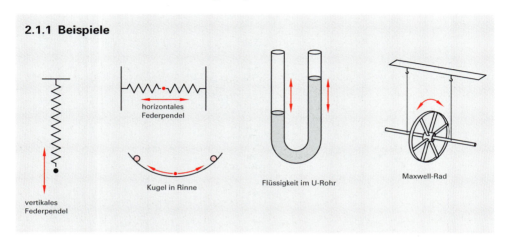

2.1.2 Kennzeichen von Schwingungen

Betrachtet man die obigen Beispiele, so kann man einige Eigenschaften erkennen, die bei allen Bewegungsabläufen auftreten.

- Es handelt sich um einen **zeitlich periodischen Vorgang**.
- **Energiezufuhr** zu Beginn der Schwingung.
- Aus der Reibung und dem Energieerhaltungssatz ergibt sich die **Endlichkeit** der Bewegung.
- Es ist eine **Rückstellkraft auf eine träge Masse** erkennbar.
- Die Schwingungsfähigkeit ist durch mindestens **zwei Energieformen** gekennzeichnet.

2.1.3 Definition wichtiger Begriffe

Bei der Beschreibung der Schwingungen verwendet man ein Koordinatensystem, dessen Ursprung mit der **Gleichgewichtslage** des schwingenden Körpers zusammenfällt.
(In der Gleichgewichtslage befindet sich der Körper, wenn die Summe aller Kräfte, die am Massenmittelpunkt des Körpers angreifen, den Nullvektor ergeben. Der schwingende Körper führt immer eine Bewegung um seine Ruhelage aus, die auftretende Reibung sorgt dafür, dass die Bewegung zur Ruhe kommt und der Körper sich dann wieder in seiner **Ruhelage** oder Gleichgewichtslage befindet.)

2 Mechanische Schwingungen

Beispiel:
Die nebenstehende Abbildung zeigt ein vertikales Federpendel, dessen Ruhelage oder Gleichgewichtslage im Punkt N liegt. Die Bewegung des Massenmittelpunktes ist eindimensional, zur Beschreibung der Bewegung genügt somit eine Koordinatenachse.
Der Ursprung der Koordinatenachse ($x = 0$) wird vereinbarungsgemäß so gelegt, dass er mit der Gleichgewichtslage übereinstimmt.
Lenkt man nun die Masse bis zum Punkt B aus und lässt sie dann los, so kann man eine Schwingung der Masse zwischen den Punkten B und C beobachten.

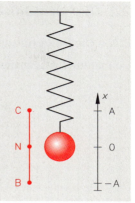

Anhand dieses Beispiels werden nun einige wichtige Begriffe zur Beschreibung der Bewegung eines schwingenden Körpers vorgestellt.

- Die augenblickliche Auslenkung des schwingenden Körpers aus seiner Ruhelage (Nulllage) wird **Elongation** genannt. Die Elongation kann somit positive und negative Werte annehmen.
  (Im Beispiel: $x(t)$)

- Der **maximale Betrag** der Elongation heißt **Amplitude**.
  Im obigen Beispiel gilt: Die Strecken $\overline{NB}$ und $\overline{NC}$ sind gleich lang. Der Betrag der Streckenlänge ist die Amplitude A.

- Der zeitliche Abstand zweier aufeinander folgender gleicher Zustände heißt **Periodendauer** oder **Schwingungsdauer** T.
  Beispiel:
  Zu Beginn der Zeitmessung befinde sich die Masse im Punkt B, dem unteren Umkehrpunkt der Bewegung. Die Schwingungsdauer gibt nun an, welche Zeitspanne vergeht, bis die schwingende Masse den Punkt B wieder erreicht.

- Die **Frequenz** f ist definiert als Quotient einer beliebigen Anzahl n von Schwingungsperioden und der dafür benötigten Zeit.

$$f = \frac{n}{t} \quad [f] = \frac{1}{s} = \text{Hz} \quad \text{(Hertz)}$$

Zusammenhang zwischen Periodendauer und Frequenz.

Betrachtet man genau eine volle Schwingung, so gilt: $f = \frac{1}{T}$

Zur Vereinfachung der mathematischen Behandlung werden folgende Randbedingungen eingeführt:
- Bei der Behandlung der Schwingungen wird zunächst **von Reibung abgesehen**.
- Die Bewegung des schwingenden Körpers erfolge **eindimensional**. Zur Beschreibung der Bewegung genügt somit eine Koordinatenachse.
- Die schwingenden Massen dürfen als **Massenpunkte** betrachtet werden.

2.2 Die harmonische Schwingung

2.2.1 Die Bewegungsgleichungen einer harmonischen Schwingung

Betrachtung des Bewegungsablaufes eines horizontalen Federpendels (keine Reibung).

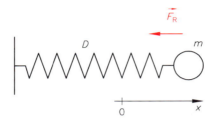

Gesucht sind die Bewegungsgleichungen $x(t)$, $v_x(t)$ und $a_x(t)$ des schwingenden Körpers.

Die Periodizität der Bewegung legt die Vermutung nahe, dass es sich bei der Funktion $x(t)$ um eine Sinus- oder Kosinusfunktion handelt. Eine ähnliche periodische Bewegung stellt die gleichmäßige Kreisbewegung dar.

Versuch:
Vergleich der Projektion einer gleichmäßigen Kreisbewegung mit der Schwingung eines Fadenpendels.

Versuchsaufbau:

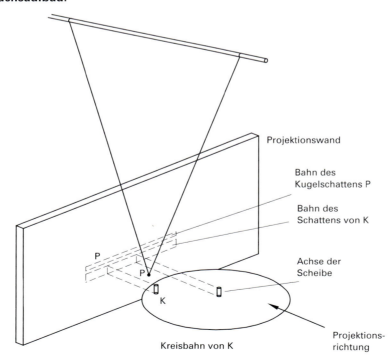

2 Mechanische Schwingungen

> **Beobachtung:**
> Die seitliche Projektion einer gleichmäßigen Kreisbewegung und die Schwingung eines Fadenpendels haben denselben Verlauf.

Bei der Beschreibung der Bewegungen treten nun gleiche Größen mit verschiedenen Bedeutungen auf.

Größe	Kreisbewegung	Schwingung
r, A	Kreisbahnradius	Amplitude
T	Umlaufdauer	Perioden- bzw. Schwingungsdauer
f	Frequenz	Frequenz
φ	Drehwinkel	Phasenwinkel
ω	Winkelgeschwindigkeit	Kreisfrequenz

Die **Schwingungsphase** φ und die **Kreisfrequenz** ω dienen der mathematischen Darstellung von Schwingungen und besitzen nur dann eine Bedeutung, wenn man sich die zugehörige gleichmäßige Kreisbewegung vorstellt.

Nach dieser Vorüberlegung kann nun die Bewegungsgleichung der harmonischen Schwingung aufgestellt werden.
Berechnung der y-Koordinate des Ortes eines Körpers, der eine gleichmäßige Kreisbewegung beschreibt. (Konstante Winkelgeschwindigkeit!)

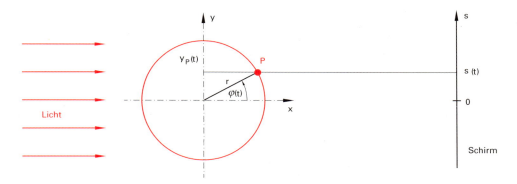

Für die y-Koordinate des Ortes erhält man:
$$y_P(t) = r \cdot \sin \varphi(t)$$

Die gleichmäßige Kreisbewegung erfolgt mit konstanter Winkelgeschwindigkeit ω.
Für den Drehwinkel $\varphi(t)$ erhält man somit: $\varphi(t) = \omega \cdot t + \varphi_0$

φ_0 bezeichnet dabei den Winkel des Ortsvektors $\vec{r}(t)$ mit der x-Achse zum Zeitpunkt $t = 0$ (**Anfangsbedingung**). Kann über den Zeitnullpunkt frei verfügt werden, so wählt man $\varphi_0 = 0$.

Allgemein gilt bei der gleichmäßigen Kreisbewegung eines Körpers für dessen y-Koordinate des Ortes: $y_P(t) = r \cdot \sin(\omega \cdot t + \varphi_0)$

Die Gleichung für den Ort (Elongation) eines harmonisch schwingenden Körpers lautet somit: $s(t) = A \cdot \sin(\omega \cdot t + \varphi_0)$

> **1. Definition der harmonischen Schwingung**
> Eine Schwingung mit der Bewegungsgleichung $s(t) = A \cdot \sin(\omega \cdot t + \varphi_0)$ heißt **harmonisch**. Solche Schwingungen können als Projektion einer gleichmäßigen Kreisbewegung aufgefasst werden.

Mit Hilfe der Differentialrechnung kann man aus der Bewegungsgleichung für den Ort (Elongation) die Gleichung für die Momentangeschwindigkeit und die Momentanbeschleunigung eines harmonisch schwingenden Körpers berechnen.
Für die Momentangeschwindigkeit gilt allgemein:

$$\vec{v}(t) = \lim_{\Delta t \to 0} \frac{\Delta \vec{r}}{\Delta t} = \frac{d\vec{r}(t)}{dt} = \dot{\vec{r}}(t)$$

Bei der eindimensionalen harmonischen Schwingung ergibt sich dadurch:

$$v_s(t) = \frac{ds(t)}{dt} = \dot{s}(t) \Rightarrow \quad v_s(t) = A \cdot \omega \cdot \cos(\omega \cdot t + \varphi_0)$$

Das Produkt $A \cdot \omega$ ist der Betrag der Maximalgeschwindigkeit des schwingenden Körpers.

$$v_s(t) = v_0 \cdot \cos(\omega \cdot t + \varphi_0)$$

Die Momentanbeschleunigung ist folgendermaßen definiert:

$$\vec{a}(t) = \lim_{\Delta t \to 0} \frac{\Delta \vec{v}}{\Delta t} = \frac{d\vec{v}(t)}{dt} = \dot{\vec{v}}(t)$$

Für die Koordinate der Momentanbeschleunigung einer eindimensionalen Schwingung folgt:

$$a_s(t) = \frac{dv_s(t)}{dt} = \dot{v}_s \quad \Rightarrow \quad a_s(t) = -A \cdot \omega^2 \cdot \sin(\omega \cdot t + \varphi_0)$$

$a_0 = A \cdot \omega^2$ ist der Betrag des Maximalwertes der Beschleunigung.
$\Rightarrow a_s(t) = -a_0 \cdot \sin(\omega \cdot t + \varphi_0)$

Die Beschleunigung läßt sich noch in anderer Weise darstellen:

$a_s(t) = -\omega^2 \cdot [A \cdot \sin(\omega \cdot t + \varphi)]$ mit $s(t) = A \cdot \sin(\omega \cdot t + \varphi_0)$
$\Leftrightarrow a(t) = -\omega^2 \cdot s(t)$ bzw. $a_s(t) \sim -s(t)$

> **Die Beschleunigung ist direkt proportional zur Elongation, ihr aber immer entgegengerichtet.**

Die Geschwindigkeit und Beschleunigung des harmonisch schwingenden Körpers erhält man ebenso aus der Kreisbewegung.

2 Mechanische Schwingungen

Betrachtung der Geschwindigkeit.

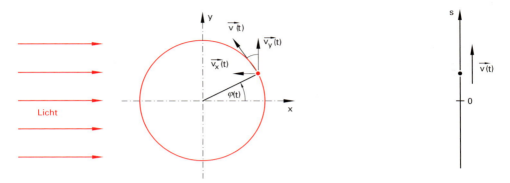

Gesucht ist die y-Koordinate des Vektors der momentanen Bahngeschwindigkeit.
$$v_y(t) = v \cdot \cos \varphi(t) \quad \text{mit} \quad v = \omega \cdot r \quad \text{und} \quad \varphi(t) = \omega \cdot t + \varphi_0$$
$$\Rightarrow v_y(t) = \omega \cdot r \cdot \cos(\omega \cdot t + \varphi_0)$$

Für die harmonische Schwingung ergibt sich:
$$v_s(t) = A \cdot \omega \cdot \cos(\omega \cdot t + \varphi_0)$$

Betrachtung der Beschleunigung.

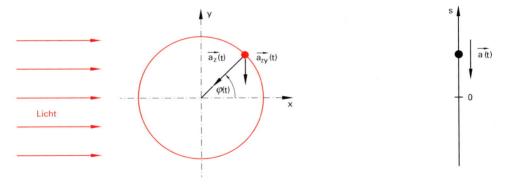

Gesucht ist die y-Koordinate des Vektors der momentanen Zentripetalbeschleunigung.
$$a_{zy}(t) = -a_z \cdot \sin \varphi(t) \quad \text{mit} \quad a_z = \omega^2 \cdot r \quad \text{und} \quad \varphi(t) = \omega \cdot t + \varphi_0$$
$$\Rightarrow a_{zy}(t) = -r \cdot \omega^2 \cdot \sin(\omega \cdot t + \varphi_0)$$

Für die harmonische Schwingung ergibt sich:
$$a_s(t) = -A \cdot \omega^2 \cdot \sin(\omega \cdot t + \varphi_0)$$

Zusammenfassung:
Die Bewegungsgleichungen eines harmonisch schwingenden Körpers.

Elongation: $\quad s(t) = A \cdot \sin(\omega \cdot t + \varphi_0)$
Momentangeschwindigkeit: $\quad v_s(t) = A \cdot \omega \cdot \cos(\omega \cdot t + \varphi_0)$
Momentanbeschleunigung: $\quad a_s(t) = -A \cdot \omega^2 \cdot \sin(\omega \cdot t + \varphi_0) \Leftrightarrow a(t) = -\omega^2 \cdot s(t)$

2.2.2 Darstellung von harmonischen Schwingungen

Zur Veranschaulichung von Schwingungen verwendet man zwei unterschiedliche Diagramme.

A) Liniendiagramm
Im Liniendiagramm wird die Elongation des schwingenden Körpers in Abhängigkeit von der Zeit dargestellt.

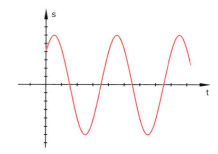

B) Zeigerdiagramm
Bei dieser Darstellungsart verwendet man die Verwandtschaft zur gleichmäßigen Kreisbewegung.
Die Schwingung wird dabei durch einen rotierenden Zeiger, dessen Länge die Amplitude der Schwingung darstellt, veranschaulicht. Die Rotation erfolgt im mathematisch positiven Drehsinn mit konstanter Winkelgeschwindigkeit ω.
Der Phasenwinkel $\varphi(t) = \omega \cdot t + \varphi_0$ ist der Winkel, den der Zeiger mit der Rechtswertachse bildet. Die Projektion des Zeigers auf die Hochwertachse liefert die Elongation.

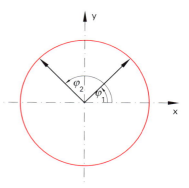

Das Zeigerdiagramm ist eine Momentaufnahme zu einem bestimmten vorgegebenen Zeitpunkt. Diese Darstellung ist besonders dann zu empfehlen, wenn die Berechnung der Phasenwinkel durchgeführt werden soll.

2.2.3 Die Bewegungsgleichungen der harmonischen Schwingung bei unterschiedlichen Anfangsbedingungen

Die Bewegungsgleichungen zur Beschreibung der harmonischen Schwingung sind vom Zustand des schwingenden Körpers zum Zeitnullpunkt abhängig.

2 Mechanische Schwingungen

A) Allgemeiner Fall

Ist die Elongation zum Zeitpunkt $t = 0\,\text{s}$ gegeben, so ist eine Fallunterscheidung nötig, da jede Elongation während einer Schwingungsperiode zweimal vorkommt.

Die Definitionsbereiche der Umkehrfunktionen bei trigonometrischen Funktionen sind zu beachten.

$$s(t) = A \cdot \sin(\omega \cdot t + \varphi_0)$$

$$v_s(t) = A \cdot \omega \cdot \cos(\omega \cdot t + \varphi_0)$$

$$a_s(t) = -A \cdot \omega^2 \cdot \sin(\omega \cdot t + \varphi_0)$$

Beispiel:

Für eine harmonische Schwingung gelte:

Zum Zeitpunkt $t = 0\,\text{s}$ ist die Elongation $\frac{2}{3} \cdot A$

Gesucht sind die Bewegungsgleichungen der harmonischen Schwingung.

Lösung mit Hilfe des Zeigerdiagramms:

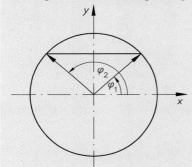

Es gibt zwei Lösungen für jede Periode.

Allgemein gilt: $\sin \alpha = \sin(k \cdot 2 \cdot \pi + \alpha)$ mit $k \in \mathbb{N}_0$

Die Funktion $\sin \alpha$ ist im Intervall $\left]-\frac{\pi}{2}\,;\,\frac{\pi}{2}\right[$

streng monoton steigend und daher umkehrbar.
Berechnung der Phasenwinkel.

Für φ_1 folgt sofort: $\sin(\varphi_1) = \frac{2}{3} \Rightarrow \varphi_1 = 41{,}8°$

$\Leftrightarrow \varphi_1 = 0{,}730\,\text{rad}$

Die zweite Lösung ergibt sich aus dem Zeigerdiagramm.

$\varphi_2 = \pi - \varphi_1;\quad \varphi_2 = 138{,}2° \Leftrightarrow \varphi_2 = 2{,}412\,\text{rad}$

Damit ergeben sich folgende Bewegungsgleichungen:

$s_1(t) = A \cdot \sin(\omega \cdot t + 0{,}730)$ und $s_2(t) = A \cdot \sin(\omega \cdot t + 2{,}412)$

B) Zum Zeitnullpunkt durchläuft der schwingende Körper seine Ruhelage.

Da die Elongation danach positiv oder negativ sein kann, ist hier eine Fallunterscheidung nötig.

a) für $0 < t < \frac{T}{4}$ ist $s(t) > 0$	b) für $0 < t < \frac{T}{4}$ ist $s(t) < 0$
Die allgemeine Lösung liefert:	
$s(t) = A \cdot \sin(\omega \cdot t + \varphi_0)$ mit $s(t=0) = 0$	$s(t) = A \cdot \sin(\omega \cdot t + \varphi_0)$ mit $s(t=0) = 0$
$0 = A \cdot \sin(\varphi_0) \Rightarrow \varphi_0 = 0$	$0 = A \cdot \sin(\varphi_0) \Rightarrow \varphi_0 = \pi$
$\Rightarrow s(t) = A \cdot \sin(\omega \cdot t)$	$\Rightarrow s(t) = A \cdot \sin(\omega \cdot t + \pi) = -A \cdot \sin(\omega \cdot t)$
$\Rightarrow v_s(t) = A \cdot \omega \cdot \cos(\omega \cdot t)$	$\Rightarrow v_s(t) = -A \cdot \omega \cdot \cos(\omega \cdot t)$
$\Rightarrow a_s(t) = -A \cdot \omega^2 \cdot \sin(\omega \cdot t)$	$\Rightarrow a_s(t) = A \cdot \omega^2 \cdot \sin(\omega \cdot t)$

C) Zum Zeitnullpunkt ist die Elongation maximal, der Körper im Umkehrpunkt.
Fallunterscheidung:

a) $s(t=0) = A$	b) $s(t=0) = -A$
Die allgemeine Lösung liefert $s(t) = A \cdot \sin(\omega \cdot t + \varphi_0)$ mit $s(t=0) = A$	$s(t) = A \cdot \sin(\omega \cdot t + \varphi_0)$ mit $s(t=0) = -A$
$A = A \cdot \sin(\varphi_0) \Rightarrow \varphi_0 = \dfrac{\pi}{2}$	$-A = A \cdot \sin(\varphi_0) \Rightarrow \varphi_0 = \dfrac{3 \cdot \pi}{2}$
$s(t) = A \cdot \sin\left(\omega \cdot t + \dfrac{\pi}{2}\right) = A \cdot \cos(\omega \cdot t)$	$s(t) = A \cdot \sin\left(\omega \cdot t + \dfrac{3 \cdot \pi}{2}\right) = -A \cdot \cos(\omega \cdot t)$
$\Rightarrow v_s(t) = -A \cdot \omega \cdot \sin(\omega \cdot t)$ $\Rightarrow a_s(t) = -A \cdot \omega^2 \cdot \cos(\omega \cdot t)$	$\Rightarrow v_s(t) = A \cdot \omega \cdot \sin(\omega \cdot t)$ $\Rightarrow a_s(t) = A \cdot \omega^2 \cdot \cos(\omega \cdot t)$

2.2.4 Das lineare Kraftgesetz für die harmonische Schwingung

Aus der bisherigen Herleitung (Analogie zur Kreisbewegung) folgt für die Beschleunigung, die ein Körper bei der harmonischen Schwingung erfährt:
$$a_s(t) = -A \cdot \omega^2 \cdot \sin(\omega \cdot t + \varphi_0) \Leftrightarrow a_s(t) = -\omega^2 \cdot s(t)$$

Multipliziert man die Gleichung mit der Masse m des schwingenden Körpers, folgt:
$$m \cdot a_s(t) = -m \cdot \omega^2 \cdot s(t)$$

Da die Beschleunigung eines Körpers durch die resultierende Kraft hervorgerufen wird, gilt:
$$F_{res\,s}(t) = m \cdot a_s(t) = -m \cdot \omega^2 \cdot s(t) \quad (I)$$
(Dies ist die Koordinatengleichung der Kraft in Richtung der Elongation!)

Die auf den schwingenden Körper wirkende Kraft ist zur Auslenkung direkt proportional, ihr aber stets entgegengerichtet. Die wirksame Kraft versucht somit stets, den Körper in seine Ruhelage zurückzubringen und wird deshalb als **rücktreibende Kraft** $\vec{F}_R$ bezeichnet.

Dieser Zusammenhang lässt sich noch etwas anders formulieren.
Die Kräftebilanz für die Bewegung eines harmonisch schwingenden Körpers:
$$\vec{F}_{res}(t) = \vec{F}_R(t); \quad \vec{F}_R(t): \text{Rücktreibende Kraft auf die schwingende Masse.}$$
Für die Koordinate der rücktreibenden Kraft gilt: $F_{Rs}(t) \sim -s(t)$ bzw. $F_{Rs}(t) = -D \cdot s(t)$

D ist in diesem Fall die Proportionalitätskonstante und heißt **Richtgröße**. Da bei diesem Kraftgesetz eine lineare Abhängigkeit zwischen der Kraft und der Elongation besteht bezeichnet man es auch als **lineares Kraftgesetz**. Diesen Zusammenhang verwendet man häufig als **2. Definition der harmonischen Schwingung**.

Das zweite Newton'sche Gesetz liefert für die Koordinate der resultierenden Kraft:
$$F_{res\,s}(t) = m \cdot a_s(t)$$

Zusammengefasst ergibt sich: $m \cdot a_s(t) = -D \cdot s(t) \Leftrightarrow m \cdot \ddot{s}(t) = -D \cdot s(t)$
$$\Leftrightarrow \ddot{s}(t) + \frac{D}{m} \cdot s(t) = 0$$

2 Mechanische Schwingungen

Die letzte Gleichung ist die **Differentialgleichung (DGL)** der ungedämpften harmonischen Schwingung. Zur Lösung dieser Gleichung kann nun der allgemeine Lösungsansatz herangezogen werden.

$$s(t) = A \cdot \sin(\omega \cdot t + \varphi_0)$$
$$\dot{s}(t) = v_s(t) = A \cdot \omega \cdot \cos(\omega \cdot t + \varphi_0)$$
$$\ddot{s}(t) = a_s(t) = -A \cdot \omega^2 \cdot \sin(\omega \cdot t + \varphi_0) = -\omega^2 \cdot s(t)$$

Eingesetzt in die DGL erhält man:

$$-\omega^2 \cdot s(t) + \frac{D}{m} \cdot s(t) = 0 \quad \Leftrightarrow \quad s(t) \cdot \left[-\omega^2 + \frac{D}{m}\right] = 0$$

Diese Gleichung muss zu jedem Zeitpunkt t erfüllt sein. Für die Elongation gilt in der Regel $s(t) \neq 0$, so dass der zweite Faktor des Produkts den Wert null annehmen muss.

$$\left[-\omega^2 + \frac{D}{m}\right] = 0 \quad \Leftrightarrow \quad \omega^2 = \frac{D}{m} \quad \Leftrightarrow \quad m \cdot \omega^2 = D$$

Für die Schwingungsdauer einer harmonischen Schwingung ergibt sich:

$$D = m \cdot \frac{4 \cdot \pi^2}{T^2} \quad \Leftrightarrow \quad T^2 = m \cdot \frac{4 \cdot \pi^2}{D} \quad \Leftrightarrow \quad T = 2 \cdot \pi \cdot \sqrt{\frac{m}{D}}$$

Folgerungen:
- Kann man die rücktreibende Kraft eines schwingenden Körpers in Form eines linearen Kraftgesetzes darstellen $F_{Rs}(t) = -D \cdot s(t)$, so handelt es sich um eine harmonische Schwingung.
- Die Schwingungsdauer einer harmonischen Schwingung ist nicht von der Anfangsauslenkung abhängig. Sie hängt nur von der Richtgröße D und der Masse des schwingenden Körpers ab.

In den nun folgenden Ausführungen soll der Weg, der zum Nachweis einer harmonischen Schwingung eingeschlagen werden soll, an drei Beispielen exemplarisch vorgestellt werden.

2.3 Beispiele für harmonische Schwingungen

2.3.1 Federpendel

A) Das horizontale Federpendel

Betrachtung des Bewegungsablaufes eines horizontalen Federpendels. (Keine Reibung)

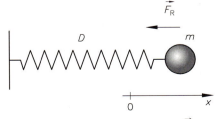

Die Kräftebilanz für die Bewegung in x-Richtung liefert: $\vec{F}_{res}(t) = \vec{F}_R(t)$
$\vec{F}_R(t)$: Rücktreibende Kraft auf die Kugel.

Für die Koordinate der rücktreibenden Kraft gilt das Hookesche Gesetz. $\vec{F}_{Rx}(t) = -D \cdot x(t)$ mit der Federkonstanten D. Damit ist das lineare Kraftgesetz gefunden und somit der Nachweis erbracht, dass die Schwingung eines horizontalen Federpendels harmonisch erfolgt.

B) Das vertikale Federpendel

Beim vertikalen Federpendel (Feder-Schwere-Pendel) bewirkt die Gewichtskraft der schwingenden Masse eine Dehnung der Feder, so dass in der Gleichgewichtslage die Beträge der Federkraft und Gewichtskraft gleich groß sind.

$$F_F = F_G \Leftrightarrow D \cdot l_0 = m \cdot g$$

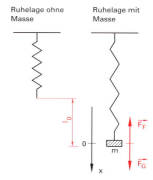

Für die resultierende Kraft bei einer zusätzlichen Dehnung der Feder um x nach unten erhält man:

$$F_{Rx}(t) = -D \cdot [l_0 + x(t)] + m \cdot g$$
$$\Leftrightarrow F_{Rx}(t) = -D \cdot l_0 - D \cdot x(t) + m \cdot g = -D \cdot x(t)$$

Die Tatsache, dass die Feder bereits vorgedehnt ist, beeinflusst die Schwingung nicht. Für beide Arten des Federpendels gelten die gleichen Beziehungen.

Anmerkung:
Gilt für die Amplitude der harmonischen Schwingung $A = l_0$, so ist im oberen Umkehrpunkt der Bewegung die Feder gerade entspannt. Ist $A > l_0$, so wird die Feder teilweise gestaucht, was dazu führt, dass der angehängte Körper, wenn er keine feste Verbindung zur Feder besitzt, von der Feder springen kann.

C) Schaltung von Federn
– Reihenschaltung

Die Kraft $\vec{F}$ dehnt das System um die Strecke Δx und wirkt dabei auf beide Federn.

$$\Delta x = \Delta x_1 + \Delta x_2$$

Mit dem Hooke'schen Gesetz erhält man: $\dfrac{F}{D_{Ges}} = \dfrac{F}{D_1} + \dfrac{F}{D_2} \Rightarrow \dfrac{1}{D_{Ges}} = \dfrac{1}{D_1} + \dfrac{1}{D_2}$

Allgemein erhält man für die Reihenschaltung von Federn:

$$\dfrac{1}{D_{Ges}} = \sum_{i=1}^{n} \dfrac{1}{D_i} \qquad \text{„Hintereinander geschaltete Federn werden weicher!"}$$

– Parallelschaltung

Beide Federn werden gleich weit gedehnt. Die Gesamtkraft, die für die Dehnung der beiden Federn nötig ist, erhält man durch Vektoraddition. Für den Betrag der Gesamtkraft ergibt sich:

$$F = F_1 + F_2$$

Zusammen mit dem Hooke'schen Gesetz folgt:

$$D_{Ges} \cdot \Delta x = D_1 \cdot \Delta x + D_2 \cdot \Delta x$$

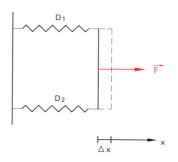

2 Mechanische Schwingungen

Bei der Parallelschaltung von Federn gilt:

$D_{Ges} = D_1 + D_2$ „Parallel geschaltete Federn werden härter!"

D) Beispiel

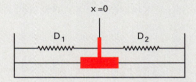 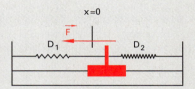

Für die Rückstellkraft erhält man hier direkt aus dem Hooke'schen Gesetz:

$F_{Rx}(t) = -D_1 \cdot x(t) + [-D_2 \cdot x(t)] \Leftrightarrow F_{Rx}(t) = -(D_1 + D_2) \cdot x(t)$

$\Rightarrow F_{Rx}(t) = -D \cdot x(t)$ mit $D = D_1 + D_2$ (Parallelschaltung von Federn!)

Damit ist das lineare Kraftgesetz gefunden und somit der Nachweis erbracht, dass der untersuchte Bewegungsablauf eine harmonische Schwingung darstellt. In diesem Fall ist die Richtgröße D durch die Summe der Federkonstanten D_1 und D_2 gegeben.

Für die Schwingungsdauer und die Frequenz eines harmonisch schwingenden Federpendels erhält man:

$$\Rightarrow T = 2 \cdot \pi \cdot \sqrt{\frac{m}{D}} \quad \text{und} \quad f = \frac{1}{2 \cdot \pi} \cdot \sqrt{\frac{D}{m}}$$

Mit Hilfe der letzten Gleichung kann durch Bestimmung der Frequenz oder Periodendauer die Federkonstante dynamisch bestimmt werden.

2.3.2 Das Fadenpendel

Eine kleine Kugel ist an einem dünnen Faden aufgehängt. Der Faden sei masselos; die Kugel wird als Massenpunkt betrachtet. Lenkt man die Kugel aus und lässt sie dann los, so beginnt sie zu schwingen. Die Elongation wird durch die Bogenlänge beschrieben. Die Rückstellkraft $\vec{F}_R$ ist eine Komponente der Gewichtskraft $\vec{F}_G$.

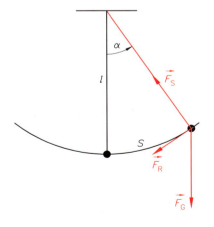

Aus der Zeichnung erkennt man:

$F_{Rs}(t) = -m \cdot g \cdot \sin \alpha(t)$

Die Definition des Winkels im Bogenmaß liefert:

$\alpha(t) = \dfrac{s(t)}{l}$

$F_{Rs}(t) = -m \cdot g \cdot \sin \dfrac{s(t)}{l}$

Hier liegt noch **kein** lineares Kraftgesetz vor.

Beschränkt man sich bei der Betrachtung auf kleine Auslenkungswinkel, so kann man die Funktion $\sin \alpha$ durch den Winkel α im Bogenmaß ersetzen. (Bei 20° beträgt der relative Fehler rund 2 %.)

Für kleine Winkel gilt somit:

$\sin \alpha(t) \approx \alpha(t)$ ($\alpha(t)$ im Bogenmaß!)

$F_{Rs}(t) = -m \cdot g \cdot \alpha(t) \Leftrightarrow F_{Rs}(t) = -m \cdot g \cdot \dfrac{s(t)}{l} \Leftrightarrow F_{Rs}(t) = -\dfrac{m \cdot g}{l} \cdot s(t)$

$\Rightarrow F_{Rs}(t) \sim -s(t)$ mit $D = \dfrac{m \cdot g}{l}$

Für kleine Auslenkungen lässt sich die rücktreibende Kraft durch ein lineares Kraftgesetz darstellen, das Fadenpendel schwingt harmonisch.
Die Schwingungsdauer des Fadenpendels beträgt:

$$T = 2 \cdot \pi \cdot \sqrt{\dfrac{m}{D}} \;\Rightarrow\; T = 2 \cdot \pi \cdot \sqrt{\dfrac{m \cdot l}{m \cdot g}} \;\Leftrightarrow\; T = 2 \cdot \pi \cdot \sqrt{\dfrac{l}{g}}$$

Folgerungen:
– Für kleine Auslenkungen ist die Schwingungsdauer des Fadenpendels unabhängig von der schwingenden Masse.
– Durch exakte Messung von T und l lässt sich auf einfache Weise die Fallbeschleunigung g bestimmen. (Gilt auch auf dem Mond!)

Versuch:
Bestimmung der Fallbeschleunigung g.

Ein Fadenpendel der Länge 1,98 m wird etwas aus seiner Ruhelage ausgelenkt und dann sich selbst überlassen. Mit Hilfe einer Stoppuhr (Lichtschranken …) bestimmt man die Periodendauer der harmonischen Schwingung. Man erhält unabhängig von der Masse des schwingenden Körpers eine Periodendauer von 2,82 s.

Für die Fallbeschleunigung auf der Erdoberfläche ergibt sich daraus:

$$T = 2 \cdot \pi \cdot \sqrt{\dfrac{l}{g}} \Leftrightarrow g = \dfrac{4 \cdot \pi^2 \cdot l}{T^2} \;;\; [g] = \dfrac{m}{s^2}$$

$$g = \dfrac{4 \cdot \pi^2 \cdot 1{,}98\,m}{(2{,}82\,s)^2} = 9{,}83\,\dfrac{m}{s^2}$$

2.3.3 Die Flüssigkeit im U-Rohr

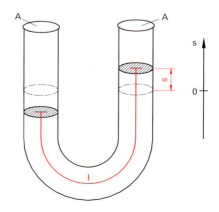

Ein U-Rohr besitzt an jeder Stelle den selben Querschnitt A und ist zum Teil mit einer Flüssigkeit der Dichte ρ gefüllt. Durch Änderung des Drucks in einem Schenkel kann die Flüssigkeitssäule aus dem Gleichgewicht gebracht werden. Gibt man sie wieder frei, so schwingt die Flüssigkeit hin und her.
Die rücktreibende Kraft ist die Gewichtskraft der überstehenden Flüssigkeit.

$\Rightarrow F_{Rs}(t) = -m^*(t) \cdot g$

2 Mechanische Schwingungen

Die Masse der überstehenden Flüssigkeitssäule lässt sich nach folgender Gleichung berechnen:

$$m^*(t) = \rho \cdot V(t) = \rho \cdot A \cdot 2 \cdot s(t)$$
$$F_{Rs}(t) = -g \cdot \rho \cdot A \cdot 2 \cdot s(t) \Rightarrow F_{Rs}(t) \sim -s(t) \quad \text{mit} \quad D = 2 \cdot g \cdot \rho \cdot A$$

Das ist das gesuchte lineare Kraftgesetz. Die Flüssigkeit im U-Rohr schwingt damit harmonisch.
Für die Schwingungsdauer der Flüssigkeit im U-Rohr folgt daraus:

$$T = 2 \cdot \pi \cdot \sqrt{\frac{m}{D}} \Rightarrow T = 2 \cdot \pi \cdot \sqrt{\frac{m}{2 \cdot g \cdot \rho A}}$$

m ist hier die Gesamtmasse der schwingenden Flüssigkeitssäule. Bezeichnet man mit l die Gesamtlänge der Flüssigkeitssäule, so folgt für die Gesamtmasse: $m = \rho \cdot A \cdot l$

$$T = 2 \cdot \pi \cdot \sqrt{\frac{\rho \cdot A \cdot l}{2 \cdot g \cdot \rho A}} \Leftrightarrow T = 2 \cdot \pi \cdot \sqrt{\frac{l}{2 \cdot g}}$$

Die Periodendauer einer harmonischen Schwingung im U-Rohr hängt nicht von der Anfangsauslenkung und der Art der Flüssigkeit ab.

2.4 Der Energieerhaltungssatz bei harmonischen Schwingungen

Lenkt man ein Federpendel aus seiner Ruhelage aus, so muss man Arbeit verrichten. Diese vermittelte Energie nennt man **Schwingungsenergie**. Von Reibung wird dabei abgesehen.

Folgende Fälle können auftreten:
Maximale Dehnung:
  $E_{pot} = E_{pot\,max} \quad E_{kin} = 0$
Durchgang durch die Ruhelage:
  $E_{pot} = 0 \quad E_{kin} = E_{kin\,max}$

Maximale Stauchung:

  $E_{pot} = E_{pot\,max} \quad E_{kin} = 0$
  ...
  $E_{pot} = 0 \quad E_{kin} = E_{kin\,max}$

  $E_{pot} = E_{pot\,max} \quad E_{kin} = 0$

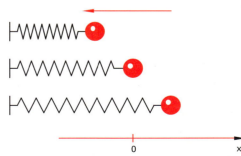

Jede harmonische Schwingung ist durch mindestens zwei Formen der Energie, die ineinander übergeführt werden können, gekennzeichnet. In diesem Fall sind die kinetische Energie der schwingenden Masse und die potentielle Energie der Feder (Potentielle Energie der Elastizität) beteiligt. Es soll nun untersucht werden, ob auch für die harmonische Schwingung der Energieerhaltungssatz der Mechanik gültig ist.

2.4 Der Energieerhaltungssatz bei harmonischen Schwingungen

Für die kinetische Energie des harmonisch schwingenden Körpers folgt:

$$E_{kin}(t) = \frac{1}{2} \cdot m \cdot v(t)^2 = \frac{1}{2} \cdot m \cdot [A \cdot \omega \cdot \cos(\omega \cdot t + \varphi_0)]^2 = \frac{1}{2} \cdot m \cdot A^2 \cdot \omega^2 \cdot \cos^2(\omega \cdot t + \varphi_0)$$

Die potentielle Energie der Elastizität:

$$E_{pot}(t) = \frac{1}{2} \cdot D \cdot s(t)^2 = \frac{1}{2} \cdot D \cdot [A \cdot \sin(\omega \cdot t + \varphi_0)]^2 = \frac{1}{2} \cdot D \cdot A^2 \cdot \sin^2(\omega \cdot t + \varphi_0)$$

Für die Gesamtenergie des schwingenden Körpers erhält man:

$$E_{Ges}(t) = E_{kin}(t) + E_{pot}(t)$$

$$E_{Ges}(t) = \frac{1}{2} \cdot m \cdot A^2 \cdot \omega^2 \cdot \cos^2(\omega \cdot t + \varphi_0) + \frac{1}{2} \cdot D \cdot A^2 \cdot \sin^2(\omega \cdot t + \varphi_0)$$

Wie bereits gezeigt, gilt für jede harmonische Schwingung die Beziehung:

$$m \cdot \omega^2 = D$$

Für die gesamte Schwingungsenergie folgt somit:

$$E_{Ges}(t) = \frac{1}{2} \cdot m \cdot A^2 \cdot \omega^2 \cdot [\cos^2(\omega \cdot t + \varphi_0) + \sin^2(\omega \cdot t + \varphi_0)]$$

Da $\sin^2 x + \cos^2 x = 1$, erhält man für die **Schwingungsenergie**:

$$E_{Ges} = \frac{1}{2} \cdot m \cdot A^2 \cdot \omega^2 = \frac{1}{2} \cdot D \cdot A^2$$

d. h. die Schwingungsenergie ist konstant und bleibt während der gesamten Schwingung erhalten. Der Energieerhaltungssatz der mechanischen Energie ist erfüllt.

Während der Schwingung wird fortlaufend potentielle Energie in kinetische Energie umgewandelt und umgekehrt. Beim Durchgang durch die Gleichgewichtslage ist die Elongation null, die kinetische Energie wird maximal und ist hier gleich der Schwingungsenergie. Der Ausdruck $\frac{1}{2} \cdot m \cdot A^2 \cdot \omega^2$ gibt den Maximalwert der kinetischen Energie an, wobei gilt: $A^2 \cdot \omega^2 = v_{max}^2$

In den Umkehrpunkten der Bewegung ist die Momentangeschwindigkeit null, der Betrag der Elongation maximal. Die gesamte Schwingungsenergie liegt in Form potentieller Energie vor.

Durch den Term $\frac{1}{2} \cdot D \cdot A^2$ wird die maximale potentielle Energie beschrieben. Hier gilt: $s_{max} = A$

Darüber hinaus erkennt man aus den Gleichungen für die Schwingungsenergie, dass bei konstanter Frequenz das Quadrat der Amplitude ein Maß für die in der harmonischen Schwingung gespeicherten Energie darstellt.

2 Mechanische Schwingungen

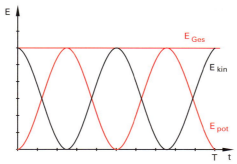

Grafische Darstellung der Schwingungsenergien in Abhängigkeit von der Zeit. Der Phasenwinkel zum Zeitpunkt $t = 0$ s ist null.

Oftmals wird die Schwingungsenergie eines harmonisch schwingenden Körpers nicht als Funktion der Zeit, sondern in Abhängigkeit von der Elongation des schwingenden Körpers gesucht.

Für die Gesamtenergie gilt: $E_{Ges} = \frac{1}{2} \cdot D \cdot A^2 = \text{konst.}$

Für die potentielle Energie: $E_{pot}(s) = \frac{1}{2} \cdot D \cdot s^2$

Für die kinetische Energie erhält man aus dem Energieerhaltungssatzes:

$E_{Ges} = E_{pot}(s) + E_{kin}(s)$
$\Leftrightarrow E_{kin}(s) = E_{Ges} - E_{pot}(s)$
$E_{kin}(s) = \frac{1}{2} \cdot D \cdot [A^2 - s^2]$

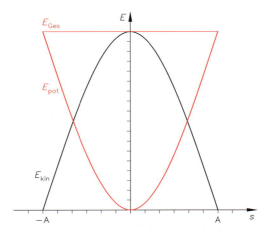

Grafische Darstellung der Energie eines harmonisch schwingenden Körpers in Abhängigkeit von der Elongation.

Ergänzung: Dämpfung harmonischer Schwingungen

Wegen der unvermeidlichen Reibung verliert der frei schwingende Körper durch Reibungsarbeit ständig mechanische Schwingungsenergie. Dies äußert sich in einer Abnahme der Schwingungsamplitude. Jede freie Schwingung ist eine mehr oder weniger stark gedämpfte Schwingung. Je nach **Dämpfung** unterscheidet man drei Fälle:

A) Schwingfall

Bei schwacher Dämpfung sind viele Schwingungsperioden zu beobachten. Die Periodendauer der schwach gedämpften Schwingung ist konstant und unterscheidet sich nicht von Periodendauer der zugehörigen ungedämpften Schwingung.

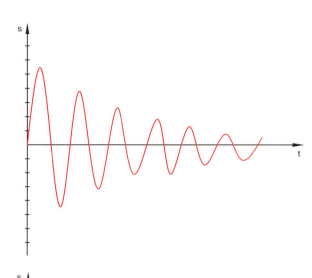

Erhöht man die Dämpfung (starke Dämpfung), so sind nur noch wenige Ausschläge beobachtbar. Ebenfalls ist hier eine merkliche Zunahme der Schwingungsdauer erkennbar.

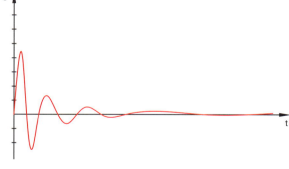

B) Aperiodischer Grenzfall

Hier ist die Dämpfung so groß, dass der Körper gerade keine ganze Schwingung mehr durchführt. Bei dieser Dämpfung erreicht das schwingungsfähige System seine Ruhelage nach kürzester Zeit wieder. Wichtig für Einstelldauer von Messgeräten; Stoßdämpfer...

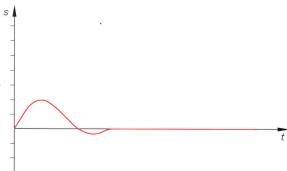

C) Kriechfall
Bei noch größerer Dämpfung kriecht der Körper in seine Ruhelage zurück.

Die mathematische Behandlung dieser gedämpften Schwingungen ist sehr komplex und wird deshalb hier nicht durchgeführt. Für alle folgenden Überlegungen wird eine harmonische Schwingung ohne Dämpfung vorausgesetzt.

2.5 Freie und erzwungene Schwingungen

Eine so genannte **freie Schwingung** tritt dann auf, wenn man ein schwingungsfähiges System (Fadenpendel, Federpendel, ...) nach einmaligem Anstoß sich selbst überlässt. Dieses System schwingt dann mit einer ganz bestimmten Frequenz, der sogenannten **Eigenfrequenz** des Systems.
Durch die unvermeidbare Reibung nimmt die Amplitude der harmonischen Schwingung im Laufe der Zeit ab. (Die Dämpfung sei jedoch so klein, dass eine Eigenschwingung noch auftreten kann). Um nun eine echte harmonische Schwingung über längere Zeit hinweg zu erhalten, muss dem schwingenden System von außen Energie zugeführt werden. Hierfür gibt es grundsätzlich zwei Möglichkeiten:

- Steuerung der Energiezufuhr vom schwingenden System aus
  Hierbei wird eine Energiequelle so an das schwingende System gekoppelt, dass sie zu geeigneten Zeiten mit geeigneten Energiebeträgen auf das schwingende System zurückwirkt. Diese Steuerungsart nennt man **Rückkopplung**, die so aufrecht erhaltenen Schwingungen ‚**selbsterregte Schwingungen**'. (Klingel, Uhren ...)

- Steuerung unter Aufzwingung einer Frequenz von außen (**Erzwungene Schwingung**)
  Es werden keine erzwungenen Schwingungen behandelt, bei denen Frequenz und Stärke durch die äußere Einwirkung vollständig bestimmt sind. Beispiel hierfür wäre die Bewegung eines Leuchtpunktes am Oszilloskop, wenn man Wechselspannung anlegt.
  Weit interessanter ist die Einwirkung einer periodischen äußeren Kraft auf ein System, das für sich allein in der Lage ist, Schwingungen (sog. freie Schwingungen) auszuführen. Dieses schwingungsfähige System (Federpendel, Fadenpendel ...) wird kurz als ‚**Schwinger**' bezeichnet. Sorgt man nun noch dafür, dass der Schwinger nicht auf den **Erreger** der periodischen äußeren Kraft zurückwirkt, so kann man den Einfluss des Erregers auf den Schwinger untersuchen.

> **Versuch:**
> Untersuchung der Abhängigkeit der Schwingung eines schwingungsfähigen Systems (Schwinger) von der erregenden Schwingung (Erreger).
>
> Ein Federpendel und eine Masse sind mit Schnüren über Umlenkrollen an einer rotierenden Scheibe befestigt. Der Befestigungspunkt liegt außerhalb der Rotationsachse, so dass bei der Rotation der Scheibe über die Schnüre periodische Kräfte auf die Masse und das Federpendel ausgeübt werden. Die Masse des Federpendels taucht in ein Wassergefäß ein, wodurch die entstehende Schwingung gedämpft wird.

Versuchsaufbau: (Prinzipielle Darstellung)

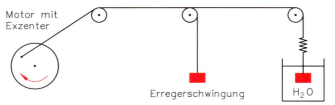

Die Frequenz des Motors (Erregerfrequenz) kann direkt an einem Frequenzmessgerät abgelesen werden.
Zunächst wird die Eigenfrequenz des Schwingers bestimmt. Die an der Feder befestigte Masse führt 10 Schwingungen in einer Zeit von 6,10 s aus, woraus sich eine Frequenz von 1,64 Hz ergibt.
In einem ersten qualitativen Versuch wird nun beobachtet, welche Zusammenhänge zwischen der Erregerschwingung und der erzwungenen Schwingung auftreten, wenn man die Frequenz des Motors, der die Scheibe antreibt, langsam steigert. Bezugsgröße ist dabei die Eigenfrequenz des Schwingers.

Vernachlässigt man den sogenannten Einschwingvorgang, so lassen sich grundsätzlich vier Phasen beobachten:

a) Erregerfrequenz ist sehr viel kleiner als die Eigenfrequenz des Schwingers. ($f \ll f_0$)
   Der Erreger und der Schwinger haben die gleiche Frequenz. Beide sind in Phase und schwingen mit gleicher Amplitude.

b) Die Erregerfrequenz wird gesteigert, bleibt aber kleiner als die Eigenfrequenz des Schwingers. ($f < f_0$)
   Die Frequenzen von Schwinger und Erreger bleiben gleich; die Amplitude des Schwingers wächst. Der Schwinger hinkt in der Phase dem Erreger etwas hinterher.

c) Erregerfrequenz und Eigenfrequenz des Schwingers sind identisch. ($f = f_0$)
   Die Frequenz beider Systeme ist weiterhin gleich groß. Die Amplitude des Schwingers nimmt ihren Maximalwert an, der Schwinger hinkt in der Phase dem Erreger um 90° hinterher.

d) Die Frequenz wird weiter gesteigert und ist nun größer als die Eigenfrequenz des Schwingers. ($f > f_0$)
   Die Amplitude nimmt wieder ab. Die erzwungene Schwingung verläuft bei gleicher Frequenz nahezu gegenphasig zur Erregerschwingung. ($\Delta\varphi = -\pi$)

Die Erscheinung, dass die Amplitude des Schwingers ein Maximum annimmt, wenn die Frequenz der Erregerschwingung gleich der Eigenfrequenz des schwingungsfähigen Systems ist (bei nicht zu großer Dämpfung), nennt man **Resonanz**.

2 Mechanische Schwingungen

Das Amplitudenmaximum hängt dabei von der Dämpfung des Systems ab. Bei sehr kleiner Dämpfung wächst die Amplitude so stark an, dass es zur Zerstörung des schwingenden Systems kommt (Resonanzkatastrophe).

Erklärung der Resonanz:
Wie bereits gesehen, eilt der Erreger im Resonanzfall dem Schwinger um eine Viertelperiode voraus. Das bedeutet, dass die auf den Schwinger eingewirkte Kraft genau dann am größten ist, wenn der Schwinger gerade durch die Ruhelage schwingt und somit seine größte Geschwindigkeit besitzt.
Die äußere Kraft und die Geschwindigkeit des Schwingers sind bei Resonanz in Phase.
Die Momentanleistung $P(t) = F(t) \cdot v(t)$ ist dabei stets positiv, die während einer Schwingungsperiode vom Erreger auf den Schwinger übertragene Energie maximal. Für die Energie gilt:

$$W(t) = \int_0^t P(t)dt = \int_0^t F(t) \cdot v(t)dt$$

Sind Kraft und Geschwindigkeit nicht in Phase, treten auch negative Werte der Momentanleistung auf, wodurch der Schwinger insgesamt weniger Energie als im Resonanzfall erhält. Die Schwingung wird soweit aufgeschaukelt, bis die Energie, die dem System durch Dämpfung entzogen wird, gleich der zugeführten Energie ist.

Versuch (Teil 2):
Messung von Amplitude und Phasenverschiebung bei einer erzwungenen Schwingung in Abhängigkeit der Frequenz der Erregerschwingung.

Versuchsaufbau:
Der Versuch wird mit einem Gerät durchgeführt, das nach dem vorgestellten Prinzip arbeitet. Zusätzlich bietet dieses Gerät die Möglichkeit, neben der Erregerfrequenz die Amplitude und die Phasenlage des Schwingers gegenüber der Erregerschwingung direkt abzulesen.

Zur Messung der Amplitude:
Die an der Feder befestigte schwingende Masse ist ein durchsichtiger Maßstab mit einer Skaleneinteilung.
An der Stelle, die mit einem Pfeil markiert ist, ändert sich die Lichtdurchlässigkeit der rechten Seite. Diesen Übergang verwendet man zur Festlegung der Ruhelage des Schwingers.
Hier befindet sich eine Messvorrichtung mit mehreren Lichtschranken, die zur Bestimmung der Periodendauer und der Amplitude dient.

Zur Messung der Phasenlage:
Die Messvorrichtung am Schwinger liefert mit Hilfe der Lichtschranken einen Impuls, wenn sich der Schwinger durch die Ruhelage bewegt. Durch diesen Impuls

wird eine Leuchtdiode (LED), die auf einer mit dem Antriebsmotor verbundenen Scheibe befestigt ist, kurzzeitig eingeschaltet. Da sich die rotierende Scheibe hinter einer durchsichtigen Plexiglasscheibe mit Gradeinteilung befindet, kann, nachdem das Gerät justiert wurde, durch das Aufleuchten der LED direkt die Phasenlage des Schwingers gegenüber der Erregerschwingung abgelesen werden.

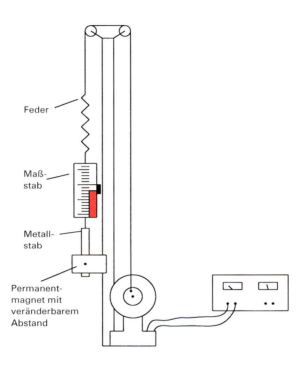

Messwerttabellen:

a) Mit geringer Dämpfung (Maximalwert 56 mm bei 1,64 Hz)

f in 10^{-2} Hz	50	100	120	140	150	160	180	200	250
A_1 in mm	1,5	2,5	4,0	6,0	10	34	7,5	3,5	1,5
$\Delta\varphi_1$ in Grad	0	0	−7	−15	−20	−50	−175	−180	−180

b) Mit starker Dämpfung (Maximalwert 40 mm bei 1,62 Hz)

f in 10^{-2} Hz	50	100	120	140	150	160	180	200	250
A_2 in mm	1,5	2,5	3,5	6,0	9,0	27	7,0	3,5	1,5
$\Delta\varphi_2$ in Grad	0	0	−5	−15	−25	−55	−170	−170	−180

2 Mechanische Schwingungen

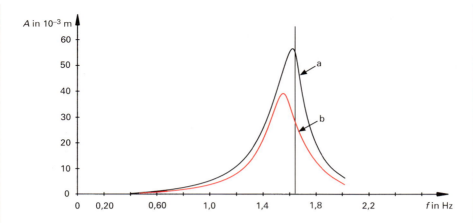

Grafische Darstellung der Amplitude der erzwungenen Schwingung in Abhängigkeit von der Frequenz des Erregers.

Ergebnis:
Stimmen Erregerfrequenz und Eigenfrequenz des Schwingers überein, so tritt Resonanz auf. Der Maximalwert der Amplitude nimmt dabei mit zunehmender Dämpfung ab.

Anmerkung:
Die Resonanzfrequenz verschiebt sich für stärkere Dämpfung zu kleineren Frequenzen hin. (Gilt nur für Amplitudenresonanz).

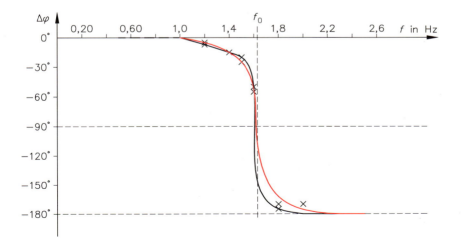

Grafische Darstellung der Phasenverschiebung des Schwingers gegenüber der Erregerschwingung.

Ergebnis:
„Bei Resonanz hinkt der Schwinger dem Erreger in der Phasenlage um 90° hinterher".

Ergänzung: Gekoppelte Pendel

Versuch:
Untersuchung der Kopplung zweier gleicher Fadenpendel.

Versuchsaufbau:
An einer waagerechten Stange sind zwei Fadenpendel gleicher Länge befestigt und durch einen Faden oder eine Feder miteinander verbunden. Diese zwei Pendel besitzen die gleiche Eigenfrequenz und sind so aufgehängt, dass ihre Schwingungsebenen parallel verlaufen. Zwei zu Eigenschwingungen fähige Systeme, deren Schwingungen aufeinander einwirken, heißen **gekoppelt**. Bei elastischer Kopplung ist die Kopplungskraft direkt proportional zur Elongation.

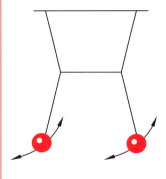
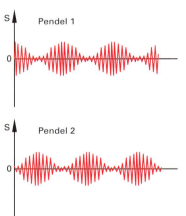

Beobachtung:
Stößt man das eine Pendel an, so wird das andere durch die Kopplung zum Mitschwingen angeregt. Das erste Pendel gibt somit seine Schwingungsenergie an das zweite Pendel ab. Tatsächlich nimmt die Amplitude des ersten Pendels in demselben Maße ab, wie die des zweiten wächst. Schließlich kommt das erste Pendel zur Ruhe und hat dann seine ganze Schwingungsenergie an das Pendel 2 abgegeben. Nun wiederholt sich der Vorgang wieder mit vertauschten Rollen.

Dieser Vorgang kann als erzwungene Schwingung im Resonanzfall aufgefasst werden, wobei hier der Energievorrat durch die endliche Schwingungsenergie des Pendels 1 begrenzt ist. Das Pendel 1 eilt in der Phase um $\pi/2$ voraus.

Anmerkung:
Werden die beiden Pendel aus dem obigen Versuch gleichzeitig um das gleiche Stück in gleiche Richtung (keine Phasenverschiebung) oder in entgegengesetzte Richtung ($\Delta\varphi = \pi$) ausgelenkt, so macht man folgende Beobachtungen: Im ersten Fall (gleichphasig) schwingen die Pendel mit ihrer Eigenfrequenz. Im zweiten Fall (gegenphasig) ist die Frequenz des Systems größer geworden, da

2 Mechanische Schwingungen

die Kopplung verkürzend auf die Schwingungsdauer einwirkt. In beiden Fällen findet kein Energieaustausch zwischen den Teilen des Systems statt und man bezeichnet die zugehörigen Frequenzen als Eigenfrequenzen des Systems. (Sie treten z. B. bei Molekülen auf.)

2.6 Übungsaufgaben zu den mechanischen Schwingungen

1.0 Die nebenstehende Abbildung zeigt das Galilei'sche Hemmungspendel (l = 80 cm). 50 cm unter dem Aufhängepunkt befindet sich ein fester Stift S, an den sich der Faden während des Schwingungsvorganges vorübergehend anlehnt.

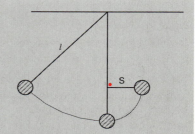

1.1 Berechnen Sie die Schwingungsdauer des Pendels!

1.2 Skizzieren Sie das Zeit-Weg-Diagramm des Vorgangs.

2.0 An eine unbelastete Feder wird ein Körper der Masse 200 g angehängt. Er dehnt die Feder 20 cm aus. Nun zieht man die Feder weitere 10 cm aus und lässt sie zur Zeit $t = 0$ s los.

2.1 Stellen Sie die Bewegungsgleichung auf, und bestimmen Sie v_{max}!

3.0 In einem U-Rohr vom Querschnitt $A = 1,00$ cm² werden 408 g Hg (Quecksilber) eingefüllt und dann zum Schwingen gebracht.
$\left(\rho_{Hg} = 13,6 \dfrac{g}{cm^3} \right)$

3.1 Beweisen Sie, dass die entstehende Schwingung harmonisch ist.

3.2 Geben Sie die Schwingungsdauer T an.

3.3 Wieviel H₂O (Masse) müsste man an der Stelle von Hg in die Röhre füllen um dieselbe Schwingungsdauer zu erzielen?

4.0 Ein im Wasser schwimmender Holzquader der Höhe h und der Dichte ρ_{Ho} führt nach einmaligem Anstoß eine auf- und niedergehende Bewegung aus.

4.1 Zeigen Sie, dass es sich um eine harmonische Schwingung handelt!

4.2 Berechnen Sie die Schwingungsdauer T.

5.0 Eine Kette der Länge 2,03 m und der Masse 1,00 kg bildet mit einem masselosen Faden eine geschlossene Schlinge, die um zwei masselose, lotrecht übereinander angeordnete Rollen gelegt ist. (Die Reibung ist zu vernachlässigen.)

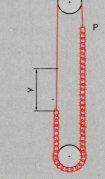

2.6 Übungsaufgaben zu den mechanischen Schwingungen

5.1 Zeigen Sie allgemein, dass nach einer Auslenkung um y auf der linken Seite eine harmonische Schwingung auftritt.

5.2 Berechnen Sie allgemein die Schwingungsdauer!

5.3 Berechnen Sie für die gegebenen Werte T, f und ω.

5.4 Wie groß sind zum Zeitpunkt $t_1 = 1{,}00$ s die Geschwindigkeit und die Beschleunigung des Punktes P bei einer Amplitude von $y_0 = 20$ cm für die Fälle $\varphi_{02} = 0$ und $\varphi_{01} = \dfrac{\pi}{2}$?

6.0 Eine horizontal angeordnete kreisförmige Platte P führt in vertikaler Richtung Schwingungen mit der Amplitude 0,75 m aus.

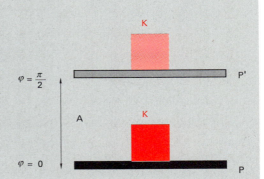

6.1 Wie groß darf die Schwingungsfrequenz der Platte im Höchstfall sein, damit der Körper K, der frei liegt, nicht abhebt?

7.0 An einem 2,00 m langen, dünnen Faden hängt eine kleine Kugel der Masse $m = 100$ g. Das Pendel führt Schwingungen um seine Ruhelage aus. Von Reibungskräften wird abgesehen. 1,50 m unterhalb von P wird eine Nadel N senkrecht zur Schwingungsebene befestigt, so dass der Pendelfaden beim Schwingen an dieser Stelle abgewinkelt wird.

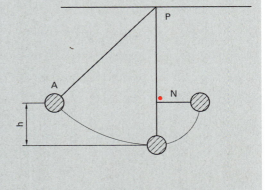

7.1 Die Schwingung beginnt im Punkt A (Höhe h über der Ruhelage). Bestimmen Sie den Höhenunterschied Δh zwischen dem rechten Umkehrpunkt und der Ruhelage. Begründen Sie Ihre Antwort!

7.2 Welche Zeit verstreicht zwischen zwei aufeinanderfolgenden, gleichsinnigen Durchgängen durch die Ruhelage?

2 Mechanische Schwingungen

7.3 Der Pendelkörper soll nun eine vertikale Kreisbahn um die Nadel N beschreiben. Dabei soll im höchsten Punkt der Faden gerade noch gespannt sein. Wie groß ist in diesem Fall die Höhe h des Punktes A über der Ruhelage zu wählen? Mit welcher Geschwindigkeit geht der Pendelkörper auf seiner Kreisbahn um N durch den tiefsten Punkt? Wie groß ist die Zentralkraft beim Durchgang durch den tiefsten Punkt der Kreisbahn um N und beim Durchgang durch den höchsten Punkt?

7.4 Das Pendel wird in seiner Ruhelage angehalten und nach Entfernen der Nadel um den Winkel φ ausgelenkt. Der Faden ist zuvor gegen einen gleichlangen, dünnen Faden der Reißfestigkeit von 2,80 N ausgewechselt worden. Genau beim Durchgang durch die Ruhelage reißt der Faden. Berechnen Sie den Winkel φ und die zugehörige Anfangshöhe h.

7.5 Welche Bewegung vollführt der Pendelkörper nach dem Reißen des Fadens? Berechnen Sie die Entfernung des Aufschlagpunktes von der Ruhelage, wenn der Aufhängepunkt P 3,25 m über dem Boden liegt.

8.0 Ein als punktförmig aufzufassender Pendelkörper der Masse 1,00 kg hängt an zwei dünnen Fäden der Länge $l = \sqrt{2{,}00}$ m. Die Fadenenden sind höhengleich an den Innenseiten zweier Pfähle im Abstand $d = 2{,}00$ m befestigt. (Von der Reibung kann abgesehen werden.)

8.1 Wie groß ist bei ruhendem Pendel die Zugkraft in jedem Faden?

8.2 Durch einen kurzen, zur Fadenebene senkrechten Stoß wird das Pendel um 20° gegenüber dem Lot aus seiner Ruhelage ausgelenkt. Berechnen Sie die Schwingungsdauer des Pendels und die Geschwindigkeit beim Nulldurchgang.
Bei welcher Fadenlänge würde sich die Schwingungsdauer verdoppeln?

8.3 Nun wird dem Pendel ein kräftiger Stoß versetzt, so dass es eine Kreisbewegung in einer Vertikalebene ausführt.
Stellen Sie allgemein die Geschwindigkeit des Pendels in Abhängigkeit von der momentanen Höhe h über dem tiefsten Bahnpunkt und der dortigen Geschwindigkeit v_0 dar! Welche Mindestgeschwindigkeit ist im höchsten Punkt erforderlich, damit der Pendelkörper nicht aus seiner Kreisbahn fällt? Mit welcher Geschwindigkeit läuft er in diesem Fall anschließend durch die Ruhelage?

9.0 An einer Schraubenfeder mit der Federkonstanten 16 $\frac{N}{m}$ hängt eine Metallkugel mit der Masse 250 g (Federpendel 1).

9.1 Die Metallkugel wird um 6,0 cm aus der Ruhelage nach unten gezogen. Der Augenblick, in dem die Kugel wieder losgelassen wird, gelte als Nullpunkt der Zeitrechnung. Bestimmen Sie die Schwingungsdauer sowie den zeitlichen Verlauf von Auslenkung, Geschwindigkeit und Beschleunigung für den gegebenen speziellen Fall! Von Reibungsverlusten wird abgesehen.

9.2 Zeichnen Sie in geeignetem Maßstab den zeitlichen Verlauf von Auslenkung, Geschwindigkeit und Beschleunigung über eine Periode.

9.3 Nach welcher Zeit t_1 nimmt die Auslenkung erstmals den Wert + 5,2 cm an? Wie groß sind zu diesem Zeitpunkt die kinetische und die potentielle Energie der gespannten Feder?

9.4 Neben das Pendel 1 wird nun das Pendel 2 gehängt. Dieses besteht aus zwei aneinandergehängten gleichen Federn, deren Federkonstante jeweils 16 $\frac{N}{m}$ beträgt. Am unteren Ende der aneinandergehängten Federn hängt eine Metallkugel der Masse 180 g. Begründen Sie, wieso die Federkonstante des Pendels 2 genau 8,0 $\frac{N}{m}$ beträgt! Wie groß ist die Schwingungsdauer des Pendels 2?

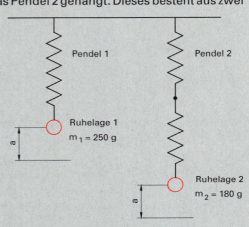

9.5 Pendel 1 und Pendel 2 werden beide um dieselbe Strecke a nach unten ausgelenkt und gleichzeitig losgelassen. Nach welcher Anzahl Schwingungen des Pendels 1 schwingen die beiden Pendel wieder in gleicher Phase?

10.0 Ein Körper der Masse $m_1 = 0,50$ kg ist mit einer Schnur, die über eine Rolle läuft, an einem Exzenter ($A_1 = 10$ cm) befestigt. Mit einsetzender Motordrehung führt m_1 somit Schwingungen aus. Die Drehzahl des Motors ist variabel.

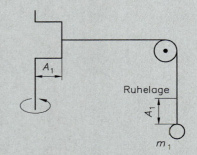

10.1 Zur Zeit $t = 0$ s beginne die Schwingung von m_1 mit positivem Nulldurchgang. Wie groß ist jeweils die Zugkraft auf die Schnur zu den Zeiten $T/4$; $T/2$; $3/4\ T$ und T, wenn $\omega = 6{,}0\text{ s}^{-1}$?

10.2 Wie weit kann die Frequenz des Exzenters gesteigert werden, so dass m_1 die durch den Exzenter verursachte Schwingung gerade noch ausführt?

2 Mechanische Schwingungen

10.3 Nun wird an m_1 eine Feder ($D = 40\ \frac{N}{m}$) befestigt, an der ein Körper der Masse $m_2 = 1{,}0$ kg hängt (Federpendel). Die Masse der Feder bleibt unberücksichtigt. Die einsetzende Rotation des Exzenters bewirkt, dass das Federpendel zu Schwingungen der Amplitude A_2 angeregt wird. Durch geeignete Dämpfungsvorrichtungen wird erreicht, dass A_2 maximal 10 cm beträgt. Wie groß sind die Phasendifferenz $\Delta\varphi$ und die Amplitude A_2 des Federpendels, wenn die Erregerfrequenz genau 1,0 Hz beträgt?

10.4 Die Amplitude des Federpendels betrage $A_2 = 6{,}0$ cm und die Phasendifferenz $\Delta\varphi$ gegenüber der Schwingung von m_1 sei $-\frac{2\cdot\pi}{3}$. Die Frequenz, mit der m_1 schwingt, ist 1,2 Hz. Berechnen Sie die Auslenkung der Überlagerungsschwingung zur Zeit $t = 1/12$ s, wenn die Zeitzählung beim Durchgang von m_2 durch die Ruhelage in positiver Richtung beginnt.

11.0 Eine Schraubenfeder wird durch angehängte Massestücke bis zu ihrer Elastizitätsgrenze von 12,2 cm gedehnt. Zwischen den Massestücken m und den zugehörigen Dehnungsstrecken s ergeben sich folgende Wertepaare:

m in g	50	100	200	300	350	400	500	700	900	920
s in 10^{-4} m	10	30	80	150	220	300	470	800	1140	1220

11.1 Zeichnen Sie ein genaues Diagramm, in dem die Abhängigkeit der Zugkraft F von der Dehnungsstrecke s dargestellt wird.
(1 cm $\cong$ 1 cm ; 1 N $\cong$ 1 cm)

11.2 Entnehmen Sie Ihrem Diagramm den maximalen Dehnungsbereich, für welchen das Hooke'sche Gesetz erfüllt ist. Begründen Sie Ihre Aussage!

11.3 Bestimmen Sie aus Ihrem Diagramm unter Berücksichtigung von 11.2 die Federkonstante möglichst genau.

11.4 An die Schraubenfeder wird nun ein Körper der Masse 550 g angehängt. Der Körper wird so weit aus seiner Ruhelage nach unten ausgelenkt, dass er beim Loslassen gerade noch harmonische Schwingungen ausführen kann. Bestimmen Sie die Ruhelage s_0 aus dem Diagramm.

11.5 Geben Sie die maximale Schwingungsamplitude A_{max} des Körpers an.

11.6 Berechnen Sie aus den bisherigen Daten und Ergebnissen die Geschwindigkeit des Körpers beim Passieren der Ruhelage, wenn er mit maximaler Amplitude schwingt.

11.7 Leiten Sie allgemein mit Hilfe des linearen Kraftgesetzes die Formel für die Schwingungsdauer eines Federpendels her.

11.8 Berechnen Sie die Schwingungsdauer des Federpendels von 11.4. Geben Sie mit Zahlenwerten das Zeit-Elongations-Gesetz des schwingenden Körpers an, wenn sich dieser zum Zeitnullpunkt im unteren (negativen) Umkehrpunkt befindet.

11.9 Der schwingende Körper hat eine maximale Geschwindigkeit von 36 $\frac{cm}{s}$

Berechnen Sie den Zeitpunkt t_1, in dem er zum ersten Mal die Geschwindigkeit $v_1 = 24 \frac{cm}{s}$ erreicht. (0,071 s)

11.10 Bei einer bestimmten Elongation s_2 ist die Spannenergie des Federpendels gleich der Bewegungsenergie des schwingenden Körpers.
Berechnen Sie s_2 als Funktion von A_{max}.

11.11 Der Versuch von 11.4 soll nun auf dem Mond ausgeführt werden. Untersuchen Sie, ob mit dem angehängten Körper der Masse m = 550 g auch auf dem Mond harmonische Schwingungen möglich wären, wenn $g_{Mond} = \frac{1}{6} g_{Erde}$. Begründen Sie Ihre Antwort.

11.12 Zwischen welchem Höchst- und welchem Mindestwert müsste die Masse des schwingenden Körpers liegen, damit dieser an der Schraubenfeder von 11.0 auf dem Mond harmonische Schwingungen der Amplitude 1,5 cm ausführen könnte. Verwenden Sie 11.1.

11.13 Welchen Wert hat die Federkonstante auf dem Mond (Rechnung oder Begründung)?

12.0 Zwischen zwei Federn gleicher Federkonstante D = 2,00 $\frac{N}{m}$ und gleicher Länge l ist ein Wagen der Masse 405 g befestigt; der Wagen steht auf einer horizontalen Ebene.

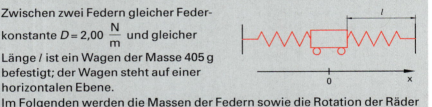

Im Folgenden werden die Massen der Federn sowie die Rotation der Räder vernachlässigt; Energieverluste durch Reibung bleiben unberücksichtigt!

12.1 Berechnen Sie die Richtgröße D_1 und die Schwingungsdauer des Feder-Wagen-Systems.

12.2 Der Wagen wird um 5,00 cm nach rechts in positiver x-Richtung ausgelenkt und zum Zeitpunkt t = 0 s losgelassen. Bestimmen Sie die Zeit-Weg-Funktion dieser Schwingung, und zeichnen Sie den Graphen für $0 \leq t \leq 3{,}5$ s.

12.3 Berechnen Sie den Betrag der Geschwindigkeit des Wagens beim Durchfahren der Gleichgewichtslage.

12.4 Begründen Sie, dass bei Verkürzung der wirksamen Federlänge beider Federn auf die halbe Länge für die zugehörige Richtgröße des Feder-Wagen-Systems gilt: $D_2 = 2 \cdot D_1$

12.5 Bei der in 12.2 beschriebenen Bewegung geht der Wagen nach 3,5 s durch die Nulllage; in diesem Moment wird die wirksame Länge beider Federn auf 0,250 m verkürzt. Stellen Sie die Frequenz f und die Amplitude A der Schwingung für $0 \leq t < 3{,}5$ s bez. $t > 3{,}5$ s einander gegenüber. (Rechnerische Lösung!)

2 Mechanische Schwingungen

13.0 Der Exzenter E in der skizzierten Versuchsanordnung ist mit einem Motor variabler Frequenz f_v verbunden. Er sei zunächst in Ruhe. Der Wagen der Masse m befindet sich zwischen zwei Federn mit der gleichen Federkonstanten D. Reibung, Dämpfung und Federmasse werden vernachlässigt. Es gelte das Hooke'sche Gesetz.

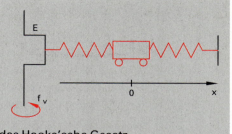

13.1 Der Wagen wird um 4,0 cm nach links ausgelenkt. Dazu ist eine Kraft von 0,96 N erforderlich. Ermitteln Sie die Federkonstante D_A der Anordnung.

13.2 Geben Sie die Federkonstante der Einzelfeder an. (Begründung!)

13.3 Ermitteln Sie die zur Auslenkung um 4,0 cm erforderliche mechanische Arbeit.

13.4 Der Wagen befindet sich in der Nulllage. Nun wird der Exzenter in Rotation versetzt, wobei seine Drehfrequenz allmählich von 0 Hz an gesteigert wird. Ermitteln Sie die Federkonstante D^* dieser Anordnung und begründen Sie Ihr Ergebnis.

3 Das Gravitationsfeld

Zur Beschreibung physikalischer Phänomene reichen die bisher eingeführten Größen der Newton'schen Mechanik nicht mehr aus. Mit Hilfe des Feldbegriffes lassen sich die Auswirkungen einzelner Körper aufeinander leichter beschreiben. Die Entwicklung von der Newton'schen Mechanik zur Feldtheorie und die grundlegenden Eigenschaften von Feldern sollen nun anhand des **Gravitationsfeldes**, des Elektrischen Feldes und des Magnetfeldes erarbeitet werden.

3.1 Geschichtliche Betrachtung

3.1.1 Das geozentrische Weltbild

In der Reihe berühmter Philosophen, die Bewegungen der Himmelskörper zu beschreiben und zu erklären versuchten, hat *Aristoteles* (384–312 v. Chr.) eine zentrale Stellung. Auf der Basis der Vorstellung von 4 Elementen (Erde, Wasser, Luft und Feuer) und einer Kugelgestalt der Erde entwickelte er die **Sphärentheorie**. (Sphären sind materielle Hohlkugeln, bzw. kristalline Kugeln.) Danach umschließen die feste Erde der Reihe nach die Sphären des Wassers, der Luft, des Feuers, des Mondes, des Merkur, der Venus, der Sonne, des Mars, des Jupiter, des Saturn und der Fixsterne.

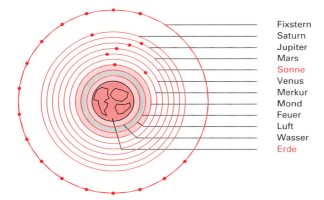

Die Sphären des Aristoteles

Die Sphären von Sonne, Mond und den Planeten drehen sich einmal täglich um eine feste Achse. *Aristoteles* bevorzugte die Kreisbahn, auf der sich die Himmelskörper mit einem konstanten Betrag der Geschwindigkeit bewegen, da sie den himmlischen Gestirnen am besten angemessen ist. Zur Erklärung der Unregelmäßigkeit der Planetenbewegung konnten sich die Sphären auch relativ zueinander drehen.

Da es trotz komplizierter Sphärendrehungen nicht gelang, die Planetenbewegung mit hinreichender Genauigkeit zu erklären, schuf *Ptolemäus* (85–160 n. Chr.) die **Epizykeltheorie**. Die Planeten bewegen sich dabei auf Kreisen (‚Epizykeln'), deren Mittelpunkte auf Kreisbahnen, den sogenannten ‚**Deferenten**' liegen.

3 Das Gravitationsfeld

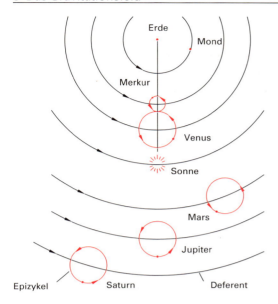

Epizykel im geozentrischen System

Das Weltbild nach *Ptolemäus* lässt sich folgendermaßen zusammenfassen:

Das geozentrische Weltbild

- Im Mittelpunkt der Welt befindet sich unbeweglich die kugelförmige Erde.
- Die Hohlkugel der Fixsternsphäre ist so weit von der Erde entfernt, dass die Fixsterne nur als Punkte erkennbar sind. Die Fixsternsphäre dreht sich im Laufe eines Tages einmal um die Erde.
- Sonne, Mond und die Planeten beschreiben Bahnen, die sich aus Kreisbahnen zusammensetzen lassen.

Das geozentrische Weltbild galt bis in das 16. Jahrhundert. Mit einer Verbesserung der Beobachtungsinstrumente gewann man immer mehr und genauere Daten über die Planetenbewegung, so dass die Anpassung der Epizykeln immer kunstvoller wurde und somit die Einfachheit des Aufbaus verloren ging.
Der dänische Astronom *Tycho Brahe* (1546–1601) ist der letzte bedeutende Verfechter des geozentrischen Weltbildes. Er verfügte über die genauesten Beobachtungsgeräte seiner Zeit, mit denen er die Himmelskörper bis auf eine Winkelminute genau lokalisieren konnte.

3.1.2 Das heliozentrische Weltbild

Bereits der griechische Philosoph *Aristarch* (um 280 v. Chr.) gelangte nach Abschätzungen der Entfernungs- und Größenverhältnisse von Erde, Mond und Sonne zu der revolutionären Idee, dass die Sonne der Mittelpunkt des Weltsystems ist und die Erde sich um die Sonne bewegt.

Nikolaus Kopernikus (1473–1543), dem diese Auffassung bekannt war, hat das heliozentrische Weltbild neu begründet. Die wichtigsten Aussagen seines Systems:

Das heliozentrische Weltbild

- Die Sonne ist der ruhende Mittelpunkt der Welt.
- Die Fixsterne stehen in der unermesslich großen kugelförmigen Fixsternsphäre. Sie bewegen sich ebenfalls nicht.
- Die Erde bewegt sich während der Dauer eines Jahres einmal auf einer Kreisbahn um die Sonne.
- Die Erde bewegt sich zudem einmal täglich um ihre Achse. Die tägliche Bewegung der Gestirne ist somit nur scheinbar.

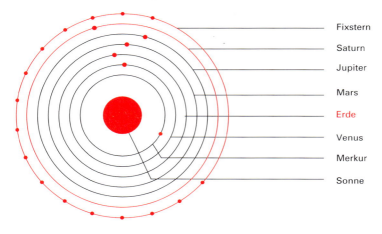

Aufbau des heliozentrischen Weltbildes

Mit diesen Annahmen wurde die Beschreibung der Planetenbewegung stark vereinfacht. Leider zeigte sich, dass zwischen Beobachtung und Rechnung keine vollständige Übereinstimmung herrschte. Dieser fatale Umstand zwang *Kopernikus* zu seinem Verdruss, auch in sein System Epizykeln einzubauen.

Johannes Kepler (1571–1630) untersuchte die Verhältnisse der Planetenbahnradien. Um seine Vorstellungen überprüfen zu können, zog *Kepler* nach Prag zu *Tycho Brahe* (dem kaiserlichen Hofastronom), um dessen Messergebnisse auszuwerten. Besonders genau hatte *Brahe* die Marsbahn vermessen. Bei der Aufarbeitung des Zahlenmaterials zeigte sich nach langer mühevoller Rechnung, dass sich die Marsbahn nicht durch eine Kreisbahn darstellen lässt.(Es bestand eine Diskrepanz von 8 Winkelminuten). Deshalb tat *Kepler* einen kühnen, bedeutungsvollen Schritt: Er gab die aristotelische Vorstellung von der gleichmäßigen Kreisbewegung auf und zog die Ellipse als mögliche Bahnform heran und hatte vollen Erfolg. *Kepler* suchte bereits die Ursache der Kraft zu ergründen, welche die Planeten auf ihrer Bahn hält, ohne zu einem brauchbaren Ergebnis zu kommen. Es blieb *Newton* vorbehalten, das Grundgesetz für die Dynamik der Himmelsbewegung zu finden.

Galileo Galilei (1564–1642), ein Zeitgenosse *Keplers,* war einer der eifrigsten Verfechter des neuen Systems. Er setzte sich mit seiner Autorität als Naturforscher für die Gedanken von *Kopernikus* und *Kepler* ein. *Galilei* konnte das heliozentrische Weltbild jedoch auch mit weiteren Beobachtungen stützen. Er hatte von der Erfindung des Fernrohres gehört und sich selbst eine derartige optische Röhre für den eigenen Gebrauch gebaut. (Etwa 30-fache Vergrößerung!)

3 Das Gravitationsfeld

Galilei entdeckte die vier Monde des Jupiter, die um den Planeten kreisen und erkannte darin eine verkleinerte Kopie des Sonnensystems. Schließlich entdeckte er den Phasenwechsel der Venus, der nur aus der Annahme einer Umlaufbewegung dieses Planeten um die Sonne erklärbar war. Für diese ‚Irrlehre' wurde er von der Inquisition verurteilt und musste 3 Jahre lang Buße tun und im Bußgewand die kopernikanische Lehre widerrufen.
Beweise für das heliozentrische Weltbild wurden etwa 350 Jahre später erbracht. *Bessel* gelang es 1838, Fixsternparallaxen zu messen und damit die Bahnbewegung der Erde um die Sonne nachzuweisen; *Foucault* wies um 1850 die Erdrotation mit einem langen Pendel nach.

3.2 Die Kepler'schen Gesetze

Nach mühevoller mathematischer Auswertung von Beobachtungsprotokollen und ohne eine Begründung für die gefundenen Zusammenhänge zu haben, fand *Kepler* seine drei berühmten Gesetze, die den Lauf der Planeten beschreiben.

3.2.1 Das erste Kepler'sche Gesetz (1609)

Die Planeten bewegen sich auf Ellipsen, in deren gemeinsamem Brennpunkt die Sonne steht.

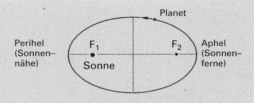

Planetenbahn um die Sonne

3.2.2 Das zweite Kepler'sche Gesetz (1609)

Der von der Sonne zum Planeten gezogene Ortsvektor überstreicht in gleichen Zeiten gleiche Flächen. **(Flächensatz)**

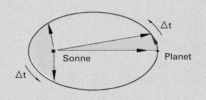

Der Flächensatz

3.2.3 Das dritte Kepler'sche Gesetz (1619)

Die Quadrate der Umlaufzeiten T zweier Planeten verhalten sich wie die dritten Potenzen der großen Bahnhalbachsen.

$$\frac{T_1^2}{T_2^2} = \frac{a_1^3}{a_2^3}$$

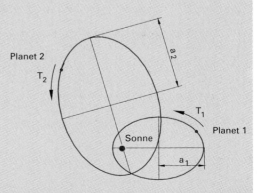

Der Zusammenhang zwischen 2 Planetenbahnen

Hinweis:
Da die mathematischen Grundlagen zur Behandlung von Ellipsen noch nicht bekannt sind, wird zur Berechnung der Planetenbahnen immer davon ausgegangen, dass es sich um Kreisbahnen handelt. Als Näherungswert für den Kreisbahnradius kann man das algebraische Mittel aus dem **Aphel** (Sonnenferne) und **Perihel** (Sonnennähe) verwenden.

3.2.4 Beispiele zur Anwendung des dritten Kepler'schen Gesetzes

Beispiel 1

Unter den oben angegebenen Bedingungen soll das dritte Kepler'sche Gesetz für die Planetenbahnen überprüft werden.

$$\frac{T_1^2}{T_2^2} = \frac{r_1^3}{r_2^3} \Leftrightarrow \frac{T_1^2}{r_1^3} = \frac{T_2^2}{r_2^3}$$

Allgemein: $\frac{T^2}{r^3} = konst.$

	Merkur	Venus	Erde	Mars	Jupiter
Umlaufzeit T in d	87,97	224,70	365,26	668,98	4332,59
Perihel in 10^6 km	46,4	108	147	206	741
Aphel in 10^6 km	70,3	109	153	250	850
„Radius' 10^6 km	58,4	108,5	150	228	795,5
$\frac{T^2}{r^3}$ in $\frac{d^2}{10^{18} \text{ km}^3}$	$3,89 \cdot 10^{-2}$	$3,953 \cdot 10^{-2}$	$3,95 \cdot 10^{-2}$	$3,78 \cdot 10^{-2}$	$3,729 \cdot 10^{-2}$

Im Rahmen der Vereinfachung, die getroffen wurden, ergibt der berechnete Quotient eine Konstante. Der Zahlenwert dieser Konstante ist nur für unser Sonnensystem gültig und wird auch als **Keplerkonstante** C_s bezeichnet.

Beispiel 2

Berechnung der Umlaufdauer des Saturn, wenn dessen mittlerer Bahnradius 9,54 AE beträgt. (Die Astronomische Einheit (AE) ist die Entfernung der Erde von der Sonne und beträgt $149,6 \cdot 10^6$ km). Zur Berechnung wird hier die Erde als zweiter Planet verwendet. Bekannte Daten der Erde:

$r_{Erde} = 1,00$ AE; $T_{Erde} = 365,26$ d.

Lösung: Nach dem dritten Kepler'schen Gesetz gilt:

$$\frac{T_{Saturn}^2}{T_{Erde}^2} = \frac{r_{Saturn}^3}{r_{Erde}^3} \Leftrightarrow T_{Saturn}^2 = \frac{r_{Saturn}^3}{r_{Erde}^3} \cdot T_{Erde}^2; \quad [T_{Saturn}] = \sqrt{\frac{m^3}{m^3} \cdot s^2} = s$$

3 Das Gravitationsfeld

$$T_{Saturn} = \sqrt{\frac{(9{,}54 \cdot 149{,}6 \cdot 10^9 \text{ m})^3}{(1{,}00 \cdot 149{,}6 \cdot 10^9 \text{ m})^3} \cdot (365{,}26 \cdot 24{,}0 \cdot 3600 \text{s})^2}$$

$T_{Saturn} = 9{,}30 \cdot 10^8$ s $= 1{,}08 \cdot 10^4$ d $= 29{,}5$ a

Der Saturn benötigt somit 29,5 Erdenjahre für einen Umlauf um die Sonne.

3.3 Das Gravitationsgesetz

Bisher wurde nur versucht die Bewegung der Planeten zu beschreiben. Weder *Kopernikus* noch *Kepler* konnten angeben, warum sich Planeten auf Kreis- oder Ellipsenbahnen bewegen. Bis ins 16. Jahrhundert galten die Bahnen der Himmelskörper als Folge göttlichen Willens. Nach der 4. Hypothese des *Ptolemäus* sollten die Himmelskörper aus einem anderen Stoff, dem ‚**Äther**' bestehen, der eigenen Gesetzen – nicht den irdischen – gehorche.

3.3.1 Herleitung des Gravitationsgesetzes

Isaac Newton (1643–1727), der die Gesetze der Mechanik entwickelte, übertrug diese sofort auch auf die Planetenbewegung. Nach dem ersten Newton'schen Gesetz (Trägheitssatz) muss auf einem Planeten eine Kraft wirken, die ihn auf die gekrümmte Bahn zwingt.

Aus dem zweiten Kepler'schen Gesetz fand er die Richtung der Kraft:

‚Wirkt auf den Planeten eine Kraft in Richtung der Sonne (mit beliebigem Betrag), so gilt der **Flächensatz**, d. h. der Flächensatz ist eine Folge einer zur Sonne gerichteten **Zentripetalkraft**.

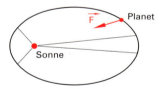

Die Anziehungskraft der Sonne

Allgemein folgt das zweite Kepler'sche Gesetz aus dem so genannten Drehimpulserhaltungssatz.

Um Aussagen über den Betrag der Zentripetalkraft machen zu können nimmt man den Kreis (die einfachste Ellipse) als mögliche Bahnform. Bei der Kreisbahn ist der Flächensatz nur dann erfüllt, wenn die Kreisbewegung mit konstanter Winkelgeschwindigkeit durchgeführt wird, die Kraft somit konstanten Betrag besitzt.

Die Anziehungskraft $\vec{F}$ der Sonne greift an einem Planeten der Masse m_P an. Diese Kraft wirkt als Zentripetalkraft $\vec{F}_z$ und zwingt den Planeten auf eine Kreisbahn mit Radius r. Für diese Kräfte gilt:
$\vec{F} = \vec{F}_z$
Ihre Beträge sind damit ebenfalls gleich.
$|\vec{F}| = |\vec{F}_z|$ oder $F = F_z$

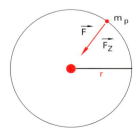

Die Bewegung des Planeten auf einer Kreisbahn.

3.3 Das Gravitationsgesetz

Bei der gleichmäßigen Kreisbewegung gilt für den Betrag der Zentripetalkraft:

$$F_Z = m_P \cdot \omega^2 \cdot r = m_P \cdot \frac{v^2}{r} = m_P \cdot \frac{4 \cdot \pi^2}{T^2} \cdot r$$

Benutzt man die dritte Darstellung der Gleichung, so sind darin der Radius der Planetenbahn r und die Umlaufdauer des Planeten um die Sonne T enthalten. Diese beiden Größen sind über das dritte Kepler'sche Gesetz miteinander verknüpft, was gleichzeitig bedeutet, dass es für jede Planetenbahn **eine** ganz genau definierte Bahngeschwindigkeit gibt.

Aus dem dritten Kepler'schen Gesetz folgt: $T^2 = C_S \cdot r^3$
(C_S : Keplerkonstante des Sonnensystems)

Damit erhält man für die Zentripetalkraft: $F_Z = m_P \cdot \dfrac{4 \cdot \pi^2}{C_S \cdot r^3} \cdot r = \dfrac{4 \cdot \pi^2}{C_S} \cdot \dfrac{m_P}{r^2}$

Für den Betrag der Zentripetalkraft ergibt sich somit: $F \sim \dfrac{m_P}{r^2}$

Die von der Sonne auf den Planeten wirkende Zentripetalkraft ist direkt proportional zu $\dfrac{m_P}{r^2}$.

Nach dem Wechselwirkungsprinzip muss diese Kraft zusätzlich von der Sonnenmasse abhängig sein, was sich aus einer einfachen Überlegung folgern lässt:
„Würde neben der Sonne noch eine zweite, gleiche Sonne stehen, so würden beide Sonnen auf den Planeten insgesamt die doppelte Kraft ausüben."
Die Zentripetalkraft ist somit zur Sonnenmasse m_s direkt proportional.
Die Zusammenfassung beider Teilergebnisse ergibt für den Betrag der Kraft (Zentripetalkraft), mit der die Sonne auf einen Planeten wirkt:

$$\left. \begin{array}{l} F \sim \dfrac{m_P}{r^2} \\ F \sim m_s \end{array} \right\} \Rightarrow F \sim \dfrac{m_s \cdot m_P}{r^2}$$

Führt man nun noch eine Proportionalitätskonstante G ein, so folgt:

$$F = G \cdot \frac{m_s \cdot m_P}{r^2}$$

Dass diese für Himmelskörper gefundene Gleichung auch auf der Erde Gültigkeit besitzt, zeigte *Newton* anhand seiner berühmten **Mondrechnung**. Er verglich die Kraft, mit der die Erde auf den Mond wirkt, mit der Gewichtskraft, die irdische Körper erfahren. Ihm waren dabei folgende Größen bekannt:

Umlaufdauer des Mondes um die Erde: $T_M = 27{,}32\ d = 2{,}360 \cdot 10^6\ s$
Bahnradius des Mondes: $r = 60 \cdot r_E$ mit $r_E = 6370$ km

Newton berechnete nun die Kraft, mit der die Erde auf den Mond, der in guter Näherung eine Kreisbahn durchläuft, wirkt. Da ihm die Mondmasse nicht bekannt war, beschränkte er sich auf ein Kilogramm (m') der Mondmasse. Für den Betrag der Kraft, die auf ein Kilogramm der Mondmasse wirkt, folgt:

$$F_M = m' \cdot \frac{4 \cdot \pi^2}{T_M^2} \cdot r; \qquad [F_M] = \frac{kg \cdot m}{s^2} = N$$

3 Das Gravitationsfeld

$$F_M = 1{,}000 \text{ kg} \cdot \frac{4 \cdot \pi^2}{(2{,}360 \cdot 10^6 \text{ s})^2} \cdot 60 \cdot 6{,}370 \cdot 10^6 \text{ m} \iff F_M = 2{,}709 \cdot 10^{-3} \text{ N}$$

Setzt man nun die Gültigkeit des Gravitationsgesetzes voraus, so müsste diese Kraft indirekt proportional zum Quadrat des Abstandes sein. $\quad F \sim \dfrac{1}{r^2} \iff F \cdot r^2 = \text{konst.}$

Für Mond und Erde ergibt sich daraus: $\quad F_M \cdot r_M^2 = F_E \cdot r_E^2$

Auf der Erde folgt: $\quad F_E = F_M \cdot \dfrac{r_M^2}{r_E^2} = F_M \cdot \dfrac{(60 \cdot r_E)^2}{r_E^2} = 60^2 \cdot F_M$

Somit erhält man für den Betrag der Kraft, mit der ein Kilogramm des Mondes auf der Erdoberfläche von der Erde angezogen wird: $\quad F_E = 9{,}753 \text{ N}$.
Dies ist nun tatsächlich die Kraft, die auf der Erdoberfläche auf eine Masse von einem Kilogramm wirkt.
Damit hatte *Newton* bewiesen, dass die Schwerkraft, die einen Apfel vom Baum fallen lässt, auch den Mond auf seiner Bahn hält. Gleichzeitig zeigt diese Rechnung, dass man sich die Masse der Erde im Erdmittelpunkt vereinigt zu denken hat, da die Entfernungen vom Erdmittelpunkt aus gerechnet wurden.

Newton führte somit die Modellvorstellung in die Physik ein, indem er mit dem **Modell des Massenpunktes** arbeitete.

Nachdem *Newton* gezeigt hatte, dass das für die Bewegung der Planeten um die Sonne gefundene Kraftgesetz auch für die Bewegung des Mondes um die Erde, bzw. die Gewichtskraft eines Körpers auf der Erdoberfläche verantwortlich ist, war der Weg zum allgemeinen Gravitationsgesetz, das die Anziehungskraft zwischen zwei beliebigen punktförmigen Körpern auch bei kleinen Entfernungen beschreibt, nicht mehr weit.

Newtons Gravitationsgesetz

‚Alle Körper üben aufeinander Gravitationskräfte aus. Zwei kugelförmige Körper der Masse m_1 und m_2, deren Mittelpunkte voneinander den Abstand r haben, ziehen sich mit einer Kraft $\vec{F}$ an, die in Richtung ihrer Verbindungsstrecke wirkt, und deren Betrag zum Produkt der Massen direkt und zum Quadrat ihrer Entfernung indirekt proportional ist.'

$$F = G \cdot \frac{m_1 \cdot m_2}{r^2}$$

Das Problem, das sich jetzt noch stellte, war der Zahlenwert der Proportionalitätskonstanten. Von der Formulierung des Gravitationsgesetzes bis zur ersten experimentellen Bestimmung der Gravitationskonstanten G vergingen genau 102 Jahre.

3.3.2 Bestimmung der Gravitationskonstanten G

1798, rund 70 Jahre nach *Newtons* Tod, konnte *Henry Cavendish* (1731–1810) mit Hilfe einer ‚Drehwaage' die Gravitationskonstante *G* erstmals experimentell im Labor ermitteln. Die Schwierigkeit bestand darin, Kräfte in der Größe von rund 10^{-9} N nachzuweisen. (Die Versuchsapparatur von Cavendish war in der Lage, Kräfte der Größenordnung 10^{-10} N nachzuweisen.)

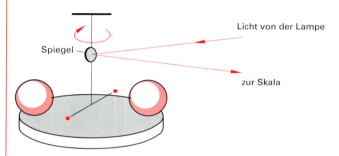

Eine leichte Stange mit einer kleinen Kugel an jedem Ende hängt an einem langen dünnen Faden. Die Waage ist unter einer Gasglocke aufgestellt um störende Luftströmungen abzuhalten. Außerhalb sind zwei sehr schwere Kugeln aufgestellt, die um eine Mittelachse gedreht werden können.

Das Prinzip der **Cavendish-Drehwaage**

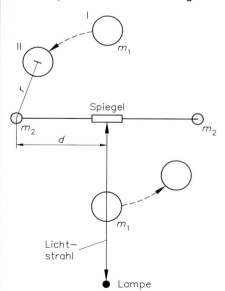

Befinden sich die beiden großen Kugeln in der Stellung I, so stellt sich ein Gleichgewicht zwischen den Drehmomenten ein und die kleinen Kugeln befinden sich in Ruhe. Bringt man nun die großen Kugeln in die Stellung II, so werden die kleinen Kugeln durch eine resultierende Kraft beschleunigt.

Aus der Bewegung des Lichtzeigers kann man die Beschleunigung der kleinen Kugeln ermitteln und damit auch die auf die kleinen Kugeln wirkende Kraft berechnen.

Versuchsablauf zur Bestimmung von *G*.

3 Das Gravitationsfeld

Berechnung der Kraft, mit der die kleinen Kugeln angezogen werden

In der Ausgangsstellung wird der Lichtstrahl in sich selbst reflektiert. Bringt man nun die großen Kugeln in Stellung II, so beginnt die leichte Stange mit den kleinen Kugeln sich zu bewegen. Für den ersten Teil der Bewegung setzt man voraus, dass die wirkende Kraft konstant ist. Die kleinen Kugeln bewegen sich dabei um die Strecke s mit der Beschleunigung a. Bei dieser Bewegung wird die kleine Stange um den Winkel φ gegenüber der Ruhelage verdreht. Nach dem Reflexionsgesetz wird der einfallende Lichtstrahl um den Winkel 2φ abgelenkt.

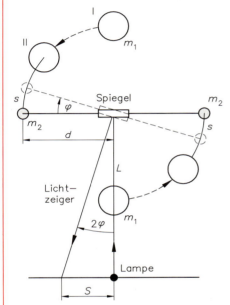

Aus den leicht messbaren Größen L und S kann nun die Kraft auf die kleinen Kugeln berechnet werden. Für das große Dreieck gilt:

$$\tan(2 \cdot \varphi) = \frac{S}{L}$$

Da der Winkel φ sehr klein ist, kann das kleine Dreieck ebenfalls als ein rechtwinkliges Dreieck betrachtet werden. Hier gilt:

$$\tan(\varphi) = \frac{s}{d}$$

Berechnung des Weges der kleinen Kugeln mit Hilfe des Lichtzeigers.

Zusätzlich gelten für kleine Winkel folgende Näherungen: $\sin(\varphi) \approx \tan(\varphi) \approx \varphi$ (im Bogenmaß).

Man erhält somit: $\quad 2 \cdot \varphi = \dfrac{S}{L} \quad \text{und} \quad \varphi = \dfrac{s}{d}$

$$\Rightarrow \frac{S}{2 \cdot L} = \frac{s}{d} \Leftrightarrow s = \frac{S \cdot d}{2 \cdot L}$$

Für die gleichmäßig beschleunigte Bewegung ohne Anfangsgeschwindigkeit gilt: $\quad s(t) = \dfrac{1}{2} \cdot a \cdot t^2$.

Für die Beschleunigung erhält man daraus: $\quad a = \dfrac{2 \cdot s}{t^2} = \dfrac{2 \cdot S \cdot d}{2 \cdot L \cdot t^2} = \dfrac{S \cdot d}{L \cdot t^2}$

Der Betrag der resultierenden Kraft, mit der eine kleine Kugel angezogen wird, kann nun mit dem zweiten Newton'schen Gesetz berechnet werden. $\quad F = m_2 \cdot a$

Diese Kraft entsteht durch die Massenanziehung und muss somit gleich der Gravitationskraft F_G sein.

$$F = F_G \quad \Rightarrow \quad m_2 \cdot a = G \cdot \frac{m_1 \cdot m_2}{r^2}$$

Für die gesuchte Gravitationskonstante erhält man somit: $\quad G = \dfrac{a \cdot r^2}{m_1}$

Beispiel zur Berechnung der Gravitationskonstanten

Gegeben: $m_1 = 1{,}50$ kg; $m_2 = 20{,}0$ g; $d = 5{,}00$ cm; $L = 4{,}85$ m; $r = 4{,}60$ cm
Tabelle der gemessenen und berechneten Größen

t in s	0	30	60	90	120
S in mm	0	3,8	15	34	60
s in 10^{-4} m	0	0,20	0,77	1,8	3,1
a in 10^{-8} m·s^{-2}	–	4,4	4,3	4,3	4,3

Für die mittlere Beschleunigung und den Betrag der Kraft auf die kleinen Kugeln erhält man:

$$\bar{a} = 4{,}3 \cdot 10^{-8} \, \frac{m}{s^2}$$

$$F = m_2 \cdot \bar{a} \quad \text{und} \quad F = G \cdot \frac{m_1 \cdot m_2}{r^2} \quad \Rightarrow \quad G = \frac{m_2 \cdot \bar{a} \cdot r^2}{m_1 \cdot m_2} \quad \Rightarrow \quad G = \frac{\bar{a} \cdot r^2}{m_1}$$

$$[G] = \frac{m \cdot m^2}{s^2 \cdot kg} = \frac{m^3}{kg \cdot s^2}$$

Der Wert der Gravitationskonstanten in diesem Beispiel: $G = 6{,}1 \cdot 10^{-11} \, \dfrac{m^3}{kg \cdot s^2}$

Anmerkungen:

1) Der berechnete Wert der Gravitationskonstanten ist etwas zu klein, denn jede der beiden großen Kugeln übt auf die entfernter liegende kleine Kugel eine Kraft $\vec{F}$ aus, die der Drehbewegung entgegen wirkt. Berechnet man diesen Wert und berücksichtigt dabei noch, dass nach dem Hebelgesetz nur die zur Stange senkrechte Komponente der Drehbewegung entgegenwirkt, so erhält man hier in diesem Beispiel eine Korrektur um 6,9 %. Die Gravitationskonstante ist darüber hinaus von dem Material der anziehenden Körper unabhängig. Das Ergebnis sehr genauer Messungen liefert für die Gravitationskonstante den Wert:

$$G = 6{,}6720 \cdot 10^{-11} \cdot \frac{m^3}{kg \cdot s^2}$$

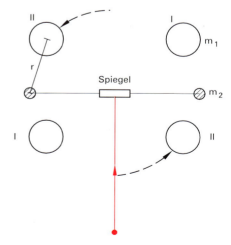

Alternative Möglichkeit zur Bestimmung von G.

3 Das Gravitationsfeld

2) Um die Kraftwirkung zu verdoppeln, kann der Versuchsablauf abgeändert werden.
Bei der Annäherung der kleinen Kugeln an die großen Kugeln wird der Aufhängefaden verdrillt. Diese Torsionskraft steigt mit dem Drehwinkel und führt dazu, dass die kleinen Kugeln wieder zur Ruhe kommen (I). In diesem Punkt herrscht ein Gleichgewicht zwischen der anziehenden Gravitationskraft und der rückdrehenden Torsionskraft. Dreht man nun die großen Kugeln um nahezu 180° (Stellung II; gleicher Abstand), so wirkt zur Anziehungskraft zusätzlich die Torsionskraft, die zu Beginn der Bewegung betragsmäßig gleich groß ist.

3.3.3 Anwendungsbeispiele zum Gravitationsgesetz

Mit Hilfe des Gravitationsgesetzes war es nun erstmals möglich, die Massen der Planeten zu bestimmen.
Vor der Berechnung der Erd- und Sonnenmasse soll die Gravitationskraft auf einen Körper im Anziehungsbereich der Erde untersucht werden.

A) Grafische Darstellung der Gravitationskraft

Darstellung der Abhängigkeit der Gravitationskraft, die auf eine Masse $m = 100$ kg im Anziehungsbereich der Erde ausgeübt wird (Bereich $r_E \leq r \leq 5 \cdot r_E$).

Allgemein gilt für die Gravitationskraft: $\quad F_G = G \cdot \dfrac{m_E \cdot m}{r^2}$

Da die Masse der Erde m_E noch nicht bekannt ist, benutzt man hier die Bedingung für $r = r_E$. Auf der Erdoberfläche ist die Gravitationskraft gleich der Gewichtskraft:
$\vec{F} = \vec{F}_G$

Für die Beträge der Kräfte gilt: $F = F_G$

$$G \cdot \frac{m_E \cdot m}{r^2} = m \cdot g \iff g \cdot r_E^2 = G \cdot m_E$$

Für die Gravitationskraft folgt:

$$\Rightarrow F = G \cdot m_E \cdot \frac{m}{r^2} \iff F = g \cdot r_E^2 \cdot \frac{m}{r^2} \iff F = m \cdot g \cdot \frac{r_E^2}{r^2} \iff F = F_G \cdot \frac{r_E^2}{r^2}$$

Wertetabelle

r in r_E	1,00	2,00	3,00	4,00	5,00
F in N	981	245	109	61,3	39,2

Grafische Darstellung des Betrags der Gravitationskraft in Abhängigkeit von r:

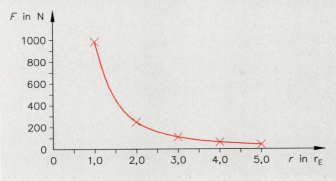

B) Berechnung der Masse und der mittleren Dichte der Erde

Cavendish nannte sein Experiment ‚**weighing the earth**', weil er mit Hilfe von G die Masse der Erde m_E bestimmen konnte.

Gegeben: $g = 9{,}81 \text{ m} \cdot \text{s}^{-2}$; $r_E = 6{,}37 \cdot 10^6 \text{ m}$; G

Lösungsansatz: Die Gewichtskraft eines beliebigen Körpers ist gleich der Gravitationskraft, mit der die Erde diesen Körper auf der Erdoberfläche anzieht. Da die Erde als Massenpunkt betrachtet wird, ist der Erdradius der Abstand beider Körper.

Betrachtet man die Beträge der beiden Kräfte, so erhält man:

Gewichtskraft: $\quad F_G = m \cdot g \quad\quad$ Gravitationskraft: $\quad F = G \cdot \dfrac{m \cdot m_E}{r_E^2}$

Kräftegleichgewicht: $\quad F = F_G$

$$G \cdot \frac{m_E \cdot m}{r_E^2} = m \cdot g$$

$$m_E = \frac{g \cdot r_E^2}{G} \;;\quad [m_E] = \frac{\text{m} \cdot \text{m}^2 \cdot \text{kg} \cdot \text{s}^2}{\text{s}^2 \cdot \text{m}^3} = \text{kg}$$

$$m_E = \frac{9{,}81 \, \frac{\text{m}}{\text{s}^2} \cdot (6{,}37 \cdot 10^6 \text{ m})^2}{6{,}672 \cdot 10^{-11} \, \frac{\text{m}^3}{\text{kg} \cdot \text{s}^2}} = 5{,}97 \cdot 10^{24} \text{ kg}$$

Für die Erdmasse folgt: $\quad m_E = 5{,}97 \cdot 10^{24} \text{ kg}$

Berechnung der mittleren Dichte:

$$\overline{\rho_E} = \frac{m_E}{V_E} \quad \text{mit} \quad V_E = \frac{4}{3} \cdot r_E^3 \cdot \pi$$

$$\overline{\rho_E} = \frac{3 \cdot m_E}{4 \cdot r_E^3 \cdot \pi} \;;\quad [\rho_E] = \frac{\text{kg}}{\text{m}^3} \;;$$

$$\overline{\rho_E} = \frac{3 \cdot 5{,}97 \cdot 10^{24} \text{ kg}}{4 \cdot (6{,}37 \cdot 10^6 \text{ m})^3 \cdot \pi} = 5{,}51 \cdot 10^3 \, \frac{\text{kg}}{\text{m}^3}$$

Die mittlere Dichte der Erde beträgt $5{,}51 \, \dfrac{\text{kg}}{\text{dm}^3}$.

C) Berechnung der Masse der Sonne

Gegeben: $r = 149{,}6 \cdot 10^9 \text{ m}$ (Abstand Erdmittelpunkt – Sonnenmittelpunkt; **1 AE**)
$\quad\quad\quad\;\; T = 3{,}16 \cdot 10^7 \text{ s}$ (Umlaufzeit der Erde um die Sonne; ein Jahr)

Lösung:
Da die Bewegung der Erde um die Sonne nahezu eine Kreisbahn ist, muss auf die Erde eine Zentripetalkraft als resultierende Kraft wirken. Diese Zentripetalkraft kann nur durch die Gravitationskraft der Sonne erzeugt werden.

3 Das Gravitationsfeld

Betrag der Zentripetalkraft auf Erde: $\quad F_Z = m_E \cdot \dfrac{4 \cdot \pi^2}{T^2} \cdot r$

Betrag der Gravitationskraft: $\quad F_G = G \cdot \dfrac{m_S \cdot m_E}{r^2}$

Gleichheit der Kräfte: $\quad F_Z = F_G$;

$$\Rightarrow m_E \cdot \dfrac{4 \cdot \pi^2}{T^2} \cdot r = G \cdot \dfrac{m_S \cdot m_E}{r^2}$$

$$\Rightarrow m_S = \dfrac{4 \cdot \pi^2 \cdot r^3}{G \cdot T^2} \; ; \quad [m_S] = \dfrac{m^3 \cdot kg \cdot s^2}{m^3 \cdot s^2} = kg$$

$$m_S = \dfrac{4 \cdot \pi^2 \cdot (149{,}5 \cdot 10^9 \, m)^3}{6{,}672 \cdot 10^{-11} \, \dfrac{m^3}{kg \cdot s^2} \cdot (3{,}16 \cdot 10^7 \, s)^2} = 1{,}98 \cdot 10^{30} \, kg$$

Für die Sonnenmasse ergibt sich: $\quad m_S = 1{,}98 \cdot 10^{30} \, kg$

Die mittlere Dichte der Sonne (Gegeben ist der Sonnenradius $r_S = 696{,}4 \cdot 10^6 \, m$):

$$\overline{\rho_s} = \dfrac{m_S}{V_S} \quad \text{mit} \quad V_S = \dfrac{4}{3} \cdot r_S^3 \cdot \pi$$

$$\overline{\rho_s} = \dfrac{3 \cdot m_S}{4 \cdot r_S^3 \cdot \pi} \; ; \quad [\overline{\rho_s}] = \dfrac{kg}{m^3} \; ;$$

$$\overline{\rho_s} = \dfrac{3 \cdot 1{,}98 \cdot 10^{30} \, kg}{4 \cdot (696{,}4 \cdot 10^6 \, m)^3 \cdot \pi} \quad \overline{\rho_s} = 1{,}40 \cdot 10^3 \, \dfrac{kg}{m^3} = 1{,}40 \, \dfrac{kg}{dm^3}$$

Die mittlere Dichte der Sonne beträgt $1{,}40 \, \dfrac{kg}{dm^3}$.

D) ‚Gravitationsfreier' Punkt zwischen zwei Körpern

Zwischen zwei Körpern gibt es längs der Verbindungsgeraden einen Punkt, wo sich die Gravitationswirkungen, die beide Körper aufeinander ausüben, gerade aufheben.

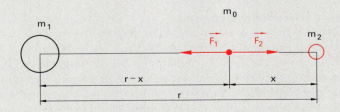

Der gravitationsfreie Punkt zwischen zwei Massen.

Für die Beträge der Kräfte gilt: $\quad F_1 = G \cdot \dfrac{m_1 \cdot m_0}{(r-x)^2} \; ; \quad F_2 = G \cdot \dfrac{m_2 \cdot m_0}{x^2}$

Beide Beträge sind gleich: $\quad F_1 = F_2$

$$G \cdot \frac{m_1 \cdot m_0}{(r-x)^2} = G \cdot \frac{m_2 \cdot m_0}{x^2}$$

$$\Rightarrow m_1 \cdot x^2 = m_2 \cdot (r-x)^2$$

$$\Rightarrow \frac{m_1}{m_2} = \frac{(r-x)^2}{x^2} = \left(\frac{(r-x)}{x}\right)^2 = \left(\frac{r}{x} - 1\right)^2$$

$$\Rightarrow \frac{r}{x} - 1 = \pm \sqrt{\frac{m_1}{m_2}} \quad \Leftrightarrow \quad \frac{r}{x} = 1 \pm \sqrt{\frac{m_1}{m_2}}$$

$$\Leftrightarrow x = \frac{r}{1 \pm \sqrt{\frac{m_1}{m_2}}}$$

Da hier nur die positive Lösung der quadratischen Gleichung physikalisch sinnvoll ist, lautet die Lösung:

$$x = \frac{r}{1 + \sqrt{\frac{m_1}{m_2}}}$$

(Die zweite Lösung liegt rechts von der Masse m_2, hier sind die Kräfte jedoch gleichgerichtet.)

Im Abstand x von der Masse m_2 ist die resultierende Gravitationskraft, die dort auf einen Probekörper wirkt, null (gravitationsfreier Punkt).

Hinweis:

Möchte man ein Raumschiff zum Mond befördern, so muss die Anfangsenergie zumindest bis zum gravitationsfreien Punkt zwischen Erde und Mond ausreichen. Ab diesem Punkt überwiegt die Anziehungskraft des Mondes. Dieser gravitationsfreie Punkt zwischen Erde und Mond befindet sich $3{,}38 \cdot 10^8$ m über der Erdoberfläche. (Nachrechnen!)

Weitere Erfolge des Gravitationsgesetzes.
Da sich alle Körper nach dem Gravitationsgesetz gegenseitig anziehen, wirkt auf einen speziellen Planeten nicht nur die Sonne, sondern auch andere Planeten. Mit Hilfe des Kraftgesetzes lassen sich die dadurch bedingten Abweichungen beim Umlauf um die Sonne berechnen und mit den tatsächlich beobachtbaren Bahnen vergleichen (Mehrkörperproblem). Bei der Berechnung der Bahn des Uranus stellte man fest, dass diese nicht mit der beobachtbaren Bahn übereinstimmt. Die Ursache der Abweichung war Neptun, ein Planet, der daraufhin im Jahre 1846 entdeckt wurde. Damit war ein weiterer Beweis für die Gültigkeit der Gesetze der Himmelsmechanik gefunden.

3.4 Das radialsymmetrische Gravitationsfeld

3.4.1 Der allgemeine Feldbegriff

Weiterhin unbekannt war, wie denn die Kraftwirkung von einem auf den anderen Körper zustande kommt. *Newton* war Anhänger der so genannten **Fernwirkungstheorie,** nach der die krafterzeugende Ursache ihre Wirkung augenblicklich auch an der entferntesten Stelle des Raumes zeigt.

Mit der Untersuchung der elektrischen und magnetischen Erscheinungen durch *Faraday* (1791–1867) zeigte sich, dass auch eine Deutung möglich ist, bei der die Kraftwirkung sich von Raumpunkt zu Raumpunkt fortpflanzt. Bei dieser **Feldtheorie** besitzen die Kräfte eine endliche Ausbreitungsgeschwindigkeit. Fallversuche im Vakuum zeigten darüber hinaus, dass für die Ausbreitung kein Trägermedium vorhanden sein muss.

> Allgemein beschreibt die Physik mit Hilfe des Feldbegriffes **Eigenschaften des Raumes.** Das **Gravitationsfeld** eines Körpers beschreibt somit die Eigenschaft des Raumes um den Körper, in dem auf einen anderen Körper eine Kraft ausgeübt wird. Die nötige Eigenschaft, die beide Körper besitzen müssen, ist die Masse.

Weitere Eigenschaften des Gravitationsfeldes:

- Es wirken nur anziehende Kräfte.
- Das Gravitationsfeld lässt sich nicht abschirmen (,Kein Faraday-Käfig').
- Die durch das Feld vermittelten Kräfte sind klein.

3.4.2 Darstellung des Feldes

Jedes Massestück ist Erreger eines Gravitationsfeldes (Felderreger). Um die räumliche Struktur eines Gravitationsfeldes ermitteln zu können, braucht man einen zweiten Körper, einen **Probekörper.** (Als Probekörper bezeichnet man hier kleine Massestücke, die kein eigenes Feld besitzen und somit das Feld des Erregers nicht verändern).

Betrachtet man nun viele Punkte in der Umgebung einer punktförmigen Masse (z. B. Erde) und trägt die auf einen Probekörper wirkenden Kräfte maßstäblich ein, so erhält man ein anschauliches Bild vom Verlauf des Feldes.
Die Gravitationskraft ist bei kugelförmigen Körpern stets zum Mittelpunkt des Felderregers hin gerichtet und nimmt nach außen hin ab.

Eine andere Möglichkeit ist die Darstellung des Feldes mit **Feldlinien**. Aus den Feldlinien erhält man die Richtung der Kraft auf einen Probekörper.

Die Kräfte auf einen Probekörper.

Exakt handelt es sich bei den Feldlinien um Linien, deren Tangentenrichtung in jedem Punkt mit der dort herrschenden Kraftrichtung übereinstimmt (Definition der Feldlinien).

Beim Gravitationsfeld einer Kugel sind die Feldlinien Strahlen, die dem Mittelpunkt zustreben. Ein solches Feld bezeichnet man als **Radialfeld** oder auch als **radialsymmetrisches Feld**.

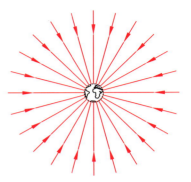

Das Feldlinienbild der Erde.

3.4.3 Das Gravitationsgesetz in vektorieller Darstellung

Bisher wurde die Gravitationskraft nur betragsmäßig behandelt. Mit Hilfe des oben eingeführten Feldbegriffes ist nun eine einfache vektorielle Darstellung der Gravitationskraft möglich.

Da die Felder von punktförmigen Massen immer radialsymmetrisch sind, benötigt man zur Berechnung der Kraft auf einen Probekörper der Masse m_0 im Feld der felderzeugenden Masse M nur die beiden Massen und die Entfernung der Mittelpunkte. Der Vektor $\vec{e}_r$ dient zur Beschreibung des Feldes der felderzeugenden Masse M.

Die Gravitationskraft als Vektor im Feld der Masse M.

Auf den Probekörper mit der Masse m_0 wirkt somit im Gravitationsfeld der Masse M die Gravitationskraft $\vec{F}_G$.

$$\vec{F}_G = -G \cdot \frac{M \cdot m_0}{r^2} \cdot \vec{e}_r \quad \textbf{Gravitationsgesetz in vektorieller Form.}$$

Die Gravitationskraft ist zur Beschreibung des Feldes der Masse M jedoch nur bedingt tauglich, da sie noch von der Größe eines zweiten Körpers, der Masse des Probekörpers, abhängig ist.

3.4.4 Die Gravitationsfeldstärke

Die Gravitationskraft ist abhängig von der Größe der Probemasse m_0. Bildet man den Quotienten $\frac{\vec{F}_G}{m_0}$, so erhält man einen Ausdruck, der nur noch von der Masse M

3 Das Gravitationsfeld

und dem Abstand vom felderzeugenden Körper abhängt. Dieser Quotient wird als Gravitationsfeldstärke $\vec{\gamma}$ bezeichnet und kennzeichnet das Feld eines Körpers der Masse M im Abstand r von der Masse M.

$$\vec{\gamma}(r) = \frac{\vec{F}_G}{m_0} = -G \cdot \frac{M}{r^2} \cdot \vec{e}_r \qquad \textbf{Gravitationsfeldstärke}$$

Diese Gravitationsfeldstärke hat eine einfache Bedeutung.
Betrachtet man das Gravitationsfeld der Erde auf der Erdoberfläche, so gilt dort:

$$\vec{\gamma}(r_E) = \frac{\vec{F}_G}{m_0} = -G \cdot \frac{M}{r_E^2} \cdot \vec{e}_r$$

mit $\vec{F}_G = m_0 \cdot \vec{g}_0$ (g: Fallbeschleunigung) folgt:

$$\vec{\gamma}(r_E) = \vec{g} = -G \cdot \frac{M}{r_E^2} \cdot \vec{e}_r$$

Die Fallbeschleunigung $\vec{g}$ ist die **Feldstärke** des Gravitationsfeldes der Erde auf der Erdoberfläche. Sie ist umgekehrt proportional zum Quadrat der Entfernung vom Erdmittelpunkt und zeigt stets zum Erdmittelpunkt hin.

3.4.5 Das homogene Feld

Die Gewichtskraft eines Körpers wurde als eine auf der Erde nahezu konstante Größe eingeführt. Genauer versteht man nun unter der Gewichtskraft, die ein Körper auf der Erdoberfläche erfährt, die Gravitationskraft, die ein Körper auf der Erdoberfläche durch die Anziehung der Erde erfährt.
Betrachtet man nun relativ kleine Höhen über der Erdoberfläche ($h \ll r_E$), so kann man die Feldstärke innerhalb dieser Höhendifferenz als konstant ansehen. Aus dieser ‚Näherung' folgt, dass die Kraft, die innerhalb dieser Höhendifferenz auf einen Probekörper wirkt, **unabhängig vom Ort** gleich groß ist. Ein Feld, das diese Forderung erfüllt, bezeichnet man als ‚**homogenes Feld**'. Die Feldlinien in einem homogenen Feld verlaufen parallel.
Allgemein lässt sich jedes Feld in Bereiche zerlegen, die für sich betrachtet als homogen angesehen werden dürfen. In einer Abschätzung soll nun der Bereich über der Erdoberfläche berechnet werden, der noch als homogen betrachtet werden darf.

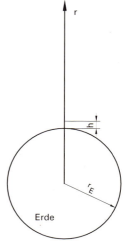

Das „homogene" Erdfeld

Der relative Fehler, den man hierbei begeht, soll maximal 1,00 % betragen.
Der Betrag der Gravitationskraft auf der Erdoberfläche:

$$F_G(r_E) = G \cdot \frac{m_E \cdot m_0}{r_E^2} = m_0 \cdot g_E = F_1$$

Der Betrag der Gravitationskraft in der Höhe h: $\quad F_G(r_E + h) = G \cdot \dfrac{m_E \cdot m_0}{(r_E + h)^2} = F_2$

Der relative Fehler: $\quad \dfrac{|\Delta F|}{F_1} = 0{,}0100$

Da $F_1 > F_2$ ist, folgt: $|\Delta F| = F_1 - F_2$

Man erhält somit:

$$\dfrac{F_1 - F_2}{F_1} = 0{,}0100 \quad \Leftrightarrow \quad 1 - \dfrac{F_2}{F_1} = 0{,}0100 \quad \Leftrightarrow \quad \dfrac{F_2}{F_1} = 0{,}9900$$

$$\Rightarrow \dfrac{r_E^2}{(r_E + h)^2} = 0{,}9900 \quad \Leftrightarrow \quad \dfrac{(r_E + h)^2}{r_E^2} = 1{,}010$$

$$\Rightarrow 1 + \dfrac{h}{r_E} = \pm\sqrt{1{,}010}$$

$$\Leftrightarrow h = (\pm\sqrt{1{,}010} - 1) \cdot r_E$$

Hier ist nur die positive Lösung physikalisch sinnvoll.

$$h = \left(\sqrt{1{,}010} - 1\right) \cdot r_E; \quad [h] = m$$

$h = 31{,}8 \text{ km}$

Das Gravitationsfeld der Erde kann somit bis zu einer Höhe von etwa 32 km als relativ homogen betrachtet werden.

3.5 Verschiebungsarbeit und potentielle Energie (Lageenergie)

3.5.1 Grundlagen

Durch die **Verschiebungsarbeit** darf sich die kinetische Energie des Körpers nicht ändern ($\Delta E_{kin} = 0$). Es muss daher eine der **Feldkraft** $\vec{F}_F$ entgegengerichtete betragsgleiche **äußere Kraft** $\vec{F}_a$ am Körper angreifen. **Die Arbeit dieser äußeren Kraft längs des Weges ist die Verschiebungsarbeit.** Ändert sich der Betrag der äußeren Kraft längs des Weges nicht, so erhält man, wenn man einen Körper von einem beliebigen Punkt P_1 zu einem anderen Punkt P_2 verschiebt:

$$W_{1;2} = \vec{F}_a \circ \Delta \vec{s} \quad \text{(Skalarprodukt)}$$

Die Verschiebungsarbeit kann positive und negative Werte annehmen.

$W_{1;2} > 0$: Arbeitsaufwand von Außen
$W_{1;2} < 0$: Arbeitsvermögen wird frei

Diese Arbeit wird in Form von potentieller Energie (Arbeitsfähigkeit des Körpers aufgrund seiner Lage im Raum) gespeichert.

Die potentielle Energie gibt die **Lageenergie** des Körpers gegenüber einem frei gewählten Bezugsniveau an. Sie lässt sich aus der Verschiebungsarbeit berechnen,

3 Das Gravitationsfeld

die man verrichten muss, um den Körper **vom Bezugsniveau zum entsprechenden Feldpunkt zu transportieren** (Reihenfolge beachten!). Da das Bezugsniveau nach der Festlegung für alle Feldpunkte gleich ist, schreibt man die potentielle Energie nur in Abhängigkeit vom Endpunkt der Verschiebungsarbeit.

$$E_{pot}(r) = W_{r_{Bez},r} \quad \text{mit} \quad E_{pot}(r_{Bez}) = 0 \quad r_{Bez}\text{: Bezugsniveau}$$

Von diesen Grundlagen ausgehend wird nun die Verschiebungsarbeit und die potentielle Energie im Gravitationsfeld besprochen. Zum besseren Verständnis nun zunächst eine Wiederholung des homogenen Gravitationsfeldes auf der Erdoberfläche.

3.5.2 Homogenes Gravitationsfeld

Für das homogene Erdfeld gelten folgende Näherungen:
- Die Feldlinien verlaufen parallel.
- Die Feldstärke ist in jedem Punkt gleich groß.
- Die Kraft auf einen Probekörper ist unabhängig vom Ort des Körpers gleich.

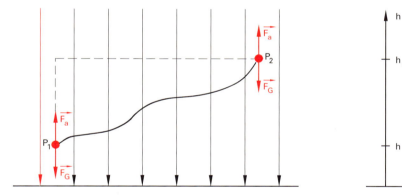

Verschiebungsarbeit im homogenen Gravitationsfeld.

Ein Körper der Masse m wird von P_1 nach P_2 verschoben. (Bei diesem Vorgang wird von Reibung abgesehen.)
Zur Berechnung der Verschiebungsarbeit darf hier das Skalarprodukt verwendet werden, da die äußere Kraft längs des Weges konstant ist. $W_{1;2} = \vec{F}_a \circ \Delta \vec{s}$
Die äußere Kraft und die Gewichtskraft (Feldkraft) besitzen den gleichen Betrag aber unterschiedliche Richtung. $W_{1;2} = m \cdot g \cdot (h_2 - h_1)$
Für die Verschiebungsarbeit im homogenen Feld wurde bereits gezeigt, dass sie unabhängig vom Weg ist und nur von der Höhendifferenz der beiden Punkte abhängt.

Fallunterscheidung:
1. Fall: Anheben des Körpers ($h_2 > h_1$)
Die Verschiebungsarbeit ist positiv, es muss Arbeit verrichtet werden. Diese Arbeit wird in Form von potentieller Energie im Körper gespeichert. Die potentielle Energie des Körpers nimmt dabei zu.

2. Fall: Absenken des Körpers ($h_2 < h_1$)
Die Verschiebungsarbeit ist negativ, es wird Arbeit frei. Die potentielle Energie des Körpers nimmt dabei ab.

3.5.3 Verschiebungsarbeit im radialsymmetrischen Gravitationsfeld

Grundsätzlich sind zwei unterschiedliche Bewegungen eines Körpers im Radialfeld möglich.
- Bewegung des Körpers längs einer Feldlinie
- Bewegung auf einer zur Erde konzentrischen Kugeloberfläche
- Sonstige Bewegungen lassen sich aus den beiden Komponenten zusammensetzen.

Zur Herleitung der Verschiebungsarbeit wird wiederum vom Gravitationsfeld der Erde ausgegangen. Alle Näherungen für das homogene Feld entfallen nun. Damit ist die in den Grundlagen besprochene Gleichung zur Berechnung der Verschiebungsarbeit nicht mehr gültig, da dort eine konstante Kraft längs des Weges vorausgesetzt wird.

A) Berechnung der Verschiebungsarbeit längs einer Feldlinie

Im Erdfeld soll ein Probekörper der Masse m_0 längs einer Feldlinie radial nach außen bewegt werden. Da keine Beschränkung der Wegstrecke mehr vorliegt, darf hier das Feld nicht mehr als homogen betrachtet werden.

Zur Veranschaulichung der Arbeit kann man das Weg-Kraft-Diagramm heranziehen.

Die markierte Fläche stellt ein Maß für die Arbeit dar, die man aufwenden muss um einen Probekörper längs einer Feldlinie vom Ort r_0 bis zum Ort r_n zu verschieben.

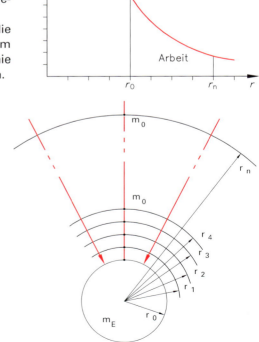

Zur Berechnung der Arbeit zerlegt man nun den Gesamtweg in kleine Intervalle, in denen die Gravitationskraft als konstant angenommen wird.

Betrachtung des ersten Intervalls von r_0 nach r_1.
Es soll gelten: $r_0 < r_1$
Betrag der Gravitationskraft am Anfang des Intervalls:

$$F_G(r_0) = G \cdot \frac{m_E \cdot m_0}{r_0^2}$$

Betrag der Gravitationskraft am Ende des Intervalls:

$$F_G(r_1) = G \cdot \frac{m_E \cdot m_0}{r_1^2}$$

Verschiebungsarbeit bei der Bewegung längs einer Feldlinie.

3 Das Gravitationsfeld

Im Intervall von r_0 bis r_1 soll das Gravitationsfeld näherungsweise homogen sein.

Da die Gravitationskraft indirekt proportional zum Quadrat der Entfernung vom Erdmittelpunkt ist, benützt man hier zur Berechnung der mittleren Kraft im Intervall das geometrische Mittel der Entfernungen:

$$\overline{r_i} = \sqrt{r_{i-1} \cdot r_i}$$

Für den Betrag der mittleren Kraft im ersten Intervall folgt:

$$\overline{F_1} = G \cdot \frac{m_E \cdot m_0}{\overline{r_1}^2} \quad \text{mit} \quad \overline{r_1} = \sqrt{r_0 \cdot r_1}$$

$$\overline{F_1} = G \cdot \frac{m_E \cdot m_0}{r_0 \cdot r_1}$$

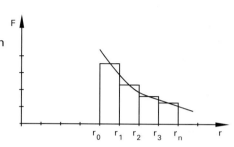

Berechnung der Verschiebungsarbeit im ersten Intervall: $W_{r_0;r_1} = \vec{F}_{a1} \circ \Delta \vec{r}$

Die beiden Vektoren besitzen die gleiche Richtung, für die Beträge gilt: $|\vec{F}_{a1}| = \overline{F_1}$

$W_{r_0;r_1} = \overline{F_1} \cdot (r_1 - r_0)$ Diese Arbeit ist positiv.

$$W_1 = W_{r_0;r_1} = G \cdot \frac{m_E \cdot m_0}{r_0 \cdot r_1} \cdot (r_1 - r_0)$$

$$\Rightarrow W_1 = G \cdot m_E \cdot m_0 \cdot \frac{(r_1 - r_0)}{r_0 \cdot r_1} = G \cdot m_E \cdot m_0 \cdot \left(\frac{1}{r_0} - \frac{1}{r_1} \right)$$

Berechnung der Hubarbeit im zweiten Intervall:

Betrag der mittleren Kraft: $\overline{F_2} = G \cdot \frac{m_E \cdot m_0}{r_1 \cdot r_2}$

$$W_2 = W_{r_1;r_2} = \overline{F_2} \cdot (r_2 - r_1) = G \cdot \frac{m_E \cdot m_0}{r_1 \cdot r_2} \cdot (r_2 - r_1) \Leftrightarrow W_2 = G \cdot m_E \cdot m_0 \cdot \left(\frac{1}{r_1} - \frac{1}{r_2} \right)$$

Im 3. Intervall findet man:

$$W_3 = W_{r_2;r_3} = \overline{F_3} \cdot (r_3 - r_2) = G \cdot \frac{m_E \cdot m_0}{r_2 \cdot r_3} \cdot (r_3 - r_2) \Leftrightarrow W_3 = G \cdot m_E \cdot m_0 \cdot \left(\frac{1}{r_2} - \frac{1}{r_3} \right)$$

Für das *n*-te Intervall gilt:

$$W_n = W_{r_{n-1};r_n} = \overline{F_n} \cdot (r_n - r_{n-1}) = G \cdot \frac{m_E \cdot m_0}{r_{n-1} \cdot r_n} \cdot (r_n - r_{n-1})$$

$$\Leftrightarrow W_n = G \cdot m_E \cdot m_0 \cdot \left(\frac{1}{r_{n-1}} - \frac{1}{r_n} \right)$$

Berechnung der Gesamtarbeit als Summe der n Teilarbeiten:

$$W_{Ges} = \sum_{i=1}^{n} W_i = W_1 + W_2 + W_3 + \ldots + W_n$$

$$W_{Ges} = W_{r_0;r_n} = G \cdot m_E \cdot m_0 \cdot \left[\left(\frac{1}{r_0} - \frac{1}{r_1} \right) + \left(\frac{1}{r_1} - \frac{1}{r_2} \right) + \left(\frac{1}{r_2} - \frac{1}{r_3} \right) + \ldots + \left(\frac{1}{r_{n-1}} - \frac{1}{r_n} \right) \right]$$

$$\Leftrightarrow W_{\text{Ges}} = W_{r_0;r_n} = G \cdot m_E \cdot m_0 \cdot \left[\frac{1}{r_0} - \frac{1}{r_1} + \frac{1}{r_1} - \frac{1}{r_2} + \frac{1}{r_2} - \frac{1}{r_3} + \ldots + \frac{1}{r_{n-1}} - \frac{1}{r_n} \right]$$

$$\Leftrightarrow W_{\text{Ges}} = W_{r_0;r_n} = G \cdot m_E \cdot m_0 \cdot \left[\frac{1}{r_0} - \frac{1}{r_n} \right]$$

Die Gesamtarbeit hängt somit nicht von der Anzahl der „homogenen" Teilbereiche ab, sondern ist nur vom Anfangs- und Endpunkt der Verschiebungsarbeit abhängig.

B) Bewegung des Probekörpers auf der Oberfläche einer Kugel, die zur Erde konzentrisch ist

In diesem Fall muss keine Verschiebungsarbeit verrichtet werden, da die Vektoren der Kraft und des Weges immer senkrecht aufeinander stehen.

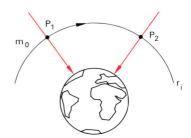

Bewegung mit konstantem Abstand zur Erde.4

C) Bewegung auf einem beliebigen Weg im Gravitationsfeld

Jeder Weg zwischen zwei beliebigen Punkten P_1 und P_2 im Gravitationsfeld der Erde kann durch zwei Teilwege beschrieben werden:

- Bewegung auf einer Kugeloberfläche mit Radius r_i
- Bewegung längs einer Feldlinie (radial).

Für die Verschiebungsarbeit von P_1 nach P_2 erhält man somit unabhängig vom Weg, den man einschlägt:

$$W_{r_1;r_2} = G \cdot m_E \cdot m_0 \cdot \left[\frac{1}{r_1} - \frac{1}{r_2} \right]$$

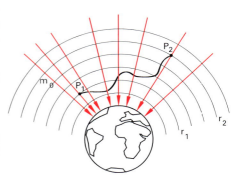

Dieses für das Erdfeld abgeleitete Ergebnis gilt allgemein für jede felderzeugende Masse.

$$W_{r_1;r_2} = G \cdot m_1 \cdot m_2 \cdot \left[\frac{1}{r_1} - \frac{1}{r_2} \right]$$

‚Die Verschiebungsarbeit zwischen zwei Punkten eines beliebigen Gravitationsfeldes ist unabhängig vom Weg, den man zwischen den beiden Punkten einschlägt. Hierbei ist r_1 der Anfangspunkt und r_2 der Endpunkt der Verschiebungsarbeit.
Die auf einem geschlossenen Weg verrichtete Arbeit ist null.'

3 Das Gravitationsfeld

Anmerkungen:
Betrachtung der Verschiebungsarbeit auf der Erde für kleine Höhen.

Die Gewichtskraft eines Körpers auf der Erdoberfläche ist gleich der Gravitationskraft der Erde. Für die Beträge der Kräfte gilt:

$$F_G = G \cdot \frac{M_E \cdot m_0}{r_E^2} \; ; \quad F = m_0 \cdot g; \quad F_G = F \quad \Rightarrow \quad g \cdot r_E^2 = G \cdot M_E$$

Anfangspunkt der Verschiebungsarbeit ist $r_1 = r_E$; Endpunkt der Verschiebungsarbeit ist $r_2 = r_E + h$

$$\Rightarrow \quad W_{r_E;r_2} = G \cdot M_E \cdot m_0 \cdot \left(\frac{1}{r_E} - \frac{1}{r_E + h} \right)$$

$$\Leftrightarrow \quad W_{r_E;r_2} = G \cdot M_E \cdot m_0 \cdot \frac{h}{r_E \cdot (r_E + h)} = m_0 \cdot g \cdot r_E^2 \cdot \frac{h}{r_E \cdot (r_E + h)} = m_0 \cdot g \cdot h \cdot \frac{r_E}{(r_E + h)}$$

Beschränkt man sich bei h nun auf kleine Höhen über der Erdoberfläche, so strebt der Quotient $\frac{r_E}{(r_E + h)}$ gegen den Wert 1 und kann somit vernachlässigt werden. Für die Verschiebungsarbeit auf der Erdoberfläche für kleine Höhen erhält man: $W_{r_E;r_2} = m_0 \cdot g \cdot h$

Diese Gleichung ist bereits bekannt und wurde für die Hubarbeit im homogenen Erdfeld abgeleitet. Für kleine Höhen h gilt diese Gleichung als Sonderfall der allgemeinen Lösung für das Radialfeld.

Herleitung mit Hilfe der Integralrechnung

Für die Verschiebungsarbeit erhält man allgemein: $W_{r_1;r_2} = \int_{r_1}^{r_2} \vec{F}_a \circ d\vec{r}$ mit $\vec{F}_a = -\vec{F}_G$ und $F_a = F_G$

Bewegt man sich längs des Einheitsvektors in radialer Richtung von der felderzeugenden Masse weg, so ist das Skalarprodukt positiv und darf durch das Produkt der Beträge ersetzt werden. Eine Bewegung zur felderzeugenden Masse hin entspricht einer Vertauschung des Integrationsweges, was zu einer negativen Arbeit führt.

$$W_{r_1;r_2} = \int_{r_1}^{r_2} G \cdot \frac{M \cdot m_0}{r^2} dr \quad \Leftrightarrow \quad W_{r_1;r_2} = G \cdot M \cdot m_0 \cdot \int_{r_1}^{r_2} \frac{1}{r^2} dr \quad \Leftrightarrow$$

$$W_{r_1;r_2} = G \cdot M \cdot m_0 \cdot \left[-\frac{1}{r} \right]_{r_1}^{r_2} \quad \Leftrightarrow \quad W_{r_1;r_2} = G \cdot M \cdot m_0 \cdot \left[-\frac{1}{r_2} - \left(-\frac{1}{r_1} \right) \right] \quad \Leftrightarrow$$

$$W_{r_1;r_2} = G \cdot M \cdot m_0 \cdot \left(\frac{1}{r_1} - \frac{1}{r_2} \right)$$

3.5.4 Potentielle Energie im radialsymmetrischen Gravitationsfeld

Die Verschiebungsarbeit im radialsymmetrischen Gravitationsfeld wird als potentielle Energie im Körper gespeichert. $\Rightarrow \quad E_{pot}(r) = W_{r_{Bez};r} = G \cdot M \cdot m_0 \left(\frac{1}{r_{Bez}} - \frac{1}{r} \right)$

Der Zahlenwert der potentiellen Energie ist nur von der Wahl des **Bezugniveaus** abhängig.
Gegebene Größen:
M ist die felderzeugende Masse; m_0 ist die Masse des Probekörpers; r_0 ist der Radius der felderzeugenden Masse und es gilt stets $r_0 \leq r$.
Zur Verdeutlichung wird eine Fallunterscheidung für zwei unterschiedliche Bezugniveaus durchgeführt.

A) Das Bezugsniveau liegt auf der Oberfläche des Felderregers

Hier gilt: $r_{Bez} = r_0$

Für die potentielle Energie folgt: $E_{pot}(r) = W_{r_{Bez};r} = G \cdot M \cdot m_0 \cdot \left(\dfrac{1}{r_0} - \dfrac{1}{r} \right)$

Auf der Oberfläche der felderzeugenden Masse (für $r = r_0$) gilt nach Definition $E_{pot}(r_0) = 0$

Betrachtet man in diesem Bezugssystem einen Punkt im Unendlichen, so erhält man:

$$\lim_{r \to \infty} E_{pot}(r) = \lim_{r \to \infty} \left[G \cdot M \cdot m_0 \cdot \left(\dfrac{1}{r_0} - \dfrac{1}{r} \right) \right] = G \cdot M \cdot m_0 \cdot \dfrac{1}{r_0}$$

Grafische Darstellung der potentiellen Energie mit Bezugsniveau auf der Oberfläche der felderzeugenden Masse.

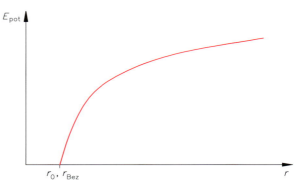

B) Das Bezugsniveau liegt im Unendlichen

$$E_{pot}(r) = \lim_{r_{Bez} \to \infty} W_{r_{Bez};r} = \lim_{r_{Bez} \to \infty} \left[G \cdot M \cdot m_0 \cdot \left(\dfrac{1}{r_{Bez}} - \dfrac{1}{r} \right) \right]$$

Die potentielle Energie in diesem Bezugssystem: $E_{pot}(r) = - G \cdot M \cdot m_0 \cdot \dfrac{1}{r}$

Auf der Oberfläche der felderzeugenden Masse ($r = r_0$) erhält man:

$E_{pot}(r_0) = - G \cdot M \cdot m_0 \cdot \dfrac{1}{r_0}$

Ein im Unendlichen liegender Punkt hat laut Definition die potentielle Energie null.

$$\lim_{r \to \infty} E_{pot}(r) = \lim_{r \to \infty} \left[- G \cdot M \cdot m_0 \cdot \dfrac{1}{r} \right] = 0$$

Grafische Darstellung der potentiellen Energie mit Bezugsniveau im feldfreien Raum.

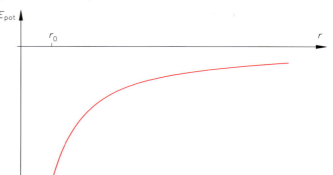

3 Das Gravitationsfeld

3.5.5 Das Gravitationspotential

Im letzten Kapitel wurde gezeigt, dass die potentielle Energie einer Probemasse in einem homogenen oder radialsymmetrischen Gravitationsfeld direkt proportional zur Masse des Probekörpers ist. Teilt man nun die potentielle Energie durch die Masse des Probekörpers, so erhält man eine neue feldbeschreibende Größe.

> Unter dem **Gravitationspotential** V einer felderzeugenden Masse M versteht man den Quotienten der potentiellen Energie, die eine Masse m in einem beliebigen Punkt besitzt und dieser Masse m.
>
> $$V(r) = \frac{E_{pot}(r)}{m} = \frac{W_{r_{Bez};r}}{m} = G \cdot M \cdot \left(\frac{1}{r_{Bez}} - \frac{1}{r}\right)$$
>
> Das Potential ist eine skalare feldbeschreibende Größe der felderzeugenden Masse.
>
> Einheit der Potentials: $[V] = \dfrac{J}{kg}$

Da die potentielle Energie von der Festlegung des Bezugsniveaus (Nullniveau) abhängig ist, hängt der absolute Wert des Gravitationspotentials ebenfalls vom Bezugsniveau ab. In den meisten Fällen legt man dieses Bezugsniveau in den feldfreien Raum (ins Unendliche). Für diesen Fall erhält man:

$$V(r) = \frac{\lim_{r_{Bez} \to \infty} \left[G \cdot M \cdot m \cdot \left(\frac{1}{r_{Bez}} - \frac{1}{r}\right)\right]}{m} \qquad V(r) = G \cdot M \cdot \lim_{r_{Bez} \to \infty}\left(\frac{1}{r_{Bez}} - \frac{1}{r}\right) = -\frac{G \cdot M}{r}$$

Beispiel:
Darstellung des Gravitationspotentials in der Umgebung der Erde.

Das Bezugsniveau der potentiellen Energie liege im Unendlichen.

$$V(r) = -\frac{G \cdot M_E}{r} = -g \cdot \frac{r_E^2}{r}$$

(siehe S. 207 oben)

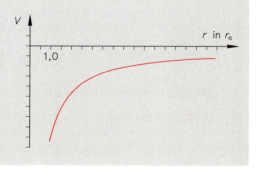

Die Potentialdifferenz zwischen zwei Punkten eines radialsymmetrischen Gravitationsfeldes

Gesucht ist die Differenz der Potentiale der Punkte A und B in einem radialsymmetrischen Gravitationsfeld der Masse M.

$$\Delta V = V_B - V_A \quad \Rightarrow$$

$$\Delta V = G \cdot M \cdot \left(\frac{1}{r_{Bez}} - \frac{1}{r_B}\right) - G \cdot M \cdot \left(\frac{1}{r_{Bez}} - \frac{1}{r_A}\right)$$

$$\Delta V = G \cdot M \cdot \left(\frac{1}{r_{Bez}} - \frac{1}{r_B} - \frac{1}{r_{Bez}} + \frac{1}{r_A}\right) = G \cdot M \cdot \left(\frac{1}{r_A} - \frac{1}{r_B}\right)$$

> **Im Gegensatz zum Potential ist die Potentialdifferenz unabhängig von der Wahl des Bezugsniveaus der potentiellen Energie ist (gleiches gilt für die potentielle Energie und die Differenz der potentiellen Energie).**

Multipliziert man diese Gleichung noch mit der Masse des Probekörpers, so erhält man:

$$m \cdot \Delta V = G \cdot M \cdot m \cdot \left(\frac{1}{r_A} - \frac{1}{r_B}\right) \quad \Leftrightarrow \quad \Delta E_{pot} = G \cdot M \cdot m \cdot \left(\frac{1}{r_A} - \frac{1}{r_B}\right) = W_{A;B}$$

$$\Delta E_{pot} = W_{A;B} = m \cdot \Delta V$$

Die letzte Gleichung liefert einen allgemeinen Zusammenhang zwischen der Verschiebungsarbeit und den Differenzen von potentieller Energie und Potential. Da die Verschiebungsarbeit von A nach B betrachtet wird, gilt für die Differenzen:

$$\Delta E_{pot} = E_{potB} - E_{potA} \quad \text{und} \quad \Delta V = V_B - V_A$$

3.5.6 Die Fluchtgeschwindigkeit

Gesucht ist die Geschwindigkeit, die man ohne Berücksichtigung des Luftwiderstandes einem Körper verleihen müsste, damit er aufgrund dieser Geschwindigkeit das Schwerefeld der Erde verlässt und im Unendlichen zur Ruhe kommt.
Am Beispiel der Erde gelte folgende Vereinbarung:
- Der Körper ruht auf der Erdoberfläche (Punkt A); die Erdrotation wird vernachlässigt.
- Der Nullpunkt der potentiellen Energie liege im Unendlichen (Punkt B).

Zur Berechnung verwendet man das Arbeit-Energie-Prinzip.
Die Änderung der Gesamtenergie ist gleich der durch äußere Kräfte verrichteten Arbeit.

$$\Delta E_{Ges} = W_a + W_i \quad \text{(Keine Reibung} \Rightarrow W_i = 0)$$
$$E_{GesB} - E_{GesA} = W_a$$
$$(E_{kinB} + E_{potB}) - (E_{kinA} + E_{potA}) = W_a$$

3 Das Gravitationsfeld

Aus der Aufgabenstellung und den Vereinbarungen folgt:

$E_{kinA} = 0;\ E_{kinB} = 0;\ E_{potB} = 0$

$-E_{potA} = W_a;\quad -\left(-G \cdot M \cdot m_0 \cdot \dfrac{1}{r_E}\right) = W_a$

Die äußere Arbeit ist die Beschleunigungsarbeit.

$G \cdot M \cdot m_0 \cdot \dfrac{1}{r_E} = \dfrac{1}{2} \cdot m_0 \cdot v^2 \quad \Rightarrow \quad |v| = \sqrt{2 \cdot G \cdot M \cdot \dfrac{1}{r_E}} \quad \text{mit } G \cdot M = g_E \cdot r_E^2$

$\Leftrightarrow |v| = \sqrt{2 \cdot g_E \cdot r_E};\quad [v] = \sqrt{\dfrac{m \cdot m}{s^2}} = \dfrac{m}{s}$

$|v| = \sqrt{2 \cdot 9{,}81\ \dfrac{m}{s^2} \cdot 6{,}37 \cdot 10^6\ m}$

Als Zahlenwert erhält man: $|v| = 11{,}2 \cdot 10^3\ \dfrac{m}{s} = 11{,}2\ \dfrac{km}{s}$

Diese Fluchtgeschwindigkeit ist von der Masse des Körpers unabhängig. Man bezeichnet die Fluchtgeschwindigkeit auch als **2. kosmische Geschwindigkeit**.

3.6 Satellitenbewegung

Unter **Satelliten** versteht man die Monde der Planeten oder die künstlichen Raumsonden. Der Mond ist somit der natürliche Satellit der Erde. Der erste künstliche Satellit der Erde wurde am 4. 10. 1957 von der Sowjetunion gestartet. Dieser Satellit trug den Namen „Sputnik 1". In der Zwischenzeit umkreisen sehr viele künstliche Satelliten die Erde. Zur Berechnung ihrer Bahnen setzt man auch hier Kreisbahnen voraus. Die Satellitenbewegung lässt sich damit als eine Kreisbewegung eines Körpers im Gravitationsfeld der Erde beschreiben. (Eine Satellitenbewegung ist natürlich auch um jede andere Zentralmasse möglich.)

3.6.1 Grundlagen

Annahme:

Ein Körper der Masse m_0 bewegt sich um die Erde, wobei die Erde exakt das Zentralgestirn für diese Bewegung darstellt. Die für diese Kreisbewegung des Satelliten nötige Zentripetalkraft ist die Gravitationskraft. Für die Beträge gilt:

$F_Z = m_0 \cdot \dfrac{4 \cdot \pi^2}{T^2} \cdot r;\quad F_G = G \cdot \dfrac{m_E \cdot m_0}{r^2}\ \text{und}\ F_Z = F_G$

Hieraus folgt sofort das 3. Kepler'sche Gesetz:

$\dfrac{T^2}{r^3} = C_E = \dfrac{4 \cdot \pi^2}{G \cdot m_E}$

(*Kepler* hat diesen Zusammenhang für die Planetenbewegung um die Sonne nachgewiesen.)

Die Umlaufdauer des Körpers ist somit:

$$T = \sqrt{\frac{4 \cdot \pi^2 \cdot r^3}{G \cdot m_E}} \quad \text{mit } G \cdot m_E = g_E \cdot r_E^2 \text{ folgt:}$$

$$T = \sqrt{\frac{4 \cdot \pi^2 \cdot r^3}{g_E \cdot r_E^2}} = 2 \cdot \pi \cdot r \cdot \sqrt{\frac{r}{g_E \cdot r_E^2}}$$

Da r und T durch das 3. Kepler'sche Gesetz miteinander verknüpft sind, kann nur eine der beiden Größen frei gewählt werden. Es gibt somit zu jedem Kreisbahnradius nur **eine** Umlaufdauer, mit der ein Körper diese Bahn durchlaufen kann.

Für die Bahngeschwindigkeit des Körpers auf seiner Kreisbahn erhält man aus dem gleichen Ansatz:

$$F_Z = m_0 \cdot \frac{v^2}{r} \; ; \quad F_G = G \cdot \frac{m_E \cdot m_0}{r^2} \quad \text{und} \quad F_Z = F_G$$

$$v^2 = G \cdot m_E \cdot \frac{1}{r} \; ; \quad |v| = \sqrt{G \cdot m_E \cdot \frac{1}{r}} \quad \text{mit} \quad G \cdot m_E = g_E \cdot r_E^2$$

$$|v| = \sqrt{\frac{g_E \cdot r_E^2}{r}} = r_E \cdot \sqrt{\frac{g_E}{r}}$$

3.6.2 Die erste kosmische Geschwindigkeit

Welche Bahngeschwindigkeit muss man einem Körper erteilen, damit er nicht mehr auf die Erdoberfläche zurückfällt, sondern die Erde nahe ihrer Oberfläche umkreist? (Von Reibungseinflüssen wird abgesehen).
Der Radius für eine derartige Kreisbahn ist in guter Näherung der Erdradius.
Mit der allgemeinen Lösung erhält man:

$$\Rightarrow |v_1| = \sqrt{r_E \cdot g_E}; \quad [v_1] = \sqrt{\frac{m \cdot m}{s^2}} = \frac{m}{s}$$

$$\text{Zahlenwert:} |v_1| = \sqrt{6{,}37 \cdot 10^6 \text{m} \cdot 9{,}81 \frac{m}{s^2}} = 7{,}91 \cdot 10^3 \frac{m}{s} = 7{,}91 \frac{km}{s}$$

Diese Geschwindigkeit bezeichnet man auch als **erste kosmische Geschwindigkeit**, da sie die Mindestgeschwindigkeit darstellt, die man benötigt, um der Erdoberfläche auf Dauer zu entkommen.

Anmerkung zu den kosmischen Geschwindigkeiten.
Die bisher bekannten zwei kosmischen Geschwindigkeiten haben einen Einfluss auf die jeweilige Bahnkurve.

Im Bereich $v < 7{,}9 \frac{km}{s}$ erhält man eine Wurfparabel.

Ist $v = 7{,}9 \frac{km}{s}$, so umkreist der Körper die Erde auf einer Kreisbahn.

Für $7{,}9 \frac{km}{s} < v < 11{,}2 \frac{km}{s}$ ergeben sich Ellipsenbahnen. Erreicht der Körper die Fluchtgeschwin-

3 Das Gravitationsfeld

digkeit 11,2 $\frac{km}{s}$, so bewegt er sich auf einer Parabelbahn ins Unendliche und kommt dort zur Ruhe. Bei noch größeren Geschwindigkeiten verlässt der Körper den Einflussbereich der Erde auf Hyperbelbahnen.

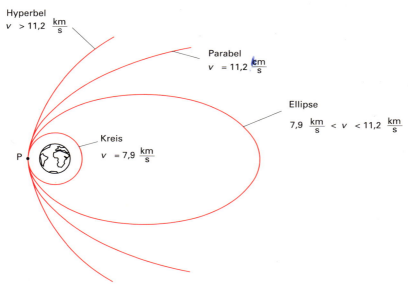

Zusammenhang zwischen Bahnkurve und Geschwindigkeit.

Neben den bisher besprochenen kosmischen Geschwindigkeiten sind noch zwei weitere gebräuchlich.
Die dritte kosmische Geschwindigkeit gibt die Mindestgeschwindigkeit an, die ein Körper von der Erde aus benötigt um unser Sonnensystem zu verlassen.

$$v_3 = 42 \ \frac{km}{s}$$

Zum Verlassen unser Heimatgalaxie, der Milchstraße, ist eine Geschwindigkeit von etwa 100 $\frac{km}{s}$ nötig.

3.6.3 Der Synchronsatellit

Man versteht darunter einen Satelliten, der, von der Erde aus gesehen, sich **immer am selben Punkt über dem Erdäquator** befindet. Damit dies möglich ist, muss seine Umlaufdauer genau 24 Stunden (genau 23 h 56 m, 4,091 s, „ein Sterntag" betragen, um so die Eigenrotation der Erde mitzumachen. (Siehe auch 3.7.2 Aufgabe 13).
Für den Abstand über der Erdoberfläche ergibt sich aus dem Kräfteansatz:

$$F_Z = m_0 \cdot \frac{4 \cdot \pi^2}{T^2} \cdot r; \qquad F_G = G \cdot \frac{m_E \cdot m_0}{r^2} \qquad \text{und } F_Z = F_G$$

$$m_0 \cdot \frac{4 \cdot \pi^2}{T^2} \cdot r = G \cdot \frac{m_E \cdot m_0}{r^2} \qquad \text{mit } G \cdot m_E = g_E \cdot r_E^2$$

$$\Rightarrow r^3 = \frac{g_E \cdot r_E^2 \cdot T^2}{4 \cdot \pi^2} \Leftrightarrow r = \sqrt[3]{\frac{g_E \cdot r_E^2 \cdot T^2}{4 \cdot \pi^2}} \qquad \text{mit } r = r_E + h$$

$$\Rightarrow h = \sqrt[3]{\frac{g_E \cdot r_E^2 \cdot T^2}{4 \cdot \pi^2}} - r_E ; \quad [h] = \sqrt[3]{\frac{m \cdot m^2 \cdot s^2}{s^2}} = m$$

$$h = \sqrt[3]{\frac{9{,}81 \,\frac{m}{s^2} \cdot (6{,}37 \cdot 10^6 \, m)^2 \cdot (24{,}0 \cdot 3600 \, s)^2}{4 \cdot \pi^2}} - 6{,}37 \cdot 10^6 \, m$$

$$h = 3{,}59 \cdot 10^7 \, m$$

Synchronsatelliten befinden sich somit $36 \cdot 10^3$ km über der Erdoberfläche.

3.6.4 Die kinetische Energie eines Satelliten

Die Satelliten bewegen sich auf Kreisbahnen. Ihre kinetische Energie wird durch die Bahngeschwindigkeit, die zu der jeweiligen Kreisbahn gehört, bestimmt. Für die kinetische Energie eines Satelliten der Masse m_0 in der Höhe h über der Erdoberfläche erhält man:

$$E_{kin}(h) = \frac{1}{2} \cdot m_0 \cdot v(h)^2 \quad \text{mit} \quad v(h)^2 = G \cdot m_E \cdot \frac{1}{r_E + h} = \frac{g_E \cdot r_E^2}{r_E + h} \quad \text{(siehe S. 212)}$$

$$E_{kin}(h) = \frac{1}{2} \cdot m_0 \cdot G \cdot m_E \cdot \frac{1}{r_E + h} = \frac{1}{2} \cdot m_0 \cdot \frac{g_E \cdot r_E^2}{r_E + h}$$

Grafische Darstellung der kinetischen Energie.

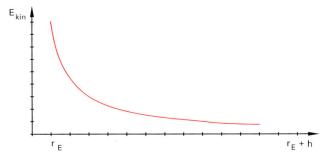

Erhöht man den Abstand zur Erdoberfläche, so nimmt die kinetische Energie ab.

3.6.5 Potentielle Energie eines Satelliten

Die potentielle Energie ist von der Wahl des Bezugsniveaus abhängig. (Siehe auch 3.5.4). Je nach Bezugsniveau erhält man mit $M = m_E$ und $r = r_E + h$:

A) Bezugsniveau im feldfreien Raum

$$E_{pot}(h) = \lim_{r_{Bez} \to \infty} [W_{r_{Bez}, r_E + h}] = \lim_{r_{Bez} \to \infty} \left[G \cdot m_E \cdot m_0 \cdot \left(\frac{1}{r_{Bez}} - \frac{1}{r_E + h} \right) \right]$$

$$E_{pot}(h) = -G \cdot m_E \cdot m_0 \cdot \frac{1}{r_E + h} = -g_E \cdot r_E^2 \cdot m_0 \cdot \frac{1}{r_E + h}$$

3 Das Gravitationsfeld

B) Bezugsniveau auf der Oberfläche

$E_{pot}(h) = W_{r_{Bez};r_E+h}$ und $r_{Bez} = r_E$

$E_{pot}(h) = G \cdot m_E \cdot m_0 \cdot \left(\dfrac{1}{r_E} - \dfrac{1}{r_E + h} \right) \Leftrightarrow E_{pot}(h) = G \cdot m_E \cdot m_0 \cdot \left(\dfrac{h}{r_E \cdot (r_E + h)} \right)$

$E_{pot}(h) = g_E \cdot r_E^2 \cdot m_0 \cdot \left(\dfrac{h}{r_E \cdot (r_E + h)} \right) \Leftrightarrow E_{pot}(h) = g_E \cdot r_E \cdot m_0 \cdot \left(\dfrac{h}{r_E + h} \right)$

3.6.6 Gesamtenergie des Satelliten

Für die Gesamtenergie des Satelliten auf seiner Bahn mit der Höhe h folgt:

$E_{Ges}(h) = E_{kin}(h) + E_{pot}(h)$

A) Bezugsniveau im feldfreien Raum

$E_{kin}(h) = \dfrac{1}{2} \cdot m_0 \cdot G \cdot m_E \cdot \dfrac{1}{r_E + h} = \dfrac{1}{2} \cdot m_0 \cdot \dfrac{g_E \cdot r_E^2}{r_E + h}$

$E_{pot}(h) = \lim\limits_{r_{Bez} \to \infty} \left[W_{r_{Bez};r_E+h} \right] = \lim\limits_{r_{Bez} \to \infty} \left[G \cdot m_E \cdot m_0 \cdot \left(\dfrac{1}{r_{Bez}} - \dfrac{1}{r_E + h} \right) \right]$

$E_{pot}(h) = - G \cdot m_E \cdot m_0 \cdot \dfrac{1}{r_E + h} = - g_E \cdot r_E^2 \cdot m_0 \cdot \dfrac{1}{r_E + h}$

$\Rightarrow E_{Ges}(h) = \dfrac{1}{2} \cdot m_0 \cdot \dfrac{g_E \cdot r_E^2}{r_E + h} + \left(- g_E \cdot r_E^2 \cdot m_0 \cdot \dfrac{1}{r_E + h} \right)$

$\Leftrightarrow E_{Ges}(h) = - \dfrac{1}{2} \cdot m_0 \cdot \dfrac{g_E \cdot r_E^2}{r_E + h}$

Grafische Darstellung der Energien. (Bezugsniveau liegt im Unendlichen.)

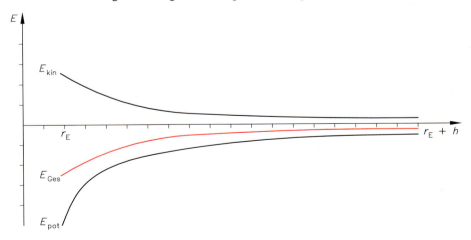

In diesem Bezugssystem ist die Gesamtenergie immer negativ, für größeres h nimmt die Gesamtenergie zu. Der Maximalwert der Gesamtenergie ist null.

B) Bezugsniveau der potentiellen Energie liegt auf der Oberfläche des felderzeugenden Körpers (Erde).

$$E_{kin}(h) = \frac{1}{2} \cdot m_0 \cdot G \cdot m_E \cdot \frac{1}{r_E + h} = \frac{1}{2} \cdot m_0 \cdot \frac{g_E \cdot r_E^2}{r_E + h}$$

$$E_{pot}(h) = G \cdot m_E \cdot m_0 \cdot \left(\frac{1}{r_E} - \frac{1}{r_E + h}\right) \Leftrightarrow E_{pot}(h) = g_E \cdot r_E^2 \cdot m_0 \cdot \left(\frac{1}{r_E} - \frac{1}{r_E + h}\right)$$

$$E_{Ges}(h) = \frac{1}{2} \cdot m_0 \cdot \frac{g_E \cdot r_E^2}{r_E + h} + \left(g_E \cdot r_E^2 \cdot m_0 \cdot \left(\frac{1}{r_E} - \frac{1}{r_E + h}\right)\right)$$

$$\Leftrightarrow E_{Ges}(h) = g_E \cdot r_E^2 \cdot m_0 \cdot \left(\frac{1}{2 \cdot (r_E + h)} + \frac{1}{r_E} - \frac{1}{r_E + h}\right)$$

$$\Leftrightarrow E_{Ges}(h) = g_E \cdot r_E^2 \cdot m_0 \cdot \left(\frac{1}{r_E} - \frac{1}{2 \cdot (r_E + h)}\right)$$

Grafische Darstellung der Energien mit Bezugsniveau auf der Erdoberfläche.

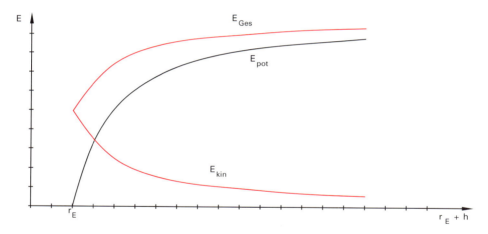

C) Zusammenfassung

Alle Energien sind vom Abstand h, den der Körper von der Oberfläche besitzt, abhängig. Vergrößert man diesen Abstand, so gilt **unabhängig** vom Bezugssystem:
Die potentielle Energie nimmt zu.
Die kinetische Energie nimmt ab.
Die Gesamtenergie nimmt zu.

3 Das Gravitationsfeld

3.6.7 Energiedifferenzen für zwei Satellitenbahnen

Satelliten werden meist nicht direkt in ihre Umlaufbahn, sondern zuerst auf eine so genannte Parkbahn gebracht. Durch erneutes Zünden der Triebwerke gelangen sie dann von dieser Parkbahn auf ihre eigentliche Umlaufbahn. Die Änderung der Energien für zwei unterschiedliche Satellitenbahnen werden nun allgemein berechnet.

Gegebene Größen: g_E, r_E, m_S (Masse des Satelliten)
Bahn 1: Höhe h_1 Bahn 2: Höhe h_2

1) Änderung der potentiellen Energie $\Delta E_{pot} = E_{pot}(h_2) - E_{pot}(h_1)$

– Bezugsniveau auf der Oberfläche

$$E_{pot}(h_1) = g_E \cdot r_E^2 \cdot m_S \cdot \left(\frac{1}{r_E} - \frac{1}{r_E + h_1}\right) \quad \text{und} \quad E_{pot}(h_2) = g_E \cdot r_E^2 \cdot m_S \cdot \left(\frac{1}{r_E} - \frac{1}{r_E + h_2}\right)$$

$$\Rightarrow \Delta E_{pot} = g_E \cdot r_E^2 \cdot m_S \cdot \left(\frac{1}{r_E} - \frac{1}{r_E + h_2} - \frac{1}{r_E} + \frac{1}{r_E + h_1}\right)$$

$$\Leftrightarrow \Delta E_{pot} = g_E \cdot r_E^2 \cdot m_S \cdot \left(\frac{1}{r_E + h_1} - \frac{1}{r_E + h_2}\right)$$

– Bezugsniveau im feldfreien Raum

$$E_{pot}(h_1) = -g_E \cdot r_E^2 \cdot m_S \cdot \frac{1}{r_E + h_1} \quad \text{und} \quad E_{pot}(h_2) = -g_E \cdot r_E^2 \cdot m_S \cdot \frac{1}{r_E + h_2}$$

$$\Rightarrow \Delta E_{pot} = -g_E \cdot r_E^2 \cdot m_S \cdot \left(\frac{1}{r_E + h_2} - \frac{1}{r_E + h_1}\right)$$

$$\Leftrightarrow \Delta E_{pot} = g_E \cdot r_E^2 \cdot m_S \cdot \left(\frac{1}{r_E + h_1} - \frac{1}{r_E + h_2}\right)$$

Betrachtet man die Ergebnisse für die Änderung der potentiellen Energie in beiden Bezugssystemen, so stellt man fest:

> Die **Änderung** der potentiellen Energie ist unabhängig von der Wahl des Bezugsniveaus.

2) Änderung der kinetischen Energie $\Delta E_{kin} = E_{kin}(h_2) - E_{kin}(h_1)$

$$E_{kin}(h_1) = \frac{1}{2} \cdot m_S \cdot \frac{g_E \cdot r_E^2}{r_E + h_1} \quad \text{und} \quad E_{kin}(h_2) = \frac{1}{2} \cdot m_S \cdot \frac{g_E \cdot r_E^2}{r_E + h_2}$$

$$\Rightarrow \Delta E_{kin} = \frac{1}{2} \cdot m_S \cdot \frac{g_E \cdot r_E^2}{r_E + h_2} - \frac{1}{2} \cdot m_S \cdot \frac{g_E \cdot r_E^2}{r_E + h_1}$$

$$\Leftrightarrow \Delta E_{kin} = \frac{1}{2} \cdot g_E \cdot r_E^2 \cdot m_S \cdot \left(\frac{1}{r_E + h_2} - \frac{1}{r_E + h_1}\right)$$

Untersucht man das Verhältnis der beiden Energieänderungen zueinander, so gilt:

$$\frac{\Delta E_{pot}}{\Delta E_{kin}} = \frac{g_E \cdot r_E^2 \cdot m_s \cdot \left(\frac{1}{r_E + h_1} - \frac{1}{r_E + h_2}\right)}{\frac{1}{2} \cdot g_E \cdot r_E^2 \cdot m_s \cdot \left(\frac{1}{r_E + h_2} - \frac{1}{r_E + h_1}\right)} = -2$$

$$\Leftrightarrow \Delta E_{pot} = -2 \cdot \Delta E_{kin} \quad \text{oder} \quad \Delta E_{kin} = -\frac{1}{2} \cdot \Delta E_{pot}$$

3) Änderung der Gesamtenergie $\Delta E_{Ges} = \Delta E_{kin} + \Delta E_{pot}$

Mit den oben gefundenen Zusammenhängen erhält man sofort:

$$\Delta E_{Ges} = \Delta E_{kin} - 2 \cdot \Delta E_{kin} = -\Delta E_{kin} \quad \text{oder} \quad \Delta E_{Ges} = -\frac{1}{2} \cdot \Delta E_{pot} + \Delta E_{pot} = \frac{1}{2} \Delta E_{pot}$$

Diese Zusammenhänge der Energien sind für alle Gravitationsfelder gültig!

„Wenn ein Raumschiff in die Lufthülle eintritt, gibt es unter Wärmeentwicklung Energie ab. Gleichzeitig nimmt jedoch bei abnehmender Gesamtenergie die kinetische Energie zu. Das Raumschiff wird schneller, wenn man es bremst."

3.7 Aufgaben zum Gravitationsfeld

3.7.1 Musteraufgabe

1.0 Eine zweistufige Rakete soll auf eine Kreisbahn um die Erde gebracht werden.
Gegeben: Masse der Rakete m_R, g_E, r_E.
Das Bezugsniveau der potentiellen Energie befindet sich auf der Erdoberfläche.

1.1 Welche maximale Entfernung h_1 von der Erdoberfläche erreicht die Rakete, wenn die Startgeschwindigkeit $v_0^2 = g_E \cdot r_E$ beträgt?

Lösung:

Bei dieser Teilaufgabe kreist die Rakete nicht um die Erde. Die vorhandene kinetische Energie wird in potentielle Energie verwandelt. (Analog der maximalen Wurfhöhe beim senkrechten Wurf nach oben.)

$$E_{kin}(r_E) = \frac{1}{2} \cdot m_R \cdot v_0^2 = \frac{1}{2} \cdot m_R \cdot g_E \cdot r_E$$

Mit $r_1 = r_E + h_1$ und $g_E \cdot r_E^2 = G \cdot m_E$ erhält man für die Verschiebungsarbeit:

$$W_{r_E;r_1} = g_E \cdot r_E^2 \cdot m_R \cdot \left(\frac{1}{r_E} - \frac{1}{r_E + h_1}\right)$$

Gleichsetzen der Energien: $E_{kin}(r_E) = W_{r_E;r_1}$

$$\frac{1}{2} \cdot m_R \cdot g_E \cdot r_E = g_E \cdot r_E^2 \cdot m_R \cdot \left(\frac{1}{r_E} - \frac{1}{r_E + h_1}\right) \Leftrightarrow \frac{1}{2 \cdot r_E} = \frac{1}{r_E} - \frac{1}{r_E + h_1}$$

$$\Leftrightarrow \frac{1}{r_E + h_1} = \frac{1}{2 \cdot r_E} \quad \Leftrightarrow \quad 2 \cdot r_E = r_E + h_1 \quad \Leftrightarrow \quad h_1 = r_E$$

Mit der gegebenen Anfangsgeschwindigkeit kann die Rakete den Abstand $h_1 = r_E$ von der Erdoberfläche erreichen. (2. Möglichkeit zur Definition der ersten kosmischen Geschwindigkeit!)

3 Das Gravitationsfeld

1.2.0 Die zweite Stufe der Rakete bringt den Flugkörper auf die Geschwindigkeit v_B, die ihn befähigt, eine Kreisbahn um die Erde mit dem Radius $r_2 = 3 \cdot r_E$ zu durchlaufen.

1.2.1 Berechnen Sie die Gesamtenergie der Rakete auf der Kreisbahn r_2.

Lösung: $E_{Ges}(r_2) = E_{kin}(r_2) + E_{pot}(r_2)$

$$E_{kin}(r_2) = \frac{1}{2} \cdot g_E \cdot r_E^2 \cdot m_R \cdot \left(\frac{1}{3 \cdot r_E}\right) = \frac{1}{6} \cdot g_E \cdot r_E \cdot m_R$$

$$E_{pot}(r_2) = g_E \cdot r_E^2 \cdot m_R \cdot \left(\frac{1}{r_E} - \frac{1}{3 \cdot r_E}\right) = \frac{2}{3} \cdot g_E \cdot r_E \cdot m_R$$

$$\Rightarrow E_{Ges}(r_2) = g_E \cdot r_E \cdot m_R \cdot \left(\frac{4}{6} + \frac{1}{6}\right) = \frac{5}{6} \cdot g_E \cdot r_E \cdot m_R$$

1.2.2 Welche Geschwindigkeit v_B muss der Rakete dazu vermittelt werden?
Die Lösung dieser Teilaufgabe erfolgt mit dem Arbeit-Energie-Prinzip:
$E_{Ges}(r_1) + W_a = E_{Ges}(r_2)$
Die äußeren Kräfte verrichten an der Rakete Beschleunigungsarbeit, die sie auf die Geschwindigkeit v_B bringen. Die Gesamtenergie im Abstand h_1 ist die potentielle Energie in diesem Punkt, da die Rakete dort „ruht". (Keine Kreisbahn!)
Für die Beschleunigungsarbeit gilt:

$$E_{Ges}(r_1) = \frac{1}{2} \cdot g_E \cdot r_E \cdot m_R \quad \text{und} \quad E_{Ges}(r_2) = \frac{5}{6} \cdot g_E \cdot r_E \cdot m_R$$

Für die Beschleunigungsarbeit gilt: $W_a = \frac{1}{2} \cdot m_R \cdot v_B^2$

$$\frac{1}{2} \cdot g_E \cdot r_E \cdot m_R + \frac{1}{2} \cdot m_R \cdot v_B^2 = \frac{5}{6} \cdot g_E \cdot r_E \cdot m_R$$

$$\Leftrightarrow v_B^2 = \frac{2}{3} \cdot g_E \cdot r_E \Leftrightarrow |v_B| = \sqrt{\frac{2}{3} \cdot g_E \cdot r_E}$$

1.3 Durch erneutes Zünden eines Triebwerkes soll die Rakete nun von der Kreisbahn mit Radius r_2 auf eine Geschwindigkeit v_3 gebracht werden, die ein Verlassen des Gravitationsfeldes der Erde ermöglicht. Berechnen Sie v_3 für $r_E = 6370$ km und $g_E = 9{,}81 \frac{m}{s^2}$!

Lösung:
Hier kann man die allgemeine Lösung für zwei Satellitenbahnen benutzen. Günstig ist der Zusammenhang zwischen Gesamtenergie und kinetischer Energie. Die Änderung der Gesamtenergie muss der Rakete von außen in Form von Beschleunigungsarbeit zugeführt werden, die Endgeschwindigkeit ist null.

$$\Rightarrow \Delta E_{Ges} = -\Delta E_{kin} \quad \text{mit} \quad \Delta E_{Ges} = W_a = \frac{1}{2} \cdot m_R \cdot v_3^2$$

$$\Rightarrow \Delta E_{kin} = \lim_{r_3 \to \infty} (E_{kin}(r_3)) - E_{kin}(r_2) = 0 - \frac{1}{6} \cdot m_R \cdot g_E \cdot r_E$$

$$\Rightarrow \frac{1}{6} \cdot m_R \cdot g_E \cdot r_E = \frac{1}{2} \cdot m_R \cdot v_3^2$$

$$\Leftrightarrow v_3^2 = \frac{1}{3} \cdot g_E \cdot r_E \quad \Leftrightarrow \quad |v_3| = \sqrt{\frac{1}{3} \cdot g_E \cdot r_E}; \quad [v_3] = \sqrt{\frac{m \cdot m}{s^2}} = \frac{m}{s}$$

$$|v_3| = \sqrt{\frac{1}{3} \cdot 9{,}81 \frac{m}{s^2} \cdot 6{,}370 \cdot 10^6 \, m} = 4{,}56 \cdot 10^3 \frac{m}{s}$$

3.7.2 Übungsaufgaben

1 Berechnen Sie aus der Umlaufzeit des Merkur (T_{Me}) und den Bahnradien des Mars (r_{Ma}) und des Merkur (r_{Me}) die Umlaufzeit des Mars. Wie verhalten sich die Umlaufzeiten der Planeten zueinander? (Daten siehe S. 188)

2.0 Die Überprüfung der Gültigkeit des Gravitationsgesetzes und die experimentelle Bestimmung der Gravitationskonstanten G können auf der Erde vorgenommen werden.

2.1 Beschreiben Sie einen Versuch, mit dem die Gravitationskonstante bestimmt werden kann.

2.2 Ein Messversuch mit einer geeigneten Gravitationsdrehwaage liefert zu Beginn der Bewegung für den zurückgelegten Weg der kleinen Kugeln folgende Werte:

Zeit t in s	0	30	60	90	120
s in 10^{-6} m	0	19	81	180	330

Zeichnen Sie ein Diagramm, in dem die Abhängigkeit des Weges vom Quadrat der gemessenen Zeit dargestellt wird.

2.3 Begründen Sie anhand des Diagramms, dass eine gleichmäßig beschleunigte Bewegung vorliegt und entnehmen Sie dem Diagramm den Wert für die auftretende Beschleunigung.

2.4 Errechnen Sie den Wert der Gravitationskonstanten, wenn die beschleunigende Masse 1,5 kg, die beschleunigte („fallende") Masse 15 g, der Abstand der Massenmittelpunkte 4,7 cm und die gemessene mittlere Beschleunigung $4{,}4 \cdot 10^{-8} \frac{m}{s^2}$ betragen.

2.5 Um wie viel Prozent weicht der hier bestimmte Wert der Gravitationskonstanten von dem in der Formelsammlung angegebenen Wert ab?

3.0 Das Gravitationsgesetz soll mit Hilfe der Monde des Planeten Uranus überprüft werden. In der einschlägigen Fachliteratur zur Astronomie findet man dazu folgende Daten:

3 Das Gravitationsfeld

Name des Mondes	Umbriel	Titania	Oberon
Mittlere Bahnradius r in 10^5 km	2,673	4,387	5,866
Umlaufdauer T in Tagen	4,144	8,706	13,463

Die Umlaufbahnen der Monde sollen dabei als Kreisbahnen angesehen werden. Der Einfluss anderer Himmelskörper wird vernachlässigt.

3.1 Berechnen Sie für die in 3.0 aufgeführten Monde jeweils den Betrag der Radialbeschleunigung $\vec{a}_r$.

3.2 Bestätigen Sie mit den Ergebnissen von 3.1, dass gilt: $a_r = k \cdot \frac{1}{r^2}$

3.3 Zeigen Sie durch allgemeine Herleitung, dass die Gleichung von 3.2 in Übereinstimmung steht mit dem Gravitationsgesetz.

3.4 Für den Mond Titania ergibt sich in 3.2 der Wert $k = 5,891 \cdot 10^{15}$ m$^3 \cdot$ s^{-2}. Ermitteln Sie daraus die Masse M_U des Planeten Uranus.

3.5 1948 entdeckte *G. P. Kuiper* den Uranusmond Miranda. Dessen mittlerer Bahnradius beträgt $1,301 \cdot 10^5$ km. Berechnen Sie seine Umlaufdauer T_M.

4.0 Da die Jupitermonde im Vergleich zum Jupiter eine sehr kleine Masse haben, ist für sie der Jupiter das Zentralgestirn.

4.1 Berechnen Sie die Masse des Jupiter, wenn sein Mond Jo einen **Bahndurchmesser** von $8,43 \cdot 10^5$ km besitzt und für einen Umlauf $42,5\ h$ benötigt. (Gegeben: G)

4.2 Welche mittlere Dichte besitzt der Jupiter? ($r_{Ju} = 71,8 \cdot 10^6$ m)

5.0 Die Sonne befindet sich rund $3 \cdot 10^{17}$ km vom Zentrum der Milchstraße (Gesamtmasse etwa $2 \cdot 10^{41}$ kg) entfernt. Die Milchstraße muss rotieren, da sonst die Sterne zentral auf den Mittelpunkt zustürzen würden.

5.1 Berechnen Sie die Tangentialgeschwindigkeit der Sonne in Bezug auf das Milchstraßensystem und die Umlaufdauer der Sonne um dieses Zentrum!

6.0 Auf Ihrem Weg zum Mond kommt die Rakete an einen Punkt, wo sich die Anziehungskräfte von Erde und Mond auf die Rakete aufheben.

6.1 In welcher Entfernung x vom Erdmittelpunkt liegt dieser Punkt? Führen Sie diese Berechnung zuerst allgemein für folgende Größen durch: m_E, m_M, s (Abstand Erdmittelpunkt – Mondmittelpunkt).

6.2 Berechnen Sie x für $s = 60 \cdot r_E$ und $m_E = 81 \cdot m_M$ (Gegeben: r_E).

7 Wie groß ist die Fallbeschleunigung an den Polen der Sonne? Warum ist sie am Sonnenäquator kleiner (Gegeben: r_{So}; m_{So}; G)?

8.0 Der erste von der UdSSR am 4. 10. 1957 gestartete Satellit „Sputnik 1" wurde in eine Kreisbahn um die Erde geschossen. Die Flugbahn hatte eine mittlere Entfernung von 900 km zur Erdoberfläche (Gegeben: r_E; m_E; G).

8.1 Wie groß ist die Gravitationsfeldstärke in dieser Höhe?

8.2 Welche Bahngeschwindigkeit und Umlaufzeit besitzt der Satellit?

3.7 Aufgaben zum Gravitationsfeld

9.0 Sie seien als Astronaut gut auf dem Mond gelandet und in Ihrem Raumanzug aus der Mondfähre geklettert. Sie machen einige Versuche und Berechnungen.

9.1 Von der Erde aus hatten Sie bereits den Radius des Mondes und die Fallbeschleunigung auf der Mondoberfläche bestimmt
($r_M = 1{,}74 \cdot 10^3$ km; $g_M = 1{,}63 \;\frac{m}{s^2}$; G).
Berechnen Sie die Masse des Mondes!

9.2 Während Ihres Trainings auf der Erde konnten Sie in Ihrem Raumanzug einen Sprung von 50 cm Höhe machen. Welche Sprunghöhe erreichen Sie auf dem Mond, wenn Sie zum Absprung die gleiche Energie wie auf der Erde aufwenden? Berechnen Sie auch, wie lange der Sprung auf der Erde gedauert hat und wie lange er jetzt auf dem Mond dauern wird.

9.3 Um zur Erde zurückzukehren wollen Sie zuerst Ihre Mondfähre auf eine Kreisbahn um den Mond schießen. Ermitteln Sie die allgemeine Beziehung zwischen der Bahngeschwindigkeit und dem Bahnradius für die Kreisbahn.

9.4 Um an das Mutterschiff anzukoppeln soll Ihre Mondfähre in einer Höhe von 200 km über der Mondoberfläche kreisen. Wie groß ist dabei die Bahngeschwindigkeit der Fähre, und wie lange dauert ein Umlauf um den Mond?

9.5 Wie groß ist die Fallbeschleunigung in einer Höhe von 200 km über der Mondoberfläche?

10.0 Ein Körper der Masse 1000 kg soll von der Erdoberfläche aus in 500 km Höhe gebracht werden.

10.1 Welche Hubarbeit gegen die Gravitationskraft müsste dazu aufgewendet werden, wenn man das Gravitationsfeld als „homogen" ansieht und deshalb die Fallbeschleunigung $g_E = 9{,}81 \;\frac{m}{s^2}$ benutzt?

10.2 Welche Hubarbeit gegen die Gravitationskraft muss aufgewendet werden, wenn man die Inhomogenität des Gravitationsfeldes berücksichtigt? (Gegeben: r_E; m_E; G)

10.3 Welche vertikal nach oben gerichtete Anfangsgeschwindigkeit müsste der Körper haben, damit er im Fall 10.2 diese Höhe erreicht?

11.0 Während der Mondlandung der Landefähre umkreiste der Kommandoteil von Apollo 11 den Mond mit einer Geschwindigkeit $v = 1{,}63 \;\frac{km}{s}$ nahezu auf einer Kreisbahn im Abstand $l = 110$ km von der Mondoberfläche.

11.1 Leiten Sie allgemein die Abhängigkeit der Mondmasse m_{Mo} von r, v und G her!
Welche Bedeutung besitzt dabei r?

11.2 Berechnen Sie daraus die Masse des Mondes (Gegeben: r_{Mo}; G).

3 Das Gravitationsfeld

11.3 Zeigen Sie durch Rechnung, dass die Feldstärke auf der Mondoberfläche $\frac{1}{6}\,g_E$ beträgt.

11.4 Welche Geschwindigkeit müsste der Kommandoteil von Apollo 11 besitzen, damit er den Mond in Mondnähe umkreisen kann?

12.0 Der Satellit „Symphonie", der sich seit 1974 auf einer geostationären Bahn befindet, wurde zuerst auf eine Kreisbahn (Parkbahn) mit der mittleren Bahnhöhe h_1 über der Erdoberfläche geschossen.

12.1 Leiten Sie allgemein eine Gleichung her, aus der die Umlaufdauer von Symphonie auf der Parkbahn berechnet werden kann!

12.2 Berechnen Sie die Umlaufdauer T_1 von Symphonie auf dieser Parkbahn, wenn folgende Größen gegeben sind: $h_1 = 4{,}0 \cdot 10^5$ m; r_E; M_E; G.

12.3 Aus der Parkbahn wurde der Satellit schließlich über eine elliptische Bahn auf die Synchronbahn mit der mittleren Bahnhöhe $h_2 = 3{,}6 \cdot 10^7$ m über dem Erdboden gebracht. Berechnen Sie die Bahngeschwindigkeit des Satelliten auf der Synchronbahn!

12.4 Welche kinetische Energie besitzt er dabei, wenn seine Masse $m = 3{,}20 \cdot 10^2$ kg beträgt?

12.5 Ermitteln Sie die Hubarbeit, die dafür notwendig ist (siehe 12.3)!

13.0 Synchronsatellit

13.1 In welche Höhe über der Erdoberfläche muss ein Satellit gebracht werden, damit er sich auf einer kreisförmigen, in Ost-West-Richtung verlaufenden Umlaufbahn stets über demselben Punkt des Erde befindet?

13.2 Kann ein Synchronsatellit auch über Regensburg „stehen"? Begründen Sie Ihre Antwort.

14.0 Die Besatzung eines Raumschiffes soll den Planeten Mars erforschen. Zunächst wird der Planet von drei verschiedenen kreisförmigen Umlaufbahnen aus beobachtet. Für die Flughöhe h über der Marsoberfläche und die jeweilige Umlaufzeit des Raumschiffes werden folgende Daten festgehalten:

Kreisbahn Nr.	1	2	3
h in 10^6 m	2,00	1,00	0,110
T in 10^3 s	12,20	9,00	6,36

Der Marsradius beträgt $r_M = 3{,}43 \cdot 10^6$ m. Bei den folgenden Aufgaben wird von Eigenrotation abgesehen.

14.1 Zeigen Sie durch grafische Auswertung der Tabelle von 14.0, dass für die Umlaufzeit T und den Radius r der Bahn des Raumschiffes die Beziehung gilt: $T = k \cdot \sqrt{r^3}$
(Maßstab: $1{,}0 \cdot 10^9$ m$^{1{,}5} \cong 1$ cm ; $2{,}0 \cdot 10^3$ s $\cong 1$ cm)

14.2 Ermitteln Sie die Konstante k dieser Beziehung aus Ihrem Diagramm von 14.1! ($\{k\} = 9{,}6 \cdot 10^{-7}$)

14.3 Berechnen Sie mit Hilfe der Konstanten k die Masse M des Planeten Mars! ($M = 6{,}4 \cdot 10^{23}$ kg)

14.4 Das Mutterschiff kreist auf der Bahn Nr. 3. Von dort aus legt eine Raumfähre ($m = 1{,}2 \cdot 10^3$ kg) ab, landet weich auf dem Marsboden und fliegt nach einiger Zeit wieder zum Mutterschiff. Kurz vor dem Aufsetzen auf dem Marsboden befindet sich die Raumfähre im Schwebezustand. Berechnen Sie den Betrag der dazu nötigen Schubkraft $\vec{F}$ der Raketenmotoren mit dem Ergebnis von 14.3!

14.5 Beim Rückstart hebt die Raumfähre mit der Beschleunigung $a = 8{,}0 \, \frac{\text{m}}{\text{s}^2}$ senkrecht vom Marsboden ab. Berechnen Sie den Betrag der dafür notwendigen Schubkraft $\vec{F}_1$ der Raketenmotoren!

14.6 Damit die Raumfähre vom Marsboden aus die Bahn Nr. 3 wieder erreichen kann, muss ihre potentielle Energie um ΔE_{pot} erhöht werden. Berechnen Sie ΔE_{pot}!

14.7 Warum ist für eine Rückkehr zum Mutterschiff eine höhere Energiezufuhr notwendig als in 14.6 berechnet? Begründen Sie Ihre Aussage ohne Rechnung!

15.0 Um die Stärke des Gravitationsfeldes in Abhängigkeit von der Entfernung r ($r_E \leq r$) zum Erdmittelpunkt zu untersuchen, werden Daten von Satelliten ausgewertet. Diese bewegen sich auf angenäherten Kreisbahnen um die Erde.

Satellit	1	2	3
r in 10^6 m	7,73	11,4	16,36
Umlaufdauer T in h	1,88	3,37	5,76

15.1 Berechnen Sie die Gravitationsfeldstärke $\gamma(r)$ für die in der Wertetabelle angegebenen Radien. Stellen Sie die errechneten Werte in einer Tabelle zusammen, die auch $\gamma(r_E)$ enthält.

15.2 $F(r)$ ist der Betrag der Gewichtskraft eines Körpers der Masse $m = 1{,}00 \cdot 10^2$ kg in der Entfernung $r_E \leq r$ vom Erdmittelpunkt. Stellen Sie $F(r)$ in Abhängigkeit von r grafisch dar (Maßstab: $1 \cdot 10^6$ m $\cong$ 1 cm; 100 N $\cong$ 1 cm).

15.3 Kennzeichnen Sie im Diagramm die aufzuwendende Verschiebungsarbeit, wenn der Körper von r_1 auf r_2 (siehe Tabelle bei 15.0) angehoben wird!

15.4 Berechnen Sie allgemein die kinetische Energie, die ein Satellit der Masse m_s auf der Umlaufbahn mit Radius r_1 besitzt!

15.5 Zeigen Sie, dass man diesem Satelliten die Energie
$$\Delta E = \frac{1}{2} \cdot G \cdot m_E \cdot m_s \cdot \left(\frac{1}{r_1} - \frac{1}{r_2} \right)$$
zuführen muss, damit er von der Kreisbahn mit dem Radius r_1 auf die Umlaufbahn mit dem Radius r_2 gehoben werden kann!

3 Das Gravitationsfeld

15.6 Zwei Satelliten A und B umkreisen die Erde auf *einer* Kreisbahn mit einem von Null verschiedenen Abstand. Erklären Sie (ohne Rechnung), welche zwei prinzipiellen Flugmanöver vom Astronauten des Satelliten A durchgeführt werden müssen, damit er an der Vorderseite des hinter ihm fliegenden Satelliten B andocken kann!

16.0 Im Gravitationsfeld der Erde befindet sich ein Körper der Masse $m = 1{,}00 \cdot 10^3$ kg. Der Körper wird zunächst von der Erdoberfläche auf die Entfernung $r = k \cdot r_E$ ($1 \leq k$ und $k \in \mathbb{R}$) angehoben.

16.1 Zeigen Sie, dass für die zu verrichtende Hubarbeit $W_H(k)$ allgemein gilt:

$$W_H(k) = m \cdot g_E \cdot r_E \left(1 - \frac{1}{k}\right)$$

16.2 Stellen Sie $W_H(k)$ in Abhängigkeit von k grafisch dar. (Wertetabelle für $k \in \{1;\ 1{,}5;\ 2;\ 3;\ 4;\ 5\}$).
Maßstab: $(k = 1) \cong 2$ cm; $1{,}0 \cdot 10^{10}$ J $\cong 2$ cm; Ganze Seite verwenden!

16.3 Der Körper umkreist nun als Satellit die Erde auf Bahnen mit den Radien $r = k \cdot r_E$ ($1 \leq k$ und $k < \mathbb{R}$). Berechnen Sie allgemein die kinetische Energie $E_{kin}(k)$ des Satelliten in Abhängigkeit von k!

16.4 Stellen Sie $E_{kin}(k)$ in Abhängigkeit von k für $1 \leq k \leq 5$ im Diagramm von 16.2 grafisch dar!

16.5 Entwickeln Sie im Diagramm von 16.2 den Grafen der Gesamtenergie $E_{Ges}(k)$ des Satelliten in Abhängigkeit von k aus den Grafen $W_H(k)$ und $E_{kin}(k)$, wenn das Bezugsniveau der potentiellen Energie auf der Erdoberfläche liegt.

4 Elektrisches Feld

4.1 Wiederholung

4.1.1 Grundbegriffe

- Es gibt genau zwei Arten von elektrischen Ladungen, die positive und die negative Ladung. Die **Protonen** im Atomkern sind positiv geladen ($q_p = 1{,}6 \cdot 10^{-19}$ C), die Elektronen in der Hülle negativ ($q_e = -1{,}6 \cdot 10^{-19}$ C).
- In einem abgeschlossen System ist die elektrische Ladung konstant.
- In jedem Körper gleicht in der Regel die positive Ladung der Atomkerne die negative Ladung der Atomhülle aus. Der Körper erscheint nach außen hin elektrisch neutral.
- Entfernt man Elektronen, so ist ein Überschuss an positiven Ladungen vorhanden, der Körper somit positiv geladen. Durch die Zufuhr von negativen Ladungen (Elektronen) erhält man negativ geladene Körper.
- Berühren sich zwei Körper, so kommt es an der Berührungsstelle zur Abgabe bzw. Aufnahme einiger Elektronen. Dieser Austausch lässt sich durch Reiben noch verstärken. (**Reibungselektrizität!**)
- Wenn in einem Körper die Elektronen fest an die Atomkerne gebunden sind, so bezeichnet man den Körper als **Isolator**. Bei einem **Leiter** besitzt der Körper dagegen einige Elektronen, die nicht im Gitter gebunden, sondern frei beweglich sind.
- Jede Ladung ist von einem elektrischen Feld umgeben.
- Die Ladungen üben aufeinander Kräfte aus. **Gleichnamige Ladungen stoßen sich ab, ungleichnamige Ladungen ziehen sich an.** Diese Kräfte werden durch das elektrische Feld zwischen den Ladungen vermittelt.
- Bringt man einen neutralen Körper in ein elektrisches Feld, so werden die in ihm enthaltenen Ladungen in einander entgegengesetzten Richtungen verschoben. (**Elektrische Influenz.**)
- Fließende elektrische Ladung heißt **Strom**. Die Ursache für das Fließen von Strom wird als **Spannung** bezeichnet.

- **Stromstärke**

$$I = \lim_{\Delta t \to 0} \frac{\Delta Q}{\Delta t} = \frac{dQ(t)}{dt} = \dot{Q}(t)$$

„Stromstärke ist der Quotient aus transportierter Ladung und der dafür benötigten Zeit".

- Die Einheit für die Stromstärke ist das Ampere. (Stromstärke ist SI-Basisgröße!)
- Bei konstanter Stromstärke gilt für die Ladung: $Q(t) = I \cdot t$
  Für die Einheit der elektrischen Ladung erhält man: $[Q] =$ As = C (Coulomb).

- Die **elektrische Leistung** P_{el} ist das Produkt aus Stromstärke und Spannung.
$$P_{el} = U \cdot I \quad ; \quad [P_{el}] = VA = W \quad (Watt)$$

4 Elektrisches Feld

- Die elektrische Energie oder Arbeit W_{el} ist das Produkt aus der elektrischen Leistung P_{el} und der Zeit t, während der die Leistung vom elektrischen Strom verrichtet wurde.

$$W_{el} = P_{el} \cdot t = U \cdot I \cdot t = U \cdot Q; \quad [W_{el}] = Ws = VAs = J$$

- Wichtig!
Verknüpfung der elektrischen und mechanischen Einheiten.

$$VAs = J = Nm = \frac{kg \cdot m}{s^2} \cdot m = \frac{kg \cdot m^2}{s^2}$$

4.1.2 Messung der elektrischen Ladung

Ein elektrisch neutraler Körper wird durch Reibung elektrisch geladen. Um die Ladung, die der Körper trägt, bestimmen zu können benutzt man unterschiedliche Messverfahren.

A) Das Elektroskop

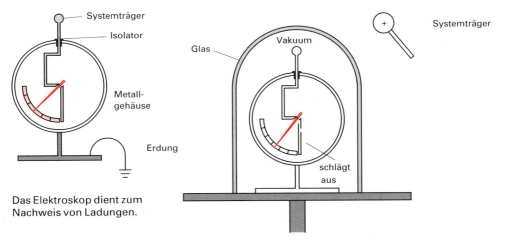

Das Elektroskop dient zum Nachweis von Ladungen.

Das elektrische Feld wirkt auch im Vakuum.

Mit diesem Messgerät sind kaum quantitative Ladungsmessungen möglich. Es beruht auf der Kraftwirkung zwischen gleichnamigen Ladungen und der Eigenschaft von Ladungen, sich auf der Oberfläche eines Körpers zu verteilen. Das Vorzeichen der Ladung kann damit nicht bestimmt werden.
Stellt man das Elektroskop unter eine Gasglocke, die leergepumpt wird und wiederholt den Versuch, so erhält man das gleiche Ergebnis: Bei Annäherung einer Ladung erhält man am Elektroskop einen Ausschlag. Das elektrische Feld besteht somit auch im Vakuum.

B) Der Messverstärker

Zur quantitativen Ladungsmessung verwendet man den Messverstärker. Dieses Messinstrument besitzt normalerweise zwei unterschiedliche Messverfahren, die statische und die ballistische Ladungsmessung. Bei der statischen Messung wird über ein Zeigerinstrument die Ladung konstant angezeigt. Das ballistische Verfahren ist so ausgelegt, dass der maximale Ausschlag am angeschlossenen Zeigerinstrument ein Maß für die abgeflossene Ladung darstellt. Eine Erklärung der Messverfahren setzt ein tieferes Verständnis der Grundlagen des elektrischen Feldes voraus und wird an geeigneter Stelle vorgenommen.

Bei den nun folgenden Versuchen wird der Messverstärker als Black-Box verwendet.

4.2 Darstellung des elektrischen Feldes Feldlinien

Wie zieht eine Ladung eine andere zu sich her oder stößt sie ab? Diese Frage wurde um 1835 durch *M. Faraday* durch die Annahme, dass das Umfeld der Ladungen diese Kräfte vermittelt, gelöst. Dieses Umfeld der Ladungen nannte er elektrisches Feld.

> Das **elektrische Feld** ist eine Eigenschaft des Raumes, in der Umgebung einer elektrischen Ladung auf andere Ladungen Kräfte auszuüben.

Bewegt sich die Ladung und das mit ihr verbundene elektrische Feld, so spricht man von **dynamischen Feldern,** ruht die Ladung, so handelt es sich um ein **elektrostatisches Feld**. Die folgenden Ausführungen beziehen sich ausschließlich auf elektrostatische Felder.

Um elektrische Felder genauer untersuchen zu können, benötigt man sog. **Probeladungen**. Diese Probeladungen sollen **kein eigenes Feld besitzen,** was näherungsweise durch sehr kleine Ladungen erreicht werden kann.

4.2.1 Beispiele einfacher Felder

> **Versuch:** Darstellung einfacher elektrostatischer Felder.
>
> **Versuchsdurchführung:**
>
> In einer Glasschale wird eine dünne Schicht Rizinusöl mit Grieß vermischt. In dieses Gemisch setzt man nun verschieden geformte Elektroden ein und lädt sie mit Hilfe einer Hochspannungsquelle auf.
>
> **Beobachtung:** Die Grießkörner reihen sich kettenförmig aneinander.
>
> **Begründung:**
>
> Durch das elektrische Feld zwischen den Elektroden kommt es in den Grießkörnern zur Bildung von Influenzladungen, die dadurch zu Dipolen werden. Diese Dipole werden durch die Feldkräfte verschoben und schließen sich zu Ketten zusammen, da sich die entgegengesetzten Influenzladungen benachbarter Grießkörner anziehen (siehe hierzu auch 4.7).

4 Elektrisches Feld

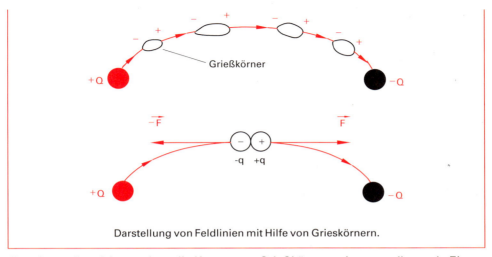

Darstellung von Feldlinien mit Hilfe von Grieskörnern.

Faraday stellte sich vor, dass die Ketten von Grießkörnern eine grundlegende Eigenschaft der Elektrizität veranschaulichen. Er nannte sie **Feldlinien** und vermutete, dass die Kraft von einer Ladung zur anderen entlang dieser Feldlinien übertragen wird.

Feldlinienbilder einfacher Ladungsanordnungen.

a) Feldlinienbild einer punktförmigen Ladung.

b) Feldlinienbild zweier ungleich geladener Kugeln.

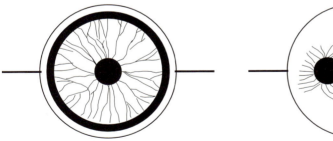
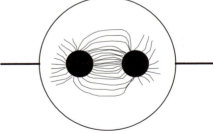

c) Feldlinienbild zweier gleich geladener Kugeln.

d) Feldlinienbild zwischen ungleich geladenen planparallelen Platten (Plattenkondensator).

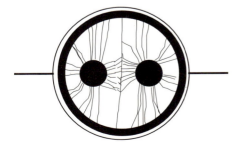
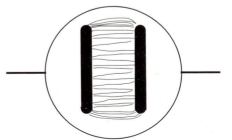

Die Feldlinienbilder b), c) und d) lassen sich durch die Überlagerung von Feldern punktförmiger Ladungen erklären. (Man betrachtet einen beliebigen Punkt und trägt die Kräfte ein, die dort auf eine Probeladung von den einzelnen Ladungen nach dem Coulomb'schen Gesetz ausgeübt werden. Die Vektoraddition dieser Teilkräfte ergibt die resultierende Kraft, die tangential zur Feldlinie verläuft).

e) Geschlossener metallischer Körper im Feld zwischen zwei planparallelen Platten.

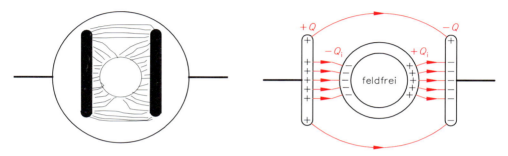

Bei dem letzten Versuch erkennt man eine weitere Eigenschaft des elektrischen Feldes: Befindet sich ein metallischer Körper in einem elektrischen Feld, so ist der metallische Körper im Inneren feldfrei. Das elektrische Feld lässt sich somit abschirmen (**Faradaykäfig**).

4.2.2 Eigenschaften von Feldlinien

Betrachtet man einen beliebigen Punkt einer Feldlinie und zeichnet für diesen Punkt die Tangente an diese Feldlinie, so zeigt diese Tangente in Richtung der dort auf einen Probekörper wirkenden Kraft. Feldlinien zeigen so die Richtung der elektrischen Kräfte an jeder Stelle des elektrischen Feldes an. Da im elektrischen Feld anziehende und abstoßende Kräfte auftreten können, ist die Richtung der Feldlinie von der Ladung des Probekörpers abhängig.

> **Vereinbarung:**
> Die Feldlinien zeigen in Richtung der Kraft, die eine positive Probeladung erfährt. Die Feldlinien des elektrischen Feldes beginnen an positiven Ladungen (Quelle) und enden an negativen Ladungen. In elektrostatischen Feldern gibt es deshalb keine geschlossenen Feldlinien.

Betrachtet man die obigen Feldlinienbilder genauer, so kann man noch weitere Eigenschaften elektrostatischer Felder erkennen:

- Je dichter die Feldlinien in einem Gebiet verlaufen, desto stärker ist dort die Kraftwirkung.
- Feldlinien schneiden sich nicht.
- Auf Leitern treffen Feldlinien stets senkrecht auf.

4 Elektrisches Feld

Begründung:
Die Feldlinie ① ende schräg auf der Leiteroberfläche. Die dort sitzende Ladung $q = -e$ erfährt eine elektrische Kraft $\vec{F}_1$. Diese Kraft $\vec{F}_1$ lässt sich in zwei Komponenten $\vec{F}_P$ und $\vec{F}_s$ zerlegen. Die Komponente $\vec{F}_P$ beschleunigt die Ladung parallel zur Leiteroberfläche.

Die Ladungsverschiebung hört dann auf, wenn die Komponente $\vec{F}_P$ null ist, die Feldlinie somit senkrecht auf der Metalloberfläche endet. In elektrostatischen Feldern gibt es keine bewegten Ladungen (es fließt kein Strom), folglich müssen alle Feldlinien senkrecht auf den Leitern enden.

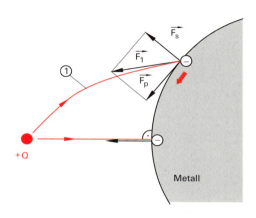

Anmerkung:
Feldlinien sind keine realen Größen, sie sind nur Hilfsgrößen zur Beschreibung des Feldes. Mit Hilfe der Feldlinien wird ein elektrisches Feld nur qualitativ beschrieben. Zur quantitativen Beschreibung des elektrischen Feldes müssen andere Größen eingeführt werden.

Die folgenden Ausführungen beschränken sich auf zwei Formen des elektrostatischen Feldes. Behandelt werden das radialsymmetrische Feld im Außenraum einer geladenen Kugel und das Feld im Inneren eines Plattenkondensators. Unter einem Plattenkondensator versteht man dabei zwei leitende ebene Flächen, die in einem bestimmten Abstand parallel zueinander angeordnet sind (siehe auch Feldlinienbild d).

Zu den möglichen technischen Anwendungsgebieten von elektrostatischen Feldern zählen die Luftreinigung und die Xerographie.

4.3 Kraftwirkung zwischen Punktladungen; Coulomb'sches Gesetz

Ähnlich wie bei der Behandlung des Gravitationsfeldes wird nun zunächst die Kraft zwischen zwei punktförmigen Ladungen untersucht.

4.3.1 Experimentelle Untersuchung mit der Drehwaage

Versuch: Bestimmung der Kraft zwischen zwei Punktladungen mit Hilfe der **Torsionsdrehwaage**.

Versuchsaufbau:

Die beiden Metallkugeln K_1 und K_2 sind gleich groß. K_1 ist an einem drehbaren Faden (Torsionsfaden) befestigt und beweglich; Kugel K_2 befindet sich am Ende eines isolierten Stabes, der auf einer Halterung verschiebbar befestigt ist. Der verschiebbare Stab ist mit einer Millimeterskala versehen; an der Halterung befindet sich eine Markierung. Beide Kugeln befinden sich auf gleicher Höhe. Bei der Bestimmung des Abstandes zweier *punktförmiger* Ladungen geht man von den Erfahrungen aus dem Gravitationsfeld aus und lässt die räumliche Verteilung der Ladungen unberücksichtigt. Der Abstand der punktförmigen Ladungen ist damit der Abstand der Kugelmittelpunkte.

Berühren sich nun beide Kugeln, so besitzen ihre Mittelpunkte den Abstand d, das ist der Durchmesser einer Kugel.

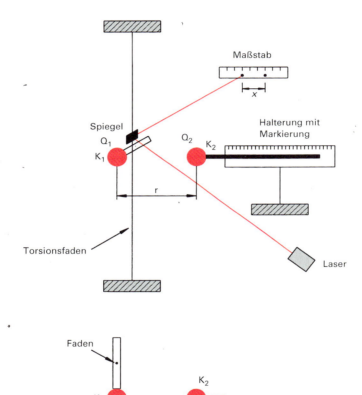

Zur Festlegung der Ausgangslage für die folgenden Messungen werden nun folgende Schritte durchgeführt:
- Man bestimmt mit einem Messschieber den Durchmesser d einer Kugel.
- Der Haltestab der Kugel K_2 wird nun so verschoben, dass die Markierung der Halterung genau den Abstand $d + 1,0$ mm auf der Millimeterskala des Haltestabes anzeigt.
- Beiden Kugeln werden entladen.
- Die gesamte Halterung der Kugel K_2 wird so verschoben, dass beide Kugeloberflächen genau den Abstand 1,0 mm besitzen.

4 Elektrisches Feld

- Mit Hilfe eines Lasers, dessen Lichtstrahl von einem Spiegel, der am Torsionsdraht befestigt ist, reflektiert wird, kann nun die Ruhelage des Systems an einem Maßstab festgehalten werden.

Bringt man nun auf beide Kugeln eine Ladung, so wird die Kugel K_1 aus der Ruhelage ausgelenkt. Ihre neue Ruhelage nimmt diese Kugel dann ein, wenn die Torsionskraft des Fadens entgegengesetzt gleich der durch die Ladungen hervorgerufenen Kraft ist. Für kleine Auslenkungen kann man zeigen, dass die Torsionskraft direkt proportional zur Auslenkung des reflektierten Laserstrahls aus seiner Ruhelage ist.

$$F \sim x$$

Die am Torsionsfaden befestigte Kugel führt nach der Auslenkung aus der Ruhelage Schwingungen aus. Damit die Kugel möglichst schnell wieder zur Ruhe kommt, muss das System gedämpft werden. Dies geschieht mit Hilfe eines Metallblattes, das in ein Wassergefäß eintaucht.

Vermutung:
Der Betrag F der elektrischen Kraft zwischen den Kugeln ist abhängig vom Betrag und dem Vorzeichen der Ladungen, die beide Kugeln tragen (Q_1 und Q_2) und vom Abstand der beiden Kugelmittelpunkte r.
Zur Vereinfachung und aus Symmetriegründen wird hier nur die Abhängigkeit von den Beträgen der Ladungen untersucht.

Zur Untersuchung des Zusammenhangs zwischen den genannten Größen sind drei Versuchsreihen nötig.

Versuch 1
Beide Kugeln erhalten die gleiche Ladung (beide Kugeln werden kurzzeitig mit einem Pol einer Hochspannungsquelle oder einer Influenzmaschine verbunden), die während des Versuchs nicht verändert wird. Der Abstand der beiden Kugelmittelpunkte r wird verändert (K_2 wird verschoben und der Abstand der Kugeln direkt an der Millimeterskala eingestellt) und die Auslenkung x des reflektierten Lichtstahls aus seiner Ruhelage gemessen.

Messwerttabelle:

r in cm	10,0	14,1	20,0
x in cm	26,0	12,5	6,0
$\frac{1}{r^2}$ in $10^{-3} \frac{1}{cm^2}$	10,0	5,03	2,50
$x \cdot r^2$ in cm^3	$2{,}60 \cdot 10^3$	$2{,}49 \cdot 10^3$	$2{,}40 \cdot 10^3$

Versuchsauswertung:
Grafische Darstellung im *r-x*-Diagramm.

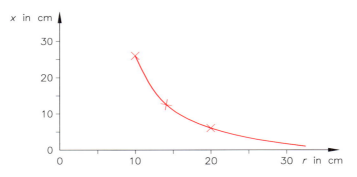

Die grafische Darstellung legt die Vermutung nahe, dass die Auslenkung des reflektierten Laserstrahls aus der Ruhelage proportional zu $\frac{1}{r^2}$ ist. Diese Vermutung kann nun auf zwei Arten überprüft werden.

a) Grafische Überprüfung im $\frac{1}{r^2}$-*x*–Diagramm.

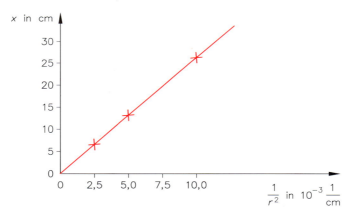

b) Rechnerische Überprüfung
   (Quotientenbildung siehe Messtabelle.)

4 Elektrisches Feld

Ergebnis:

Die grafische Auswertung im $\frac{1}{r^2}$-x-Diagramm liefert eine Ursprungshalbgerade, das Produkt $x \cdot r^2$ ergibt im Rahmen der Messgenauigkeit eine Konstante. Aus beiden Teilergebnissen folgt:

Die Auslenkung ist indirekt proportional zum Quadrat der Entfernungen der Kugelmittelpunkte. $x \sim \frac{1}{r^2}$

Da bei kleinen Auslenkungen die rücktreibende Kraft direkt proportional zur Auslenkung x ist, folgt als Versuchsergebnis: $\Rightarrow F \sim \frac{1}{r^2}$

Versuch 2:

Der Abstand der beiden Kugelmittelpunkte und der Betrag der Ladungen Q_1 bleiben konstant. Der Betrag der Ladung Q_2 wird verändert und die Auslenkung des Lichtstrahls aus der Ruhelage gemessen. Zur Veränderung der Ladung Q_2 verwendet man eine gleich große dritte Kugel, die zunächst neutral ist. Berührt man mit dieser dritten Kugel die Kugel K_2, so verteilt sich die Ladung der Kugel K_2 auf beide Kugeln. Trennt man die beiden Kugeln wieder, so hat sich die Ladung der Kugel K_2 halbiert. ...

Messwerttabelle:

$|Q_2|$ in $|Q_0|$	1,0	0,50	0,25
x in cm	35,0	17,0	8,0
$\frac{x}{|Q_2|}$ in $\frac{cm}{|Q_0|}$	35	34	32

Grafische Darstellung im $|Q_2|$-x-Diagramm.

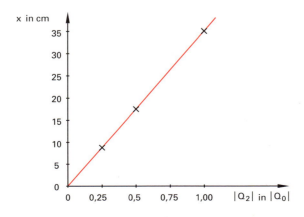

4.3 Kraftwirkung zwischen Punktladungen; Coulomb'sches Gesetz

Ergebnis:

Der Quotient $\frac{x}{|Q_2|}$ ergibt im Rahmen der Messgenauigkeit eine Konstante, die grafische Auswertung im $|Q_2|$-x-Diagramm liefert eine Gerade durch den Ursprung. $x \sim |Q_2|$ bzw. $F \sim |Q_2|$.

Versuch 3 (Gedankenversuch)

Vertauscht man die Ladungen Q_1 und Q_2 und führt den Versuch 2 erneut aus, so erhält man als Ergebnis: $x \sim |Q_1|$ bzw. $F \sim |Q_1|$

Zusammenfassung der Versuchsergebnisse:

Versuch 1: $F \sim \frac{1}{r^2}$

Versuch 2: $F \sim |Q_2|$

Versuch 3: $F \sim |Q_1|$

$$F \sim \frac{|Q_1| \cdot |Q_2|}{r^2} \Rightarrow \frac{F \cdot r^2}{|Q_1| \cdot |Q_2|} = \text{konst.}$$

Der Betrag der Kraft ist indirekt proportional zum Quadrat der Entfernung der Kugelmittelpunkte und direkt proportional zum Betrag des Produktes der Ladungen.

Bezeichnet man die Proportionalitätskonstante mit f, so gilt:

$$\frac{F \cdot r^2}{|Q_1| \cdot |Q_2|} = f \quad \Leftrightarrow \quad F = f \cdot \frac{|Q_1| \cdot |Q_2|}{r^2}$$

Die sich ergebende Konstante f beschreibt die Kraftwirkung zwischen zwei punktförmigen Ladungen näher.

Genaue Messungen der Kräfte und Ladungen ergeben:

$$f = 8{,}99 \cdot 10^9 \, \frac{Vm}{As}$$

Versuchsergebnis:

Für den Betrag der Kraft zwischen zwei punktförmigen Ladungen erhält man:

$F_C = f \cdot \frac{|Q_1| \cdot |Q_2|}{r^2}$ **Coulomb'sche Kraft**

Anmerkung:
In Analogie zu der Definition der Gravitationskonstanten G könnte man hier eine elektrische Feldkonstante definieren. Die elektrische Feldkonstante wird jedoch mit Hilfe einer anderen Versuchsanordnung im homogenen Feld definiert. Der Zusammenhang zwischen der obigen Proportionalitätskonstanten f und der elektrischen Feldstärke wird später hergeleitet.

Welchen Einfluss die Vorzeichen der Ladungen auf die Kraft haben, wurde bisher ausgeklammert. Bei der vektoriellen Darstellung der Coulomb'schen Kraft wird das nun berücksichtigt.

4 Elektrisches Feld

4.3.2 Vektorielle Darstellung des Coulomb'schen Gesetzes

Annahme:
Eine Probeladung q, die kein eigenes Feld besitzen soll, befindet sich im Feld der Ladung Q. (Q und q bezeichnen dabei die Ladungen mit ihren Vorzeichen.) Der Abstand der beiden Ladungsmittelpunkte sei r.
Betrachtet wird nun die Kraft auf eine Probeladung q im Feld der Ladung Q. Der Einheitsvektor in radialer Richtung zeigt hierbei immer vom Mittelpunkt der felderzeugenden Ladung nach außen.

Fallunterscheidung:
1. Fall: Beide Ladungen besitzen **gleiches** Vorzeichen, die Ladungen stoßen sich ab.
$$\vec{F}_1 = f \cdot \frac{|Q \cdot q|}{r^2} \cdot \vec{e}_r \Leftrightarrow \vec{F}_1 = f \cdot \frac{Q \cdot q}{r^2} \cdot \vec{e}_r$$

2. Fall: Beide Ladungen besitzen **ungleiches** Vorzeichen, die Ladungen ziehen sich an.
$$\vec{F}_2 = -f \cdot \frac{|Q \cdot q|}{r^2} \cdot \vec{e}_r \Leftrightarrow \vec{F}_2 = f \cdot \frac{Q \cdot q}{r^2} \cdot \vec{e}_r$$

In beiden Fällen erhält man das gleiche Kraftgesetz.

$$\vec{F}_C = f \cdot \frac{Q \cdot q}{r^2} \cdot \vec{e}_r$$

Die Richtung der Coulomb'schen Kraft ergibt sich aus den Vorzeichen der beiden Ladungen.

4.3.3 Größenvergleich zwischen Gravitations- und Coulombkraft

Eine erste Aussage über die Größe der Coulomb'schen Kraft liefert ein Vergleich zur Gravitationskraft. Am Beispiel des Wasserstoffatoms werden beide Kräfte miteinander verglichen.

Gegebene Größen:

$m_e = 9{,}11 \cdot 10^{-31}$ kg; $\quad m_p = 1{,}67 \cdot 10^{-27}$ kg; $\quad G = 6{,}67 \cdot 10^{-11} \, \frac{m^3}{kg \cdot s^2}$

$q_e = -e = -1{,}60 \cdot 10^{-19}$ As; $\quad q_p = e = 1{,}60 \cdot 10^{-19}$ As; $\quad f = 8{,}99 \cdot 10^9 \, \frac{Vm}{As}$

Für die Beträge der Kräfte gilt:

$$F_G = G \cdot \frac{m_e \cdot m_p}{r^2} \quad \text{und} \quad F_C = f \cdot \frac{|-e| \cdot |e|}{r^2}$$

Beide Teilchen besitzen Masse und Ladung und ziehen sich sowohl aufgrund der Gravitationskraft als auch der Coulombkraft an. Das Verhältnis der Kräfte ist vom Abstand der Mittelpunkte unabhängig.

$$\frac{F_G}{F_C} = \frac{G \cdot \dfrac{m_e \cdot m_p}{r^2}}{f \cdot \dfrac{|-e| \cdot |e|}{r^2}} = \frac{G \cdot m_e \cdot m_p}{f \cdot e^2} \ ;$$

$$\left[\frac{F_G}{F_C}\right] = \frac{m^3 \cdot kg^2 \cdot As}{kg \cdot s^2 \cdot Vm \cdot (As)^2} = \frac{m^2 \cdot kg}{s^2 \cdot V \cdot As} = \frac{Nm}{Nm} = 1$$

$$\frac{F_G}{F_C} = \frac{6{,}67 \cdot 10^{-11} \dfrac{m^3}{kg \cdot s^2} \cdot 9{,}11 \cdot 10^{-31} \, kg \cdot 1{,}67 \cdot 10^{-27} \, kg}{8{,}99 \cdot 10^9 \dfrac{Vm}{As} \cdot (1{,}60 \cdot 10^{-19} \, As)^2} = 4{,}41 \cdot 10^{-40}$$

$$\frac{F_G}{F_C} = 4{,}41 \cdot 10^{-40}$$

Im Wasserstoffatom ist die Massenanziehung um den Faktor 10^{-40} kleiner als die elektrische Anziehungskraft. Im atomaren Bereich kann die Massenanziehung somit vernachlässigt werden.

4.4 Die elektrische Feldstärke

4.4.1 Definition der Feldstärke

Im Gravitationsfeld wurde die **Feldstärke** zur Beschreibung des Feldes einer Masse eingeführt. Sie ist definiert als Kraft auf einen Probekörper, geteilt durch die Masse des Probekörpers. Vorausgesetzt wird dabei eine direkte Proportionalität der beiden Größen.
Das Coulomb'sche Gesetz beschreibt die Kraftwirkung zwischen zwei punktförmigen Ladungen. Bezeichnet man eine der Ladungen mit Q (felderzeugende Ladung eines radialsymmetrischen Feldes) und die zweite Ladung mit q (Probeladung), so erhält man (bei konstantem Abstand der Ladungen) sofort die gesuchte Beziehung: $F \sim |q|$
Mit Hilfe eines Versuchs soll nun diese Beziehung auch für das Feld im Inneren eines Kondensators nachgewiesen werden.

Versuch:
Messung der Kraft auf eine Probeladung im Inneren eines Plattenkondensators.

Versuchsbeschreibung:
Eine zunächst ungeladene Kugel befindet sich im elektrischen Feld zwischen den Platten eines Kondensators. (Der Plattenkondensator wird mit Hilfe einer Spannungsquelle geladen.) Die Kugel ist an einer Torsionswaage angehängt. (Die zweite Kugel wird nur aus Gründen der Statik benötigt.)
Die Torsionswaage wird nun so eingestellt, dass der Torsionsfaden entspannt ist und der Waagbalken genau zwischen zwei vorgegebenen Markierungen steht.

4 Elektrisches Feld

Versuchsaufbau:

Bringt man nun eine Ladung vom Betrag $|q_0|$ auf die Kugel, so erfährt diese eine Kraft und bewegt sich aus der Ruhelage heraus. Durch eine Verdrillung des Torsionsfadens kann die Ausgangsstellung wieder eingenommen und an der Skala die hierzu nötige Torsionskraft abgelesen werden. Die Ladung der Kugel kann durch die Berührung mit einer gleich großen Kugel halbiert werden. ...

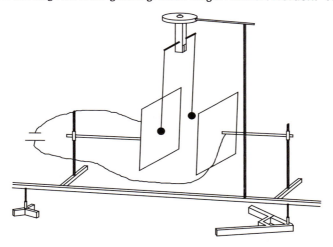

Messwerttabelle:

$\|q\|$ in $\|q_0\|$	0	1,0	0,50	0,25
F in mN	0	9,0	4,5	2,3
$\dfrac{F}{\|q\|}$ in $\dfrac{\text{mN}}{\|q_0\|}$	–	9,0	9,0	9,2

Versuchsauswertung:
Die Betrachtung der Messergebnisse legt die Vermutung nahe, dass die untersuchte Kraft direkt proportional zum Betrag der Ladung ist. Zur Überprüfung dieser Vermutung wird der Quotient berechnet (siehe Tabelle).

Ergebnis:
Im Rahmen der Messgenauigkeit ergibt der Quotient $\dfrac{F}{|q|}$ eine Konstante.

Auch im Inneren eines Plattenkondensators gilt die Beziehung $F \sim |q|$.

Im letzten Versuch wurde die Kraft auf die Probeladung mit Hilfe der **Kompensationsmethode** immer am gleichen Ort des elektrischen Feldes bestimmt.

Anmerkung:
Ersetzt man den Kondensator durch eine dritte gleich große Kugel, so kann mit diesem Versuchsaufbau und der soeben beschriebenen Kompensationsmethode das Coulomb'sche Kraftgesetz zwischen punktförmigen Ladungen abgeleitet werden. Der Vorteil bei diesem Versuchsaufbau liegt in der Tatsache, dass die zwischen den Ladungen wirkende Kraft direkt gemessen werden kann.

In einem zweiten Versuch soll nun geprüft werden, ob die Kraft auf die Probeladung im Inneren des Plattenkondensators unabhängig von der Lage der Probeladung ist. Hierzu verschiebt man eine Probeladung im Inneren eines Kondensators längs und senkrecht zu den Feldlinien und misst die auf die Probeladung ausgeübte Kraft.

Versuchsaufbau:

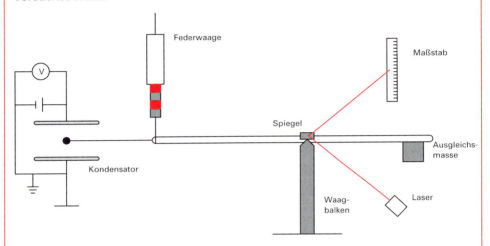

Eine Metallkugel befindet sich an einem Isolierstab, der an einem Waagbalken befestigt ist. Mit Hilfe der verschiebbaren Ausgleichsmasse bringt man die Waage ins Gleichgewicht. Das Kraftmessgerät wird so eingestellt, dass es keine Kraft anzeigt. Die Lage des reflektierten Laserstrahls am Maßstab wird markiert.

Zunächst befindet sich die ungeladene Kugel außerhalb des ungeladen Kondensators, der horizontal und vertikal verschiebbar ist. Nun bringt man die Kugel in den Raum zwischen den zwei Kondensatorplatten. Mit Hilfe einer Spannungsquelle wird der Kondensator geladen. Man beobachtet keine Veränderung der Lage des reflektierten Laserstrahls, da die Kugel noch keine Ladung trägt. Die Waage wird nun so weit ausgelenkt, dass die Kugel kurz die obere Kondensatorplatte berührt und damit geladen wird. Der reflektierte Laserstrahl hat danach seine Lage verändert, er ist nach oben gewandert. Der Aufhängefaden des Kraftmessgeräts wird soweit verkürzt, dass die ursprüngliche Ruhelage des Lichtstrahles wieder eingenommen wird. Das Kraftmessgerät zeigt jetzt die Kraft auf die Probeladung direkt an.

Verschiebt man anschließend den Kondensator in horizontaler und vertikaler Richtung, so ändert sich an der Lage des reflektierten Laserstrahls nichts.

Ergebnis:
Die auf eine Probeladung im Inneren eines Plattenkondensators ausgeübte Kraft ist unabhängig vom Ort gleich groß. Das elektrische Feld im Inneren eines Plattenkondensators ist somit **homogen**. Die Feldlinien in diesem homogenen Feld verlaufen parallel.

4 Elektrisches Feld

Zusammenfassung:
Bei der Untersuchung der Kraft auf eine Probeladung im radialsymmetrischen und homogenen elektrischen Feld stellte sich heraus, dass der Quotient $\frac{F}{|q|}$ eine Konstante ergibt. Der Quotient $\frac{F}{|q|}$ beschreibt somit das Feld der felderzeugenden Ladung näher.

In Analogie zum Gravitationsfeld kann man auch im elektrischen Feld eine neue feldbeschreibende Größe, die Feldstärke, definieren. Die Feldstärke ist eine vektorielle Größe, die sich als Quotient der Kraft auf einen Probekörper geteilt durch die für das jeweilige Feld nötige Eigenschaft des Probekörpers ergibt. Da die Feldstärke stets in Richtung der Feldlinien zeigt, muss man im elektrischen Feld die Kraft auf eine positive Probeladung betrachten.

> Die **elektrische Feldstärke** $\vec{E}$ ist der Quotient aus der Kraft $\vec{F}$, die ein positiv geladener Körper im betrachteten Feldpunkt erfährt, und seiner Ladung.
>
> $$\vec{E} = \frac{\vec{F}}{q^+}$$
>
> Die elektrische Feldstärke ist ein Vektor in Richtung der Feldlinien. Für die Maßeinheit der elektrischen Feldstärke erhält man: $[E] = \frac{N}{C} = \frac{N}{As}$

Im elektrischen Feld zwischen den geladenen Platten eines Kondensators (homogenes Feld) ist die Feldstärke unabhängig vom jeweiligen Betrachtungsort gleich groß. Die Änderung der elektrischen Feldstärke im Feld einer punktförmigen Ladung (radialsymmetrisches Feld) soll nun untersucht werden.

4.4.2 Experimentelle Untersuchung der elektrischen Feldstärke im radialsymmetrischen Feld

Vorüberlegung:
Aus dem Coulomb'schen Gesetz folgt für die Kraft auf eine Probeladung im Feld einer Ladung Q:

$$\vec{F}_C = f \cdot \frac{Q \cdot q}{r^2} \cdot \vec{e}_r \;\Rightarrow\; \vec{E} = f \cdot \frac{Q}{r^2} \cdot \vec{e}_r$$

Die elektrische Feldstärke im radialsymmetrischen Feld ist indirekt proportional zum Quadrat der Entfernung vom Ladungsmittelpunkt. Dieser Zusammenhang soll nun mit Hilfe eines **Elektrofeldmeters** (EFM) überprüft werden.
(Das Elektrofeldmeter ist ein Messgerät zur direkten Bestimmung des Betrages der Feldstärke).

Versuch:
Messung der Feldstärke im Außenraum einer geladenen Kugel in Abhängigkeit vom Abstand zum Kugelmittelpunkt.

Versuchsdurchführung:
Eine geladene Kugel mit dem Radius R erzeugt im Außenraum der Kugel ein radialsymmetrisches elektrisches Feld.

Versuchsaufbau:
Mit Hilfe eines EFM wird nun die elektrische Feldstärke in der Entfernung r vom Kugelmittelpunkt ($r > R$) direkt gemessen.

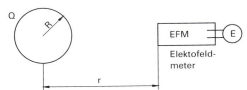

Messwerttabelle:

r in cm	7,0	8,0	9,0	10	15	20
E in $10^3 \frac{N}{C}$	10,0	7,7	6,1	4,9	2,2	2,0
$\frac{1}{r^2}$ in 10^2 m^{-2}	2,0	1,5	1,2	1,0	0,44	0,25

Grafische Auswertung im $\frac{1}{r^2}$-E-Diagramm.

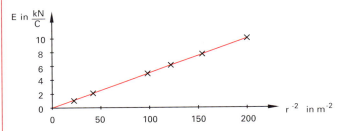

Ergebnis:
Die grafische Auswertung im $\frac{1}{r^2}$-E-Diagramm liefert eine Ursprungshalbgerade.

$$\Rightarrow E \sim \frac{1}{r^2}$$

„Die elektrische Feldstärke im radialsymmetrischen Feld ist indirekt proportional zum Quadrat der Entfernung vom Ladungsmittelpunkt."

Damit konnte der theoretisch gefundene Zusammenhang auch experimentell bestätigt werden.

4 Elektrisches Feld

4.5 Verschiebungsarbeit, Potential und Spannung im radialsymmetrischen Feld

Bei der **Verschiebungsarbeit** soll sich die kinetische Energie der Probeladung nicht ändern ($\Delta E_{kin} = 0$). In diesem Fall muss an der Ladung eine der Feldkraft ($\vec{F}_{el}$) entgegengerichtete, betragsgleiche Kraft $\vec{F}_a$ angreifen.

> **Die Arbeit, die mit dieser äußeren Kraft längs des Weges verrichtet wird, ist die Verschiebungsarbeit.**

4.5.1 Verschiebungsarbeit im Radialfeld

Die Gleichung für die Verschiebungsarbeit im radialsymmetrischen Feld kann auf einfache Weise abgeleitet werden. Ausschlaggebend für die Verschiebungsarbeit ist die Änderung der Kraft längs des Weges. Da sowohl die Kraft im Gravitationsfeld als auch die Kraft im elektrischen Feld direkt proportional zu $\frac{1}{r^2}$ ist, erwartet man auch für die Verschiebungsarbeit in beiden Feldern gleiche Abhängigkeiten. Eine Gegenüberstellung der Gleichungen für beide Felder liefert:

Gravitationsfeld | **Elektrisches Feld**

1) **Kraft auf einen Probekörper am Ort** r

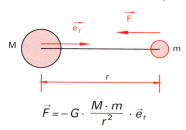 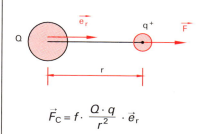

$$\vec{F} = -G \cdot \frac{M \cdot m}{r^2} \cdot \vec{e}_r \qquad \vec{F}_C = f \cdot \frac{Q \cdot q}{r^2} \cdot \vec{e}_r$$

2) **Feldstärke**

$$\vec{\gamma} = \frac{\vec{F}}{m} \qquad \vec{F} = \vec{\gamma} \cdot m \qquad\qquad \vec{E} = \frac{\vec{F}_C}{q^+} \qquad \vec{F} = \vec{E} \cdot q^+$$

$$\vec{\gamma}(r) = -G \cdot \frac{M}{r^2} \cdot \vec{e}_r \qquad\qquad \vec{E}(r) = f \cdot \frac{Q}{r^2} \cdot \vec{e}_r$$

3) **Verschiebungsarbeit**

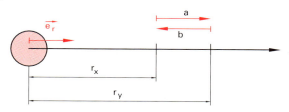

4.5 Verschiebungsarbeit, Potential und Spannung im radialsymmetrischen Feld

Festlegung:
r_1: Abstand des Anfangspunkts der Verschiebungsarbeit vom Mittelpunkt des felderzeugenden Körpers.
r_2: Abstand des Endpunkts der Verschiebungsarbeit vom Mittelpunkt des felderzeugenden Körpers.

$$W_{r_1;r_2} = G \cdot M \cdot m \cdot \left(\frac{1}{r_1} - \frac{1}{r_2}\right) \qquad W_{r_1;r_2} = -f \cdot Q \cdot q \cdot \left(\frac{1}{r_1} - \frac{1}{r_2}\right)$$

Fallunterscheidung: a) $r_2 > r_1$
Die Verschiebungsarbeit ist größer null.

$Q \cdot q < 0$: Verschiebungsarbeit positiv
$Q \cdot q > 0$: Verschiebungsarbeit negativ

b) $r_1 > r_2$
Die Verschiebungsarbeit ist kleiner null.

$Q \cdot q < 0$: Verschiebungsarbeit negativ
$Q \cdot q > 0$: Verschiebungsarbeit positiv

4) Verschiebungsarbeit ins Unendliche

$$\lim_{r_2 \to \infty} W_{r_1;r_2} = G \cdot M \cdot m \cdot \frac{1}{r_1} \qquad \lim_{r_2 \to \infty} W_{r_1;r_2} = -f \cdot Q \cdot q \cdot \frac{1}{r_1}$$

„**Ionisierungsenergie**"

5) Verschiebungsarbeit auf beliebigem Weg
Für beide Felder erhält man:
$W_{1;2} = W_{3;4} = W_{1;4}$
$W_{1;3} = W_{2;4} = 0$
$W_{1;3} + W_{3;4} + W_{4;2} + W_{2;1} = 0$
$W_{1;2} + W_{2;1} = 0 \Leftrightarrow W_{1;2} = -W_{2;1}$

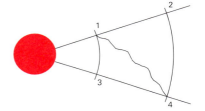

Anmerkung: Ionisierungsarbeit
Soll ein Ladungsträger aus dem Feld einer anderen Ladung entfernt werden, so ist dabei die sogenannte Ionisierungsarbeit nötig.

$$\lim_{r_2 \to \infty} W_{r_1;r_2} = -f \cdot Q \cdot q \cdot \frac{1}{r_1}$$

Diese Arbeit ist endlich, obwohl der Ladungsträger ins „Unendliche" befördert wird.

4.5.2 Potentielle Energie im radialsymmetrischen elektrischen Feld

Die **potentielle Energie** gibt die Lageenergie des Körpers gegenüber einem frei gewählten Bezugsniveau an. Sie lässt sich aus der Verschiebungsarbeit berechnen, die man verrichten muss um den Körper vom Bezugsniveau zum entsprechenden Feldpunkt zu transportieren (Reihenfolge beachten!). Da das Bezugsniveau nach der Festlegung für alle Feldpunkte gleich ist, schreibt man die potentielle Energie nur in Abhängigkeit vom Endpunkt der Verschiebungsarbeit.

Zwei Möglichkeiten zur Festlegung des Nullniveaus der potentiellen Energie werden nun kurz angesprochen. Auch hier werden wieder die Gleichungen aus dem Gravita-

4 Elektrisches Feld

tionsfeld den Gleichungen im elektrischen Feld gegenübergestellt. Die genaue Herleitung ist im Kapitel „Gravitation" nachzulesen.

- Das Nullniveau der potentiellen Energie liegt auf der Oberfläche des felderzeugenden Körpers mit Radius r_0.

$$E_{pot}(r) = W_{r_0;r} = G \cdot M \cdot m \cdot \left(\frac{1}{r_0} - \frac{1}{r} \right) \qquad E_{pot}(r) = W_{r_0;r} = -f \cdot Q \cdot q \cdot \left(\frac{1}{r_0} - \frac{1}{r} \right)$$

Gravitationsfeld | **Elektrisches Feld**

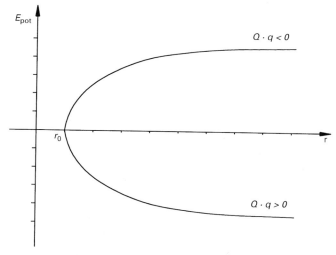

- Das Nullniveau der potentiellen Energie liegt im Unendlichen (im feldfreien Raum).

$$E_{pot}(r) = \lim_{r_B \to \infty} W_{r_B;r} = -G \cdot M \cdot m \cdot \frac{1}{r} \qquad E_{pot}(r) = \lim_{r_B \to \infty} W_{r_B;r} = f \cdot Q \cdot q \cdot \frac{1}{r}$$

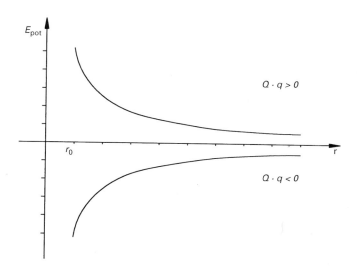

Das Vorzeichen der potentiellen elektrischen Energie wird immer vom Produkt der Ladungen (Q · q) bestimmt. Die potentielle Energie eines Körpers ist eine skalare Größe, die in jedem Feldpunkt eindeutig definiert ist.

4.5.3 Das Potential

Teilt man die potentielle Energie durch die entsprechende Eigenschaft des Probekörpers (Masse oder Ladung), so erhält man eine neue feldbeschreibende Größe, das **Potential**.

Gravitationsfeld

$$V(r) = \frac{E_{pot}(r)}{m} = \frac{W_{r_{Bez};r}}{m}$$

$$V(r) = G \cdot M \cdot \left(\frac{1}{r_{Bez}} - \frac{1}{r}\right)$$

Elektrisches Feld

$$\varphi(r) = \frac{E_{pot}(r)}{q} = \frac{W_{r_{Bez};r}}{q}$$

$$\varphi(r) = -f \cdot Q \cdot \left(\frac{1}{r_{Bez}} - \frac{1}{r}\right)$$

Unter dem **elektrischen Potential** in irgendeinem Punkt P eines elektrostatischen Feldes in Bezug auf einen willkürlich gewählten Anfangspunkt A (dem Bezugspunkt der potentiellen Energie) versteht man den Quotienten der potentiellen Energie einer beliebigen Ladung q in diesem Punkt und dieser Ladung. Die potentielle Energie ist die Verschiebungsarbeit $W_{A;P}$, die aufgewendet werden muss, um die Ladung q vom Punkt A an die betreffende Feldstelle zu bringen.

$$\varphi_P = \frac{E_{potP}}{q} = \frac{W_{A;P}}{q}$$

Für die Einheit des Potentials erhält man: $[\varphi] = \dfrac{J}{As} = \dfrac{VAs}{As} = V$

Die abgeleitete Einheit des elektrischen Potentials ist das Volt.

Für die bereits besprochenen gebräuchlichen Festlegungen der potentiellen Energie erhält man folgende Potentialverläufe im radialsymmetrischen elektrischen Feld:

– Das Nullniveau der potentiellen Energie liegt auf der Oberfläche des felderzeugenden Körpers mit Radius r_0.

$$\varphi(r) = \frac{W_{r_0;r}}{q} = -f \cdot Q \cdot \left(\frac{1}{r_0} - \frac{1}{r}\right)$$

– Das Nullniveau der potentiellen Energie liegt im Unendlichen (im feldfreien Raum).

$$\varphi(r) = \lim_{r_B \to \infty} \frac{W_{r_{Bez};r}}{q} = f \cdot Q \cdot \frac{1}{r}$$

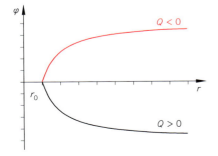
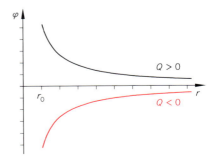

4 Elektrisches Feld

Hinweis zum Potential:

- Wie in Kapitel 4.5.1 gezeigt, ist die Arbeit $W_{A;P}$ beim Verschieben einer Ladung q im Feld der Ladung Q unabhängig vom Weg, den man zwischen den beiden Punkten A und P einschlägt. Der Quotient $\frac{W_{A;P}}{q}$ ist nur abhängig von der Stärke des elektrischen Feldes und der Lage der Punkte A und P. Das Potential ist damit eine **skalare Größe zur Beschreibung des elektrischen Feldes**, wobei jeder Punkt des Feldes ein eindeutiges Potential besitzt.
- Da das Bezugsniveau des Potentials für alle Punkte eines Feldes gleich ist, wird der Anfangspunkt der Verschiebungsarbeit bei der Bezeichnung des Potentials nicht mit angegeben.
- Je nach Wahl des Nullniveaus der potentiellen Energie (Startpunkt für die Verschiebungsarbeit der Ladung) ändert sich das Potential. In der Elektrostatik legt man im Allgemeinen das Bezugsniveau für das Potential ins Unendliche. Da es technisch nicht möglich ist, unendlich ferne Punkte miteinander zu verbinden, nimmt man in der Technik immer das Potential der Erde zu null an. **Jeder mit der Erde leitend verbundene Punkt hat somit das Potential null.**
- Aus der Definition folgt weiterhin, dass ein Potential dann positiv ist, wenn beim Transport einer positiven Ladung vom Potentialnullpunkt zum entsprechenden Feldpunkt hin Arbeit aufgewendet werden muss ($W_{A;P} > 0$). Daraus folgt:
  „Das Potential steigt immer zur positiven Ladung hin an!'

4.5.4 Die Potentialdifferenz zwischen zwei Punkten (Spannung)

Betrachtet man zwei beliebige Punkte eines elektrischen Feldes, so lassen sich folgende Beziehungen herleiten:

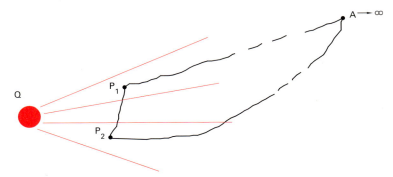

Ausgangspunkt ist die Verschiebungsarbeit im elektrischen Feld. Für sie gilt:
„Die auf einem geschlossenen Weg verrichtete Arbeit ist null."
Nun sei A der im Unendlichen liegende Bezugspunkt des Potentials und der potentiellen Energie.

$W_{A;P_1} + W_{P_1;P_2} + W_{P_2;A} = 0 \quad \Leftrightarrow \quad W_{P_1;P_2} = -W_{A;P_1} - W_{P_2;A}$
mit $W_{A;P_2} = -W_{P_2;A} \quad \Rightarrow \quad W_{P_1;P_2} = W_{A;P_2} - W_{A;P_1}$

4.5 Verschiebungsarbeit, Potential und Spannung im radialsymmetrischen Feld

Verwendet man die Definition der potentiellen Energie, so folgt:

$$W_{P_1;P_2} = E_{potP_2} - E_{potP_1} = \Delta E_{pot}$$

Die Differenz der potentiellen Energien zweier Punkte in einem elektrischen Feld, ist von der Wahl des Bezugsniveaus der potentiellen Energie unabhängig.

Für die Potentiale der beiden Punkte folgt aus der Definition:

$$\varphi_{P_1} = \frac{W_{A;P_1}}{q} = \frac{E_{potP_1}}{q} \quad \text{und} \quad \varphi_{P_2} = \frac{W_{A;P_2}}{q} = \frac{E_{potP_2}}{q}$$

$$\Leftrightarrow E_{potP_1} = \varphi_{P_1} \cdot q \quad \text{und} \quad E_{potP_2} = \varphi_{P_2} \cdot q$$

Eingesetzt in die Gleichung $W_{P_1;P_2} = E_{potP_2} - E_{potP_1}$ erhält man:

$$W_{P_1;P_2} = q \cdot (\varphi_{P_2} - \varphi_{P_1}) \quad \Leftrightarrow \quad \frac{W_{P_1;P_2}}{q} = \varphi_{P_2} - \varphi_{P_1}$$

Um eine Ladung q im elektrischen Feld vom Punkt P_1 mit dem Potential φ_{P_1} zum Punkt P_2 mit dem Potential φ_{P_2} zu bringen, muss die Arbeit $W_{P_1;P_2}$ aufgewendet werden. Diese Arbeit hängt nur von der Potentialdifferenz der beiden Punkte ab, sie ist **unabhängig** vom Bezugsniveau des Potentials.

Wiederholung:

Für die elektrische Arbeit galt bisher: $\quad W = U \cdot I \cdot t = U \cdot Q$
Für die Arbeit im elektrischen Feld erhält man: $\quad W_{P_1;P_2} = q \cdot (\varphi_{P_2} - \varphi_{P_1})$

Ein Vergleich beider Ausdrücke führt zur Definition der elektrischen Spannung.

Unter der elektrischen **Spannung** zwischen zwei Punkten P_2 und P_1 eines elektrischen Feldes versteht man die Potentialdifferenz $(\varphi_{P_2} - \varphi_{P_1})$ zwischen diesen Punkten.

$$U_{P_2;P_1} = (\varphi_{P_2} - \varphi_{P_1}) = \frac{W_{P_1;P_2}}{q}$$

Einheit der Spannung: $[U] = V \quad$ (Volt)

Hinweise:
- Die Spannung zwischen zwei Punkten ist unabhängig von der Wahl des Bezugspunktes.
- Da für die Spannung ein eigenes Symbol (U) definiert wurde, sollte die Bezeichnung $\Delta\varphi$ nicht verwendet werden.

- Im Gravitationsfeld gilt analog: $(V_{P_2} - V_{P_1}) = \dfrac{W_{P_1;P_2}}{q}$. Hier wurde jedoch für die Potentialdifferenz keine eigene physikalische Größe definiert.

4.5.5 Potentialmessung mit der Flammensonde

Vorüberlegung:
Für die Verschiebungsarbeit im radialsymmetrischen elektrischen Feld wurde folgende Beziehung hergeleitet: $\quad W_{r_1;r_2} = -f \cdot Q \cdot q \cdot \left(\dfrac{1}{r_1} - \dfrac{1}{r_2}\right)$

Legt man das Bezugsniveau für das Potential ins Unendliche, so erhält man:

$$\lim_{r_{Bez} \to \infty} W_{r_{Bez};r} = f \cdot Q \cdot q \cdot \dfrac{1}{r} \quad \text{und damit:} \quad \varphi(r) = \dfrac{\lim\limits_{r_{Bez} \to \infty} W_{r_{Bez};r}}{q^+} = f \cdot \dfrac{Q}{r}$$

Das Potential im Außenfeld einer geladenen Kugel ist damit indirekt proportional zum Abstand vom Kugelmittelpunkt. Dieser Zusammenhang wird nun experimentell überprüft.

Versuch:

Versuchsaufbau:

Messung des Potentialverlaufs im Außenraum einer felderzeugenden Ladung (Kugel) in Abhängigkeit von der Entfernung zum Kugelmittelpunkt.

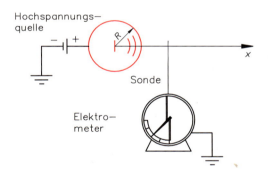

Man verwendet dabei ein statisches Spannungsmessgerät (Elektrometer, vgl. 4.1.2 A), mit dem die Potentialdifferenz zwischen zwei Punkten eines Leiters bestimmt werden kann. Legt man nun eine Anschlussklemme dieses Spannungsmessgerätes auf das Bezugsniveau des Potentials, so misst man das Potential am Ort der zweiten Anschlussklemme.
Bei der dargestellten Anordnung ist der Minuspol der Hochspannungsquelle geerdet (Nullniveau des Potentials).
Die Kugel ist positiv geladen, das Potential der Kugeloberfläche ist damit positiv (Nullniveau beachten). Es wurde bereits gezeigt, dass das Potential im Außenfeld einer geladenen Kugel indirekt proportional zum Abstand vom Kugelmittelpunkt ist.
Bei der Annäherung der Sonde an die Kugel erwartet man somit einen Anstieg des Potentials.

Beobachtung:
Verschiebt man die Sonde zur Kugel hin, so ist zunächst kaum ein Ausschlag am Spannungsmessgerät erkennbar. Erst beim Berühren der geladenen Kugel steigt die Anzeige sprunghaft an.

4.5 Verschiebungsarbeit, Potential und Spannung im radialsymmetrischen Feld

Begründung:
Die Ladung der Kugel influenziert auf der Sonde eine negative Influenzladung, die sehr gering ist und vom Spannungsmessgerät angezeigt wird. Diese Influenzladung auf der Sonde baut ein eigenes elektrisches Feld auf, das den Verlauf des radialsymmetrischen Feldes der Kugel stört. Gelingt es nun, die überschüssige Influenzladung auf der Sonde zu entfernen, so müsste man die Potentialdifferenz zwischen der Sonde und der Kugel direkt messen können.

Das gelingt mit Hilfe der sogenannten **Flammensonde**. Aufsteigende Verbrennungsrückstände bilden eine leitende Oberfläche, auf der sich die Influenzladung gleichmäßig verteilt. Somit wird die überzählige Influenzladung von der Sonde abgeführt und das Potential am Ort der Sonde richtig angezeigt.

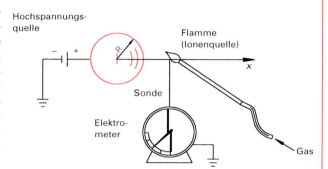

Messwerttabelle:

x in cm	6,0	8,0	10	12	14	16	18	20	22
φ in kV	6,0	4,5	3,6	2,9	2,5	2,2	1,9	1,7	1,55
$\frac{1}{x}$ in $\frac{1}{m}$	17	13	10	8,3	7,1	6,3	5,6	5,0	4,5
$\varphi \cdot x$ in 10^2 Vm	3,6	3,6	3,6	3,5	3,5	3,5	3,4	3,4	3,4

Grafische Auswertung im $\frac{1}{x}$-φ-Diagramm.

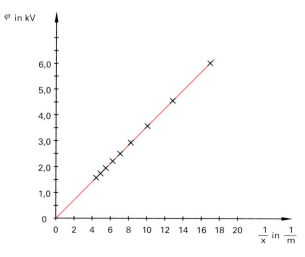

4 Elektrisches Feld

Anmerkung:
Äquipotentialflächen (Flächen mit gleichem Potential) im radialsymmetrischen Feld sind konzentrische Kugeloberflächen.

Ergebnis:
Die grafische Darstellung ergibt eine Ursprungshalbgerade.
Die rechnerische Überprüfung bestätigt im Rahmen der Messgenauigkeit die indirekte Proportionalität.

$$\varphi \sim \frac{1}{x} \quad \text{(für } x > R\text{)}$$

4.6 Das homogene Feld eines Kondensators

4.6.1 Die elektrische Feldstärke im homogenen Feld

Bei der Definition der Feldstärke (Kap. 4.4.1) wurde bereits gezeigt, dass im Inneren eines Plattenkondensators die Feldstärke konstant ist. Mit Hilfe der neu eingeführten Größen Potential und Spannung ist es nun möglich eine einfache Beziehung zur Berechnung der Feldstärke im Inneren eines Kondensators herzuleiten.

Verschiebt man eine Ladung q im Inneren des Kondensators von A nach B, so ist folgende Verschiebungsarbeit nötig:

$$W_{A;B} = q \cdot (\varphi_B - \varphi_A) = q \cdot U_{BA}$$

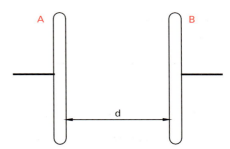

Da die Kraft im homogenen Feld konstant ist, kann die Verschiebungsarbeit auch auf andere Art berechnet werden:

$$W_{A;B} = \vec{F}_a \circ \Delta \vec{s} \quad \text{mit} \quad \vec{F}_a = -\vec{F}_{el} = -q \cdot \vec{E}$$
$$\Rightarrow W_{A;B} = -q \cdot \vec{E} \circ \Delta \vec{s}$$

Beide Lösungen für die Verschiebungsarbeit können nun gleichgesetzt werden.

$$q \cdot U_{BA} = -q \cdot \vec{E} \circ \Delta \vec{s} \quad \Leftrightarrow \quad U_{BA} = -\vec{E} \circ \Delta \vec{s}$$

$\Delta \vec{s}$ zeigt in Richtung des Weges, der bei der Verschiebungsarbeit eingeschlagen wird, im Beispiel von A nach B. Der Betrag des Vektors $\Delta \vec{s}$ ist der Plattenabstand d. Es können nun 2 Fälle auftreten:

a) $\vec{E}$ und $\Delta \vec{s}$ sind gleichgerichtet $\Rightarrow U_{BA} = -E \cdot d$ oder $U_{BA} < 0$
   Hierbei muss die Platte A des Kondensators positiv, die Platte B negativ geladen sein.

4.6 Das homogene Feld eines Kondensators

b) $\vec{E}$ und $\Delta \vec{s}$ sind entgegengerichtet. $\Rightarrow U_{BA} = E \cdot d$ oder $U_{BA} > 0$

Verzichtet man auf das Vorzeichen der Spannung, so lässt sich der Zusammenhang von Feldstärke und Spannung im homogenen Kondensatorfeld einfach darstellen.

Für den Betrag der Feldstärke im homogenen Feld eines Plattenkondensators mit dem Plattenabstand d erhält man:

$$E = \frac{U}{d}$$

Vereinbarung:
Wird die Spannung ohne Indizes angegeben, so handelt es sich dabei immer um den Betrag der Potentialdifferenz.

Experimentelle Untersuchung der Feldstärke im Inneren eines Plattenkondensators.

Versuchsaufbau:

Die soeben hergeleitete Beziehung für den Betrag der Feldstärke im Inneren eines Plattenkondensators wird nun mit Hilfe des Elektrofeldmeters experimentell überprüft.

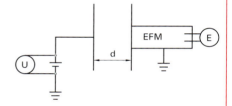

Versuch 1:
Messung des Betrags der elektrischen Feldstärke in Abhängigkeit von der anliegenden Spannung.

Der Abstand der beiden Kondensatorplatten bleibt während des Versuchs konstant.

Messwerttabelle:

U in V	0	20	40	60	80	100
E in $\frac{kV}{m}$	0	1,0	2,0	3,0	4,0	5,0
$\frac{E}{U}$ in $\frac{1}{m}$	–	50	50	50	50	50

4 Elektrisches Feld

Grafische Auswertung im *U-E*-Diagramm.

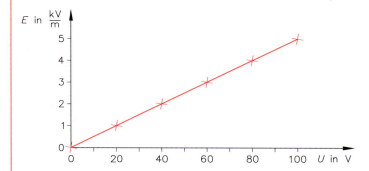

Ergebnis:
Die grafische Auswertung im *U-E*-Diagramm ergibt eine Gerade durch den Ursprung, der Quotient $\frac{E}{U}$ ist im Rahmen der Messgenauigkeit konstant.

$E \sim U$

Versuch 2:
Messung des Betrags der elektrischen Feldstärke in Abhängigkeit vom Abstand der Platten.

Die angelegte Spannung ist konstant, der Abstand der beiden Kondensatorplatten wird verändert und die Feldstärke gemessen.

Messwerttabelle:

d in cm	1,0	2,0	3,0	4,0	5,0	6,0	7,0	8,0	9,0	10
E in $\frac{kV}{m}$	10	5,0	3,0	2,5	2,0	1,6	1,4	1,2	1,1	1,0
$\frac{1}{d}$ in $\frac{1}{cm}$	1,0	0,50	0,33	0,25	0,20	0,17	0,14	0,13	0,11	0,10
$E \cdot d$ in 10^2 V	1,0	1,0	0,90	1,0	1,0	0,96	0,98	0,96	0,99	1,0

Die Herleitung lieferte das Ergebnis $E \sim \frac{1}{d}$.

Dieser Zusammenhang kann im $\frac{1}{d}$-*E*-Diagramm grafisch nachgewiesen werden.

Zur zusätzlichen Überprüfung wird noch das Produkt $E \cdot d$ berechnet.

Grafische Darstellung im $\frac{1}{d}$-E-Diagramm.

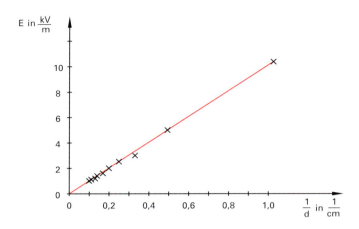

Ergebnis:
Die grafische Darstellung im $\frac{1}{d}$-E-Diagramm ergibt eine Ursprungshalbgerade; das Produkt $E \cdot d$ ist im Rahmen der Messgenauigkeit konstant.

$$E \sim \frac{1}{d}$$

Damit ist die Gleichung $E = \frac{U}{d}$ auch experimentell nachgewiesen.

4.6.2 Verschiebungsarbeit im homogenen Feld

Berechnung der Arbeit beim Verschieben einer positiven Probeladung q von P_1 nach P_2 im Inneren eines Plattenkondensators.

$W_{P_1;P_2} = \vec{F_a} \circ \Delta \vec{s}$
$\Rightarrow W_{P_1;P_2} = F_a \cdot \Delta s \cdot \cos(\sphericalangle \vec{F_a}; \Delta \vec{s})$
$\Rightarrow W_{P_1;P_2} = -|q| \cdot E \cdot \Delta s \cdot \cos \alpha$
da $\cos(\pi - \alpha) = -\cos \alpha$
und $F_a = F_{el} = |q| \cdot E$

Beim Verschieben über
P_3 gilt:
$W_{P_1;P_3} = \vec{F_a} \circ \Delta \vec{l}$
$W_{P_1;P_3} = F_a \cdot \Delta l \cdot \cos(\sphericalangle \vec{F_a}; \Delta \vec{l})$
$\Rightarrow W_{P_1;P_3} = -F_a \cdot \Delta l$ da $\cos(\sphericalangle \vec{F_a}; \Delta \vec{l}) = -1$
$W_{P_3;P_2} = 0$ da $\vec{F_a} \perp \Delta \vec{h}$
$W_{P_1;P_2} = W_{P_1;P_3} + W_{P_3;P_2} = -|q| \cdot E \cdot \Delta l$

Aus der Zeichnung folgt: $\Delta l = \Delta s \cdot \cos \alpha$
$W_{P_1;P_2} = -|q| \cdot E \cdot \Delta s \cdot \cos \alpha$

Die Arbeit beim Verschieben der Probeladung von P_1 nach P_2 ist **unabhängig vom Weg**, den man zwischen den zwei Punkten im Inneren des homogenen Feldes zurücklegt.
Die auf einem geschlossenen Weg verrichtete Arbeit ist null.

4.6.3 Potentielle Energie im homogenen Feld

Festlegung:
Die linke Platte des Kondensators am Ort $x = 0$ ist das Bezugsniveau der potentiellen Energie. Gesucht ist nun die potentielle Energie einer Ladung q im Raum zwischen den Kondensatorplatten.

$$E_{pot}(x) = W_{0;x} = \vec{F}_a \circ \Delta\vec{x}$$

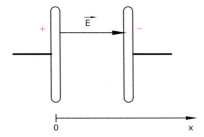

Hier darf das Skalarprodukt zur Berechnung der Verschiebungsarbeit verwendet werden, da im homogenen Feld die Kraft konstant ist. Für die Kräfte gilt:
$$\vec{F}_a = -\vec{F}_{el} = -q \cdot \vec{E}$$

Die Vektoren $\vec{E}$ und $\Delta\vec{x}$ sind stets gleichgerichtet; für den Betrag des Vektors $\Delta\vec{x}$ gilt:
$$|\Delta\vec{x}| = x - 0 = x$$

Für die potentielle Energie folgt daraus:
$$E_{pot}(x) = -q \cdot E \cdot x$$

Die elektrische Energie im homogenen Feld ändert sich längs einer Feldlinie **linear**. Ist die Ladung q in diesem Bezugssystem positiv, so erhält man eine negative potentielle Energie. (Beim Transport einer positiven Ladung vom Bezugsniveau zum entsprechenden Feldpunkt wird Arbeit frei!)
Das mechanische Analogon hierzu ist die Lageenergie eines Körpers im homogenen Gravitationsfeld.

4.6.4 Potential und Potentialdifferenz im homogenen elektrischen Feld

Für die potentielle Energie im Inneren eines Plattenkondensators erhält man:
$$E_{pot}(x) = -q \cdot E \cdot x$$
Hierbei liegt das Bezugsniveau der potentiellen Energie am Ort $x = 0$ (siehe Festlegung von 4.6.3).
Für das Potential ergibt sich bei gleichem Bezugsniveau:

$$\varphi(x) = -E \cdot x$$

Bei einer Bewegung in Richtung der elektrischen Feldstärke nimmt im Inneren eines Kondensators das Potential linear ab.

4.6 Das homogene Feld eines Kondensators

Versuch:

Untersuchung des Potentialverlaufs im Inneren eines Plattenkondensators mit der Flammensonde

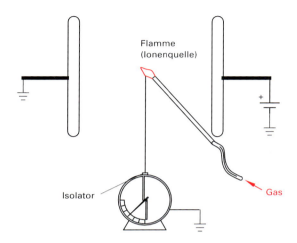

a) Verschieben der Sonde in Richtung einer Feldlinie (von rechts nach links).
   Beobachtung: Das Potential nimmt linear ab.
b) Verschieben der Sonde in einer Ebene senkrecht zu den Feldlinien.
   Beobachtung: Das Potential bleibt gleich.
c) Messung mit zwei Sonden.
   Beobachtung: Die Spannung zwischen den beiden Sonden wird vorzeichenlos angezeigt.

Anmerkung:
Man bezeichnet Flächen, die das gleiche elektrische Potential besitzen, als **Äquipotentialflächen**. Beim Plattenkondensator sind das alle Ebenen parallel zu den Plattenflächen im Inneren des Kondensators

Für die Spannung zwischen zwei Feldpunkten im homogenen elektrischen Feld erhält man aus der Definition des Potentials:

$$U_{2;1} = \varphi(x_2) - \varphi(x_1) = \frac{W_{x_1;x_2}}{q} = -E \cdot (x_2 - x_1) \quad \Leftrightarrow \quad U_{2;1} = -E \cdot \Delta x$$

Betrachtet man nun den gesamten Kondensator ($\Delta x = d$) und verzichtet auf die Vorzeichen, so erhält man sofort den bereits experimentell hergeleiteten Zusammenhang:

$$E = \frac{U}{d}$$

Musteraufgabe:
Die Potentialdifferenz zweier Kondensatorplatten sei 100 V, der Plattenabstand betrage 10 cm. Die Entfernung des Punktes A von der positiv geladenen linken Platte ($x = 0$) betrage 2,0 cm, die des Punktes B 7,0 cm.

4 Elektrisches Feld

Zeichnen Sie den Potentialverlauf im Inneren des Kondensators in Abhängigkeit vom Abstand zur linken Kondensatorplatte, wenn diese folgende Potentiale trägt: 100 V; 50 V und 10 V. Bestimmen Sie aus den Graphen jeweils die Spannung U_{AB}.

Lösung:
$U_{AB} = \varphi_A - \varphi_B$

1. Fall: $\varphi(x=0) = 100\text{ V}$
$U_{AB} = 80\text{ V} - 30\text{ V} = 50\text{ V}$

2. Fall: $\varphi(x=0) = 50\text{ V}$
$U_{AB} = 30\text{ V} - (-20\text{ V}) = 50\text{ V}$

3. Fall: $\varphi(x=0) = 10\text{ V}$
$U_{AB} = -10\text{ V} - (-60\text{ V}) = 50\text{ V}$

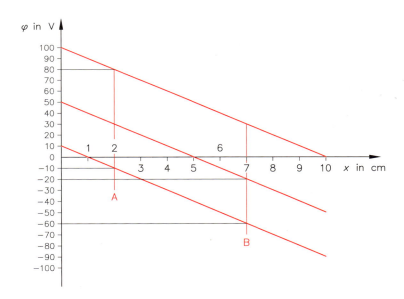

In allen drei Fällen ist die Spannung U_{AB} identisch. Damit ist nochmals bestätigt, dass die Wahl des Bezugsniveaus der potentiellen Energie und des Potentials für die Spannung zwischen zwei Punkten eines elektrischen Feldes keine Bedeutung besitzt. Vertauscht man die Indizes der Spannung, so ändert sich das Vorzeichen der Spannung.

Hinweise:

- Zur Beschreibung des homogenen elektrischen Feldes hat man nun zwei Größen zur Verfügung: einerseits die vektorielle Größe der Feldstärke, andererseits die skalare Größe des Potentials.
- Die Steigung des Graphen im x-φ-Diagramm ist ein Maß für den Betrag der Feldstärke $\vec{E}$.
- $\vec{E}$ weist immer in Richtung des abnehmenden (fallenden) Potentials.

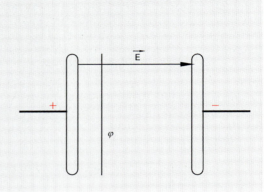

4.7 Elektrische Influenz

Versuch:
Man bringt zwei neutrale, isolierte Metallkugeln, die einander berühren, in das elektrische Feld der geladenen Kugel eines Bandgenerators und trennt sie dann voneinander. Nimmt man die Kugeln aus dem Feld, so erweisen sie sich beide als elektrisch geladen, und zwar hat die Ladung der ursprünglich vom Bandgenerator entfernteren Kugel das gleiche, die andere das entgegengesetzte Vorzeichen wie die Ladung der Bandgeneratorkugel. Offenbar wurden im Feld die Ladungen der zunächst neutralen Kugeln voneinander getrennt.

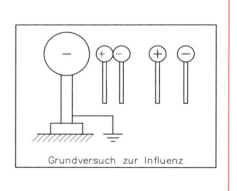

Grundversuch zur Influenz

Man bezeichnet die Ladungstrennung in einem elektrischen Feld als **elektrische Influenz**.
Bei Metallen ist die Influenz wegen der guten Beweglichkeit der Leitungselektronen leicht durchzuführen. Im obigen Versuch werden Leitungselektronen auf die rechte Kugel verdrängt, so dass nach der Trennung der Kugeln im elektrischen Feld auf der linken Kugel Elektronenmangel, auf der rechten Elektronenüberschuss herrscht.
Auch in Nichtleitern tritt im elektrischen Feld Ladungsverschiebung ein, jedoch nur innerhalb der einzelnen Moleküle. Die Moleküle werden zu elektrischen Dipolen, die sich im Feld ausrichten. Die genaue Untersuchung hat ergeben, dass die Moleküle vieler nicht leitender Stoffe auch außerhalb des elektrischen Feldes elektrische Dipole darstellen.

4 Elektrisches Feld

Die elektrische Influenz bewirkt in solchen Stoffen die Ausrichtung der schon vorhandenen Dipole. Längliche Körper in einem elektrischen Feld werden zu makroskopischen Dipolen, die sich in die Feldrichtung einstellen, wenn man dafür sorgt, dass sie leicht beweglich sind. (Auf dieser Tatsache beruht die Möglichkeit, Feldlinienbilder mit Hilfe von Kunststofffasern, Papierfähnchen oder Grießkörnern zu erzeugen.)

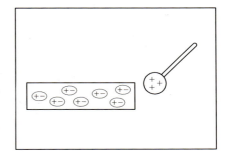

4.7.1 Elektrische Flächenladungsdichte und Flussdichte im Plattenkondensator

Grundversuch
Bringt man in das elektrische Feld eines Plattenkondensators an isolierenden Griffen zwei ungeladene Metallplatten (**Probeplatten**), die einander berühren, trennt diese im Feld und führt sie getrennt aus dem Feld, so sind sie geladen. Man berührt mit je einer Platte den Teller eines der beiden isoliert aufgestellten Elektroskope gleicher Empfindlichkeit und erkennt:
Die Ladungen sind gleich groß.
Bringt man nun die Teller beider Elektroskope unmittelbar in leitenden Kontakt, dann stellt man fest, dass die beiden Ladungen verschiedene Vorzeichen haben, da sie sich neutralisieren.

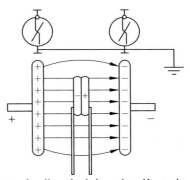

Das Versuchsergebnis lässt sich mit Hilfe der Influenz qualitativ leicht erklären. Im Folgenden wird die Größe der Influenzladung auf den Platten und ihr Zusammenhang mit dem elektrischen Feld des Kondensators untersucht. In mehreren Versuchen wird mit einem zur Ladungsmessung geeigneten Messverstärker die Ladung der Influenzplatten gemessen.

Zunächst wird die Stärke des elektrischen Feldes nicht verändert.

– Die Platten werden so in das Feld gehalten, dass die Plattenebenen parallel zu den Feldlinien stehen.
Beobachtung: Die Platten sind ungeladen.

- Stehen die Platten senkrecht zu den Feldlinien, so erhält man die maximale Influenzladung Q_i.
- Misst man nun die maximale Influenzladung Q_i bei unterschiedlich großen Influenzplatten, so zeigt sich, dass Q_i, bei konstantem Kondensatorfeld, direkt proportional zur Fläche A_i einer Probeplatte ist.

Es liegt nun nahe, den Quotienten aus Q_i und A_i zur Charakterisierung des Feldes heranzuziehen.

Unter der **Flächenladungsdichte** σ (Sigma) versteht man allgemein den Quotienten aus einer Ladung Q, die gleichmäßig auf einer Fläche A verteilt ist, und der Fläche A.

$$\sigma = \frac{Q}{A} \qquad \text{Einheit der Flächenladungsdichte:} \quad [\sigma] = \frac{C}{m^2} = \frac{As}{m^2}$$

Die maximal influenzierten Flächenladungsdichte $\sigma_i = \dfrac{Q_i}{A_i}$ ist eine von der Probeplattenfläche unabhängige Größe zur Beschreibung des Feldes.

Jeder Stelle des elektrischen Feldes ordnet man einen Vektor $\vec{D}$ zu, der die gleiche Richtung wie die elektrische Feldstärke $\vec{E}$ hat, und dessen Betrag $D = \sigma_i$ ist.

$\vec{D} = D \cdot \vec{e}$ mit $D = \sigma_i$ \quad Der Einheitsvektor $\vec{e}$ weist in dieselbe Richtung wie $\vec{E}$.

Man bezeichnet $\vec{D}$ als **elektrische Flussdichte** (Früher: *Elektrische Verschiebungsdichte*).

4.7.2 Die elektrische Flussdichte im homogen Feld eines Plattenkondensators.

Mit Hilfe von Probeplatten wird nun an verschiedenen Stellen innerhalb des Kondensators die maximale Flächenladungsdichte σ_i gemessen.

Beobachtung: Wenn man die Randgebiete unberücksichtigt lässt, erhält man an allen Stellen im Inneren des Feldes: σ_i = konst.

Misst man auch noch die Flächenladungsdichte σ der Kondensatorplatten selbst, so zeigt sich, dass diese ebenso groß ist wie σ_i.

Somit gilt für den Betrag der elektrische Flussdichte $\vec{D}$ des Plattenkondensators: $D = \sigma_i = \sigma$ = konst.

Begründung:
Die Ladungsdichte σ ist an jeder Stelle der Kondensatorplatten gleich groß. Ordnet man jeder Feldlinie auf der linken Platte die gleiche positive „Ladung" zu, so entspricht der Feldlinie auf der rechten Platte eine ebenso große negative „Ladung", und die Feldlinien haben den gleichen Abstand voneinander. Bringt man die Influenzplatten in den Kondensator, so enden die Feldlinien auf der linken Influenzplatte und entspringen wieder auf der rechten. Da zu jeder Feldlinie die gleiche Ladung gehört, stimmt die Ladungsdichte σ_i der Influenzladung mit der Ladungsdichte σ der Kondensatorplatten überein.

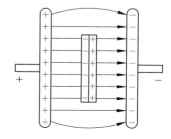

4 Elektrisches Feld

Im inhomogenen Feld, z. B. im radialsymmetrischen Feld, gelten diese Zusammenhänge **nicht**; die elektrische Flussdichte D ist in diesem Fall ortsabhängig.

4.7.3 Zusammenhang zwischen der elektrischen Feldstärke eines Plattenkondensators und seiner Flächenladungsdichte.

Bei den bisherigen Versuchen wurde die elektrische Feldstärke konstant gehalten. Nun soll untersucht werden, wie sich eine Änderung der Feldstärke auf die Flächenladungsdichte auswirkt.

Versuch:

a) Halbierung der Spannung U an den Platten des Kondensators bei konstantem Abstand d.

Beobachtung: Mit der Feldstärke $E = \dfrac{U}{d}$ sinkt auch die gemessene Flächenladungsdichte σ auf die Hälfte.

b) Bei halber Spannung wird zusätzlich noch der Plattenabstand d halbiert.

Beobachtung:
Die Feldstärke $E = \dfrac{U}{d}$ und die gemessene Flächenladungsdichte σ steigen wieder auf den ursprünglichen Wert.

Folgerung:

Die Flächenladungsdichte σ ist zur Feldstärke E (nicht zur Spannung) proportional: $\sigma \sim E$

Die grundlegende Proportionalität zwischen der Dichte σ der felderzeugenden Ladung und der Feldstärke E lässt sich zu einer Gleichung umformen: $\sigma = \varepsilon_0 \cdot E$

Der Faktor ε_0 heißt **elektrische Feldkonstante**.

Verwendet man die elektrische Flussdichte D, so ergibt sich für das homogene Feld eines Plattenkondensators der Zusammenhang:

$$D = \frac{Q}{A} = \sigma = \varepsilon_0 \cdot E \quad \text{bzw.} \quad E = \frac{1}{\varepsilon_0} \cdot \frac{Q}{A}$$

Anmerkung:
Betrachtet man einen geladenen Kondensator, der von der Spannungsquelle isoliert ist, so kann sich dessen Ladung (und damit auch die Flächenladungsdichte) nicht ändern, die Feldstärke muss deshalb konstant bleiben. Vergrößert man den Abstand der beiden Platten, so muss die Spannung U ansteigen. (Die Feldstärke E nimmt erst ab, wenn bei zu großem Plattenabstand die Feldlinien nach außen drängen und ihre Dichte im inhomogenen Bereich sinkt.)

4.7.4 Bestimmung der elektrische Feldkonstante ε_0

Zur Bestimmung der elektrischen Feldkonstante wird folgender Zusammenhang verwendet:

$$\sigma = \varepsilon_0 \cdot E \quad \text{bzw.} \quad \varepsilon_0 = \frac{\sigma}{E} = \frac{Q_i}{A_i \cdot E}$$

Für die Einheit der elektrischen Feldkonstanten erhält man: $[\varepsilon_0] = \frac{As \cdot m}{m^2 \cdot V} = \frac{As}{Vm}$

Versuch: Bestimmung des Zahlenwertes von ε_0.

Mit Hilfe eines Spannungsmessgerätes wird die an einem Kondensator (Plattenabstand d) anliegende Spannung gemessen. Zwei Probeplatten und ein Ladungsmessgerät dienen zur Bestimmung der Flächenladungsdichte des Kondensators.

Gegebene Größen: $A_i = 50 \cdot 10^{-4} \, m^2$; $U = 6{,}0 \cdot 10^3 \, V$; $d = 0{,}10 \, m$

Die Ladung der Probeplatten beträgt: $Q_i = 2{,}7 \cdot 10^{-9} \, As$

$$\varepsilon_0 = \frac{\sigma}{E} = \frac{Q_i}{A_i \cdot E} \Leftrightarrow \varepsilon_0 = \frac{Q_i \cdot d}{A_i \cdot U} \quad ; \quad [\varepsilon_0] = \frac{As \cdot m}{m^2 \cdot V} = \frac{As}{Vm} \quad ; \quad \varepsilon_0 = 9{,}0 \cdot 10^{-12} \frac{As}{Vm}$$

Exakte Messungen liefern den Wert: $\boldsymbol{\varepsilon_0 = 8{,}85 \cdot 10^{-12} \frac{As}{Vm}}$

Mit Hilfe des letzten Versuchs wurde eine neue Größe, die elektrische Feldkonstante, eingeführt. Diese feldbeschreibende Größe dient zur Beschreibung des elektrischen Feldes und wurde hier im homogenen Feld definiert. Bei der Herleitung des Coulomb'schen Kraftgesetzes wurde ebenfalls eine Konstante zur Beschreibung des Feldes, hier des radialsymmetrischen Feldes, eingeführt. Für den Betrag der elektrischen Feldstärke im radialsymmetrischen Feld erhält man damit: $E = f \cdot \frac{Q}{r^2}$

Die Definition der elektrischen Feldkonstanten liefert: $\varepsilon_0 = \frac{\sigma}{E} = \frac{Q}{A \cdot E} \Leftrightarrow E = \frac{Q}{\varepsilon \sigma \cdot A}$

Setzt man beide Ausdrücke für die elektrische Feldstärke gleich und berücksichtigt, dass die Oberfläche der felderzeugenden Kugel durch die Gleichung $A = 4 \cdot \pi \cdot r^2$ berechnet werden kann, so erhält man:

$$f \cdot \frac{Q}{r^2} = \frac{Q}{\varepsilon_0 \cdot 4 \cdot \pi \cdot r^2} \Leftrightarrow f = \frac{1}{4 \cdot \pi \cdot \varepsilon_0}$$

Vereinbarung:
Zu Beschreibung des elektrischen Feldes wird künftig **nur die elektrische Feldkonstante** ε_0 verwendet.

Anmerkung:
Durch die vorgegebene Größe der Lichtgeschwindigkeit und der magnetischen Feldkonstanten ist die elektrische Feldkonstante ebenfalls eine festgelegte, definierte Größe.

$$\varepsilon_0 := 8{,}854187817 \cdot 10^{-12} \frac{As}{Vm}$$

4 Elektrisches Feld

In den letzten Abschnitten wurden die Felder in der Umgebung von Ladungen untersucht. Ausschlaggebend war dabei nur, dass die Körper geladen sind. Im nächsten Abschnitt wird nun die Frage untersucht, welche Gesamtladung ein Körper tragen kann und wovon diese Gesamtladung abhängig ist.

4.8 Die Kapazität

4.8.1 Definition der Kapazität

Versuch: Untersuchung des Zusammenhangs von Ladung und Spannung am Kondensator.

Versuchsaufbau:
Ein Plattenkondensator (zwei voneinander isoliert aufgestellte planparallele Metallplatten) wird durch das Anlegen von verschiedenen Spannungen aufgeladen. Ein Wechselschalter trennt dann den Kondensator von der Spannungsquelle und entlädt ihn über einen Messverstärker (MV), der die auf dem Kondensator gespeicherte Ladung anzeigt.

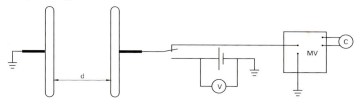

Messwerttabelle

U in V	0	20	40	60	80	100
Q in 10^{-8} C	0	0,45	0,90	1,3	1,8	2,2
$\frac{Q}{U}$ in $10^{-10}\,\frac{C}{V}$	–	2,3	2,3	2,2	2,3	2,2

Ergebnis:
Die Messergebnisse legen die Vermutung nahe, dass der Zusammenhang durch eine direkte Proportionalität beschrieben wird. Eine rechnerische Überprüfung (siehe Messwerttabelle) zeigt, dass im Rahmen der Messgenauigkeit der Quotient aus Ladung und Spannung eine Konstante ergibt. Diese Konstante beschreibt die Eigenschaft der Metallplatten, Ladung zu speichern, näher, und man benutzt sie deshalb zur Definition einer neuen Größe.

Unter der **Kapazität C** eines Kondensators versteht man den Quotienten aus der Ladung Q und der Spannung U zwischen den gegeneinander isolierten Leiterteilen, aus denen der Kondensator besteht.

$$C = \frac{Q}{U} \qquad \text{Einheit der Kapazität: } [C] = \frac{C}{V} = \frac{As}{V} = F \text{ (Farad)}$$

Diese Definition gilt für alle Körper, die in der Lage sind, elektrische Ladungen zu speichern.

Gebräuchliche Einheiten:
$\mu F = 10^{-6}$ F; 1 nF = 10^{-9} F; 1 pF = 10^{-12} F;

4.8.2 Kapazität eines Plattenkondensators

Mit Hilfe der Flächenladungsdichte kann die Kapazität eines Plattenkondensators nun sehr einfach hergeleitet werden:

Für die Flächenladungsdichte gilt: $\quad \sigma = \dfrac{Q}{A} = \varepsilon_0 \cdot E = \varepsilon_0 \cdot \dfrac{U}{d}$

Die Ladung des Kondensators ergibt sich zu: $\quad Q = \varepsilon_0 \cdot \dfrac{A}{d} \cdot U$

Verwendet man die Definition der Kapazität, so erhält man: $\quad C = \dfrac{Q}{U} = \varepsilon_0 \cdot \dfrac{A}{d}$

4.8.3 Materie im elektrischen Feld

Bei der bisherigen Untersuchung war der Raum zwischen den beiden Kondensatorplatten „leer". (Im Idealfall Vakuum, bei den realen Experimenten „Luft".) Welche Auswirkung auf die Kapazität des Plattenkondensators der Stoff (**Dielektrikum**; Isolator) zwischen den Platten des Kondensators besitzt, soll nun untersucht werden.

Versuch:
Untersuchung der Kapazität in Abhängigkeit vom Stoff, der den Raum zwischen den Kondensatorplatten ausfüllt (Dielektrikum).

Konstante Größen: $U = 100$ V; $d = 10$ mm; $A = 4{,}99 \cdot 10^{-2}$ m²

Messwerttabelle:

Dielektrikum	Luft	Kunststoffplatte
C in 10^{-10} F	0,44	1,2

Beobachtung:
Mit Kunstoffplatte ist die Kapazität des Kondensators größer.

Begründung: Polarisation des Dielektrikums.
Im Dielektrikum (Isolator) entstehen durch die Wirkung des Kondensatorfeldes influenzierte Dipole oder es werden bereits vorhandene Dipole durch das Kondensatorfeld ausgerichtet (Polarisation). Dieses polarisierte Dielektrikum besitzt Oberflächenladungen, da sich im Inneren benachbarte ungleichnamige Ladungen neutralisieren. Durch diese Oberflächenladungen baut sich im Inneren des Dielektrikums ein elektrisches Feld auf, das dem äußeren elektrischen Feld entgegengerichtet ist und dieses schwächt.

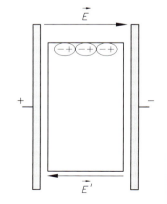

4 Elektrisches Feld

Bleibt der Kondensator mit der Spannungsquelle verbunden, so folgt: U = konst. Die Feldstärke muss ebenfalls konstant bleiben, was nur durch zusätzliche Ladungen erreicht werden kann. Trennt man den Kondensator vor dem Einschieben der Kunststoffplatte von der Spannungsquelle, so kann sich die Ladung des Kondensators nicht ändern. Da die Feldstärke abnimmt, muss auch die anliegende Spannung abnehmen.

Zur besseren Beschreibung der Zusammenhänge führt man eine neue Größe ein.

Die **Permittivitätszahl** oder **relative Permittivität** (früher **Dielektrizitätszahl**) ε_r ist ein Zahlenfaktor, um den sich die Kapazität erhöht, wenn man den leeren Raum zwischen den Kondensatorplatten mit dem entsprechenden Dielektrikum ausfüllt. Für Vakuum gilt: ε_r = 1,00000

Permittivitätszahlen einiger Stoffe

Acrylglas	3,1..3,6	Isolieröl	2..3	Porzellan	5..6
Glas	4..8	Keramik	5..3000	Pressspan	2,5..4
Glimmer	4..8	Luft	1,00059	Silikonöl	2,5..3
Hartgummi	2,8..5	Paraffin	2..3	Vakuum	1,00000
Harzhaltiges Papier	4..8	Polystyrol	3,1..3,6	Wasser, dest. (4 Grad)	80

Ergebnis:
Die Kapazität ist direkt proportional zur Permittivitätszahl ε_r. $\Rightarrow$ $C \sim \varepsilon_r$

Für die Kapazität eines Plattenkondensators erhält man $C = \varepsilon_0 \cdot \varepsilon_r \cdot \frac{A}{d}$

Die elektrische Feldkonstante ε_0 wird auch als **Permittivität des leeren Raumes** bezeichnet.

Vereinbarung:
Im Allgemeinen lässt man die Permittivitätszahl weg, wenn der Kondensator mit Luft gefüllt ist, da sich die Permittivitätszahlen von Vakuum und Luft nur wenig unterscheiden.

4.8.4 Schaltung von Kondensatoren

A) Reihenschaltung
Für die Spannung gilt: $U_0 = U_1 + U_2 + U_3$

Wegen der Influenz der direkt geladenen äußeren Platten sind die Ladungen auf allen drei Kondensatoren gleich groß.
$\Rightarrow Q_0 = Q_1 = Q_2 = Q_3$

Aus der Definitionsgleichung der Kapazität C folgt:

$$U = \frac{Q}{C}$$

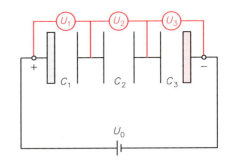

Berechnet man damit die Teilspannungen an den drei Kondensatoren, so erhält man:

$$U_1 = \frac{Q_1}{C_1} \; ; \; U_2 = \frac{Q_2}{C_2} \; ; \; U_3 = \frac{Q_3}{C_3}$$

Das Ersatzschaltelement der drei Kondensatoren habe die Kapazität C_{Ges}, wobei die Spannung U_0 anliegt und der Kondensator die Ladung Q_0 trägt.

$$U_0 = \frac{Q_0}{C_{Ges}} \Rightarrow \frac{Q_0}{C_{Ges}} = \frac{Q_1}{C_1} + \frac{Q_2}{C_2} + \frac{Q_3}{C_3}$$

Alle Teilladungen sind gleich groß und ungleich null.

$$\frac{1}{C_{Ges}} = \frac{1}{C_1} + \frac{1}{C_2} + \frac{1}{C_3}$$

Betrachtet man n in Reihe geschaltete Kondensatoren, so ergibt sich:

$$\frac{1}{C_{Ges}} = \sum_{i=1}^{n} \frac{1}{C_i}$$

Bei der Reihenschaltung von Kondensatoren ist der Kehrwert der Gesamtkapazität gleich der Summe der Kehrwerte der Einzelkapazitäten.

Speziell für $n = 2$ ergibt sich: $C_{Ges} = \dfrac{C_1 \cdot C_2}{C_1 + C_2}$

B) Parallelschaltung

Die an den einzelnen Kondensatoren anliegende Spannung ist gleich groß.

$$U_0 = U_1 = U_2 = U_3$$

Als Gesamtladung der drei Kondensatoren erhält man:

$$Q_{Ges} = Q_1 + Q_2 + Q_3$$

Für die Teilladungen erhält man:

$$Q_1 = C_1 \cdot U_1; \; Q_2 = C_2 \cdot U_2; \; Q_3 = C_3 \cdot U_3$$

Das Ersatzschaltelement für die drei Kondensatoren habe die Kapazität C_{Ges}, wobei die Spannung U_0 anliegt und der Kondensator die Ladung Q_{Ges} trägt.

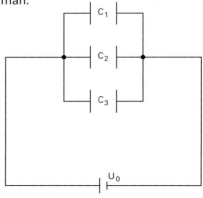

$$Q_{Ges} = C_{Ges} \cdot U_0$$
$$\Rightarrow C_{Ges} \cdot U_0 = C_1 \cdot U_1 + C_2 \cdot U_2 + C_3 \cdot U_3$$

Alle Teilspannungen sind gleich groß und ungleich null.

$$C_{Ges} = C_1 + C_2 + C_3$$

4 Elektrisches Feld

Für *n* parallel geschaltete Kondensatoren erhält man:

$$C_{Ges} = \sum_{i=1}^{n} C_i$$

Bei der Parallelschaltung mehrerer Kondensatoren addieren sich die Kapazitäten der Einzelkondensatoren zur Gesamtkapazität.

4.8.5 Technische Kondensatoren

Die technische Entwicklung der letzten Jahrzehnte führte zu einer Vielzahl von Ausführungsformen der Kondensatoren. Allen gemeinsam ist das Anliegen, auf möglichst geringem Raum sehr viele Ladungen zu speichern. Grundsätzlich lassen sich zwei Typen von Kondensatoren unterscheiden:

Festkondensatoren   Kondensatoren veränderbarer Kapazität (Drehkondensator)

a Kapazität klein,   b Kapazität groß

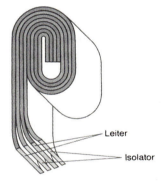
Leiter
Isolator

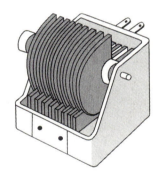

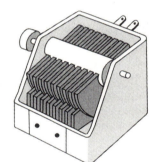

Mögliche Ausführungsformen sind:
- Papier- und Kunststofffolien-Kondensatoren
- Metall-Papier-Kondensatoren
- Keramik-Kondensatoren
- Aluminium-Elektrolyt-Kondensatoren
- Tantal-Elektrolyt-Kondensatoren

4.8.6 Die Kapazität einer geladenen Kugel mit Radius *R*.

Ausgangspunkt der Herleitung ist die
Definitionsgleichung der Kapazität $C = \dfrac{Q}{U}$.

Q ist die Ladung der Kugel, $U = |U_{RA}|$ die an der Kugel anliegende Spannung. Verwendet man den Zusammenhang zwischen Spannung und Potential, so folgt:
$U_{RA} = \varphi_R - \varphi_A \iff U_{RA} = \varphi_R$ da $\varphi_A = 0$ (Bezugsniveau!)

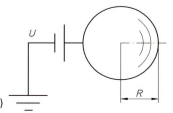

Für das Potential im Außenraum ($r \geq R$) einer geladenen Kugel wurde bereits gezeigt:

$$\varphi(r) = \frac{1}{4 \cdot \pi \cdot \varepsilon_0} \cdot \frac{Q}{r}$$

Auf der Kugeloberfläche gilt somit: $\varphi(R) = \varphi_R = \frac{1}{4 \cdot \pi \cdot \varepsilon_0} \cdot \frac{Q}{R}$

Damit erhält man für die Kapazität: $C = \frac{Q}{U} = \frac{Q}{\frac{1}{4 \cdot \pi \cdot \varepsilon_0} \cdot \frac{Q}{R}} \Leftrightarrow C = 4 \cdot \pi \cdot \varepsilon_0 \cdot R$

Die Kapazität einer geladenen Kugel vom Radius R beträgt: $\quad C = 4 \cdot \pi \cdot \varepsilon_0 \cdot R$

4.9 Energie im elektrischen Feld

4.9.1 Herleitung der Gleichung zur Berechnung der in einem geladenen Kondensator gespeicherten Energie

Wenn man einen Kondensator auflädt und dann von der Spannungsquelle trennt, so kann man ihn über eine Glimmlampe entladen (Blitzlicht). Das Aufleuchten der Glimmlampe zeigt an, dass ein Kondensator einen Vorrat an elektrischer Energie enthält. Diese in einem Kondensator gespeicherte Energie muss beim Aufladen in Form von Arbeit aufgewendet werden.

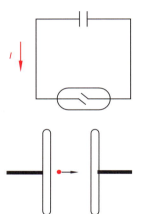

Zur Berechnung der Arbeit, die man verrichten muss um einen Kondensator der Kapazität C schrittweise aufzuladen, betrachtet man zunächst einen ungeladenen, nicht mit einer Spannungsquelle verbundenen Kondensator. Von der linken Platte wird nun eine Ladung gelöst und zur rechten Platte transportiert.

Zur Berechnung der Arbeit betrachtet man den Zustand des Kondensators vor dem Ablösen der Ladung q und nimmt an, dass sich das Kondensatorfeld während des Transportes nicht ändert.

1. Schritt Ungeladener Kondensator
Die Arbeit beim Transport der ersten Ladung ist null, da laut Vereinbarung der Kondensator ungeladen ist und somit kein elektrisches Feld besitzt.

$$W_0 = 0$$

Der Kondensator ist nun geladen, er trägt die Ladung q. Aus der Definitionsgleichung der Kapazität ergibt sich für die Spannung, die zwischen den beiden Platten herrscht:

$$U_1 = \frac{|q|}{C}$$

2. Schritt
Nun wird eine zweite Ladung q von der linken Platte gelöst und zur rechten Platte transportiert. Zur Berechnung der Arbeit darf hier das Skalarprodukt verwendet wer-

4 Elektrisches Feld

den, da die Kraft längs des Weges konstant ist. Der Winkel zwischen den Vektoren der äußeren Kraft, mit der man die Ladung verschiebt, und dem Weg ist null.

$$W_1 = F_{a1} \cdot d$$
$$W_1 = |q| \cdot E_1 \cdot d = |q| \cdot \frac{U_1}{d} \cdot d = |q| \cdot \frac{|q|}{C}$$

Nach dem Transport der zweiten Ladung trägt der Kondensator die Gesamtladung $2q$; die Spannung zwischen den Platten ist $U_2 = 2 \cdot \frac{|q|}{C}$

3. Schritt
Für die Arbeit beim Transport der dritten Ladung von der linken Platte zur rechen Platte erhält man:

$$W_2 = |q| \cdot E_2 \cdot d = |q| \cdot \frac{U_2}{d} \cdot d = |q| \cdot 2 \cdot \frac{|q|}{C}$$

n-ter Schritt
Die während des Transportes anliegende Spannung beträgt:

$$U_{n-1} = (n-1) \cdot \frac{|q|}{C}$$

Die Arbeit beim Transport der n-ten Ladung:

$$W_{n-1} = |q| \cdot E_{n-1} \cdot d = |q| \cdot \frac{U_{n-1}}{d} \cdot d = |q| \cdot (n-1) \cdot \frac{|q|}{C}$$

Nach diesem Schritt trägt der Kondensator die Ladung:
$$Q = n \cdot q$$

Die Gesamtarbeit erhält man aus der Summe der Teilarbeiten.
$$W = W_{Ges} = W_0 + W_1 + W_2 + W_3 + \ldots + W_{n-1}$$
$$W = 0 + \frac{q^2}{C} + 2 \cdot \frac{q^2}{C} + 3 \cdot \frac{q^2}{C} + \ldots + (n-1) \cdot \frac{q^2}{C}$$
$$\Leftrightarrow W = \frac{q^2}{C} \cdot [0 + 1 + 2 + 3 + \ldots + (n-1)]$$

Die Summe der ersten k natürlichen Zahlen kann nach folgender Gleichung berechnet werden:

$$\sum_{i=1}^{k} i = \frac{(k+1) \cdot k}{2}$$

$$\Rightarrow W = \frac{q^2}{C} \cdot \left[\frac{n \cdot (n-1)}{2}\right] = \frac{q^2}{2 \cdot C} \cdot [n^2 - n] = \frac{n^2 \cdot q^2}{2 \cdot C} \cdot \left[1 - \frac{1}{n}\right]$$

Wird n sehr groß ($n \to \infty$), so nähert sich der Ausdruck in der Klammer dem Wert 1. Für die schrittweise Herstellung eines elektrischen Feldes mit der Feldstärke vom Betrag $E = \frac{U}{d}$ ist damit folgende Arbeit nötig:

$$W = \frac{Q^2}{2 \cdot C} \qquad \text{da} \qquad n^2 \cdot q^2 = Q^2$$

Diese Arbeit ist die elektrische Energie W_{el} des elektrischen Feldes.

$$W_{el} = \frac{Q^2}{2 \cdot C} = \frac{Q \cdot U}{2} = \frac{C \cdot U^2}{2}$$

(Diese Gleichungen gelten unabhängig von der Bauart des Kondensators und der Struktur des elektrischen Feldes).

Anmerkung (Alternative Herleitung der obigen Gleichung):
Stellt man die an einem Kondensator anliegende Spannung in Abhängigkeit der Ladung des Kondensators grafisch dar, so ergibt sich das nebenstehende Diagramm.
Die schraffierte Fläche entspricht dabei der Arbeit, die man aufwenden muss, um auf den Kondensator die Ladung Q_0 zu bringen.

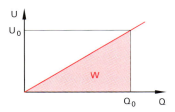

Aus der Grafik erhält man dann sofort die gesuchte Beziehung: $W_{el} = \frac{1}{2} \cdot Q_0 \cdot U_0$

Den Zusammenhang zwischen beiden Verfahren liefert die Integralrechnung.

$$dW = U \cdot dQ \Rightarrow W_{el} = \int_0^{Q_0} U \cdot dQ = \int_0^{Q_0} \frac{Q}{C} \cdot dQ = \frac{1}{C} \cdot \int_0^{Q_0} Q \cdot dQ \Rightarrow W_{el} = \frac{Q_0^2}{2 \cdot C}$$

4.9.2 Die elektrische Energie des Plattenkondensators

Unter Verwendung der speziellen Gleichung für die Kapazität eines Plattenkondensators ergibt sich:

$$W_{el} = \frac{C \cdot U^2}{2} \quad \text{mit } C = \varepsilon_0 \cdot \frac{A}{d} \text{ und } U = E \cdot d$$

$$\Rightarrow W_{el} = \frac{\varepsilon_0 \cdot \frac{A}{d} \cdot (E \cdot d)^2}{2} = \frac{1}{2} \cdot \varepsilon_0 \cdot E^2 \cdot A \cdot d$$

Das Produkt $A \cdot d$ bezeichnet das zwischen den Kondensatorplatten eingeschlossene Volumen V.

Für die elektrische Energie eines Plattenkondensators erhält man:

$$W_{el} = \frac{1}{2} \cdot \varepsilon_0 \cdot E^2 \cdot V$$

Folgerung:
Die elektrische Energie eines Kondensators ist abhängig vom Volumen des Kondensators.

Verallgemeinert man diese Beziehung etwas, so kommt man zu folgender Aussage: Herrscht in einem Volumen V ein homogenes Feld der Feldstärke E, so ist in diesem Raum Energie gespeichert.

Das elektrische Feld, auch losgelöst von Materie, ist Träger von elektrischer Energie.

4 Elektrisches Feld

4.10 Bestimmung der Elementarladung nach Millikan (1868–1953; Nobelpreis 1923)

Versuchsbeschreibung:

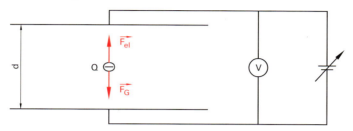

In einen Kondensator, dessen Platten horizontal gestellt sind, werden Öltröpfchen gesprüht. Der Raum zwischen den Kondensatorplatten ist durch ein Gehäuse vor Luftzug geschützt und kann durch ein Mikroskop beobachtet werden. Beim Zerstäuben des Öls kommt es durch Wechselwirkung mit der Zerstäuberdüse dazu, dass viele der Öltröpfchen Ladungen tragen. Unter seitlicher Beleuchtung sieht man die Öltröpfchen im Mikroskop als helle Punkte unter dem Einfluss des Gravitationsfeldes nach unten sinken. Legt man zusätzlich ein elektrisches Feld zwischen den Platten an, so beobachtet man oft eine Bewegungsänderung der Öltröpfchen.

Im elektrischen Feld wirkt zusätzlich die Kraft $\vec{F}_{el} = q \cdot \vec{E}$. Durch Änderung der anliegenden Spannung kann man erreichen, dass die elektrische Kraft der Gewichtskraft entgegengerichtet ist und den gleichen Betrag erhält. In diesem Fall schwebt das beobachtete Öltröpfchen im Kondensator (**Schwebefall**). Es gilt:

$$\vec{F}_G + \vec{F}_{el} = \vec{0} \qquad m \cdot g = |q| \cdot E = |q| \cdot \frac{U}{d}$$

Bei diesem Versuch beobachtet man, dass ein Tröpfchen, das bei einer Spannung U_1 im Gleichgewichtszustand war, sich plötzlich wieder nach oben oder unten in Bewegung setzt. Durch Veränderung der anliegenden Spannung lässt sich der Schwebefall wieder herstellen, jedoch bei einer anderen Spannung U_2. Die Ursache dafür muss in einer Änderung der Ladung des beobachteten Teilchens liegen. (Beim Zusammenstoß mit anderen Teilchen wird zusätzliche Ladung aufgenommen oder abgegeben.) Beobachtet man nun ein Öltröpfchen über längere Zeit, so kann man mehrere Umladeprozesse bei einem Teilchen beobachten und durch Änderung der anliegenden Spannung den Schwebefall wieder herstellen.

Berechnung der Elementarladung.

In einem speziellen Fall war ein Öltröpfchen bei folgenden Spannungen im Gleichgewichtszustand: 172 V, 259 V, 103 V und 128 V

Bestimmung der Elementarladung nach Millikan

Der Radius des Öltröpfchens betrug $6,5 \cdot 10^{-7}$ m, der Abstand der Kondensatorplatten $d = 0,80 \cdot 10^{-2}$ m und die Dichte von Öl $0,92 \text{ kg} \cdot \text{dm}^{-3}$.
Für die Ladungen des Öltröpfchens erhält man somit:

$$|q_i| = \frac{m \cdot g \cdot d}{U_i} \quad \text{mit } \rho = \frac{m}{V} \text{ und } V = \frac{4}{3} \cdot \pi \cdot r^3 \Rightarrow m = \rho \cdot \frac{4}{3} \cdot \pi \cdot r^3$$

$$\Rightarrow |q_i| = \frac{\rho \cdot \frac{4}{3} \cdot r^3 \cdot \pi \cdot g \cdot d}{U_i} \; ; [q_i] = \frac{\text{kg} \cdot \text{m}^3 \cdot \text{m} \cdot \text{m}}{\text{m}^3 \cdot \text{s}^2 \cdot \text{V}} = \frac{\text{kg} \cdot \text{m}^2}{\text{s}^2 \cdot \text{V}} = \frac{\text{Nm}}{\text{V}} = \frac{\text{V} \cdot \text{As}}{\text{V}} = \text{As}$$

$$\Rightarrow |q_i| = \frac{0,92 \cdot 10^3 \frac{\text{kg}}{\text{m}^3} \cdot 4 \cdot (6,5 \cdot 10^{-7} \text{m})^3 \cdot \pi \cdot 9,81 \frac{\text{m}}{\text{s}^2} \cdot 0,80 \cdot 10^{-2} \text{m}}{3 \cdot U_i} = \frac{8,3 \cdot 10^{-17}}{U_i} \text{ V} \cdot \text{As}$$

Die einzelnen Ladungen betragen somit:
$|q_1| = 4,8 \cdot 10^{-19}$ As $\quad |q_2| = 3,2 \cdot 10^{-19}$ As $\quad |q_3| = 8,1 \cdot 10^{-19}$ As $\quad |q_4| = 6,5 \cdot 10^{-19}$ As
Setzt man die berechneten Ladungen zueinander ins Verhältnis, so folgt:

	$|q_1|$	$|q_2|$	$|q_3|$	$|q_4|$		$3e$	$2e$	$5e$	$4e$
$|q_1|$	1	0,67	1,7	1,35	$3e$	1	0,67	1,7	1,3
$|q_2|$	1,5	1	2,5	2,0	$2e$	1,5	1	2,5	2,0
$|q_3|$	0,59	0,40	1	0,80	$5e$	0,60	0,40	1	0,80
$|q_4|$	0,74	0,49	1,25	1	$4e$	0,75	0,50	1,25	1

Man erkennt, die gemessenen Ladungen stehen zueinander im Verhältnis kleiner ganzer Zahlen. Dieser Zusammenhang lässt sich nur durch die Annahme einer kleinsten Ladungsmenge deuten, einer **Elementarladung**, die man nicht weiter zerteilen kann. Man sagt auch, die Ladung ist **gequantelt**. Bei jedem Umladungsprozess ändert sich die Ladung des Öltröpfchens damit um eine oder mehrere Elementarladungen.
Aus dem obigen Beispiel erhält man für den Mittelwert der Elementarladung:
$$\overline{e} = 1,61 \cdot 10^{-19} \text{ As}$$

Als besten Wert für e nimmt man heute: $e = (1,6021892 \pm 0,0000046) \, 10^{-19}$ C

Bei genauen Messungen der Elementarladung nach *Millikan* lässt man ein bestimmtes geladenes Öltröpfchen durch Umpolen des Feldes abwechselnd absinken und wieder aufsteigen. Mit einem Okularmikrometer und einer Stoppuhr können so die Sink- und Steiggeschwindigkeit des Tröpfchens bestimmt werden. Diese Geschwindigkeiten sind wegen der Luftreibungskraft (Stoke'sche Reibung) konstant und ermöglichen es indirekt, über die Kräftebilanz den Radius des Öltröpfchens zu bestimmen.
Führt man den Versuch mit vielen Tröpfchen durch und trägt die Ladung der Tröpfchen in Abhängigkeit zu der Messnummer an, so erhält man die nebenstehende Abbildung.

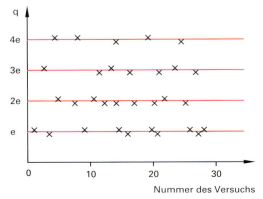

4 Elektrisches Feld

Aus der Verteilung der gemessenen Ladungen und der Tatsache, dass die möglichen Ladungen äquidistant sind, kann man ebenfalls auf eine Elementarladung, eine kleinste Ladungsmenge, schließen.

4.11 Bewegung freier geladener Teilchen im elektrischen Feld

Die Bewegung freier Ladungsträger im elektrischen Feld beruht auf der elektrischen Kraft, die auf den Ladungsträger einwirkt. Welche Bahnkurve der Ladungsträger beschreibt, wird durch den Vektor seiner Anfangsgeschwindigkeit und seine Ladung festgelegt. Die zwei grundlegenden Möglichkeiten werden nun behandelt. Zunächst wird ein Verfahren vorgestellt, wie freie Ladungsträger „erzeugt" werden können.

4.11.1 Der glühelektrische Effekt

Alle Stoffe sind aus Atomen (positiv geladener Kern und negativ geladene Elektronenhülle) aufgebaut. In Isolatoren sind die Elektronen fest an den Atomkern gebunden, in Metallen dagegen sind die Leitungselektronen frei verschiebbar. Um ein Elektron aus der Metalloberfläche herauszulösen, muss die elektrostatische Anziehungskraft zwischen den freien Elektronen und dem positiven Metallgitter überwunden werden. Diese Arbeit wird **Austrittsarbeit** genannt. Bei Metallen genügt eine Temperaturerhöhung des Metalls. Die kinetische Energie der freien Elektronen wächst mit zunehmender Temperatur und einige der Elektronen können dabei das Metall an der Metalloberfläche verlassen. Diesen physikalischen Zusammenhang bezeichnet man **glühelektrischen Effekt**.

Die freigesetzten Elektronen können nun durch geeignete elektrische Felder beeinflusst werden.
In vielen Fällen benutzt man eine evakuierte Röhre mit einer Glühkathode und einer Anode.

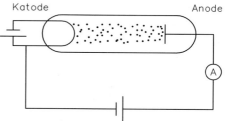

4.11.2 Bewegung parallel zur Feldstärke $\vec{E}$ im homogenen Feld

Die bereits bekannten analogen Bewegungsabläufe in der Mechanik sind die Würfe in der Senkrechten, parallel zum Vektor der Fallbeschleunigung.

A) Bewegung der Ladung parallel zu den Feldlinien ohne Anfangsgeschwindigkeit
(Mech. Analogon: Freier Fall.)

Betrachtet man eine elektrische Ladung q im homogenen elektrischen Feld, so wirkt auf sie eine Kraft $\vec{F}_{el}$ mit dem Betrag $F_{el} = |q| \cdot E$

Aufgrund dieser konstanten Kraft erfährt die freie Ladung nach dem zweiten Newton'schen Gesetz eine konstante Beschleunigung parallel zur Richtung der Feldlinien.

$$\Rightarrow F_{res} = F_{el}$$

$$\Rightarrow m \cdot a = |q| \cdot E \quad \Leftrightarrow \quad a = \frac{|q|}{m} \cdot E$$

4.11 Bewegung freier geladener Teilchen im elektrischen Feld

Der freie Ladungsträger beschreibt eine gleichmäßig beschleunigte Bewegung ohne Anfangsgeschwindigkeit.
Zeigt die Koordinatenachse (x-Achse) in Richtung der elektrischen Feldstärke $\vec{E}$, so ergeben sich folgende Bewegungsgleichungen:

$$x(t) = \frac{1}{2} \cdot a_x \cdot t^2 \quad \text{und} \quad v_x(t) = a_x \cdot t$$

Durch Elimination der Zeit ergibt sich aus beiden Gleichungen:

$$v^2 = 2 \cdot a_x \cdot x$$

mit $a_x = \frac{|q|}{m} \cdot E$ und $E = \frac{U}{d}$

$$\Rightarrow v^2 = 2 \cdot \frac{|q|}{m} \cdot \frac{U}{d} \cdot x$$

Betrachtet man nun einen Plattenkondensator mit dem Plattenabstand d und bestimmt die maximale Geschwindigkeit, die der Ladungsträger erreichen kann, wenn er die gesamte anliegende Spannung durchläuft, so folgt mit $x = d$:

$$v^2 = 2 \cdot \frac{|q|}{m} \cdot U \quad \Rightarrow \quad |v| = \sqrt{2 \cdot \frac{|q|}{m} \cdot U}$$

Das ist die Geschwindigkeit, die ein zuvor ruhender Ladungsträger der **spezifischen Ladung** $\frac{q}{m}$ besitzt, nachdem er die Spannung U durchlaufen hat. Die Potentialdifferenz, die ein negativ geladenes freies Teilchen durchläuft, ist immer negativ, bei positiv geladenen Teilchen immer positiv. Der Ausdruck unter der Wurzel ist deshalb immer positiv.

Beispiel:

Berechnung der Geschwindigkeit, die ein Elektron besitzt, wenn es die Spannung $-1,00\,V$ durchlaufen hat.

Die spezifische Ladung eines Elektrons beträgt: $\quad \frac{q}{m} = \frac{-e}{m_e} = -1,76 \cdot 10^{11}\,\frac{As}{kg}$

$$|v| = \sqrt{2 \cdot \frac{|q|}{m} \cdot U}; \quad [v] = \sqrt{\frac{As \cdot V}{kg}} = \sqrt{\frac{Nm}{kg}} = \sqrt{\frac{kg \cdot m^2}{s^2 \cdot kg}} = \sqrt{\frac{m^2}{s^2}} = \frac{m}{s}$$

$$|v| = \sqrt{2 \cdot 1,76 \cdot 10^{11}\,\frac{As}{kg} \cdot 1,00\,V} = 5,93 \cdot 10^5\,\frac{m}{s}$$

Berechnung der kinetischen Energie des Elektrons. (Gegeben: $m_e = 9,11 \cdot 10^{-31}\,kg$)

$$E_{kin} = \frac{1}{2} \cdot m_e \cdot v^2 \quad ; \quad [E_{kin}] = \frac{kg \cdot m^2}{s^2} = Nm = J$$

$$E_{kin} = \frac{1}{2} \cdot 9,11 \cdot 10^{-31}\,kg \cdot \left(5,93 \cdot 10^5\,\frac{m}{s}\right)^2 = 1,60 \cdot 10^{-19}\,J$$

Die Energien, die man bei derartigen Bewegungen erhält, sind sehr klein. Aus diesem Grund definiert man für die Energie in der Atomphysik eine neue Einheit, die zusätzlich sehr einfach darstellbar ist.

4 Elektrisches Feld

Für die Geschwindigkeit eines Ladungsträgers nach dem Durchlaufen der Spannung U erhält man:

$$|v| = \sqrt{2 \cdot \frac{|q|}{m} \cdot U} \quad \Leftrightarrow \quad v^2 = 2 \cdot \frac{|q|}{m} \cdot U$$

$$\Leftrightarrow \quad \frac{1}{2} \cdot m \cdot v^2 = |q| \cdot U \quad \Rightarrow \quad E_{kin} = |q| \cdot U$$

Ein **Elektronvolt** (1 eV) ist diejenige Energie, die eine Elementarladung beim Durchlaufen der Spannung 1 V gewinnt.

Zusammenhänge der Einheiten:
$$1 \, eV = 1 \cdot 1{,}6021892 \cdot 10^{-19} \, VAs = 1{,}6021892 \cdot 10^{-19} \, J$$
$$1 \, J = 6{,}2414601 \cdot 10^{18} \, eV$$

Für das obige Beispiel ergibt sich daraus:
$$E_{kin} = |q| \cdot U = |-e| \cdot U = e \cdot (1{,}00 \, V) = 1{,}00 \, eV$$

B) Bewegung der Ladung parallel zu den Feldlinien mit Anfangsgeschwindigkeit

Festlegung:
Die Koordinatenachse zeige immer in Richtung des Vektors der Anfangsgeschwindigkeit $\vec{v}_0$.
a ist der **Betrag** der Beschleunigung in Richtung der x-Achse.

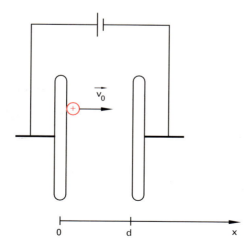

Analog zu A) erhält man folgende Bewegungsgleichungen:

Anfangsgeschwindigkeit und Beschleunigung gleichgerichtet.	Anfangsgeschwindigkeit und Beschleunigung entgegengerichtet.
$x(t) = v_0 \cdot t + \frac{1}{2} \cdot a \cdot t^2$	$x(t) = v_0 \cdot t - \frac{1}{2} \cdot a \cdot t^2$
$v_x(t) = v_0 + a \cdot t$	$v_x(t) = v_0 - a \cdot t$
$v^2 - v_0^2 = 2 \cdot a \cdot x$	$v^2 - v_0^2 = -2 \cdot a \cdot x$
„Senkrechter Wurf nach unten."	„Senkrechter Wurf nach oben."
Anwendungsbeispiel: Beschleunigungskondensator.	Gegenfeldmethode zur Bestimmung von Geschwindigkeiten.

4.11.3 Bewegung senkrecht zur Feldstärke

Nun erfolgt die Bewegung des Ladungsträgers mit konstanter Geschwindigkeit senkrecht zur Richtung eines homogenen elektrischen Feldes. Das mechanische Analogon hierzu ist der waagrechte Wurf.

Vereinbarung eines Koordinatensystems:

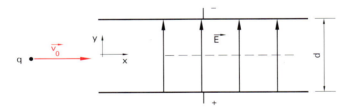

Bewegung in *x* – Richtung

In dieser Richtung wirkt keine Kraft auf den Ladungsträger. Es handelt sich somit um eine gleichförmige Bewegung. Die Bewegungsgleichung in dieser Richtung lautet:

$x(t) = v_0 \cdot t$ (I)

Bewegung in *y*-Richtung (parallel zu den Feldlinien $\vec{E} = E \cdot \vec{e}_y$)

Auf die Ladungsträger wirkt die Kraft $\vec{F} = q \cdot \vec{E}$. Nach Newton bewirkt sie eine Beschleunigung, die zeitlich konstant ist (gleichmäßige Beschleunigung).

Aufgrund dieser Beschleunigung legt der Ladungsträger in *y*-Richtung folgende Strecke zurück:

$y(t) = \frac{1}{2} \cdot a_y \cdot t^2$ mit $a_y = \frac{q}{m} \cdot E$

$\Rightarrow y(t) = \frac{1}{2} \cdot \frac{q}{m} \cdot E \cdot t^2$ (II)

Aus den Gleichungen I und II ergibt sich durch Elimination der Zeit *t* die Gleichung für die Bahnkurve innerhalb des Kondensators:

$y(x) = \frac{1}{2} \cdot \frac{q}{m} \cdot E \cdot \frac{x^2}{v_0^2} = \frac{q \cdot E}{2 \cdot m \cdot v_0^2} \cdot x^2 \Leftrightarrow y(x) = k \cdot x^2$ mit $k = \frac{q \cdot E}{2 \cdot m \cdot v_0^2}$

4 Elektrisches Feld

Innerhalb des homogenen Feldes durchläuft der Ladungsträger einen Parabelast.

Ein Anwendungsbeispiel hierfür ist die **Braun'sche Röhre**.

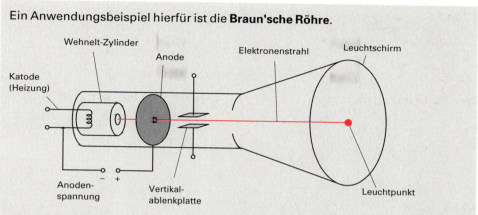

Braun'sche Röhre

In der Glühkatode werden durch den ‚Glühelektrischen Effekt' Elektronen aus dem Katodenmaterial freigesetzt. Diese Katode ist von einem sogenannten **Wehnelt-Zylinder** umgeben. Gibt man ihm gegenüber der Katode ein negatives Potential, so drosselt er den Elektronenfluss zwischen Katode und Anode. Der Bildpunkt auf dem Schirm wird dunkler. Der koaxial angebrachte Wehnelt-Zylinder bewirkt des Weiteren, dass die Elektronen gegen die Zylinderachse konzentriert werden und in großer Anzahl durch das Anodenloch in den Raum hinter der Anode gelangen. Der Glaskolben ist auf der Innenseite mit einer sehr dünnen Metallschicht überzogen, so dass der Raum hinter der Anode wie in einem Faradaykäfig feldfrei ist. Somit bewegen sich die Elektronen praktisch kräftefrei bis zum Schirm, der mit einem Leuchtstoff beschichtet ist (z. B. Zinkcadmiumsulfid).

Die Gesamtablenkung des Elektronenstrahles aus seiner ursprünglichen Bahn (in Richtung von $\vec{v}_0$) wird nun berechnet. Zur Vereinfachung wird das Koordinatensystem so gelegt, dass die Auslenkung positiv ist.

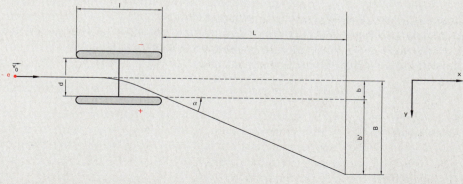

Für die Gesamtablenkung gilt: $B = b + b'$

Berechnung von b, der Ablenkung am Ende des Kondensatorfeldes.
Aus der Gleichung für die Bahnkurve folgt sofort:

$$b = y(l) = \frac{(-e) \cdot (-E)}{2 \cdot m \cdot v_0^2} \cdot l^2 = \frac{e \cdot E}{2 \cdot m \cdot v_0^2} \cdot l^2$$

Berechnung von b'.

Am Ende des Kondensators besitzt ein Elektron die Geschwindigkeit $\vec{v}(t_1)$.

$$\vec{v}(t_1) = \begin{pmatrix} v_0 \\ a_y \cdot t_1 \end{pmatrix} = \begin{pmatrix} v_0 \\ \dfrac{e \cdot E}{m} \cdot \dfrac{l}{v_0} \end{pmatrix}$$

Für die Richtung von $\vec{v}(t_1)$ erhält man:

$$\tan(\alpha) = \frac{e \cdot E \cdot l}{m \cdot v_0^2}$$

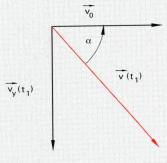

Nach dem Verlassen des Kondensators bewegt sich das Elektron gleichförmig mit der Geschwindigkeit $\vec{v}(t_1)$. In x-Richtung legt es dabei die Strecke L, in y-Richtung die Strecke b' zurück, bis es auf den Schirm auftrifft.
Aus der Zeichnung erkennt man:

$$\tan(\alpha) = \frac{b'}{L} \Leftrightarrow b' = L \cdot \tan(\alpha) \Leftrightarrow b' = L \cdot \frac{e \cdot E \cdot l}{m \cdot v_0^2}$$

Berechnung der Gesamtablenkung B
$$B = b + b'$$

$$\Leftrightarrow B = \frac{e \cdot E}{2 \cdot m \cdot v_0^2} \cdot l^2 + L \cdot \frac{e \cdot E \cdot l}{m \cdot v_0^2}$$

$$\Leftrightarrow B = \frac{e \cdot E \cdot l}{m \cdot v_0^2} \cdot \left(\frac{l}{2} + L\right) = \frac{e \cdot U \cdot l}{m \cdot d \cdot v_0^2} \cdot \left(\frac{l}{2} + L\right)$$

Wichtig:
Die Gesamtablenkung ist direkt proportional zur Feldstärke und damit zur Spannung U, die am Ablenkkondensator anliegt. Kennt man die Proportionalitätskonstante, so kann man aus der Messung der Gesamtablenkung des Elektronenstrahls am Schirm die am Ablenkkondensator anliegende Spannung bestimmen (genaue Darstellung siehe Kathodenstrahloszilloskop).

In der Gleichung für B sind außer den Größen $\frac{e}{m}$ und v_0 alle Größen leicht messbar.

Beschleunigt man die Elektronen des Kathodenstrahls vor dem Eintritt in den Ablenkkondensator mit Hilfe eines Beschleunigungskondensators (vergleiche A), so kann man die Eintrittsgeschwindigkeit in den Ablenkkondensator berechnen.

$$v_0 = \sqrt{2 \cdot \frac{e}{m} \cdot U_B}$$

Für die Gesamtablenkung ergibt sich damit:

4 Elektrisches Feld

$$B = \frac{e \cdot E \cdot l}{m \cdot v_0^2} \cdot \left(\frac{l}{2} + L\right) = \frac{e \cdot U \cdot l}{m \cdot d \cdot 2 \cdot \frac{e}{m} \cdot U_B} \cdot \left(\frac{l}{2} + L\right)$$

$$\Leftrightarrow B = \frac{U \cdot l}{d \cdot 2 \cdot U_B} \cdot \left(\frac{l}{2} + L\right)$$

Die Gesamtablenkung B ist **nicht** von der spezifischen Ladung der Ladungsträger abhängig und kann somit durch diesen Versuchsaufbau nicht bestimmt werden. (Die gesamte Herleitung ist analog für positive Ladungsträger möglich!)

Eine besondere Ausführung der Braunschen Röhre ist das **Oszilloskop**. Es dient zur Darstellung und Messung zeitlich veränderlicher Spannungen. Um das zu erreichen, verwendet man hier zwei gekreuzte Ablenkkondensatoren, die hintereinander geschaltet sind.

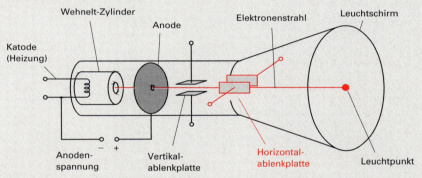

Oszilloskop

Platten für horizontale Ablenkung
Um eine gleichförmige Bewegung des Leuchtpunktes zu erreichen, legt man eine **Kippspannung** bzw. **Sägezahnspannung** an die Platten des horizontalen Ablenkkondensators.

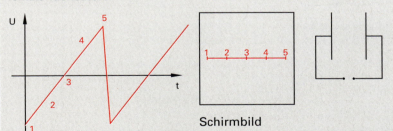

Störend ist hier die Leuchtspur während der Rücklaufzeit. Diese Leuchtspur lässt sich vermeiden, wenn man kurzzeitig die Spannung am Wehnelt-Zylinder erhöht, wodurch der Elektronenstrahl unterdrückt wird (Dunkeltastung).

Platten für vertikale Ablenkung
Die darzustellende Spannung wird an die Platten des vertikalen Ablenkkondensators gelegt.

Beispiel: Wechselspannung

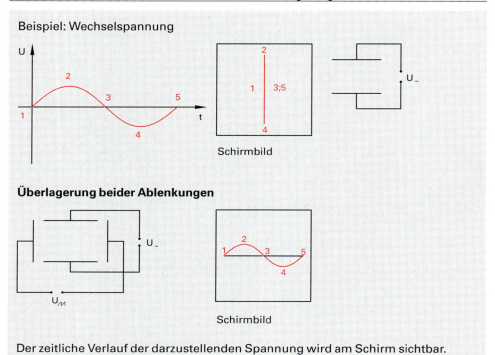

Überlagerung beider Ablenkungen

Der zeitliche Verlauf der darzustellenden Spannung wird am Schirm sichtbar.

Damit ein stillstehendes Bild auf dem Oszilloskop entsteht, muss die Periodendauer der Kippschwingung mit der Periodendauer der Messspannung in einem ganzzahligen Verhältnis stehen. Durch eine Korrektor der Kippspannungsfrequenz kann dies erreicht werden. Eine weitaus bessere Möglichkeit ist die getriggerte Zeitablenkung. Hierbei wird jeder ‚Sägezahn' einzeln abgerufen, wenn die Messspannung einen gewissen Schwellenwert (**Triggerspannung**) erreicht.

4.12 Übungsaufgaben zum elektrischen Feld

1.0 Zwei Kugeln mit gleichen elektrischen Ladungen und je $5{,}0 \cdot 10^{-3}$ N Gewichtskraft werden im Vakuum an einem Punkt mit zwei Fäden von je 1,0 m Länge befestigt. Durch gegenseitige Abstoßung entfernen sich die Kugeln auf einen Abstand $r = 4{,}0$ cm.

1.1 Wie groß sind die Ladungen? (Allgemeine Herleitung!)

2.0 Gegeben sind zwei punktförmige Körper, mit gleicher positiver Ladung von je $1{,}0 \cdot 10^{-5}$ As.

2.1 Welche Arbeit muss aufgewendet werden um die zwei Punktladungen vom Abstand $r_1 = 80$ cm auf den Abstand $r_2 = 50$ cm zu bringen?

3.0 Eine positiv geladene Kugel mit dem Radius $r = 12$ cm trägt auf der Oberfläche gleichmäßig verteilt die Ladung $Q = 1{,}0 \cdot 10^{-7}$ As.

4 Elektrisches Feld

3.1 Wie groß ist das elektrische Potential in einem Punkt P der Oberfläche, wenn das Bezugsniveau im Unendlichen liegt?

4.0 In der Beschreibung des Wasserstoffatoms durch das Bohrmodell befindet sich das kreisende Elektron in einem Abstand $r = 0{,}53 \cdot 10^{-10}$ m vom Proton.

4.1 Welche Geschwindigkeitsänderung müsste das Elektron erfahren, damit es sich beliebig weit vom Proton entfernen kann? ($m_e = 9{,}11 \cdot 10^{-31}$ kg)

5.0 Die Kugel eines Bandgenerators trägt die Ladung $Q^+ = 3{,}0 \cdot 10^{-6}$ As. Im Abstand $s_A = 40$ cm vom Kugelmittelpunkt befindet sich der Punkt A, im Abstand $s_B = 60$ cm vom Kugelmittelpunkt der Punkt B. Von A und B aus geht man jeweils 10 cm radial nach außen und gelangt zu den Punkten C und D.

5.1 Wie groß sind die Spannungen U_{AC} und U_{DB} im elektrischen Feld des Bandgenerators?

6.0 Die Kugel eines Van-de-Graaf-Generators (Hochspannungsquelle) hat einen Durchmesser von 30 cm. Ein Flammensondenpaar mit Sondenabstand 2,0 cm zeigt in einem mittleren Abstand vom Kugelmittelpunkt, der 70 cm beträgt, eine Spannung von 200 V an.

6.1 Berechnen Sie Ladung und Spannung der Generatorkugel!

6.2 Die Kugel wird nun laufend auf einer Spannung von 12 kV gehalten. Welche Ladung trägt die Kugel?

6.3 Wie groß ist der Betrag der Feldstärke in 60 cm Entfernung vom Kugelmittelpunkt?

6.4 Welche Spannung würde dort ein Flammensondenpaar von 2,0 cm Sondenabstand anzeigen?

6.5 Wie groß ist der Betrag der Feldstärke in 90 cm Abstand?

7.0 Gegeben ist folgende Anordnung:

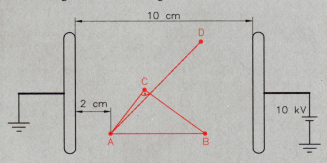

7.1 Welche Arbeit muss man aufwenden um die positive Ladung $q = 1{,}0$ As von A aus 5,0 cm nach B zu verschieben?

7.2 Die Ladung q werde zuerst 3,0 cm unter dem Winkel $\alpha = 53{,}13°$ nach C und von dort 4,0 cm nach B verschoben. Welche Arbeit ist in beiden Fällen aufzuwenden?

7.3	Die Ladung q werde von A aus unter dem Winkel 45° die Strecke 7,1 cm zum Punkt D verschoben. Welche Arbeit ist erforderlich?
7.4	Welche Spannung herrscht zwischen den Punkten BA, CA, BC, DA und DB?
8.0	Ein Plattenkondensator mit der Kapazität C wird an einer Spannungsquelle mit der Spannung U aufgeladen. Nun wird der Plattenabstand verdoppelt.
8.1	Man betrachte die Kapazität, Ladung, Spannung, Feldstärke und die Energie des Kondensators und die Änderung dieser Größen, wenn der geladene Kondensator von der Spannungsquelle getrennt wird.
8.2	Wie ändern sich diese Größen, wenn der Kondensator mit der Spannungsquelle verbunden bleibt?
9.0	Beim Ladevorgang befinde sich Luft zwischen den Platten des Kondensators. Danach wird eine Kunststoffplatte ($\varepsilon_r = 3$) zwischen die Platten geschoben. Die Kunststoffplatte fülle den Raum zwischen den Platten vollständig aus.
9.1	Untersuchen Sie den Kondensator analog zu 8.1 und 8.2!
10.0	Ein Kondensator mit kreisförmigen Platten wird in der Zeit von $1,0 \cdot 10^{-5}$ s geladen. Die mittlere Ladestromstärke betrage 8,0 mA. (Plattenabstand $d = 4,0$ mm; Plattenradius $r = 12$ cm)
10.1	Wie groß ist nach Beendigung des Ladevorgangs die elektrische Feldstärke im Plattenkondensator?
10.2	Welche Spannung besteht zwischen den Platten?
11.0	In einem luftgefüllten Kondensator werden zwei zu den Platten kongruente Scheiben eingeführt, die symmetrisch zur Mittelebene des Kondensators liegen sowie zueinander parallel sind und durch einen Draht leitend miteinander verbunden sind. Die Dicke der Scheiben ist vernachlässigbar; der Abstand der Kondensatorplatten sei d, der der eingefügten Platten d_0.
11.1	Geben Sie einen allgemeinen Ausdruck für die Kapazität der Anordnung an!
11.2	Wie groß ist die Kapazität, wenn die Scheiben zusammenfallen?
12.0	Ein Plattenkondensator mit der Plattenfläche $A = 0,90$ m^2 und dem Plattenabstand $d = 2,5$ mm wird durch Verbinden mit der Spannung 480 V aufgeladen und dann von der Spannungsquelle getrennt.
12.1	Wie groß sind die aufgenommene Ladung und die Arbeit, die zur Verdoppelung des Plattenabstandes nötig ist?
13.0	Ein Plattenkondensator der Kapazität 500 pF ist durch kurzzeitiges Verbinden mit einer Spannungsquelle auf 5,0 kV aufgeladen. Der Kondensator enthält eine Platte, deren Material durch die Dielektrizitätszahl $\varepsilon_r = 5,0$ charakterisiert ist.
13.1	Welche Arbeit muss man verrichten um diese Platte aus dem Kondensator zu entfernen, und wie verändert sich nach dem Entfernen der Isolatorplatte die am Kondensator anliegende Spannung?

4 Elektrisches Feld   283

14.0 Ein Plattenkondensator besitzt zwei Kreisplatten (Radius: 10 cm; Abstand: 5,5 cm). Er wird an eine Spannungsquelle mit der Spannung 8,0 kV angeschlossen und bleibt mit dieser verbunden. Die Aufladung erfolgt in 40 ms. Das Dielektrikum ist Luft!

14.1 Wie groß ist die mittlere Stärke des Aufladestroms?

14.2 Berechnen Sie den Energieinhalt des elektrischen Feldes!

14.3 Die Platten werden jetzt auf den halben Abstand zusammengeschoben. Vergleichen Sie Kapazität, Ladung, Feldstärke und den Energieinhalt mit denselben Größen des Kondensators am Anfang!

15.0 Ein Kondensator mit der Kapazität $C_1 = 2,0$ μF wird an eine Gleichspannung $U = 300$ V gelegt. Nachdem er aufgeladen und von der Spannungsquelle abgetrennt worden ist, wird ihm ein zweiter Kondensator der Kapazität $C_2 = 4,0$ μF parallel geschaltet.

15.1 Welche Spannung liegt an beiden Kondensatoren? Welche Ladung befindet sich auf jedem Kondensator?

15.2 Welchen Energieinhalt hat der Kondensator C_1 nach seiner Aufladung? Wie groß ist die Summe der Energieinhalte der beiden Kondensatoren nach der Aufladung?

16.0 Eine Braun'sche Röhre hat Ablenkplatten von 3,0 cm Länge und 1,0 cm Abstand. An ihnen liegt die Spannung 60 V. Ein Elektron fliegt mit der Geschwindigkeit $1,0 \cdot 10^7$ $\frac{m}{s}$ senkrecht zu den Feldlinien in das homogene Feld.

16.1 Welche Kraft wirkt auf das Elektron?

16.2 Welche Beschleunigung in Feldrichtung erfährt es?

16.3 In welchem Abstand von der ursprünglichen Bahn verlässt es das Feld?

16.4 Wie groß ist die Komponente der Geschwindigkeit senkrecht zu den Platten beim Austritt des Elektrons aus dem Feld?

16.5 Wie groß ist die Ablenkung auf dem Schirm, wenn dieser 20 cm vom Kondensatorende entfernt ist?

17.0 Ein Elektron der spezifischen Ladung $-e/m$ durchläuft im Hochvakuum die Beschleunigungsspannung U_B und besitzt danach die Geschwindigkeit v_0. Mit dieser Geschwindigkeit tritt es nun senkrecht zu den Feldlinien in das Feld eines Plattenkondensators, der aus quadratischen Platten der Kantenlänge l im Abstand d besteht. An den Platten dieses Kondensators liege die Spannung U_C.

17.1 Leiten Sie die Gleichung für den Betrag der Endgeschwindigkeit des Elektrons nach dem Durchlaufen der Spannung U_B her!

17.2 Welche Beschleunigung erfährt das Elektron im Feld des zweiten Kondensators?

17.3 Leiten Sie die Gleichung der Bahnkurve, auf der sich das Elektron im Feld des zweiten Kondensators bewegt, her!

17.4 Zeigen Sie, dass die Ablenkung b (siehe S. 277) von der ursprünglichen Richtung des Elektronenstrahls von der Spannung U_B unabhängig ist, wenn diese gleich der Spannung U_C ist.

17.5 Wie groß ist die Ablenkung b, wenn folgende Größen bekannt sind:
$U_B = 5{,}0 \cdot 10^2$ V; $U_C = 2{,}5 \cdot 10^2$ V; $l = 5{,}0$ cm; $d = 3{,}5$ cm

5 Magnetisches Feld und Induktion

5.1 Wiederholung

- Ein Körper, der Eisen, Nickel, Kobalt und gewisse Legierungen (**ferromagnetische Stoffe**) anzieht, heißt **Magnet**. (Der Name kommt von der in Kleinasien liegenden Stadt Magnesia, in deren Nähe man angeblich bereits vor 2500 Jahren solche Eisenerzbrocken gefunden hat.)
- Die Stellen stärkster Anziehung heißen **Pole** des Magneten.
- **Gleichnamige Magnetpole stoßen sich ab, ungleichnamige ziehen sich an.**
- Es gibt keine magnetischen **Monopole,** sondern nur **Dipole.**

Versuch:
Ein Stabmagnet wird frei drehbar aufgehängt.

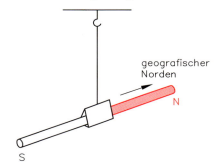

Beobachtung:
Man stellt fest, dass sich ein Stabmagnet immer in geografischer Nord-Süd-Richtung einstellt.

Dieses Ergebnis verwendet man zur **Definition der Magnetpole.**
Das Ende des frei drehbar aufgehängten Stabmagneten, das immer zum **geografischen Norden** zeigt, nennt man den **magnetischen Nordpol** des Stabmagneten.

Versuch:
Untersuchung der magnetischen Kraft.

Versuchsaufbau:
In einer Gasglocke befindet sich ein Eisenkörper (Nagel), der an einem Faden aufgehängt wird. Außerhalb der Gasglocke befindet sich ein starker Permanentmagnet.

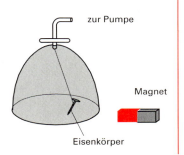

> **Beobachtung:**
> Der Nagel wird in Richtung des Permanentmagneten ausgelenkt. Man erkennt, dass die Anziehungskraft (Auslenkung) um so größer wird, je näher sich Magnet und Nagel sind.

Das gleiche Versuchsergebnis erhält man auch, wenn man aus der Gasglocke die Luft abpumpt.

Folgerung:
- Die magnetischen Kräfte nehmen mit zunehmendem Abstand stark ab.
- Magnetische Kräfte wirken auch im materiefreien Raum.

> Die Eigenschaft des Raumes in der Umgebung eines Magneten, auf ferromagnetische Stoffe Kräfte auszuüben, bezeichnet man als **magnetisches Feld** oder **Magnetfeld**.

Zur Darstellung der Struktur des Magnetfeldes verwendet man auch hier **Feldlinien**. Um die Richtung der Feldlinien feststellen zu können benötigt man kleine Magnetnadeln (**Probemagneten**). Diese Probemagneten sollten so groß sein, dass beide Pole etwa gleich weit vom felderzeugenden Magneten entfernt sind. Die Magnetnadeln stellen sich so ein, dass die Wirkungslinien beider Kräfte zusammenfallen. Aus diesem Grund stellen sich die Probemagneten tangential zu den Feldlinien ein.

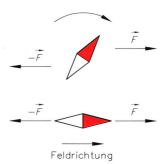

> **Festlegung:**
> Die Richtung, in die der Nordpol des Probemagneten zeigt, nennt man **Feldrichtung**.
> **Außerhalb des Magneten verlaufen die Feldlinien vom Nordpol zum Südpol.**

Beispiel für den Verlauf einer Feldlinie.

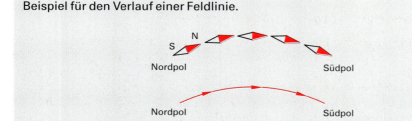

5 Magnetisches Feld und Induktion

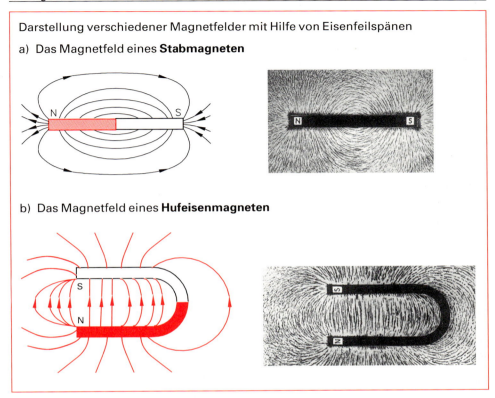

Darstellung verschiedener Magnetfelder mit Hilfe von Eisenfeilspänen

a) Das Magnetfeld eines **Stabmagneten**

b) Das Magnetfeld eines **Hufeisenmagneten**

Hinweis:
Magnetfelder überlagern sich und können vektoriell addiert werden.

Eine genauere Untersuchung des Magnetfeldes mit Hilfe der Probemagneten ist nicht möglich, da zur Bestimmung der Feldstärke die Kraft auf einen magnetischen Monopol untersucht werden müsste. Da man jedoch keine einzelnen Magnetpole herstellen kann, geht man von einer anderen Kraftwirkung des magnetischen Feldes aus.

5.2 Magnetfelder stromdurchflossener Leiter

Im Verlaufe einer Vorlesung über „Elektrizität, Galvanismus und Magnetismus" stellte im Frühjahr 1820 der Physiker *Hans Christian Oersted* einen Zusammenhang zwischen Elektrizität und Magnetismus fest. *Ampère,* der diese Versuche noch im gleichen Jahr wiederholte, stellte innerhalb kurzer Zeit eine Theorie der elektrodynamischen Wechselwirkungen stromdurchflossener Leiter auf, die sich in einem Satz zusammenfassen lässt:

„Alle magnetischen Felder werden durch bewegte geladene Teilchen hervorgerufen."

5.2 Magnetfelder stromdurchflossener Leiter

Dieser Zusammenhang soll nun an einigen Beispielen erläutert werden. Zur Sichtbarmachung des Verlaufs der Feldlinien werden hierbei Eisenfeilspäne verwendet.

Hinweis:
Die hier untersuchten Magnetfelder sind so genannte magnetostatische Felder, die sich zeitlich nicht ändern und eine konstante Stromstärke voraussetzen.

5.2.1 Das Magnetfeld eines geraden stromdurchflossenen Leiters

Versuch:
Darstellung der magnetischen Feldlinien in der Umgebung eines stromdurchflossenen Leiters mit Hilfe von Eisenfeilspänen.

Versuchsaufbau:

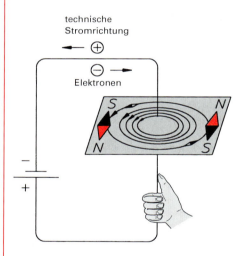

Beobachtung: (Feldlinienbild)

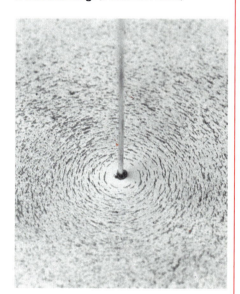

Ergebnis:
Die magnetischen Feldlinien des stromdurchflossenen geraden Leiters sind konzentrische Kreise in Ebenen senkrecht zum Leiter. Kleine Magnetnadeln geben die Richtung der Feldlinien an.

Rechte-Faust-Regel:
„Umfasst man einen Leiter so, dass der abgespreizte Daumen der rechten Hand in die technische Stromrichtung zeigt, so geben die Finger die Richtung der magnetischen Feldlinien an."

5.2.2 Das Magnetfeld einer stromdurchflossenen Spule

Betrachtung einer Windung

Biegt man einen Draht zu einer Schleife, so erhält man den nebenstehenden Aufbau. Die von der Schleife (Windung) aufgespannte Fläche A wird **Windungsfläche** genannt. Verwendet man die „Rechte-Faust-Regel", so treten die magnetischen Feldlinien von vorne in die Windungsfläche A ein und verlassen diese hinten wieder.

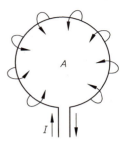

Hinweis:
Kennzeichnung von Größen, die senkrecht zur Zeichenebene verlaufen.

 (Pfeilende): Strom fließt in die Zeichenebene

 (Pfeilspitze): Strom fließt aus der Zeichenebene

Versuch:
Darstellung des Verlaufs der magnetischen Feldlinien im Inneren einer stromdurchflossenen Windung mit Hilfe von Eisenfeilspänen.

Beobachtung:
(Feldlinienbild)

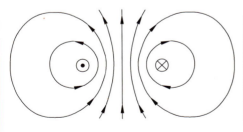 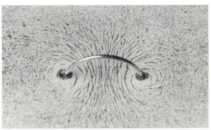

Wickelt man nun einen Draht zu einer Spule, so addieren sich die magnetischen Wirkungen der einzelnen Leiterteile.

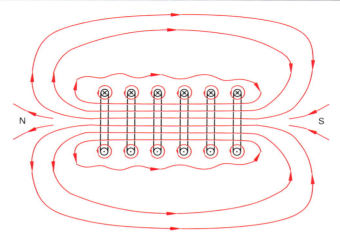

Am Nordpol verlassen die Feldlinien die stromdurchflossene Spule, am Südpol kehren sie wieder zurück. Im Inneren der Spule laufen die Feldlinien von Süd nach Nord zurück und bilden dort, im Spuleninneren, ein starkes homogenes Magnetfeld.

Allgemein gilt:
Magnetische Feldlinien sind in sich geschlossen. (Vierte Maxwellsche Gleichung.)

5.2.3 Die Ampère'sche Hypothese

Wie lässt sich nun der Magnetismus eines Permanentmagneten durch elektrische Ströme hervorrufen. Einen ersten Ansatz zur Klärung des Problems lieferte *Ampère*.

In Atomen fließen elektrische **Kreisströme**, ohne Stromwärme zu erzeugen. Die Atome eines Stabmagneten sind so angeordnet, dass die Kreisströme vorwiegend in Ebenen senkrecht zur Stabachse fließen und dabei überwiegend den gleichen Umlaufsinn besitzen.

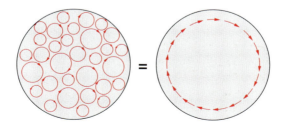

Schnitt durch den Stabmagneten

Man erkennt, dass sich im Inneren des Stabmagneten die benachbarten Kreisströme stückweise aufheben, da die Stromrichtungen entgegengesetzt sind. Die verbleibenden Ströme bilden aneinandergeheftet einen Kreisstrom. Betrachtet man nun die

Mantelfläche des Magnetstabes, so erhält man den Eindruck, dass dieser mit stromdurchflossenem Draht eng umwickelt ist Das so entstehende Magnetfeld im Außenraum ist vom Magnetfeld einer Spule nicht zu unterscheiden.

5.2.4 Das Magnetfeld der Erde

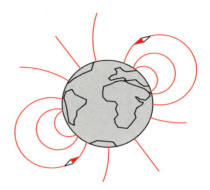

Das Magnetfeld der Erde wurde vor etwa 400 Jahren entdeckt. Seit dieser Zeit gibt es Theorien über seine Ursache. Zunächst war man der Meinung, dass es im Erdinneren einen Permanentmagneten gibt. Diese Theorie kann aber nicht richtig sein, da die Temperatur im Erdinneren über der **Curietemperatur** aller magnetischer Materialien liegt. (Ab der Curietemperatur verliert ein Körper seine magnetischen Eigenschaften.) Das Magnetfeld der Erde muss durch elektrische Ströme hervorgerufen werden. Diese Ströme und das Magnetfeld verursachen sich gegenseitig nach dem **dynamo-elektrischen Prinzip**.

Bei Untersuchungen der Magnetisierung von Gesteinsproben stellte man fest, dass sich die Polung des Erdmagnetfeldes im Laufe der Erdgeschichte oftmals geändert hat. Welche Auswirkungen das auf die Lebewesen auf der Erde hatte und warum es zu dieser Umpolung kommt, ist noch ungeklärt. Es fällt jedoch zumindest kurzzeitig die abschirmende Wirkung gegen den Sonnenwind und andere Strahlung weg.
Seit 1200 Jahren benutzt man in Europa Magnetnadeln als Kompass. Die Richtung der Magnetnadel weicht jedoch etwas von der geografischen Nordrichtung ab. (Der magnetische Südpol der Erde liegt im Norden Kanadas, der magnetische Nordpol südlich von Australien.) Diese Abweichung (**Missweisung**) nennt man **Deklination**. Die starke örtliche Deklination deutet auf das Vorhandensein von Eisenerzlagern hin.

Versuch:
Hängt man eine Magnetnadel so auf, dass sie sich um eine in der magnetischen O-W-Richtung waagrecht liegenden Achse drehen kann (die Magnetnadel kann sich nun tangential zur Richtung der magnetischen Feldlinien des Erdmagnetfeldes einstellen), dann neigt sich die Nadel mit dem Nordpol (auf der Nordhalbkugel) um den so genannten **Inklinationswinkel** gegen die Horizontale nach unten.

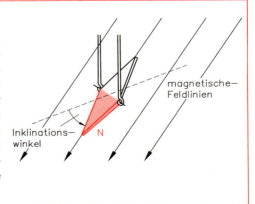

5.3 Die Kraft auf stromdurchflossene Leiter im Magnetfeld

Der im letzten Abschnitt besprochene Zusammenhang zwischen dem Magnetfeld und einem stromdurchflossenen Leiter soll nun in mehreren Versuchen genauer nachgeprüft werden.

5.3.1 Beispiele

Versuch 1:
Leiterschaukel im Magnetfeld

Versuchsaufbau:
Ein Leiter wird in einem Magnetfeld beweglich aufgehängt. Die Stromrichtung und die Richtung der magnetischen Feldlinien stehen senkrecht aufeinander.

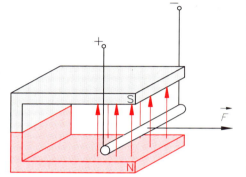

Beobachtung:
Lässt man durch den Leiter einen Strom fließen, so wird der Leiter ausgelenkt. Die Richtung der Auslenkung hängt von der Stromrichtung und der Richtung der magnetischen Feldlinien ab.

Versuch 2:
Metallstab auf zwei Metallschienen.

Versuchsaufbau:
Ein zylindrischer Metallstab wird auf zwei Metallschienen gelegt und in ein homogenes Magnetfeld gebracht.

Beobachtung:
Lässt man durch das Leitersystem einen Strom fliessen, so beginnt der Stab zu rollen. Die Bewegungsrichtung ist abhängig von der Stromrichtung und der Richtung der magnetischen Feldlinien.

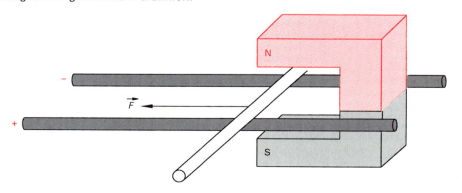

5 Magnetisches Feld und Induktion

Versuch 3:
Spule im Magnetfeld.

Versuchsaufbau:
Eine stromdurchflossene, beweglich aufgehängte Spule wird in ein äußeres homogenes Magnetfeld gebracht. (Prinzip des **Drehspulinstruments**.)

Beobachtung:
Lässt man durch die Spule einen Strom fließen, so dreht sich die Spule, wobei die maximale Drehung 180° beträgt. Die Rotationsrichtung ist abhängig von der Stromrichtung und der Richtung der magnetischen Feldlinien.

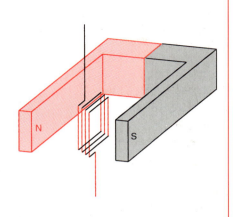

Versuch 4:
Leiterschaukel im Magnetfeld
Legt man die Leiterschaukel (Vergleiche Versuch 1) so in ein Magnetfeld, dass die Stromrichtung und die Richtung der magnetischen Feldlinien parallel sind, so erfährt die Leiterschaukel keine Auslenkung.

5.3.2 U-V-W Regel der rechten Hand

Alle diese Versuche zeigen, dass auf den stromdurchflossenen Leiter vom Magnetfeld unter bestimmten Bedingungen eine Kraft ausgeübt wird. Diese Kraft steht senkrecht auf der vom Leiter (Stromrichtung) und den magnetischen Feldlinien aufgespannten Ebene. Die Richtung der Kraft ergibt sich aus der **Drei-Finger-Regel der rechten Hand**.

„Zeigt der Daumen in die technische Stromrichtung (Ursache) und der Zeigefinger in die Richtung der magnetischen Feldlinien (Vermittlung), so gibt der Mittelfinger die Richtung der Kraft auf den Leiter an (Wirkung)."

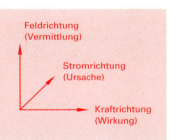

5.3.3 Die Ampère-Definition

Versuch:
Untersuchung der Kraftwirkung zweier paralleler stromdurchflossener Leiter.

Beobachtung:
Zwei parallele, stromdurchflossene Leiter üben bei gleicher Stromrichtung anziehende und bei entgegengesetzter Stromrichtung abstoßende Kräfte aufeinander aus.

Begründung:
Betrachtet man den Leiter I als felderzeugenden Leiter und den Leiter II als Probeleiter, so erfährt der Probeleiter eine Kraft nach der U-V-W Regel der rechten Hand.

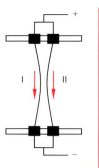

Diese Anordnung verwendet man zur Definition der **Stromstärke**.

„1 Ampere (A) ist die Stärke eines zeitlich unveränderlichen Stromes, der, durch zwei im Vakuum parallel im Abstand 1 m voneinander angeordnete, geradlinige, unendlich lange Leiter von vernachlässigbar kleinem, kreisförmigem Querschnitt fließend, zwischen diesen Leitern je 1 m Leiterlänge die Kraft $2 \cdot 10^{-7}$ N hervorrufen würde."

Anmerkung:
Die in einer Spule benachbarte Leiterteile werden von Strömen in gleicher Richtung durchflossen, die Leiterteile der Spule ziehen sich somit gegenseitig an.

5.4 Die magnetische Flussdichte

Zur Erfassung des Magnetfeldes wird nun die Kraft auf einen stromdurchflossenen Leiter näher untersucht. Der Leiter befindet sich dabei im Inneren einer langgestreckten leeren Spule, da dort das Magnetfeld homogen ist.

5.4.1 Messung der Kraft auf einen stromdurchflossenen Leiter

Versuch:
Messung der Kraft auf einen stromdurchflossenen Leiter im Magnetfeld einer leeren Spule (**Luftspule**) mit Hilfe der **Stromwaage**.

Versuchsaufbau: „Stromwaage"

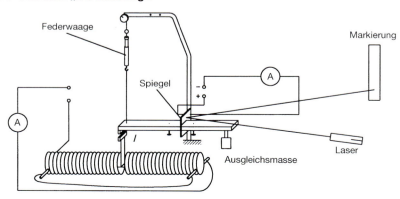

5 Magnetisches Feld und Induktion

Eine Leiterschleife, die sich an einem Ende eines horizontal ausgerichteten Waagbalkens befindet, taucht in eine langgestreckte stromdurchflossene Spule ein. Die Spule wird von einem Spulenstrom konstanter Stärke durchflossen, so dass sich im Inneren der Spule ein homogenes Magnetfeld aufbaut. Die Gleichgewichtslage des Waagbalkens wird nun mit Hilfe des am Spiegel reflektierten Laserstrahls am Maßstab festgehalten. (Das Kraftmessgerät zeigt keine Kraft an.) Lässt man nun durch die Leiterschleife einen Strom konstanter Stromstärke fließen, dann wird bei richtiger Polung die Leiterschleife in das Magnetfeld der stromdurchflossene Spule hineingezogen. Die linke Seite des Waagbalkens neigt sich nach unten, der reflektierte Laserstrahl wandert nach oben. Verkürzt man den Aufhängefaden des Kraftmessgerätes, so kann die ursprüngliche Gleichgewichtslage wieder eingestellt werden. Der reflektierte Laserstrahl befindet sich wieder an der markierten Stelle am Maßstab. Am Kraftmessgerät kann nun die Kraft, die eine stromdurchflossene Leiterschleife im homogene Magnetfeld erfährt, abgelesen werden.

Vorüberlegung:
Auf die Leiterschleife im Magnetfeld wirken drei Kräfte.
Für die resultierende Kraft gilt:
$$\vec{F}_{res} = \vec{F}_1 + \vec{F}_2 + \vec{F}$$
Aus der Zeichnung erkennt man: $\vec{F}_1 = -\vec{F}_2$
$$\Rightarrow \vec{F}_{res} = \vec{F}$$
Die Leiterschleife wird mit der Kraft $\vec{F}$ in das Magnetfeld hineingezogen.

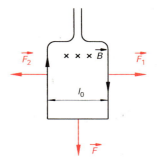

Vermutung:
Der Betrag der Kraft ist von der Leiterlänge, der Stromstärke im Leiter und von der Stärke des Spulenfelds abhängig.

Diese Abhängigkeiten werden nun experimentell untersucht.

a) Bestimmung der Kraft F in Abhängigkeit des Leiterstromes I. Bei diesem Versuch wird die Leiterlänge l_0 und das „Spulenfeld" konstant gehalten. Da das Magnetfeld der Spule durch den Spulenstrom erregt wird, muss die Spulenstromstärke konstant gehalten werden.

Messwerttabelle:

I in A	0	2,0	4,0	6,0	8,0	10
F in mN	0	0,34	0,72	1,03	1,42	1,86
$\dfrac{F}{I}$ in $\dfrac{mN}{A}$	–	0,17	0,18	0,17	0,18	0,18

Die Messergebnisse legen eine direkte Proportionalität nahe, die durch die Berechnung der Quotienten überprüft wird. (Die grafische Darstellung im I-F-Diagramm ergibt eine Gerade durch den Ursprung.)

Ergebnis:

Der Quotient $\frac{F}{I}$ ergibt im Rahmen der Messgenauigkeit eine Konstante. Daraus folgt:

Die Kraft F, die auf einen von Gleichstrom durchflossenen Leiter im nahezu homogenen Magnetfeld einer Luftspule wirkt, wächst proportional zum Leiterstrom I.

$F \sim I$

b) Bestimmung der Kraft F auf den Leiter in Abhängigkeit von der Leiterlänge l. Der Leiterstrom I und die Spulenstromstärke I_{Sp} werden konstant gehalten.

Messwerttabelle:

l in mm	20	40	80
F in mN	0,44	0,93	1,86
$\frac{F}{l}$ in $\frac{mN}{m}$	22	23	23

Durch Berechnung der Quotienten $\frac{F}{l}$, die im Rahmen der Messgenauigkeit eine Konstante ergeben, kann auch hier eine direkte Proportionalität nachgewiesen werden.

Ergebnis:

Die Kraft F, die auf einen von Gleichstrom durchflossenen Leiter im nahezu homogenen Magnetfeld einer Luftspule wirkt, wächst proportional zum Leiterlänge l.

$F \sim l$

Zusammenfassung:

1) $F \sim I$
2) $F \sim l$

$F \sim I \cdot l \Rightarrow \frac{F}{I \cdot l} = \text{konst.}$

Der Quotient $\frac{F}{I \cdot l}$ ist bei konstantem Spulenstrom und damit konstantem Magnetfeld der Luftspule eine konstante Größe.

Verändert man die Spulenstromstärke I_{Sp}, so ändert sich auch der Wert der Konstanten, die somit eine feldbeschreibende Größe für die Stärke des Magnetfeldes der Luftspule ist.

Ein Leiter der Länge l, der senkrecht zu den magnetischen Feldlinien steht und vom Strom I durchflossen wird, erfährt die Kraft $\vec{F}$. Man nennt den Quotienten $\frac{F}{I \cdot l}$ den Betrag der **magnetischen Flussdichte** $\vec{B}$ des Feldes. Die magnetische Flussdichte selbst ist ein Vektor in Richtung der magnetischen Feldlinien.

$$B = \frac{F}{I \cdot l}$$

5 Magnetisches Feld und Induktion

> **Einheit der magnetischen Flussdichte:**
>
> $[B] = \dfrac{N}{A \cdot m} = T$ **(Tesla)**

Ein vom Strom der Stärke I durchflossener gerader Leiter der Länge l, der senkrecht zu den Feldlinien eines homogen Magnetfeldes der Flussdichte $\vec{B}$ steht, erfährt eine Kraft vom Betrag $F = I \cdot l \cdot B$. Die Richtung der Kraft ergibt sich aus der U-V-W Regel der rechten Hand.

Anmerkung:
Analog zum Gravitationsfeld ($\vec{\gamma}$) und zum elektrischen Feld ($\vec{E}$) beschreibt $\vec{B}$ die Feldstärke eines homogenen Magnetfeldes. Der im Magnetfeld zur Untersuchung verwendete Probekörper ist ein stromdurchflossener Leiter der Länge l

5.4.2 Vektorielle Darstellung der Kraft

Das in 5.4.1 gefundene Ergebnis setzt voraus, dass der stromdurchflossene Leiter und die magnetischen Feldlinien im rechten Winkel zueinander stehen. In einem weiteren Versuch wurde bereits gezeigt, dass der Leiter keine Kraftwirkung erfährt, wenn die Stromrichtung und die Richtung der magnetischen Feldlinien parallel gerichtet sind. Lässt man nun einen beliebigen Winkel zwischen der Stromrichtung und der Feldrichtung zu, so kommt man zu folgender Verallgemeinerung:

Die Stromrichtung schließt mit den magnetischen Feldlinien den Winkel φ ein. Der Vektor der magnetischen Flussdichte $\vec{B}$ lässt sich in zwei Komponenten $\vec{B}_p$ und $\vec{B}_s$ zerlegen. In Richtung der Komponente $\vec{B}_p$ erfährt der Leiter keine Kraft. Für die Komponente $\vec{B}_s$ erhält man aus der Zeichnung:

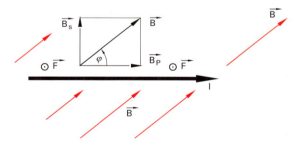

$B_s = B \cdot \sin(\varphi)$

Für den Betrag der Kraft auf den Leiter folgt:

$F = I \cdot l \cdot B_s = I \cdot l \cdot B \cdot \sin(\varphi)$

Diese Gleichung gibt den Betrag der Kraft auf den stromdurchflossenen Leiter richtig an. Um zusätzlich die Richtung der Kraft zu erhalten, verwendet man das **Vektorprodukt** zweier Vektoren: $\vec{c} = \vec{a} \times \vec{b}$

Wie aus dem Mathematikunterricht bekannt, ergibt das Vektorprodukt zweier Vektoren ebenfalls einen Vektor. Dieser Vektor steht senkrecht auf der Ebene, die von den zwei Ausgangsvektoren aufgespannt wird. Für den Betrag gilt allgemein:

$|\vec{c}| = |\vec{a}| \cdot |\vec{b}| \cdot \sin(\varphi)$ (φ ist der Winkel, den die Vektoren $\vec{a}$ und $\vec{b}$ einschließen.)

Wendet man diese Zusammenhänge auf das obige Problem an und berücksichtigt die U-V-W Regel, so erhält man den folgenden Zusammenhang: $\vec{F} = I \cdot (\vec{l} \times \vec{B})$

Der Vektor $\vec{l}$ zeigt in die **technische Stromrichtung** und sein Betrag ist gleich der Leiterlänge l.

5.5 Bewegung geladener Teilchen im homogenen Magnetfeld

5.5.1 Bewegung von freien Ladungsträgern im Inneren eines Körpers, der von einem homogenen Magnetfeld durchsetzt wird

A) Die Lorentzkraft

Im Kapitel 5.4 wurde die Kraft auf einen stromdurchflossenen geraden Leiter im homogenen Magnetfeld genauer untersucht. Da diese Kraft nur dann auftritt, wenn ein Strom fließt, ist eine Kraftwirkung auf einzelne geladene Teilchen, die den Strom bilden, wahrscheinlich. Betrachtet wird nun die Elektronenleitung in einem Leiterstück.

Für die Stromstärke im Leiter gilt:

$$I = \frac{\Delta Q}{\Delta t}$$

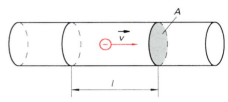

In der Zeit Δt durchsetzen alle freien Leitungselektronen im Volumen $A \cdot l$ die Querschnittsfläche A und tragen so zur Stromstärke I bei.

Für die Ladung ΔQ ergibt sich somit:

$$\Delta Q = N_{ges} \cdot (-e)$$

Für die Stromstärke erhält man:

$$I = \frac{N_{ges} \cdot (-e)}{\Delta t}$$

Für den Betrag der Kraft auf dieses Leiterstück folgt:

$$F = I \cdot l \cdot B = \frac{N_{ges} \cdot e}{\Delta t} \cdot l \cdot B$$

Der Quotient $\frac{l}{\Delta t}$ ist die Driftgeschwindigkeit v.

$$F = N_{ges} \cdot e \cdot v \cdot B$$

Für den Betrag der Kraft, die ein einzelner Ladungsträger erfährt, ergibt sich:

$$F_L = \frac{F}{N_{ges}} \Leftrightarrow F_L = e \cdot v \cdot B \quad \text{(\textbf{Betrag der Lorentzkraft})}$$

Bewegt sich ein Elektron der Ladung $-e$ mit der Geschwindigkeit $\vec{v}$ senkrecht zu den Feldlinien eines homogenen Feldes mit der Flussdichte $\vec{B}$, so erfährt es die **Lorentzkraft** vom Betrag $F_L = e \cdot v \cdot B$. Die Summe der Kräfte auf die einzelnen Ladungsträger ergibt nach außen hin die Kraft auf den stromdurchflossenen Leiter. Vektoriell erhält man für die Lorentzkraft die Gleichung:

$$\vec{F}_L = q \cdot (\vec{v} \times \vec{B})$$

q ist die Ladung des Teilchens **inklusive** Vorzeichen.

5 Magnetisches Feld und Induktion

> **Hinweis:**
> Der Vektor der Lorentzkraft steht immer senkrecht auf der momentanen Bewegungsrichtung des Teilchens und verrichtet somit keine Arbeit (Beschleunigungsarbeit) an dem Teilchen, sondern lenkt es nur senkrecht zum Geschwindigkeitsvektor ab. Es gibt deshalb keine potentielle Energie des magnetischen Feldes.

B) Der Halleffekt

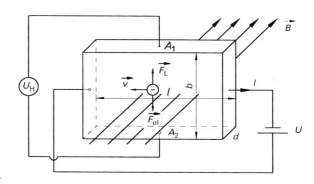

Die Lorentzkraft auf einen Ladungsträger in einem Leiter bewirkt einen weiteren, sehr wichtigen Effekt.
Betrachtet wird ein Metallplättchen, das freie Elektronen enthält. Durch Anlegen einer Spannung erhält man im Metallplättchen einen Strom I.
Legt man nun zusätzlich ein Magnetfeld der Flussdichte $\vec{B}$ an, so wirkt auf die bewegten Elektronen die Lorentzkraft $\vec{F}_L = -e \cdot (\vec{v} \times \vec{B})$ mit $(\vec{v} \perp \vec{B})$. Die Elektronen werden zum oberen Rand des Plättchens abgelenkt, wo es zu einem Überschuss an Ladungsträgern kommt. Am unteren Rand entsteht Elektronenmangel. Durch die unterschiedliche Konzentration der Ladungsträger baut sich ein elektrisches Feld der Feldstärke $\vec{E}$ auf. Die Spannung zwischen den Punkten A_1 und A_2, die sich genau gegenüber liegen, kann man mit einem empfindlichen Spannungsmessgerät nachweisen. Diese Spannung bezeichnet man als **Hallspannung U_H**.
Aus der Polarität der Hallspannung kann das Vorzeichen der in einem Festkörper bewegten Ladungsträger bestimmt werden.

Mathematische Behandlung des Halleffekts

Auf einen Ladungsträger im Hallplättchen wirken im stationären Zustand zwei Kräfte. Zunächst wirkt die Lorentzkraft auf ein Elektron $\{\vec{F}_L = -e \cdot (\vec{v} \times \vec{B})\}$. Die Lorentzkraft führt zur Veränderung der Ladungsträgerverteilung und somit zum Aufbau eines elektrischen Feldes. In dem elektrischen Feld wirkt auf das Elektron die Kraft $\vec{F}_{el} = -e \cdot \vec{E}$. Die Kräfte sind entgegengerichtet und nach sehr kurzer Zeit betragsgleich. Ist das der Fall, so bewegen sich die Elektronen wieder mit konstanter Geschwindigkeit geradlinig weiter. Für diesen stationären Zustand gilt:

$$|\vec{F}_L| = |\vec{F}_{el}| \Rightarrow |-e \cdot (\vec{v} \times \vec{B})| = |-e \cdot \vec{E}|$$

Unter der Bedingung $(\vec{v} \perp \vec{B})$ folgt:

$$e \cdot v \cdot B = e \cdot E$$

Für den Betrag der elektrischen Feldstärke gilt:

$$E = \frac{U_H}{b} \quad (b: \text{Breite des Plättchens})$$

Daraus ergibt sich für die Hallspannung:

$$U_H = b \cdot B \cdot v$$

5.5 Bewegung geladener Teilchen im homogenen Magnetfeld

Die Hallspannung ist direkt proportional zum Betrag der magnetischen Flussdichte $\vec{B}$ und eignet sich deshalb zur Messung der Flussdichte von magnetischen Feldern. Da die Driftgeschwindigkeit mit der Stromstärke im Leiter verknüpft ist, kann man die Gleichung für die Hallspannung noch umformen.

Im Leiter der Länge l befinden sich N_{ges} Elektronen, die sich mit der Driftgeschwindigkeit v bewegen. Für die konstante Stromstärke I erhält man:

$$I = \frac{\Delta Q}{\Delta t} = \frac{N_{ges} \cdot (-e)}{\Delta t} \quad \text{mit} \quad \frac{l}{\Delta t} = v \Leftrightarrow \Delta t = \frac{l}{v} \quad \text{folgt:}$$

$$\Rightarrow I = \frac{N_{ges} \cdot (-e) \cdot v}{l}$$

Für den Betrag der Driftgeschwindigkeit folgt: $|v| = \dfrac{I \cdot l}{N_{ges} \cdot e}$

Setzt man dieses Ergebnis in die Gleichung zur Berechnung der Hallspannung ein, so erhält man:

$$U_H = B \cdot b \cdot v = B \cdot b \cdot \frac{I \cdot l}{N_{ges} \cdot e}$$

Erweitert man diesen Ausdruck mit d folgt:

$$U_H = B \cdot b \cdot \frac{I \cdot l}{N_{ges} \cdot e} \cdot \frac{d}{d}$$

Bezeichnet man die **Ladungsträgerkonzentration** des Metallplättchens mit n, so ergibt sich:

$$n = \frac{N_{ges}}{V} = \frac{N_{ges}}{l \cdot b \cdot d} \quad \Rightarrow U_H = \frac{1}{n \cdot e} \cdot \frac{I \cdot B}{d}$$

Anmerkung:

$$R_H = \frac{1}{n \cdot e} \quad \textbf{Hallkonstante}$$

Sie ist stoff- und temperaturabhängig.

Ergebnis:
Für die Hallspannung ergibt sich somit:

$$U_H = B \cdot b \cdot v \quad \text{und} \quad U_H = R_H \cdot \frac{I \cdot B}{d} \quad \text{mit} \quad R_H = \frac{1}{n \cdot e}$$

In der zweiten Gleichung sind mit Ausnahme von R_H alle Größen leicht messbar. Somit kann über die Hallkonstante die Dichte der Leitungselektronen bestimmt werden.

Beispiel:
Die Dichte der Leitungselektronen in einer Kupferfolie soll bestimmt werden. Durch die Kupferfolie der Dicke $1{,}0 \cdot 10^{-5}$ m fließt ein konstanter Strom der Stärke 10 A. In einem Magnetfeld der Flussdichte mit dem Betrag $B = 0{,}43$ T misst man eine maximale Hallspannung von $2{,}2 \cdot 10^{-5}$ V.

5 Magnetisches Feld und Induktion

Berechnung der Elektronendichte n:

$$R_H = \frac{1}{n \cdot e} = U_H \cdot \frac{d}{I \cdot B} \Leftrightarrow n = \frac{I \cdot B}{e \cdot U_H \cdot d} \quad ; \quad [n] = \frac{A \cdot Vs}{As \cdot V \cdot m^2 \cdot m} = \frac{1}{m^3}$$

$$n = \frac{10\,A \cdot 0{,}43\,T}{1{,}6 \cdot 10^{-19}\,As \cdot 2{,}2 \cdot 10^{-5}\,V \cdot 1{,}0 \cdot 10^{-5}\,m} = 1{,}2 \cdot 10^{29} \frac{1}{m^3}$$

$$n = 1{,}2 \cdot 10^{29} \frac{1}{m^3} = 1{,}2 \cdot 10^{20} \frac{1}{(mm)^3}$$

Die Elektronendichte der freien Elektronen in Kupfer beträgt $1{,}2 \cdot 10^{20} \frac{1}{(mm)^3}$.

Anmerkung: Man ist bestrebt, eine möglichst hohe Hallspannung bei geringer Stromstärke zu erzielen. Da die Hallspannung indirekt proportional zur Ladungsträgerkonzentration und zur Dicke der verwendeten Leiterplättchen ist, bieten sich hier dünne Halbleiterplättchen an, die schwach dotiert sind und eine gegenüber Metalleitern um 10^{-8} kleinere Ladungsträgerdichte besitzen.

5.5.2 Bewegung von freien Teilchen im homogenen Magnetfeld

In Kapitel 5.5.1 wurde das Verhalten von geladenen Teilchen im Inneren eines Körpers, der von einem homogenen Magnetfeld durchsetzt wird, untersucht. Dieses Kapitel beschäftigt sich mit freien Teilchen (z.B. einem Elektronenstrahl) im homogenen Magnetfeld. Hier steht die Frage im Vordergrund, welche Bahn ein geladenes Teilchen im homogenen Magnetfeld durchlaufen muss.

A) Bahn geladener freier Teilchen im homogenen Magnetfeld

Auf ein freies Teilchen der Ladung q wirkt im Magnetfeld ($\vec{B}$) die Lorentzkraft
$\vec{F}_L = q \cdot (\vec{v} \times \vec{B})$
Wirkt keine weitere Kraft, so ergibt sich nach dem zweiten Newton'schen Gesetz:

$$\vec{F}_{res} = \vec{F}_L$$

Lösungsansatz:
Ist $\vec{v} \perp \vec{B}$, so gibt es kein Komponente der Geschwindigkeit in Richtung der Flussdichte; die Bahn der geladenen Teilchen verläuft somit in einer **Ebene** senkrecht zum Vektor der magnetischen Flussdichte. Die Lorentzkraft verläuft immer senkrecht zur momentanen Bahngeschwindigkeit ($\vec{F}_L \perp \vec{v}$) und verrichtet somit keie Beschleunigungsarbeit am Proton. Der Betrag der Bahngeschwindigkeit ändert sich deshalb nicht und ist somit konstant. Für den Betrag der Lorentzkraft gilt $|\vec{F}_L| = |q| \cdot v \cdot B \cdot \sin(\sphericalangle \vec{v};\vec{B}) = e \cdot v \cdot B$. Der Betrag der Lorentzkraft ist konstant. In Bereich des Magnetfeldes mit konstanter Flussdichte wirkt die Lorentzkraft somit als Zentripetalkraft und zwingt die Ladungsträger auf eine **Kreisbahn**.
Für die Beträge der Kräfte gilt: $\quad F_Z = F_L$

$$m \cdot \omega \cdot v = |q| \cdot v \cdot B \quad \text{mit} \, (\vec{v} \perp \vec{B})$$

Für die Winkelgeschwindigkeit der Kreisbewegung folgt: $\omega = \dfrac{|q|}{m} \cdot B$

Der Kreisbahnradius eines geladenen Teilchens der Geschwindigkeit v im homogenen Magnetfeld der Flussdichte B beträgt damit:

$$\omega = \frac{v}{r} = \frac{|q|}{m} \cdot B \Leftrightarrow r = \frac{m \cdot v}{|q| \cdot B}$$

Einschub: Exakte mathematische Lösung.

$\vec{r}(t)$ ist der Ortsvektor und beschreibt den Ort eines Körpers in Abhängigkeit von t. Für die Momentangeschwindigkeit gilt:

$$\vec{v}(t) = \lim_{\Delta t \to 0} \frac{\Delta \vec{r}}{\Delta t} = \frac{d\vec{r}(t)}{dt} = \dot{\vec{r}}(t)$$

Die Momentanbeschleunigung:

$$\vec{a}(t) = \lim_{\Delta t \to 0} \frac{\Delta \vec{v}}{\Delta t} = \frac{d\vec{v}(t)}{dt} = \dot{\vec{v}}(t)$$

Annahme:
Der Vektor der magnetischen Flussdichte $\vec{B}$ zeigt in z-Richtung eines Koordinatensystems

$$\vec{F}_L = q \cdot (\vec{v} \times \vec{B}) = q \cdot \left[\begin{pmatrix} v_x \\ v_y \\ v_z \end{pmatrix} \times \begin{pmatrix} 0 \\ 0 \\ B_z \end{pmatrix} \right] \Rightarrow \vec{F}_L = q \cdot \begin{vmatrix} \vec{e}_x & \vec{e}_y & \vec{e}_z \\ v_x & v_y & v_z \\ 0 & 0 & B_z \end{vmatrix} = q \cdot \begin{pmatrix} v_y \cdot B_z \\ -v_x \cdot B_z \\ 0 \end{pmatrix}$$

Nach Newton 2 folgt:

$$\Rightarrow \vec{F}_{res} = \vec{F}_L \Leftrightarrow m \cdot \begin{pmatrix} \dot{v}_x(t) \\ \dot{v}_y(t) \\ \dot{v}_z(t) \end{pmatrix} = q \cdot \begin{pmatrix} v_y(t) \cdot B_z \\ -v_x(t) \cdot B_z \\ 0 \end{pmatrix}$$

Daraus ergeben sich folgende Koordinatengleichungen:
in x-Richtung: $m \cdot \dot{v}_x(t) = q \cdot v_y(t) \cdot B_z$
in y-Richtung: $m \cdot \dot{v}_y(t) = -q \cdot v_x(t) \cdot B_z$
in z-Richtung: $m \cdot \dot{v}_z = 0$

Die Änderung der Geschwindigkeit in z-Richtung, und somit auch die Beschleunigung, ist null. Das Teilchen bewegt sich somit gleichförmig in Richtung der z-Achse. Die Geschwindigkeitskomponente in Richtung der magnetischen Flussdichte bleibt unverändert.

Der Ansatz zur Lösung der Koordinatengleichungen liegt in der Vermutung, dass die Lorentzkraft $\vec{F}_L$ als Zentralkraft wirkt ($\vec{F}_L \perp \vec{v}$) und das Teilchen eine Kreisbahn mit konstanter Winkelgeschwindigkeit beschreibt.

Lösungsansatz:
$x(t) = r \cdot \cos(\omega \cdot t) \quad v_x(t) = -r \cdot \omega \cdot \sin(\omega \cdot t) \quad a_x(t) = -r \cdot \omega^2 \cdot \cos(\omega \cdot t)$
$y(t) = r \cdot \sin(\omega \cdot t) \quad v_y(t) = r \cdot \omega \cdot \cos(\omega \cdot t) \quad a_y(t) = -r \cdot \omega^2 \cdot \sin(\omega \cdot t)$

Für die Koordinatengleichungen ergibt sich damit:
in x-Richtung:
$m \cdot (-r \cdot \omega^2 \cdot \cos(\omega \cdot t)) = q \cdot (r \cdot \omega \cdot \cos(\omega \cdot t)) \cdot B_z \Leftrightarrow -m \cdot \omega = q \cdot B_z$

in y-Richtung:
$m \cdot (-r \cdot \omega^2 \cdot \sin(\omega \cdot t)) = -q \cdot (-r \cdot \omega \cdot \sin(\omega \cdot t)) \cdot B_z \Leftrightarrow -m \cdot \omega = q \cdot B_z$

Beide Koordinatengleichungen sind nur dann erfüllt, wenn die Kreisbewegung mit mit der Winkelgeschwindigkeit $\omega = -\frac{q}{m} \cdot B_z$ durchgeführt wird.

Das Vorzeichen der Winkelgeschwindigkeit bestimmt die Rotationsrichtung.

5 Magnetisches Feld und Induktion

> **Zusammenfassung:**
> Besitzt ein Ladungsträger bei seinem Eintritt in ein homogenes Magnetfeld eine Geschwindigkeitskomponente senkrecht zur Richtung der magnetischen Flussdichte, so beschreibt er in der Ebene senkrecht zur magnetischen Flussdichte eine Kreisbewegung mit konstanter Winkelgeschwindigkeit $\omega = \frac{|q|}{m} \cdot B$.
> Besitzt das Teilchen zusätzlich eine Geschwindigkeitskomponente in Feldrichtung, so bleibt diese unverändert, das Teilchen durchläuft eine Schraubenlinie.

B) Die $\frac{e}{m}$ – Bestimmung mit dem Fadenstrahlrohr

Bei der Behandlung der Ablenkung eines geladen Teilchens der **spezifischen Ladung** $\frac{q}{m}$ im homogenen elektrischen Feld wurde gezeigt, dass die Gesamtablenkung unabhängig von der spezifischen Ladung ist.

Da die Ablenkung im Magnetfeld von der spezifischen Ladung des freien Teilchens abhängig ist, wird nun versucht mit Hilfe dieser Ablenkung die spezifische Ladung zu bestimmen.

Der Bahnradius, den das Teilchen im homogenen Feld durchläuft, beträgt:

$$r = \frac{m \cdot v}{|q| \cdot B} \Leftrightarrow \frac{|q|}{m} = \frac{v}{r \cdot B}$$

Um die spezifische Ladung berechnen zu können, müssen die Größen r, v und B experimentell bestimmt werden. Der Kreisbahnradius und der Betrag der magnetischen Flussdichte können direkt gemessen werden, die Geschwindigkeit muss auf andere Art bestimmt werden. Hierbei ist es nur von Interesse, den Betrag der Anfangsgeschwindigkeit der geladenen Teilchen zu kennen, da im homogenen Magnetfeld keine Änderung des Betrages der Geschwindigkeit auftritt.

Die Geschwindigkeit der geladenen Teilchen nach dem Durchlaufen einer Spannung U_B (Beschleunigungskondensator) ist genau bekannt.

$$|v_0| = \sqrt{2 \cdot \frac{|q|}{m} \cdot U_B}$$

Verwendet man nun geladene Teilchen dieser Geschwindigkeit, so ergibt sich für die spezifische Ladung:

$$\frac{|q|}{m} = \frac{v_0}{r \cdot B}$$

$$\Rightarrow \left(\frac{q}{m}\right)^2 = \frac{2 \cdot \frac{|q|}{m} \cdot U_B}{r^2 \cdot B^2} \Leftrightarrow \frac{|q|}{m} = \frac{2 \cdot U_B}{r^2 \cdot B^2}$$

In dieser Gleichung für die spezifische Ladung sind alle Größen gut messbar.

> In einem Experiment soll nun die spezifische Ladung von Elektronen bestimmt werden.

Versuchsaufbau:
Im Inneren eines Spulenpaars nach Hemholtz herrscht ein nahezu homogenes Magnetfeld. Hier befindet sich das sogenannte **Fadenstrahlrohr**, ein Glaszylinder mit einer Gasfüllung (Wasserstoffgas bei 1 Pa Druck), der zusätzlich einen Beschleunigungskondensator enthält. Die Elektronen werden über den glühelektrischen Effekt freigesetzt und im Kondensator beschleunigt. Die Wechselwirkung der Elektronen mit dem Füllgas (Ionisation des Füllgases) lässt den Elektronenstrahl sichtbar werden.
Durch Änderung der magnetischen Flussdichte lässt sich der Fadenstrahl zu einem Kreis biegen.
In einem Versuch erhielt man folgende Messwerte:
Durchmesser des Kreises: $d = 10{,}2$ cm; Beschleunigungsspannung $U_B = 210$ V
Betrag der magnetischen Flussdichte: $B = 9{,}65 \cdot 10^{-4}$ T

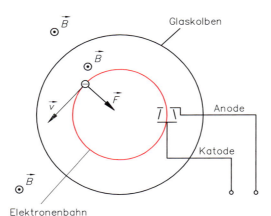

Für den spezifische Ladung folgt aus der Herleitung:

$$\Rightarrow \frac{|q|}{m} = \frac{2 \cdot U_B}{r^2 \cdot B^2} = \frac{8 \cdot U_B}{d^2 \cdot B^2}$$

$$\left[\frac{|q|}{m}\right] = \frac{V}{m^2 \cdot T^2} = \frac{V \cdot m^4}{m^2 \cdot (Vs)^2} = \frac{m^2}{V \cdot s^2} = \frac{kg \cdot m^2}{kg \cdot V \cdot s^2} = \frac{N \cdot m}{kg \cdot V} = \frac{V \cdot As}{V \cdot kg} = \frac{As}{kg}$$

$$\frac{|q|}{m} = \frac{8 \cdot 210 \text{ V}}{(10{,}2 \cdot 10^{-2} \text{ m})^2 \cdot (9{,}65 \cdot 10^{-4} \text{ T})^2} = 1{,}73 \cdot 10^{11} \frac{As}{kg}$$

Genaue Messungen liefern für die spezifische Ladung der Elektronen:

$$\frac{q}{m} = \frac{-e}{m} = -1{,}7588047 \cdot 10^{11} \frac{As}{kg}$$

5.5.3 Überlagerung von elektrischen und magnetischen Feldern; Wienfilter

Bei der Bestimmung der spezifischen Ladung der Elektronen fand bereits eine Überlagerung von elektrischen und magnetischen Feldern statt, ohne zu einer gegenseiti-

5 Magnetisches Feld und Induktion

gen Störung zu führen. Dies führt zu dem Schluss, dass sich elektrische und magnetische Felder ohne gegenseitige Beeinflussung überlagern können. In einem Punkt des Raumes können die magnetische Flussdichte $\vec{B}$ und die elektrische Feldstärke $\vec{E}$ gleichzeitig nebeneinander bestehen.

Für die Gesamtkraft erhält man:

$$\vec{F}_{Ges} = \vec{F}_{el} + \vec{F}_L$$
$$\vec{F}_{Ges} = q \cdot \vec{E} + q(\vec{v} \times \vec{B})$$
$$\vec{F}_{Ges} = q \cdot [\vec{E} + (\vec{v} \times \vec{B})]$$

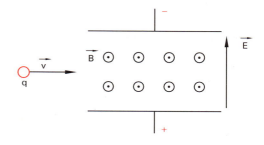

Besonders interessant bei der Überlagerung elektrischer und magnetischer Felder sind die **„gekreuzten' Felder**, bei denen die einzelnen Feldkräfte entgegengesetzte Richtung und gleichen Betrag besitzen. In diesem Fall durchläuft der Ladungsträger die gekreuzten Felder kräftefrei.

$$\Rightarrow |q| \cdot E = |q| \cdot v \cdot B \text{ mit } (\vec{v} \perp \vec{B}) \quad \Leftrightarrow \quad v = \frac{E}{B}$$

Damit geladene Teilchen zwei gekreuzte elektrische und magnetische Felder unabgelenkt durchlaufen können, müssen die Teilchen die Geschwindigkeit $v = \frac{E}{B}$ besitzen.

Das Vorzeichen der Ladung und die Masse der Teilchen sind dabei bedeutungslos. Diese Versuchsanordnung ist folglich dazu geeignet, geladene Teilchen einer ganz bestimmten Geschwindigkeit aus einem Gemisch auszufiltern. Man bezeichnet sie deshalb auch als **Geschwindigkeitsfilter**.

5.6 Die magnetische Flussdichte einer langgestreckten leeren Spule

Von welchen Größen das homogene Feld im Inneren einer leeren Spule abhängig ist, wird nun experimentell untersucht. Es werden nur sogenannte langgestreckte Spulen verwendet, bei denen der Spulenradius klein gegenüber der Länge der Spule ist.

Versuchsaufbau:

Mit Hilfe einer Hallsonde kann der Betrag der magnetischen Flussdichte im Inneren der Spule direkt gemessen werden.

Vermutet wird eine Abhängigkeit des Betrages der magnetischen Flussdichte von folgenden Größen: Spulenstromstärke I_{Sp}, Querschnittsfläche A, Windungszahl N_{Sp} und Länge l_{Sp} der Spule.

Zur Untersuchung dieser Zusammenhänge sind vier Versuchsreihen nötig.

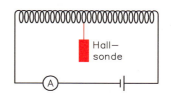

5.6 Die magnetische Flussdichte einer langgestreckten leeren Spule

Versuch 1
Untersuchung der magnetischen Flussdichte in Abhängigkeit vom Strom I_{Sp}, der in der Spule fließt.
(Konstante Größen: $A = 1{,}13 \cdot 10^{-2}$ m²; $N_{Sp} = 240$; $l_{Sp} = 60$ cm.)

Messwerttabelle:

I_{Sp} in A	0	1,0	2,0	3,0	4,0	5,0
B in mT	0	0,45	1,0	1,5	2,0	2,6
$\dfrac{B}{I_{Sp}}$ in $\dfrac{mT}{A}$	–	0,45	0,50	0,50	0,50	0,52

Ergebnis:

Der Quotient $\dfrac{B}{I_{Sp}}$ ist im Rahmen der Messgenauigkeit konstant.

Der Betrag der magnetischen Flussdichte B im homogenen Feld einer langgestreckten Spule ist zur erregenden Stromstärke I_{Sp} direkt proportional. $B \sim I_{Sp}$

Versuch 2
Untersuchung der magnetischen Flussdichte in Abhängigkeit von der Windungszahl.
(Konstante Größen: $A = 1{,}13 \cdot 10^{-2}$ m²; $I_{Sp} = 5{,}0$ A; $l_{Sp} = 60$ cm.)

Messwerttabelle:

N_{Sp}	120	240
B in mT	1,3	2,6

Ergebnis:
Der Betrag der magnetischen Flussdichte B im homogenen Feld einer langgestreckten Spule ist zur Windungszahl direkt proportional. $B \sim N_{Sp}$

Versuch 3
Untersuchung der magnetischen Flussdichte in Abhängigkeit von Querschnittsfläche A der Spule.
(Konstante Größen: $N_{Sp} = 120$; $I_{Sp} = 5{,}0$ A; $l_{Sp} = 60$ cm.)

Messwerttabelle:

d in cm	12	7,0
A_{Sp} in m²	$1{,}1 \cdot 10^{-2}$	$3{,}9 \cdot 10^{-3}$
B in mT	1,3	1,3

Ergebnis:
Der Betrag der magnetischen Flussdichte B im homogenen Feld einer langgestreckten Spule ist **unabhängig** von der Querschnittsfläche der Spule.

Zum besseren Verständnis dieses Ergebnisses dient das folgende Gedankenexperiment.

5 Magnetisches Feld und Induktion

Zwei gleiche Spulen mit rechtwinkligem Querschnitt, die von Strom gleicher Stromstärke I durchflossen werden, legt man so aneinander, dass sich die Leiter berühren. Nun kann man die sich berührenden Leiterteile herausnehmen, ohne die Feldstärke im Inneren zu ändern, da sie von gleichen Strömen in entgegengesetzter Richtung durchflossen werden. Die dadurch geschaffene Spule besitzt bei gleicher magnetischer Flussdichte die doppelte Fläche. Folglich muss die magnetische Flussdichte unabhängig von A sein.

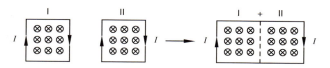

Versuch 4

Untersuchung der magnetischen Flussdichte in Abhängigkeit von der Spulenlänge.

(Konstante Größen: $I_{Sp} = 5{,}0$ A; $N_{Sp} = 30$)

Messwerttabelle:

l_{Sp} in cm	20	30	40	50	60
B in mT	1,0	0,62	0,50	0,40	0,33
$B \cdot l_{Sp}$ in mT · cm	20	19	20	20	20

Grafische Darstellung im l_{Sp}-B-Diagramm.

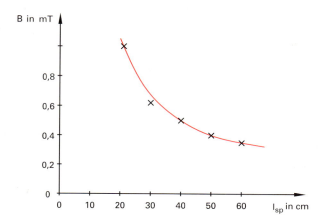

Vermutung:

$$B \sim \frac{1}{l_{Sp}}$$

Zur Überprüfung dieser Vermutung wird das Produkt $B \cdot l_{Sp}$ berechnet. (Siehe Wertetabelle)

Ergebnis:

Das Produkt $B \cdot l_{Sp}$ ergibt im Rahmen der Messgenauigkeit eine Konstante.

5.6 Die magnetische Flussdichte einer langgestreckten leeren Spule

⇒ Der Betrag der magnetischen Flussdichte B im homogenen Feld einer langgestreckten Spule ist zur Länge der Spule indirekt proportional: $B \sim \dfrac{1}{l_{Sp}}$

Zusammenfassung der Versuchsergebnisse.

Versuch 1: $B \sim I_{Sp}$
Versuch 2: $B \sim N_{Sp}$
Versuch 4: $B \sim \dfrac{1}{l_{Sp}}$

$$B \sim \dfrac{I_{Sp} \cdot N_{Sp}}{l_{Sp}} \Leftrightarrow \dfrac{B \cdot l_{Sp}}{I_{Sp} \cdot N_{Sp}} = \text{konst.}$$

Die Proportionalitätskonstante ist eine Zustandsgröße des magnetischen Feldes und heißt **magnetische Feldkonstante μ_0. (Permeabilität des leeren Raumes.)** Berechnung der magnetischen Feldkonstanten mit den Daten aus Versuch 4, Messung 3.
Gegebene Größen: $B = 0{,}50$ mT; $l_{Sp} = 0{,}40$ m; $I_{Sp} = 5{,}0$ A; $N_{Sp} = 30$.

$$\mu_0 = \dfrac{B \cdot l_{Sp}}{I_{Sp} \cdot N_{Sp}} \; ; \; [\mu_0] = \dfrac{T \cdot m}{A} = \dfrac{Vs \cdot m}{m^2 \cdot A} = \dfrac{Vs}{Am}$$

$$\mu_0 = \dfrac{0{,}50 \cdot 10^{-3} \, T \cdot 0{,}40 \, m}{5{,}0 \, A \cdot 30} = 1{,}3 \cdot 10^{-6} \dfrac{Vs}{Am}$$

Für die **magnetische Flussdichte** im Inneren einer langgestreckten leeren Spule erhält man folgende Gleichung:

$$B = \mu_0 \cdot \dfrac{I_{Sp} \cdot N_{Sp}}{l_{Sp}}$$

Anmerkungen:

a) Füllt man die Spule mit einem anderen Stoff (Fe, Ni, ...) aus, so ändert sich die magnetische Flussdichte teilweise beträchtlich. Diese Änderung wird durch die **relative Permeabilität μ_r** (unbenannte Zahl) erfasst.
Alle weiteren Effekte, die im Zusammenhang mit der Hysterese auftreten, werden hier nicht behandelt.
Für die magnetische Flussdichte ergibt sich: $B = \mu_0 \cdot \mu_r \cdot \dfrac{I_{Sp} \cdot N_{Sp}}{l_{Sp}}$

b) Der Wert der Permeabilität des leeren Raumes (magnetische Feldkonstante) ist aufgrund der Ampere-Definition genau festgelegt:
$\mu_0 = 4 \cdot \pi \cdot 10^{-7} \dfrac{N}{A^2}$

c) Das Magnetfeld der Zylinderspule entsteht durch die Überlagerung der Magnetfelder seiner stromdurchflossenen Leiterelemente. Eine genau Berechnung der magnetischen Flussdichte im Inneren der Spule mit Radius R ergibt: $B = \mu_0 \cdot \dfrac{I_{Sp} \cdot N_{Sp}}{l} \cdot \dfrac{1}{\sqrt{1 + \dfrac{4 \cdot R^2}{l^2}}}$

5 Magnetisches Feld und Induktion

Für $\frac{R}{l} \to 0$ geht diese Gleichung in die obige Beziehung über. Für **lange** Spulen ist der Quotient $\frac{R}{l}$ sehr klein, der Ausdruck $\frac{4 \cdot R^2}{l^2}$ kann daher vernachlässigt werden.

5.7 Die elektromagnetische Induktion

5.7.1 Untersuchung der Induktion im geschlossenen Leiterkreis

Wiederholung:
Auf zwei waagrechten Metallschienen kann ein stromdurchflossener Leiter (Metallstab) zwischen den Polen eines Hufeisenmagneten in Bewegung gesetzt werden. Die Bewegung wird durch die Lorentzkraft, die auf die Elektronen des Stabes wirkt, hervorgerufen.

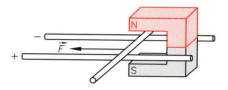

Prinzip des Elektromotors

Die Bewegungsrichtung hängt von der technischen Stromrichtung und der Richtung der magnetischen Flussdichte ab. Schaltet man den Strom ab oder entfernt das Magnetfeld, so ruht der Leiter.
Welche Effekte treten nun auf, wenn der Leiter in einem homogenen Magnetfeld bewegt oder das Magnetfeld verändert wird?

A) Gleichförmig bewegter Leiter im homogenen Magnetfeld (1. Fall)

Versuch:
Gleichförmige Bewegung eines Leiters in einem homogenen Magnetfeld.

Versuchsaufbau:
Die Stromquelle wird durch ein empfindliches statisches Spannungsmessgerät ersetzt. Der Metallstab wird nun mit der Hand senkrecht zu den Feldlinien des magnetischen Feldes bewegt.

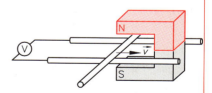

Prinzip des Generators

Beobachtung:
Das Spannungsmessgerät zeigt während der Bewegung des Leiters eine Spannung an.

Begründung:
Mit dem Metallstab, der nach rechts bewegt wird, werden auch die freien Elektronen des Stabes nach rechts bewegt und unterliegen der Lorentzkraft. Dieser Elektronenbewegung nach rechts ist ein nach links in technischer Stromrichtung fließender Strom *I* gleichwertig. Mit Hilfe der UVW – Regel der rechten Hand kann nun die Richtung der auf die bewegten Elektronen wirkenden Lorentzkraft ermittelt werden. Diese zeigt in Richtung D.

Durch diese Lorentzkraft werden die freien Leiterelektronen nach unten beschleunigt, bei D entsteht ein Elektronenüberschuss, bei C Elektronenmangel. Mit dieser Ladungsverschiebung entsteht ein elektrisches Feld. (Über das Spannungsmessgerät findet kein Ladungstransport statt.) Die bewegten Leiterelektronen unterliegen nun zusätzlich einer elektrischen Feldkraft, die in Richtung C wirkt. Nach sehr kurzer Zeit (etwa 10^{-12} s) sind beide Kräfte im Gleichgewicht, und es findet keine weitere Ladungsverschiebung mehr statt.

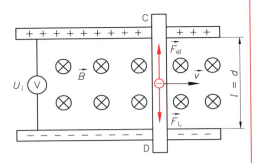

Bewegter Leiter im homogenen Magnetfeld

Während der Bewegung des Leiters zeigt das Spannungsmessgerät eine Spannung an, die sogenannte **Induktionsspannung U_i**. Die Polarität der Induktionsspannung ändert sich mit dem Richtungssinn der Bewegung und der Richtung der magnetischen Flussdichte. Auf ein frei bewegliches Elektron des Metallstabes wirken somit nach sehr kurzer Zeit zwei Kräfte, die sich das Gleichgewicht halten.

Lorentzkraft: $\qquad F_L = |q| \cdot v \cdot B \qquad$ mit $|q| = e$ und $\vec{v} \perp \vec{B}$

Elektrische Kraft: $\qquad F_{el} = e \cdot E = e \cdot \dfrac{|U_i|}{l}$

$\qquad\qquad\qquad$ l: Länge des bewegten Metallstabes im hom. Magnetfeld.

Gleichgewicht: $\qquad F_L = F_{el} \quad\Leftrightarrow\quad e \cdot v \cdot B = e \cdot \dfrac{|U_i|}{l}$

$\qquad\qquad\qquad\qquad\Leftrightarrow |U_i| = v \cdot l \cdot B$

Der Wert der Induktionsspannung ist nur dann konstant, wenn sich bei einer konstanten magnetischen Flussdichte die Geschwindigkeit nicht ändert.

Bewegt sich ein Leiter der Länge l mit der konstanten Geschwindigkeit vom Betrag v senkrecht zu den magnetischen Feldlinien in einem zeitlich und räumlich konstanten Magnetfeld der Flussdichte $\vec{B}$, so kann an seinen Enden die Induktionsspannung $|U_i| = v \cdot l \cdot B$ nachgewiesen werden.

Experimentelle Überprüfung der Gleichung.

In einer Zylinderspule ($N_{Sp} = 16000$; $l_{Sp} = 0,48$ m) fließt ein konstanter Spulenstrom $I_{err} = 75$ mA. Senkrecht zum Vektor der magnetischen Flussdichte wird eine Spule ($N_i = 500$; $l_i = 5,0$ cm) mit der konstanten Geschwindigkeit $v = 1,0\ \dfrac{\text{mm}}{\text{s}}$ bewegt.

5 Magnetisches Feld und Induktion

Berechnung der Spannung, die in **einem** Leiterstück der Induktionsspule induziert wird.

$$|U_i|^* = v \cdot l_i \cdot B \quad \text{mit} \quad B = \mu_0 \cdot \frac{I_{err} \cdot N_{Sp}}{l_{Sp}}$$

$$\Rightarrow |U_i|^* = v \cdot l_i \cdot \mu_0 \cdot \frac{I_{err} \cdot N_{Sp}}{l_{Sp}}$$

$$[U_i^*] = \frac{m \cdot m \cdot Vs \cdot A}{s \cdot Am \cdot m} = V$$

$$|U_i|^* = 1{,}0 \cdot 10^{-3} \, \frac{m}{s} \cdot 5{,}0 \cdot 10^{-2} \, m \cdot 4$$

$$\cdot \pi \cdot 10^{-7} \, \frac{Vs}{Am} \cdot \frac{75 \cdot 10^{-3} \, A \cdot 16000}{0{,}48 \, m}$$

$$= 1{,}6 \cdot 10^{-7} \, V$$

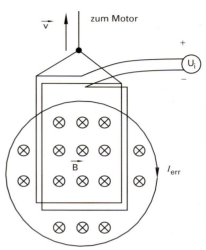

Bewegung einer Leiterschleife mit konstanter Geschwindigkeit im homogenen Magnetfeld.

Bei der Durchführung des Versuchs erhält man über den Messverstärker einen Spannungswert von 80 µV. Diese Abweichung lässt sich dadurch erklären, dass in jedem einzelnen Leiterstück der Induktionsspule, die aus 500 Windungen besteht, die Spannung $|U_i|^*$ induziert wird. Diese Teilspannungen addieren sich zur Gesamtspannung $|U_i|$: $|U_i| = N_i \cdot |U_i|^* = 500 \cdot 0{,}16 \, \mu V = 80 \, \mu V$

Damit ist die Gleichung $|U_i|^* = v \cdot l_i \cdot B$ auch experimentell nachgewiesen.

Verallgemeinerung der gewonnenen Beziehungen.

Bei einer gleichförmigen Bewegung des Leiters kann die Geschwindigkeit v durch den Quotienten $\left|\frac{\Delta s}{\Delta t}\right|$ ersetzt werden.

$$\Rightarrow \left|\frac{\Delta s}{\Delta t}\right| \cdot l \cdot B = \left|\frac{\Delta s \cdot l}{\Delta t}\right| \cdot B$$

Das Produkt $\Delta s \cdot l$ ist die im Zeitraum Δt vom Leiter der Länge l überstrichene Fläche ΔA.

$$|U_i| = \left|\frac{\Delta A}{\Delta t}\right| \cdot B$$

Bei der Bewegung eines Leiters im homogenen Magnetfeld ist die Induktionsspannung direkt proportional zur zeitlichen Änderung der vom Leiter überstrichenen Fläche.
Diese Gleichung beinhaltet noch die Bedingung, dass die Bewegung des Leiters senkrecht zur Richtung der magnetischen Feldlinien erfolgt.

Verschiebt man den Leiter schräg zu den vertikalen Feldlinien auf der schiefen Ebene ABCD nach oben, so bildet seine konstante Geschwindigkeit den Winkel φ mit der Ebene ABC'D', die senkrecht zu den magnetischen Feldlinien steht. Die Geschwindigkeitskomponente in der Ebene ABC'D' beträgt:

$v_s = v \cdot \cos \varphi$

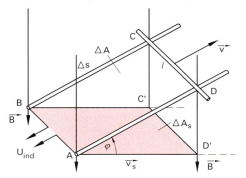

Der Leiter überstreicht in der Zeit Δt die Fläche $\Delta A = l \cdot \Delta s$. Für die Induktionsspannung ist aber nur die Flächenänderung $\Delta A_s = l \cdot \Delta s \cdot \cos \varphi$ bedeutsam.

$$\Rightarrow |U_i| = B \cdot \left| \frac{\Delta A_s}{\Delta t} \right| = B \cdot \left| \frac{\Delta A}{\Delta t} \cdot \cos (\varphi) \right|$$

Gibt man nun noch zusätzlich die Bedingung auf, dass der Leiter mit konstanter Geschwindigkeit bewegt wird, so muss der Differenzenquotient $\frac{\Delta A_s}{\Delta t}$ durch den Differentialquotienten $\frac{dA_s(t)}{dt} = \dot{A}_s(t)$ ersetzt werden.

Anzumerken ist, dass die Induktionsspannung nun nicht mehr konstant, sondern eine Funktion der Zeit ist. Wie bei der physikalischen Größe Geschwindigkeit muss auch bei der Induktionsspannung sauber zwischen Mittelwert und Momentanwert unterschieden werden.

Beispiele zur Induktion

a) Man schiebt die Leiterschleife ABCD senkrecht zu den Feldlinien in das homogene Magnetfeld der Flussdichte $\vec{B}$. Die im Teilstück AB induzierte Spannung wird vom Spannungsmessgerät solange angezeigt, bis auch CD in das Feld eintaucht.
Während des gesamten Vorgangs (bis CD in das Feld eintaucht) gilt: Die von den magnetischen Feldlinien senkrecht durchsetzte Fläche wächst. $\dot{A}_s(t) > 0$
Erfolgt die Bewegung mit konstanter Geschwindigkeit, so ist U_i konstant.

b) Schiebt man die Leiterschleife weiter, so werden in CD ebenso Elektronen nach links verschoben, wie in AB. Man registriert die Spannung null, solange man die ganz ins homogene Feld getauchte Schleife senkrecht zu den Feldlinien verschiebt.
Hierbei ändert sich die von den magnetischen Feldlinien senkrecht durchsetzte Fläche nicht. $\dot{A}_s(t) = 0$

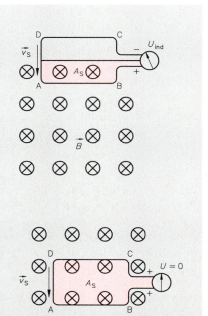

c) Wenn das Leiterstück AB unten das Feld verlässt, bleibt nur noch die in CD induzierte Spannung. Das Instrument schlägt so lange entgegengesetzt zu a) aus, bis auch das Leiterstück DC das Magnetfeld nach unten verlässt. Bis zu diesem Zeitpunkt nimmt die von den magnetischen Feldlinien senkrecht durchsetzte Fläche ab.
$\dot{A}_s(t) < 0$

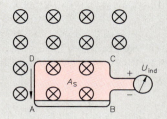

d) Man erhält wiederum die gleiche Induktionsspannung wie bei a), obwohl sich die Leiterschleife vollständig im Magnetfeld befindet. Hierbei muss berücksichtigt werden, dass die Zuführungen zum Spannungsmessgerät ebenfalls zum Leiterkreis, der von den magnetischen Feldlinien durchsetzt wird, gehören. Die von den Zuführungskabeln und der Leiterschleife gebildete Fläche, die von den magnetischen Feldlinien durchsetzt wird, ändert sich mit der Bewegung der Leiterschleife und führt zum Auftreten der Induktionsspannung.
$\dot{A}_s(t) > 0$

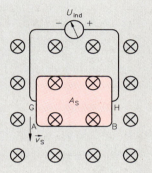

Abhilfe durch Verdrillen der Zuleitungen.

e) Durch die Drehung der Schleife um die Achse GH ändert sich die Fläche, die von den magnetischen Feldlinien senkrecht durchsetzt wird. Diese Flächenänderung ist nahezu immer verschieden von null. Man erhält eine Induktionsspannung, deren Polung sich periodisch ändert.

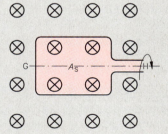

All diese Versuche zeigen, dass es nicht auf die von der magnetischen Flussdichte durchsetzte Gesamtfläche ankommt, sondern die Änderung der von den magnetischen Feldlinien senkrecht durchsetzten Fläche für das Auftreten der Induktionsspannung verantwortlich ist. Als Ergebnis für die Induktionsspannung bei der Bewegung eines Leiters oder einer Spule im homogenen Magnetfeld erhält man:

$$|U_i(t)| = N_i \cdot B \cdot |\dot{A}_s(t)|$$

B) Leiterschleife im veränderlichen Magnetfeld einer langen Spule (2.Fall)

Grundversuch:
Ein Magnetstab wird in eine Zylinderspule eingeführt, deren Enden mit einem Spannungsmessgerät verbunden sind.

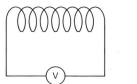
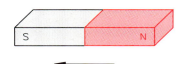

Beobachtung: Man erhält auch hier an den Enden der Spule eine Induktionsspannung.

In mehreren Experimenten wird nun der Zusammenhang zwischen der an den Enden einer Spule (Induktionsspule) induzierten Spannung und dem variablen Magnetfeld untersucht.

Versuchsbeschreibung:
Im Inneren einer langgestreckten Spule (**Feldspule**) befindet sich eine zweite Spule (**Induktionsspule**), deren Enden an ein empfindliches Spannungsmessgerät angeschlossen sind. Die Induktionsspule befindet sich ganz im Inneren der Feldspule. Die Feldspule ist an eine Spannungsquelle angeschlossen, deren Ausgangsspannung veränderlich ist (Funktionsgenerator). Die Stromstärke im Kreis der Feldspule kann an einem Messgerät abgelesen werden.

Eine sinnvolle Messung der Induktionsspannung ist nur dann möglich, wenn diese während der Messung einen konstanten Wert annimmt. Im ersten Fall, der Bewegung eines Leiters in einem homogenen Magnetfeld, wurde das durch eine gleichförmige Bewegung des Leiters im homogenen Feld erreicht. Es liegt die Vermutung nahe, dass eine lineare Änderung der magnetischen Flussdichte zum gleichen Ergebnis führt.

Vorversuch:
Der Strom in der Feldspule ändert sich linear, für die Stromstärke gilt:
$I_{Sp}(t) = k \cdot t$

Da $B = \mu_0 \cdot \dfrac{I_{Sp} \cdot N_{Sp}}{l_{Sp}}$ folgt daraus eine lineare Änderung der magnetischen Flussdichte im Inneren der Feldspule.

Beobachtung:
Man erhält an den Enden der Induktionsspule eine zeitlich konstante Induktionsspannung, deren Abhängigkeit von den anderen Größen im Folgenden untersucht wird.

5 Magnetisches Feld und Induktion

Versuch:
Untersuchung der Induktionsspannung $|U_i|$ in einer festen Leiterschleife bei einem veränderlichen Magnetfeld.

Man vermutet, dass die Induktionsspannung $|U_i|$ von der zeitlichen Änderung der magnetischen Flussdichte, der Windungszahl und Querschnittsfläche der Induktionsspule abhängt. Eine Abhängigkeit von der Länge der Induktionsspule liegt nicht vor, wenn diese vollständig von den magnetischen Feldlinien durchsetzt wird, was für die folgenden Versuche vorausgesetzt wird.

Versuch 1
Untersuchung der Abhängigkeit der zeitlich konstanten Induktionsspannung von der zeitlichen Änderung der magnetischen Flussdichte in der felderregenden Spule.

Für die magnetische Flussdichte einer Spule und ihre zeitliche Änderung gilt:

$$B = \mu_0 \cdot \frac{I_{Sp} \cdot N_{Sp}}{l_{Sp}} \Rightarrow \dot{B}(t) = \mu_0 \cdot \frac{N_{Sp}}{l_{Sp}} \cdot \dot{I}_{Sp}(t) \Rightarrow \dot{B}(t) \sim \dot{I}_{Sp}(t)$$

Die Änderung der magnetischen Flussdichte erfolgt durch eine lineare Änderung der Stromstärke in der Spule. Bei linearen Funktionen ist die Steigung konstant, der Differentialquotient darf durch den Differenzenquotienten ersetzt werden.

$$\dot{B}(t) = \frac{\Delta B}{\Delta t} \quad \text{und} \quad \dot{B}(t) \sim \frac{\Delta I_{Sp}}{\Delta t}$$

Mit Hilfe eines Funktionsgenerators kann die an der Feldspule anliegende Spannung und damit die Stromstärke in der Feldspule linear geändert werden. Für unterschiedliche Anstiegsgeschwindigkeiten der Spannung wird die Zeit gemessen, in der die Stromstärke um 50 mA steigt.

Messwerttabelle:

$\frac{\Delta I_{Sp}}{\Delta t}$ in $\frac{mA}{s}$	10	4,0	2,6
$|U_i|$ in μV	75	30	20
$\frac{|U_i| \cdot \Delta t}{\Delta I_{Sp}}$ in $\frac{mVs}{A}$	7,5	7,5	7,7

Ergebnis:
Im Rahmen der Messgenauigkeit ist der Quotient $\frac{|U_i| \cdot \Delta t}{\Delta I_{Sp}}$ konstant.

$|U_i| \sim \left|\frac{\Delta B}{\Delta t}\right|$ (Die Änderung der magnetischen Flussdichte kann negativ sein!)

Versuch 2
Untersuchung der zeitlich konstanten Induktionsspannung $|U_i|$ in Abhängigkeit von der Windungszahl N_i (l_i, A_i und $\left|\frac{\Delta B}{\Delta t}\right|$ bleiben konstant)

Messwerttabelle:

N_i	75	150	300
$|U_i|$ in µV	6,4	12,6	25,2
$\dfrac{|U_i|}{N_i}$ in 10^{-8} V	8,5	8,40	8,40

Ergebnis:

Der Quotient $\dfrac{|U_i|}{N_i}$ ist im Rahmen der Messgenauigkeit konstant. Daraus folgt:
Die Induktionsspannung $|U_i|$ ist zur Windungszahl der Induktionsspule direkt proportional. $|U_i| \sim N_i$

Versuch 3

Untersuchung der Induktionsspannung $|U_i|$ in Abhängigkeit der Windungsfläche A_i. (l_i, N_i und $\left|\dfrac{\Delta B}{\Delta t}\right|$ bleiben konstant)

Messwerttabelle:

d in cm	2,6	3,3	4,1
A_i in cm²	5,3	8,6	13
$|U_i|$ in µV	14	22	37

Grafische Darstellung im $A_i - |U_i|$-Diagramm.

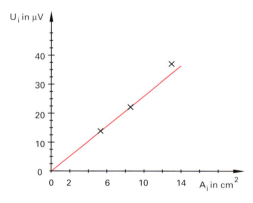

Die grafische Auswertung ergibt im Rahmen der Messgenauigkeit eine Gerade durch den Ursprung.

Ergebnis:

Die Induktionsspannung $|U_i|$ ist zur Querschnittsfläche A_i der Induktionsspule direkt proportional. $|U_i| \sim A_i$

5 Magnetisches Feld und Induktion

Zusammenfassung der Versuchsergebnisse.

Versuch 4: $|U_i| \sim \left|\dfrac{\Delta B}{\Delta t}\right|$

Versuch 1: $|U_i| \sim N_i$

Versuch 2: $|U_i| \sim A_i$

$$|U_i| \sim N_i \cdot A_i \cdot \left|\dfrac{\Delta B}{\Delta t}\right| \Leftrightarrow \dfrac{|U_i|}{N_i \cdot A_i \cdot \left|\dfrac{\Delta B}{\Delta t}\right|} = \text{konst.} = k$$

Bestimmung der Proportionalitätskonstanten k.
Unter Verwendung der Ergebnisse der 2. Messung des Versuchs 3 erhält man:

$N_i = 300; \; A_i = 8{,}6 \cdot 10^{-4}\,\text{m}^2; \; |U_i| = 22 \cdot 10^{-6}\,\text{V}; \; \dfrac{\Delta I_{Sp}}{\Delta t} = 2{,}0 \cdot 10^{-3}\,\dfrac{\text{A}}{\text{s}}; \; N_{Sp} = 16000;$

$l_{Sp} = 0{,}48\,\text{m}$

$$k = \dfrac{|U_i|}{N_i \cdot A_i \cdot \left|\dfrac{\Delta B}{\Delta t}\right|} \quad \text{mit} \quad \left|\dfrac{\Delta B}{\Delta t}\right| = \mu_0 \cdot \dfrac{N_{Sp}}{l_{Sp}} \cdot \left|\dfrac{\Delta I_{Sp}}{\Delta t}\right|$$

$$\Rightarrow k = \dfrac{|U_i|}{N_i \cdot A_i \cdot \mu_0 \cdot \dfrac{N_{Sp}}{l_{Sp}} \cdot \left|\dfrac{\Delta I_{Sp}}{\Delta t}\right|} \; ; \quad [k] = \dfrac{\text{V} \cdot \text{Am} \cdot \text{m} \cdot \text{s}}{\text{m}^2 \cdot \text{Vs} \cdot \text{A}} = 1$$

$$\Rightarrow k = \dfrac{22 \cdot 10^{-6}\,\text{V}}{300 \cdot 8{,}6 \cdot 10^{-4}\,\text{m}^2 \cdot 4 \cdot \pi \cdot 10^{-7}\,\dfrac{\text{Vs}}{\text{Am}} \cdot \dfrac{16000}{0{,}48\,\text{m}} \cdot 2{,}0 \cdot 10^{-3}\,\dfrac{\text{A}}{\text{s}}} = 1{,}0$$

Der Proportionalitätsfaktor ist 1.

Als Versuchsergebnis für den 2. Fall erhält man: $|\boldsymbol{U_i}| = \boldsymbol{N_i} \cdot \boldsymbol{A_i} \cdot \left|\dfrac{\Delta \boldsymbol{B}}{\Delta t}\right|$

Lässt man hier beliebige Änderungen der magnetischen Flussdichte zu, so muss man den Differenzenquotienten durch den Differentialquotienten ersetzen. Für den Momentanwert der induzierten Spannung folgt damit:

$|\boldsymbol{U_i}(t)| = \boldsymbol{N_i} \cdot \boldsymbol{A_i} \cdot |\dot{\boldsymbol{B}}(t)|$

C) Der magnetische Fluss

Der magnetische Fluss Φ eines homogenen Magnetfeldes durch ein ebenes Flächenstück A, das die Feldlinien senkrecht schneidet, ist dem Betrage nach gleich dem Produkt aus dem Flächeninhalt A und dem Betrag der magnetischen Flussdichte $\vec{B}$. $\quad \Phi = B \cdot A$

Ordnet man der Fläche A einen Vektor $\vec{A}$ zu, der auf ihr senkrecht steht, so sind zwei Fälle möglich:
- Die Vektoren $\vec{A}$ und $\vec{B}$ besitzen gleiche Richtung $\quad \Rightarrow \Phi$ ist positiv (>0)
- Die Vektoren $\vec{A}$ und $\vec{B}$ besitzen entgegengesetzte Richtung $\quad \Rightarrow \Phi$ ist negativ (<0)

Allgemein:
$$\Phi = \vec{B} \circ \vec{A} \quad ; \quad \Phi = B \cdot A \cdot \cos\varphi$$

φ ist der Winkel, den die Vektoren $\vec{A}$ und $\vec{B}$ einschließen.
Einheit des magnetischen Flusses: $[\Phi] = T \cdot m^2 = V \cdot s = Wb$ **(Weber)**

D) Zusammenfassung der beiden Fälle

1. **Fall:** Bewegung eines Leiter oder einer Spule mit N_i Windungen im homogenen Magnetfeld.
   Ergebnis: $|U_i(t)| = N_i \cdot B \cdot |\dot{A}(t)|$
2. **Fall:** Feste Leiterschleife oder Spule in einem sich ändernden Magnetfeld.
   Ergebnis: $|U_i(t)| = N_i \cdot A_i \cdot |\dot{B}(t)|$

In beiden Fällen spielt die zeitliche Änderung des Produktes $B \cdot A$ die entscheidende Rolle.
Zur Erinnerung:
Der magnetische Fluss Φ ist definiert als Skalarprodukt der Vektoren $\vec{B}$ und $\vec{A}$.
$$\Phi = \vec{B} \circ \vec{A} = B \cdot A \cdot \cos(\sphericalangle \vec{B}, \vec{A}) = B \cdot A_s$$

Verwendet man diese Zusammenhänge und berechnet die zeitliche Änderung des magnetischen Flusses für den 1. Fall, so folgt:
$\dot{\Phi}(t) = (B \cdot \dot{A}_s(t)) = B \cdot \dot{A}_s(t)$ Die Änderung der magnetischen Flussdichte ist null. (Beispiel für eine nichtlineare Flächenänderung siehe Kap. 5.8)

Das Ergebnis des ersten Falles lässt sich damit umschreiben:
$$\Rightarrow |U_i(t)| = N_i \cdot B \cdot |\dot{A}_s(t)| \Leftrightarrow |U_i(t)| = N_i \cdot |\dot{\Phi}(t)|$$

Im zweiten Fall ändert sich die von den magnetischen Feldlinien senkrecht durchsetzte Fläche nicht, für die zeitliche Änderung des magnetischen Flusses gilt daher:
$$|\dot{\Phi}(t)| = A_i \cdot |\dot{B}(t)|$$

Verwendet man diesen Zusammenhang, so folgt:
$$\Rightarrow |U_i(t)| = N_i \cdot A_i \cdot |\dot{B}(t)| \Leftrightarrow |U_i(t)| = N_i \cdot |\dot{\Phi}(t)|$$

> **Die beiden untersuchten Fälle lassen sich durch eine Gleichung beschreiben, Faradays Induktionsgesetz.**
> $$|U_i(t)| = N_i \cdot |\dot{\Phi}(t)|$$

Diese Form des Induktionsgesetzes macht noch keine Aussage über die Polarität der Induktionsspannung. Zur Lösung dieses Problems wird der Induktionsvorgang hinsichtlich seiner Verträglichkeit mit dem Energieerhaltungssatz überprüft.

5.7.2 Energieerhaltung bei Induktionsvorgängen, Lenzsche Regel

Gegeben ist der nebenstehende Versuchsaufbau.
Ein Elektromotor liefert mechanische Energie, die einen Generator (Dynamo) antreibt. Dieser Generator liefert die elektrische Energie für den Betrieb des Elektromotors.

Ist diese Versuchsanordnung lauffähig?

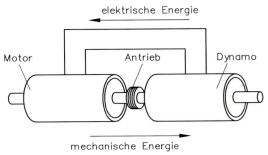

Um diese Frage klären zu können, wird die Energiebilanz des Generators näher untersucht.

Durch die Bewegung des Leiters nach rechts erfahren die freien Leitungselektronen die Lorentzkraft in Richtung von D. Das Spannungsmessgerät an den Enden der Metallschienen wird durch einen Verbraucher ersetzt, so dass ein Stromfluss möglich ist. Die Elektronen bewegen sich von D über den Verbraucher nach C zurück nach D.

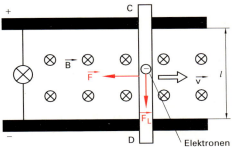

Im Leiter fließt ein Strom von D nach C (technische Stromrichtung). Jeder stromdurchflossene Leiter erfährt im homogenen Magnetfeld eine Kraft, deren Richtung sich aus der UVW – Regel der rechten Hand ergibt. Im obigen Beispiel zeigt diese Kraft nach links, der Ursache des Induktionsvorganges entgegen. Diese Kraft versucht nun die Bewegung des Leiters zu bremsen. Soll der Leiter trotzdem mit konstanter Geschwindigkeit weiterbewegt werden, muss auf ihn eine betragsgleiche äußere Kraft wirken.
Die mechanische Energie, die man bei der Bewegung des Leiters mit konstanter Geschwindigkeit aufbringen muss, kann folgendermaßen berechnet werden:

$$W_{mech} = F_a \cdot s = F_a \cdot v_s \cdot \Delta t \quad \text{mit} \quad F_a = F = I \cdot l \cdot B$$

$$\Rightarrow W_{mech} = I \cdot l \cdot B \cdot v_s \cdot \Delta t$$

Vom Generator abgegebene elektrische Energie:

$$W_{el} = |U_i| \cdot I \cdot \Delta t \quad \text{mit} \quad |U_i| = B \cdot l \cdot v_s \quad \Rightarrow \quad W_{el} = B \cdot l \cdot v_s \cdot I \cdot \Delta t$$

Vergleicht man die beiden Energien, dann stellt man fest, dass sie gleich groß sind.

$$W_{mech} = W_{el}$$

Die Energiebeträge sind gleich, d. h. auch bei Induktionsvorgängen ist der Energieerhaltungssatz gültig.

Die anfangs gestellte Frage lässt sich damit beantworten.
Lässt man bei der obigen Versuchsanordnung alle Arten von Reibungsarbeit und die Stromwärme unberücksichtigt, dann ist diese Versuchsanordnung lauffähig. Keinesfalls kann sie jedoch noch zusätzliche Energie abgeben.

Bei der Betrachtung der energetischen Verhältnisse wurde gezeigt, dass der durch die Induktionsspannung hervorgerufene Induktionsstrom eine ganz bestimmte Richtung besitzen muss.
Fließt durch einen Leiter ein Induktionsstrom, so erfährt dieser stromdurchflossene Leiter im Magnetfeld eine Kraft, die der Ursache, der Bewegung des Leiters im Magnetfeld, entgegengerichtet ist.
Verallgemeinert man diesen Zusammenhang, so erhält man eine Regel, die *Heinrich Lenz* 1834 formulierte:

> **Die Induktionsspannung ist so gepolt, dass der von der Induktionsspannung hervorgerufene Induktionsstrom der Ursache des Induktionsvorganges entgegenwirken kann.**

5.7.3 Das Vorzeichen der Induktionsspannung

Mit Hilfe eines einfachen Versuchs soll nun geklärt werden, wie sich die Lenzsche Regel auf das Vorzeichen der Induktionsspannung auswirkt.

Versuch:
In einer Spule, die von einem Gleichstrom konstanter Stromstärke durchflossen wird, herrscht ein homogenes Magnetfeld. Nun wird ein Magnetstab in der dargestellten Weise in die Spule hineingeschoben.

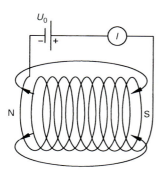
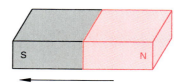

Beobachtung:
Die Stromstärke *I* **steigt** vorübergehend an.

Begründung:
Das Magnetfeld der stromdurchflossenen Spule ist so ausgerichtet, dass am rechten Ende der Spule ein Südpol entsteht. Wird nun der Südpol des Permanentmag-

5 Magnetisches Feld und Induktion

neten in die Spule eingeführt, so ändert sich die magnetische Flussdichte im Inneren der Spule. Die Überlagerung der beiden Magnetfelder führt hier zu einer Abnahme der magnetischen Flussdichte im Inneren der Spule.

Nach dem Induktionsgesetz ist jede Flussänderung mit einer Induktionsspannung verbunden. In diesem Fall muss der durch den Induktionsvorgang hervorgerufene Induktionsstrom so gepolt sein, dass er der Ursache des Induktionsvorganges (Abnahme der magnetischen Flussdichte) entgegenwirken kann. Dies ist nur möglich durch eine Erhöhung der Stromstärke in der Spule.

Betrachtet man die Gesamtstromstärke, so erhält man: $I_{ges}(t) = \dfrac{U_0}{R} + I_i(t)$

Da die Gesamtstromstärke zunimmt, muss gelten: $I_i(t) > 0$

Der Induktionsstrom wird von der Induktionsspannung hervorgerufen. Somit gilt:
$$\dfrac{U_i(t)}{R} > 0$$
Bedenkt man, dass die magnetische Flussdichte in der Spule abnimmt, so erhält man für die Änderung des magnetischen Flusses: $\Phi(t) = A \cdot \dot{B}(t) < 0$.

> Unter Berücksichtigung der Lenz'schen Regel erhält man für die Induktionsspannung folgenden Zusammenhang:
> $$U_i(t) = -N_i \cdot \dot{\Phi}(t)$$
> **Faradays Induktionsgesetz.**

Anmerkung:
Aus der Gleichung $U_i(t) = -N_i \cdot \dot{\Phi}(t) = -N_i \cdot (A(t) \cdot B(t))$ ergibt sich nach der Produktregel der Differentialrechnung: $U_i(t) = -N_i \cdot [(\dot{A}(t) \cdot B(t)) + (A(t) \cdot \dot{B}(t))]$

Diese Gleichung beinhaltet die beiden besprochenen Fälle:
1. **Fall:** Konstantes Magnetfeld $\Rightarrow \dot{B} = 0$
   Für die Induktionsspannung erhält man daraus: $U_i(t) = -N_i \cdot \dot{A}(t) \cdot B$
2. **Fall:** Konstante Fläche $\Rightarrow \dot{A}(t) = 0$
   Für die Induktionsspannung folgt: $U_i(t) = -N_i \cdot A \cdot \dot{B}(t)$

5.7.4 Anwendungsbeispiele

A) Magnetstab in Spule

Versuch:
Ein Stabmagnet wird in die Spule eingeführt bzw. aus der Spule herausgezogen.

Versuchsaufbau:
Die verwendete Spule wird über ein Gleichstrommessgerät kurzgeschlossen. Der Zeiger des Messgerätes befindet sich in Mittelstellung, so dass die Stromrichtung bestimmt werden kann.

Beobachtung:
Während der Stabmagnet in die Spule eingeführt bzw. aus der Spule herausgezogen wird, erhält man am Stromstärkemessgerät einen Ausschlag.

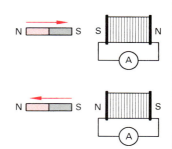

Aus der Richtung des Stromes lässt sich die Orientierung der magnetischen Feldlinien im Inneren der Spule ableiten. Man erhält folgendes Ergebnis:

Beim Einführen des Magneten bildet sich am linken Ende der Spule ein Südpol aus, beim Herausziehen ein Nordpol.

Begründung:
Durch die Bewegung des Stabmagneten ändert sich der magnetische Fluss, der die Spule durchsetzt. Das Hineinschieben des Stabmagneten führt zu einer Zunahme der magnetischen Flussdichte, was eine Induktionsspannung an den Enden der Spule bewirkt. Der durch die Induktionsspannung hervorgerufene Induktionsstrom muss nach der Lenz'schen Regel so fließen, dass er der Ursache der Induktionsspannung entgegenwirken kann. Da sich gleichnamige Magnetpole abstoßen, muss sich beim Einführen des Magnetstabes am linken Ende der Spule ein Südpol aufbauen. Die Abnahme des magnetischen Flusses, der die Spule durchsetzt, führt beim Herausziehen des Magnetstabes zur Ausbildung eines Nordpoles am linken Ende der Spule.

B) Thomson'scher Ringversuch

Beim Einschalten des Spulenstroms bildet sich der Eisenkern als starker Magnet aus. Dieser Aufbau des Magnetfeldes führt zu einer Flussänderung im Ring.

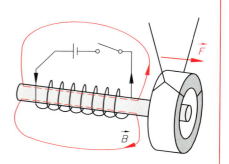

Aufgrund der Lenz'schen Regel bilden sich die Magnetpole am Ring genau umgekehrt aus, was dazu führt, dass der Ring abgestoßen wird. Beim Abschalten des Spulenstroms wird der Ring angezogen.

C) Spule mit Weicheisen

Der Weicheisenkern wird in die Spule hineingeschoben.

Beobachtung:
Die Stromstärke I sinkt vorübergehend.

5 Magnetisches Feld und Induktion

Begründung:

Das Eisen ($\mu_R \gg 1$) erhöht die Flussdichte $\vec{B}$ und damit den magnetischen Fluss Φ. Diese Flussänderung $\dot{\Phi}(t)$ ist positiv, die dabei entstehende Induktionsspannung $U(t)$ addiert sich mit U_0 zur Gesamtspannung $U(t)$, die kleiner als U_0 ist.

$$I(t) = \frac{U(t)}{R} = \frac{U_0 + U_i(t)}{R} = \frac{U_0 - N_i \cdot \dot{\Phi}(t)}{R}$$

Die Stromstärke I sinkt kurzzeitig ab.

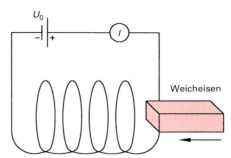

Der umgekehrte Vorgang führt zu einer kurzzeitigen Erhöhung des Stromes, da die Flussänderung negativ ist.

D) Wirbelstromdämpfung

Versuch:

Durch das starke homogene Magnetfeld eines Elektromagneten lässt man verschieden geformte Aluminiumstücke pendeln. Diese Aluminiumstücke sind so groß, dass sie vom Magnetfeld nur teilweise durchsetzt werden.
Zunächst pendelt eine Aluminiumplatte durch das homogene Magnetfeld.

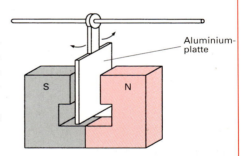

Beobachtung:

Die Bewegung der Platte wird stark gebremst.

Begründung:

Die Aluminiumplatte pendelt um den Aufhängepunkt A und befindet sich momentan im tiefsten Punkt ihrer Bewegung. Sie bewegt sich dabei nach rechts. Im Bereich der Platte, der vom magnetischen Feld durchsetzt wird, wirkt auf die mit der Platte bewegten freien Elektronen der Aluminiumplatte die Lorentzkraft.

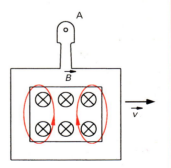

Durch die Lorentzkraft werden diese freien Elektronen nach unten bewegt und bilden im Bereich, der von den magnetischen Feldlinien durchsetzt wird, elektrische Ströme, deren technische Stromrichtung eingezeichnet ist. Es entsteht dabei keine Hallspannung, da ein Ladungsausgleich über den feldfreien Teil der Aluminiumplatte möglich ist. Es bilden sich so genannte **Wirbelströme**.

Diese Wirbelströme sind innerhalb des Bereichs, in dem das magnetische Feld wirkt, gleichgerichtet und erfahren nach der UVW-Regel eine Kraft nach links. Diese Kraft bremst die Bewegung der Platte.

Der Versuch wird nun mit einer Aluminiumplatte wiederholt, in die lange Schlitze gefräst sind (Aluminiumkamm).

Beobachtung:
Die Pendelbewegung wird kaum verzögert.

Begründung:
Es können sich nur sehr begrenzt Wirbelströme ausbilden.

Anwendungsbeispiele:
– Dämpfung von Drehspulinstrumenten
– Leistungsmessgeräte (Kilowattstundenzähler)
– Autotachometer
– Zusätzliche Bremse in Kraftfahrzeugen

5.8 Erzeugung sinusförmiger Induktionsspannung

Versuch:
Gleichmäßige Rotation einer Leiterschleife im homogenen Magnetfeld.

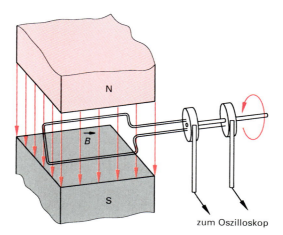

zum Oszilloskop

Beobachtung:
Durch Abgriff an den Schleifkontakten kann die Wechselspannung am Oszilloskop sichtbar gemacht werden.
Dieser Vorgang wird nun von unterschiedlichen Ausgangspunkten aus näher untersucht.

5 Magnetisches Feld und Induktion

5.8.1 Untersuchung mit Hilfe des Induktionsgesetzes

Ausgangspunkt ist das Induktionsgesetz.
$$U_i(t) = -N_i \cdot \dot{\Phi}(t) = -N_i \cdot B \cdot \dot{A}_w(t)$$

Es ist A_w die von den magnetischen Feldlinien senkrecht durchsetzte wirksame Spulenfläche.
Aus der Zeichnung erkennt man:
$$A_w(t) = A_0 \cdot \cos(\varphi(t))$$

Die Richtungsangaben (Pfeilspitze und Pfeilende) beziehen sich auf die Lorentzkraft, die auf die Elektronen im Leiter wirkt.

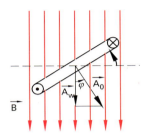

Die Rotation der Leiterschleife erfolgt mit konstanter Winkelgeschwindigkeit. Der Winkel, den die Vektoren der Spulenfläche und der magnetischen Flussdichte zum Zeitpunkt $t = 0$ s einschließen, wird mit φ_0 bezeichnet.
$$\varphi(t) = \omega \cdot t + \varphi_0$$

Für die wirksame Leiterfläche folgt daraus:
$$A_w(t) = A_0 \cdot \cos(\omega \cdot t + \varphi_0)$$

Die erste Ableitung dieser Funktion nach der Zeit lautet:
$$\dot{A}_w(t) = -A_0 \cdot \omega \cdot \sin(\omega \cdot t + \varphi_0)$$

Für die induzierte Spannung folgt somit:
$$U_i(t) = -N_i \cdot \dot{\Phi}(t) = -N_i \cdot B \cdot \dot{A}_w(t) = -N_i \cdot B \cdot [-A_0 \cdot \omega \cdot \sin(\omega \cdot t + \varphi_0)]$$
$$\Leftrightarrow U_i(t) = N_i \cdot B \cdot A_0 \cdot \omega \cdot \sin(\omega \cdot t + \varphi_0)$$

Das Produkt $B \cdot A_0$ ist der maximale magnetische Fluss, der die Leiterschleife durchsetzt. $\Phi_0 = B \cdot A_0$
$$U_i(t) = N_i \cdot \Phi_0 \cdot \omega \cdot \sin(\omega \cdot t + \varphi_0)$$

Der Wert der Induktionsspannung ändert sich sinusförmig mit der Winkelgeschwindigkeit ω. Für den **Scheitelwert** oder **Maximalwert** erhält man:
$$U_{max} = U_0 = N_i \cdot \Phi_0 \cdot \omega$$

> Für die Induktionsspannung an den Enden einer gleichmäßig rotierenden Leiterschleife im homogenen Magnetfeld erhält man:
> $$U_i(t) = U_0 \cdot \sin(\omega \cdot t + \varphi_0) \quad \text{mit} \quad U_{max} = U_0 = N_i \cdot \Phi_0 \cdot \omega$$

Hinweis: Eine **Leiterschleife** ist eine Spule mit **einer** Windung.

5.8.2 Untersuchung mit Hilfe der Induktionsspannung, die an den Enden eines bewegten Leiters im homogenen Magnetfeld entsteht.

An den Enden eines mit der Geschwindigkeit $\vec{v}_s$ senkrecht zu den Feldlinien eines homogenen Magnetfeldes bewegten Leiters der Länge l wird die Spannung
$$U_i(t) = B \cdot l \cdot v_s(t) \text{ induziert.}$$

Aus der Zeichnung erhält man für die senkrecht zu den magnetischen Feldlinien verlaufende Komponente der Geschwindigkeit:

$v_s(t) = v \cdot \sin(\omega \cdot t + \varphi_0)$

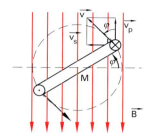

Richtung der Lorentzkraft auf die Elektronen

Bei einer Leiterschleife werden in zwei gegenüberliegenden Leiterteilen Spannungen induziert, so dass für die gesamte Induktionsspannung folgt:

$U_i(t) = 2 \cdot B \cdot l \cdot v \cdot \sin(\omega \cdot t + \varphi_0)$

Bezeichnet man den Scheitelwert wiederum mit U_0, so erhält man:

$U_i(t) = U_0 \cdot \sin(\omega \cdot t + \varphi_0)$ mit $U_0 = 2 \cdot B \cdot l \cdot v$

Auch bei dieser Betrachtung erhält man eine sinusförmige Induktionsspannung.

Übereinstimmung der beiden Scheitelwerte.

$U_0 = N_i \cdot \Phi_0 \cdot \omega$	$U_0 = 2 \cdot B \cdot l \cdot v$
Betrachtet man eine Schleife: $\Rightarrow N_i = 1$	Gleichmäßige Kreisbewegung: $v = \omega \cdot r$
$U_0 = \Phi_0 \cdot \omega$	$U_0 = 2 \cdot B \cdot l \cdot \omega \cdot r$
$U_0 = B \cdot A_0 \cdot \omega$	Schleifenfläche: $A_0 = 2 \cdot l \cdot r$
	$U_0 = B \cdot A_0 \cdot \omega$

Der Scheitelwert ist bei beiden Betrachtungsweisen identisch.

5.8.3 Leistung im Wechselstromkreis

Wenn an den Enden eines Widerstandes die Spannung $U(t) = U_0 \cdot \sin(\omega \cdot t + \varphi_0)$ anliegt und die Stromstärke zu jedem Zeitpunkt der jeweiligen Spannung direkt proportional ist, dann bezeichnet man ihn als ohmschen Widerstand.

Es gilt der Zusammenhang: $U = R \cdot I \Leftrightarrow I = \dfrac{U}{R}$

$I(t) = \dfrac{U(t)}{R} = \dfrac{U_0 \cdot \sin(\omega \cdot t + \varphi_0)}{R}$

$\Rightarrow I(t) = I_0 \cdot \sin(\omega \cdot t \cdot \varphi_0)$ mit $I_0 = \dfrac{U_0}{R}$

I_0 ist der Scheitelwert oder Maximalwert der Wechselstromstärke.
Für die im Widerstand R in Wärme umgewandelte Leistung erhält man:

$P_{el}(t) = U(t) \cdot I(t) \Rightarrow P_{el}(t) = U_0 \cdot \sin(\omega \cdot t + \varphi_0) \cdot I_0 \cdot \sin(\omega \cdot t + \varphi_0)$
$\Leftrightarrow P_{el}(t) = U_0 \cdot I_0 \cdot \sin^2(\omega \cdot t + \varphi_0)$

Besitzen Spannung und Stromstärke zum Zeitpunkt $t = 0$ s ihre Maximalwerte, so erhält man für den Phasenwinkel: $\varphi_0 = \dfrac{\pi}{2}$.

5 Magnetisches Feld und Induktion

Grafische Darstellung der Leistung im Bereich 0 bis T

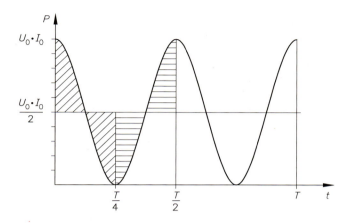

Mit dieser Anfangsbedingung ergibt sich für die **Momentanleistung**:

$$P_{el}(t) = U_0 \cdot I_0 \cdot \sin^2\left(\omega \cdot t + \frac{\pi}{2}\right) = U_0 \cdot I_0 \cdot \cos^2(\omega \cdot t)$$

Diese Gleichung für die Momentanleistung lässt sich mit Hilfe der folgenden trigonometrischen Funktion umformen. Es gilt:

$$\cos^2(x) = \frac{1}{2} \cdot (1 + \cos(2 \cdot x))$$

Für die Momentanleistung folgt: $P_{el}(t) = \dfrac{U_0 \cdot I_0}{2} \cdot [1 + \cos(2 \cdot \omega \cdot t)]$

Der Ausdruck und die Graphik zeigen, dass die Leistung mit der Winkelgeschwindigkeit $2 \cdot \omega$ periodisch um den Wert $\dfrac{U_0 \cdot I_0}{2}$ schwankt.

Bei praktischen Anwendungen kommt es meist nur auf den **zeitlichen Mittelwert** der Leistung an. Da die in der grafischen Darstellung schraffiert gezeichneten Flächen gleich groß sind, erhält man für den zeitlichen Mittelwert der Leistung:

$$\overline{P} = \frac{1}{2} \cdot U_0 \cdot I_0 = \frac{U_0^2}{2 \cdot R} = \frac{I_0^2}{2} \cdot R$$

Versuch:
Untersuchung der Leistung im Gleichstrom- und Wechselstromkreis.

Versuchsbeschreibung:
Man betreibt zwei baugleiche Lampen (ohmscher Widerstand R), in einem Fall mit Gleichspannung und im anderen Fall mit Wechselspannung. Nun stellt man die Helligkeit so ein, dass beide gleich hell leuchten. In diesem Fall ist die Leistung beider Lampen gleich groß. (Die Wechselspannung an der einen Lampe erzielt den gleichen Effekt (Leistung), wie die Gleichspannung an der anderen Lampe.)

5.8 Erzeugung sinusförmiger Induktionsspannung

Versuchsergebnis:
Mit Hilfe eines Oszilloskops kann man zeigen, dass der Wert der Gleichspannung und der Scheitelwert der Wechselspannung **nicht** übereinstimmen.

Aus diesem Grund definiert man eine neue Größe, den **Effektivwert** der Wechselspannung.

Der **Effektivwert** U_{eff} einer Wechselspannung und der Spannungswert $U_=$ einer Gleichspannungsquelle sind dann gleich, wenn die Leistung der Gleichspannung $U_=$ an einem Widerstand gleich der mittleren Leistung der Wechselspannung am gleichen Widerstand ist. $\overline{P} = P_=$

Entsprechendes gilt für den Effektivwert der Wechselstromstärke.

$$\overline{P} = U_{eff} \cdot I_{eff}$$

$$\overline{P} = U_{eff}^2 \cdot \frac{1}{R} \quad \Rightarrow \quad U_{eff} = \sqrt{\overline{P} \cdot R}$$

$$\overline{P} = I_{eff}^2 \cdot R \quad \Rightarrow \quad I_{eff} = \sqrt{\overline{P} \cdot \frac{1}{R}}$$

Verwendet man nun die obigen Beziehungen für die mittlere Leistung einer sinusförmigen Wechselspannung bzw. eines sinusförmigen Wechselstroms an einem ohmschen Widerstand, so folgt:

$$U_{eff} = \sqrt{\frac{U_0^2}{2 \cdot R} \cdot R} = \sqrt{\frac{U_0^2}{2}} = U_0 \cdot \frac{1}{\sqrt{2}}$$

$$I_{eff} = \sqrt{\frac{I_0^2 \cdot R}{2} \cdot \frac{1}{R}} = \sqrt{\frac{I_0^2}{2}} = I_0 \cdot \frac{1}{\sqrt{2}}$$

Bei einer **sinusförmigen** Wechselspannung ergibt sich für den Zusammenhang zwischen Effektiv- und Scheitelwerten:

$$U_{eff} = U_0 \cdot \frac{1}{\sqrt{2}} \quad \text{bzw.} \quad U_0 = U_{eff} \cdot \sqrt{2}$$

$$I_{eff} = I \cdot \frac{1}{\sqrt{2}} \quad \text{bzw.} \quad I_0 = I_{eff} \cdot \sqrt{2}$$

Hinweis:
Alle Messgeräte für Wechselstrom und Wechselspannung sind so geeicht, dass sie den Effektivwert der jeweiligen Größe angeben. Scheitelwerte können nur mit dem Oszilloskop bestimmt oder berechnet werden.

Beispiel:
Zeigt ein Spannungsmessgerät die Wechselspannung $U = 230$ V an, so ist $U_{eff} = 230$ V und die Scheitelspannung $U_0 = 325$ V.
Die Spannung als Funktion der Zeit ergibt sich zu: $U(t) = 325$ V $\cdot \sin(\omega \cdot t \cdot \varphi_0)$

5.9 Selbstinduktion

Das Induktionsgesetz sagt aus, dass eine Änderung des magnetischen Flusses, der eine Induktionsspule durchsetzt, zu einer Induktionsspannung an den Enden der Induktionsspule führt. Ändert sich der Strom der das Magnetfeld einer Feldspule erzeugt, so führt auch das zu einer Änderung des magnetischen Flusses in der Feldspule. Den Vorgang, dass bei einer Stromstärkeänderung in der felderzeugenden Spule an den Enden dieser Spule selbst eine Induktionsspannung auftritt, bezeichnet man als **Selbstinduktion**.
Von großer Bedeutung ist dieser Vorgang beim Ein- und Ausschalten von Stromkreisen, die Spulen enthalten.

5.9.1 Ein- und Ausschaltvorgänge bei Gleichstrom

A) Einschaltvorgang bei Gleichstrom

Versuchsbeschreibung:
Der Widerstand R wird so eingestellt, dass beide Lampen gleich hell leuchten, anschließend wird der Schalter wieder geöffnet.

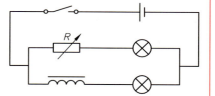

Beobachtung:
Vergleicht man beide Lampen beim Einschalten, so erkennt man, dass die Lampe im Spulenzweig merklich später aufleuchtet.

Begründung:
Durch das Anwachsen des Stromes im Spulenzweig entsteht an den Enden der Spule eine Induktionsspannung, die nach der Lenz'schen Regel der anliegenden Spannung entgegengerichtet ist und das schnelle Ansteigen der Stromstärke verzögert.

Anmerkung:
Ersetzt man die beiden Lampen durch zwei flinke Gleichstrommessgeräte, deren Zeiger sich in Mittelstellung befinden, so kann man beobachten, dass beim Ausschalten des Stromes die beiden Gleichstrommessgeräte betragsgleiche Stromverläufe mit unterschiedlichen Vorzeichen anzeigen. Entfernt man den Eisenkern der Spule, so ist der Effekt beim Einschalten kaum zu beobachten.

B) Ausschaltvorgang bei Gleichstrom

Versuch:
Untersuchung des Ausschaltvorganges in einem Stromkreis, der eine Spule enthält.

Versuchsaufbau:

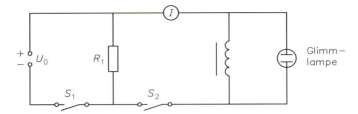

Versuchsdurchführung:
Zunächst sind beide Schalter geschlossen. Die angelegte Spannung beträgt 1,2 V.

Beobachtung:
Bei einer angelegten Spannung von 1,2 V bleibt bei geschlossenen Schaltern die Glimmlampe dunkel, da ihre Zündspannung bei 110 V liegt.
Nun wird zunächst der Schalter 1 geöffnet.

Beobachtung:
Die Glimmlampe bleibt weiterhin dunkel, die vom Gleichstrommessgerät angezeigte Stromstärke nimmt allmählich ab.

Begründung:
Die Abnahme der Stromstärke in der Spule führt zu einer Induktionsspannung, die so gepolt ist, dass sie den Strom in der momentanen Stromrichtung weiter antreibt.

Im zweiten Teil des Versuchs wird, nachdem Schalter 1 wieder geschlossen wurde, der Schalter 2 geöffnet.

Beobachtung:
Mit dem Öffnen des Schalters 2 leuchtet die Glimmlampe kurz auf und die Anzeige am Gleichstrommessgerät geht sofort auf null zurück.
Beim Ausschalten entsteht somit eine Spannung, die erheblich größer ist als die angelegte Spannung.

Begründung:
In beiden Fällen ist die Flussänderung in der Spule, die durch das Abschalten des Spulenstroms entsteht, gleich groß. Betrachtet man vereinfachend nur die Mittelwerte, so liefert das Induktionsgesetz folgenden Zusammenhang:

$$\overline{U}_i = -N_i \cdot \frac{\Delta \Phi}{\Delta t} \quad \Leftrightarrow \quad \overline{U}_i \cdot \Delta t = -N_i \cdot \Delta \Phi$$

Das Produkt $\overline{U}_i \cdot \Delta t$ muss für beide Fälle gleich groß sein. Im ersten Fall wurde ein langsames Zurückgehen der Stromstärke beobachtet, was eine relativ kleine mittlere Induktionsspannung zur Folge hat. Bei einem sehr schnellen Abklingen der Stromstärke im Spulenkreis entsteht eine hohe mittlere Induktionsspannung.

5 Magnetisches Feld und Induktion

Man kann zeigen, dass die Abklingdauer der Spulenstromstärke vom Widerstand im Spulenkreis abhängig ist. Es gilt: Je höher der Widerstand im Spulenkreis, desto schneller sinkt die Stromstärke. Bei gleicher Flussänderung führt das bei höheren Widerständen zu höheren Induktionsspannungen.

C) Periodisches Ein- und Ausschalten

Versuch:
Darstellung des zeitlichen Verlaufs von Strom und Spannung am Oszilloskop.

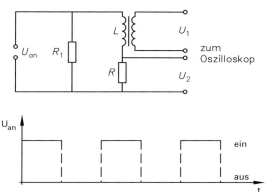

Versuchsaufbau:
Die anliegende Spannung ist eine so genannte Rechteckspannung, die von einem Funktionsgenerator erzeugt wird. Der periodische Wechsel zwischen dem Maximalwert der Spannung und dem Wert null entspricht dem Aus- und Einschaltvorgang.

Am Kanal 1 des Oszilloskops wird die Induktionsspannung dargestellt. Da die Induktionsspannung nicht direkt an der Feldspule gemessen werden kann, verwendet man hier eine zweite Spule, die vom Feld der ersten Spule durchsetzt wird und an deren Ende die Induktionsspannung direkt gemessen werden kann. Zur Darstellung des zeitlichen Verlaufs der Stromstärke misst man am Kanal 2 den Spannungsverlauf am Widerstand R, der direkt proportional zur Stromstärke ist.

Am Oszilloskop beobachtet man folgende Verläufe von Stromstärke und Induktionsspannung:

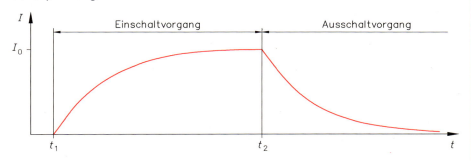

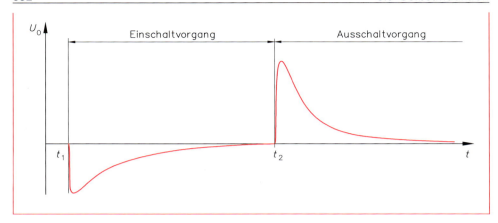

D) Mathematische Beschreibung der Selbstinduktion

Nach dem Induktionsgesetz gilt für die Selbstinduktionsspannung:
$$U_i(t) = -N_i \cdot \dot{\Phi}(t)$$

Da der magnetische Fluss in der Feldspule direkt proportional zur Stromstärke ist, gilt:
$\Phi(t) \sim I_{Sp}(t) \;\Rightarrow\; \dot{\Phi}(t) \sim \dot{I}_{Sp}(t)$ und somit $U_i(t) \sim \dot{I}_{Sp}(t)$

Die Selbstinduktionsspannung ist direkt proportional zur Änderung der Stromstärke in der Spule.

$$L = \frac{-U_i(t)}{\dot{I}_{Sp}(t)}$$

L heißt **Eigeninduktivität** einer Spule.

Einheit der Eigeninduktivität: $[L] = \dfrac{Vs}{A} = H$ (Henry)

Für die Selbstinduktionsspannung folgt daraus: $U_i(t) = -L \dfrac{dI_{Sp}(t)}{dt}$

Die Konstante L ist durch die Spule bestimmt. Je größer L ist, desto größer ist bei einer gegebenen Änderung der Stromstärke der Betrag der Selbstinduktionsspannung.

Für den Einschaltvorgang ergibt sich:
Während des Einschaltvorgangs (Versuch A) enthält der Stromkreis zwei ‚Quellen', die anliegende Spannung U_{an} und die Selbstinduktionsspannung U_i. Nach den Kirchhoff'schen Regeln gilt für den zeitlichen Verlauf der Stromstärke im Kreis mit der Spule:

$$U_{an} + U_i(t) = R \cdot I_L(t) \quad \Leftrightarrow \quad I_L(t) = \frac{U_{an} + U_i(t)}{R}$$

$$\Rightarrow I_L(t) = \frac{U_{an} - L \cdot \dfrac{dI_{Sp}(t)}{dt}}{R}$$

Da die Änderung der Stromstärke mit zunehmender Stromstärke immer geringer wird, verringert sich auch die Änderung des die Spule durchsetzenden magnetischen Flusses.

5 Magnetisches Feld und Induktion

> **Beispiele** für technische Anwendungen von Selbstinduktionsspannung.
>
> – In der Zündanlage eines Benzinmotors führt die Unterbrechung des Stromes zu einer hohen Induktionsspannung in der Primärspule der Zündspule.
>
> – Da die Netzspannung nicht ausreicht um Leuchtstoffröhren zu zünden, verwendet man hier die Selbstinduktionsspannung, die beim Ausschalten des Stromes durch den Starter entsteht.
>
> Die beim Ausschaltvorgang des Stromes in allen Schaltungen mit Spulen auftretenden Spannungsspitzen sind oftmals störend und können zur Zerstörung von Geräten führen. Diese Spannungsspitzen müssen durch geeignete Maßnahmen unterdrückt werden.

5.9.2 Die Selbstinduktivität einer langgestreckten Spule

Die Gleichung für die Eigeninduktivität oder Selbstinduktivität einer langgestreckten Spule kann aus dem Induktionsgesetz leicht hergeleitet werden.

Ausgangspunkt:
$$U_i(t) = -N_i \cdot \dot{\Phi}(t) = -N_i \cdot (\vec{A}(t) \circ \vec{B}(t))^{\cdot}$$

Die Fläche der Spule (Induktionsspule) ist konstant und es gilt ($\vec{A} \parallel \vec{B}$)
$$U_i(t) = -N_i \cdot A \cdot \dot{B}(t)$$

Für die magnetische Flussdichte der langgestreckten Spule gilt:
$$B(t) = \mu_0 \cdot \frac{N_{Sp}}{l_{Sp}} \cdot I_{Sp}(t)$$

Die erste Ableitung dieser Funktion nach der Zeit ergibt:
$$\dot{B}(t) = \mu_0 \cdot \frac{N_{Sp}}{l_{Sp}} \cdot \dot{I}_{Sp}(t)$$

Daraus folgt: $U_i(t) = -N_i \cdot A \cdot \mu_0 \cdot \frac{N_{Sp}}{l_{Sp}} \cdot \dot{I}_{Sp}(t)$ bzw. $U_i(t) \sim \dot{I}_{Sp}(t)$

Die in der felderregenden Spule induzierte Spannung (Selbstinduktionsspannung) ist direkt proportional zur zeitlichen Änderung der Stromstärke. Die Proportionalitätskonstante bezeichnet man nach Definition als Eigeninduktivität der Spule. Es gilt:

$$U_i(t) = -L \cdot \frac{dI_{Sp}(t)}{dt}$$

> **Für die Eigeninduktivität einer langgestreckten Spule erhält man somit:**
>
> $$L = \mu_0 \cdot A \cdot \frac{N^2}{l_{Sp}} \quad \text{da} \quad N_{Sp} = N_i = N$$

5.10 Energie des magnetischen Feldes

Nach dem Ausschalten der Spannungsquelle fließt auf Grund der Selbstinduktionsspannung U_i noch eine gewisse Zeit ein Induktionsstrom. (Siehe hierzu Selbstinduktion Versuch B.)

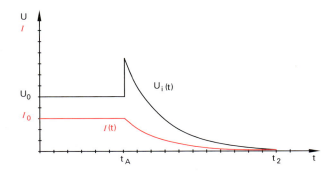

Das Weiterfließen ist mit elektrischer Leistung $P_{el}(t) = U_i(t) \cdot I(t)$ und damit mit dem Verrichten einer Arbeit verbunden. (Diese Arbeit kann nicht von der Spannungsquelle geliefert werden, da diese abgeschaltet ist.)
Berechnung der elektrischen Energie, die beim Ausschaltvorgang verrichtet wird.

$$W_e = \int_{t_A}^{t_2} P_{el}(t) \cdot dt = \int_{t_A}^{t_2} U_i(t) \cdot I(t) \cdot dt$$

$$\Leftrightarrow W_{el} = \int_{t_A}^{t_2} -L \cdot \frac{dI(t)}{dt} \cdot I(t) \cdot dt \qquad \text{mit } I(t_A) = I_0 \text{ und } I(t_2) = 0$$

Das Integral lässt sich somit umformen:

$$W_{el} = \int_{I_0}^{0} -L \cdot I \cdot dI = \left[\frac{-L \cdot I^2}{2}\right]_{I_0}^{0} = \frac{1}{2} \cdot L \cdot I_0^2$$

Setzt man die Gültigkeit des Energieerhaltungssatzes voraus, so muss diese elektrische Energie aus einer anderen Energieform, der magnetischen Energie des Feldes, umgewandelt worden sein.

> Die magnetischen Energie eines von der Stromstärke I durchflossenen Leiters mit der Eigeninduktivität L:
>
> $$E_{mag} = \frac{L \cdot I^2}{2}$$

Anmerkung:
Vergleicht man dieses Ergebnis mit der kinetischen Energie eines Körpers der Masse m, so lässt sich die Eigeninduktivität einer Spule mit der trägen Masse m vergleichen. Die Eigeninduktivität L stellt somit eine Eigenschaft der Spule dar, sich Veränderungen zu widersetzen.

5 Magnetisches Feld und Induktion

5.11 Übungsaufgaben zum magnetischen Feld

1.0 Ein Elektron durchfliegt einen von einem homogenen Magnetfeld und einem elektrischen Feld erfüllten Raum mit der Geschwindigkeit $\vec{v}$ geradlinig, und zwar senkrecht zu den magnetischen Feldlinien.

1.1 Wie muss das magnetische Feld in Bezug auf das elektrische Feld orientiert sein? Saubere Skizze!

1.2 Wie groß muss die elektrische Feldstärke $\vec{E}$ sein, wenn das Magnetfeld die Flussdichte $\vec{B}$ besitzt?

2.0 Ein Elektron durchläuft im Hochvakuum die Beschleunigungsspannung $U = 1000$ V und tritt dann senkrecht zu den Feldlinien in das Feld eines Plattenkondensators, der aus quadratischen Platten von 5,00 cm Kantenlänge im Abstand 2,00 cm besteht. An diesen Platten liegt die Spannung 100 V.

2.1 Welche Beziehung besteht zwischen der Beschleunigungsspannung U und der Endgeschwindigkeit v des Elektrons? Welche Endgeschwindigkeit erreicht das Elektron im Beschleunigungskondensator?

2.2 Welche Kraft erfährt das Elektron im elektrischen Feld des geladenen Ablenkkondensators? Wie lange braucht es zum Durchlaufen dieses Kondensators und wie weit wird es von seiner ursprünglichen Bahn ausgelenkt?

2.3 Zwischen den Kondensatorplatten soll zusätzlich zum elektrischen Feld ein magnetisches Feld aufgebaut werden, so dass das Elektron nicht aus seiner Bahn ausgelenkt wird. Welche Richtung und welche Flussdichte (Betrag) muss das Magnetfeld haben?

2.4 Das Elektron tritt nun statt in das Kondensatorfeld in ein konstantes homogenes Magnetfeld der Flussdichte $B = 2,00 \cdot 10^{-3}$ T ein. Unter welchen Bedingungen wird es auf eine Kreisbahn gezwungen, unter welchen Bedingungen wird es nicht beeinflusst?

2.5 Das Elektron beschreibt eine Kreisbahn. Erstellen Sie eine Skizze, in der die Lage der Kreisbahn und die Kräfte, die auf das Elektron einwirken, dargestellt sind!

2.6 Geben Sie allgemein den Radius r der Kreisbahn in Abhängigkeit von der Geschwindigkeit des Elektrons an. Zeigen Sie, dass die Umlaufzeit T vom Kreisbahnradius r unabhängig ist und berechnen Sie r und T.

3 Welche Spannung wird in einer Spule mit 75 Windungen induziert, wenn der die Spule durchsetzende magnetische Fluss innerhalb von 3,0 s gleichförmig um $5,0 \cdot 10^{-5}$ Vs zunimmt?

4.0 Im Inneren einer Spule ($B = 6,3 \cdot 10^{-2}$ T) befindet sich mit gemeinsamer Achse eine Induktionsspule mit 100 Windungen und 12 cm^2 Windungsfläche.

4.1 Welche mittlere Induktionsspannung tritt an den Enden der Induktionsspule auf, wenn der Strom durch die Feldspule innerhalb von 0,010 s abgeschaltet wird? (Vorzeichen!)

5.0 Durch das gezeichnete homogene Feld einer Spule (I: Querschnitt 3,0 cm · 3,0 cm) wird eine Induktionsspule (II: Windungsfläche 1,0 cm · 1,0 cm) mit der konstanten Geschwindigkeit $v = 1{,}0\,\frac{cm}{s}$ gezogen.

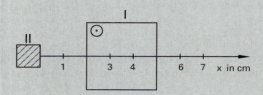

5.1 Stellen Sie den zeitlichen Verlauf der Induktionsspannung vom Ausgangspunkt 0 bis zum Endpunkt bei 7,0 cm grafisch dar.

6.0 Bei einem Induktionsversuch wird eine Leiterschleife ($b = 3{,}0$ cm) mit einer bestimmten Geschwindigkeit $\vec{v}$ im homogenen Teil des Magnetfeldes der Flussdichte $\vec{B}$ einer großen stromdurchflossenen Spule bewegt. Dabei stehen die magnetischen Feldlinien senkrecht auf der Fläche der Leiterschleife.

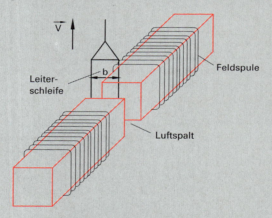

6.1 Beschreiben und erläutern Sie die beim Versuch zu beobachtenden Erscheinungen, wenn man die Enden der Leiterschleife mit einem Spannungsmesser verbindet!

6.2 Zeigen Sie mit Hilfe der Gleichung $U_i(t) = -N_i \cdot \dfrac{d\Phi(t)}{dt}$, dass bei konstanter Geschwindigkeit auch die Spannung konstant ist. (Ergebnis $U_i = +B \cdot b \cdot v$)

6.3 Berechnen Sie die Induktionsspannung für $v = 5{,}0\,\frac{cm}{s}$.
Daten der Feldspule: $N_F = 250$; $l_F = 40$ cm; $I_F = 3{,}4$ A.

6.4 Geben Sie die funktionale Abhängigkeit $U_i = f(t)$ der induzierten Spannung von der Zeit für den Fall an, dass die Leiterschleife mit der Beschleunigung $a = 0{,}040\,\frac{m}{s^2}$ aus dem Magnetfeld gezogen wird!

6.5 Wie lässt sich bei fester Leiterschleife und Spule auch eine Induktionsspannung erzeugen? (Kurze Begründung.)

7.0 Eine flache, leere, rechteckige Spule S_1, (Breite $b_1 = 5{,}0$ cm, Höhe $h_1 = 8{,}0$ cm, Windungszahl $N_i = 100$) hängt so an einem Kraftmesser, dass sie zur Hälfte in das homogene Magnetfeld einer langgestreckten Spule S_2 eintaucht, deren Windungsdichte $\frac{N_2}{l_2} = 2{,}7 \cdot 10^4$ m^{-1} beträgt. Das magnetische Feld der Flussdichte $\vec{B}$ durchsetzt dabei die Windungsfläche von S_1 in senkrechter Richtung. A und E sind die elektrischen Anschlussstellen der Spule S_1.

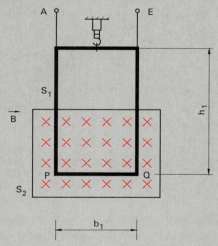

7.1.0 S_1 und S_2 sind in Reihe geschaltet und so an eine regelbare Gleichspannungsquelle angeschlossen, dass der Kraftmesser eine zusätzliche Kraft $\vec{F}$ nach unten anzeigt. In einem Messversuch wird der Zusammenhang zwischen dem Betrag der Kraft $\vec{F}$ und der Stromstärke I untersucht. Dabei ergibt sich folgende Messreihe:

I in A	0,30	0,48	0,65
F in mN	15	39	72

7.1.1 Zeigen Sie durch rechnerische Auswertung der Messreihe, dass sich folgende Beziehung ergibt: $F = k \cdot I^2$

7.1.2 Bestätigen Sie die Gleichung von 7.1.1 durch allgemeine Herleitung.

7.1.3 Berechnen Sie mit Hilfe der Konstanten k den Wert der magnetischen Feldkonstanten μ_0.

7.2.0 Die Spule S_1 wird nun vom Stromkreis abgeklemmt. Ihre Anschlussstellen A und E werden miteinander verbunden; der Gesamtwiderstand der geschlossenen Spule S_1 beträgt $R_1 = 12\,\Omega$. In der Spule S_2 herrscht ein homogenes konstantes Magnetfeld der Flussdichte $B_2 = 0,45$ T. Am Kraftmesser hängend, wird die Spule S_1 mit der konstanten Geschwindigkeit

$v_1 = 4,0 \cdot 10^{-2} \frac{m}{s}$ nach oben gezogen.

7.2.1 Solange das Leiterstück PQ das homogene Magnetfeld noch nicht verlassen hat, ist die vom Kraftmesser während dieser Bewegung angezeigte Kraft größer als die Gewichtskraft von S_1.
Begründen Sie dies ausführlich anhand der Skizze!

7.2.2 Berechnen Sie den Betrag der zusätzlich angezeigten Kraft!

8.0 Ein Trommelanker, der sich in einem Magnetfeld der Flussdichte 0,80 T dreht, enthält in einer Rille 20 in Serie geschaltete Leiter von je 20 cm Länge. Der Trommelanker hat einen Durchmesser von 10 cm und rotiert mit einer Frequenz von $1,3 \cdot 10^3$ min^{-1}.

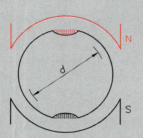 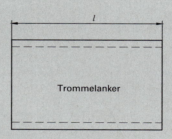

8.1 Berechnen Sie die Maximalspannung, welche in der gesamten Ankerwicklung induziert wird.

8.2 Geben Sie in einer vereinfachten Skizze die Richtung des Stromes in der Spule für den Fall an, dass die Trommel eine Rechtsdrehung im senkrecht gerichteten Magnetfeld ausführt.

9.0 Eine Induktionsspule mit rechteckigem Querschnitt ($a = 5,0$ cm, $b = 3,0$ cm) hat 100 Windungen.

9.1 Die Achse der Spule liegt horizontal in NS-Richtung des erdmagnetischen Feldes. Dreht man die Spule rasch um 90° – die Achse zeigt dann genau in die magnetische OW-Richtung –, so zeigt ein Messgerät eine mittlere Spannung vom Betrag 28,4 µV an, wenn der Vorgang 0,10 s dauert. Welche Komponente des Erdmagnetfeldes wird bei dieser Versuchsdurchführung gemessen, und wie groß ist ihr Wert?

9.2 Wie könnte mit derselben Versuchsanordnung die andere Komponente des Erdmagnetfeldes gemessen werden?

5 Magnetisches Feld und Induktion

9.3 Die Induktionsspule rotiert nun um eine vertikale Achse im erdmagnetischen Feld ($B = 19\,\mu\text{T}$). Mit welcher Frequenz muss diese Rotation erfolgen, damit an den Enden der Spule eine effektive Spannung von 20 µV auftritt?

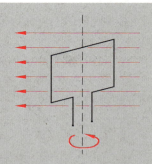

9.4 Nun wird die Induktionsspule gleichförmig ($v = 1{,}0\,\frac{\text{cm}}{\text{s}}$) in der gezeichneten Richtung durch das im Quadrat Q (36 cm^2) herrschende homogene Magnetfeld mit der Flussdichte vom Betrag $B = 1{,}0$ T gezogen, wobei die Feldlinien die Windungsfläche senkrecht durchsetzen.
Zum Zeitpunkt $t = 0$ s befindet sich die Seite A am Ort $x = 0$ cm.
Berechnen Sie für jede volle Sekunde im Bereich $0 \leq t \leq 12$ s den jeweiligen magnetischen Fluss durch die Spule und die an den Enden induzierte Spannung U_i. In welchem Zeitintervall tritt der größte Fluss durch die Spule auf? Was ist über die Spannung in dieser Zeit zu sagen?

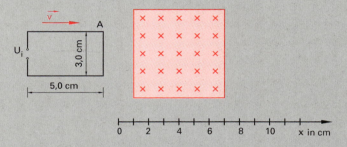

9.5 Stellen Sie im Bereich $0 \leq t \leq 12$ s den zeitlichen Verlauf des magnetischen Flusses und der Induktionsspannung U_i in **einem** Diagramm grafisch dar.

9.6 Die Enden der Spule werden nun über einen Außenwiderstand von 1,8 Ω leitend verbunden. Der ohmsche Widerstand der Spule beträgt 0,20 Ω. Die Spule wird aus gleicher Ausgangsstellung noch einmal mit gleicher Geschwindigkeit durch das homogene Feld gezogen. Geben Sie für $t_1 = 5{,}0$ s und $t_2 = 10{,}0$ s Größe und Richtung des auftretenden Induktionsstromes an. (Skizze!)

10 Die Abbildung zeigt den Stromverlauf beim Einschalten einer Spule mit Selbstinduktion. Skizzieren Sie den Verlauf der angelegten Spannung und den Verlauf der Selbstinduktionsspannung.

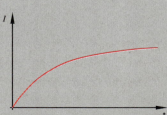

11.0 Eine Spule mit 1000 Windungen hat einen Querschnitt von 10 cm² und die Länge 40 cm.

11.1 Berechnen Sie den magnetischen Fluss und die Flussdichte, wenn die Stromstärke 2,0 A beträgt.

11.2 Welche Selbstinduktionsspannung wird an den Enden der Spule induziert, wenn sich der Strom in 1,0 s gleichförmig um 1,0 A ändert?

11.3 Welche mittlere Spannung entsteht, wenn der Strom innerhalb von 0,010 s ausgeschaltet wird?

12.0 In einer stromdurchflossenen Spule mit 2000 Windungen, der Länge 20 cm und der Windungsfläche 20 cm² wird die Stromstärke innerhalb von 2,0 s gleichmäßig von 5,0 A auf 3,0 A verringert.

12.1 Welche Spannung wird in einer darübergeschobenen Spule mit 200 Windungen induziert?

12.2 Welche Selbstinduktionsspannung tritt an den Enden der ersten Spule auf?

13.0 Gegeben Sei folgende Schaltung: Die ohmschen Widerstände R_1 und R_2 in den Zweigen (1) und (2) sind gleich groß. Die ohmschen Widerstände der Spule und der Glühlämpchen H1 und H2 können vernachlässigt werden.

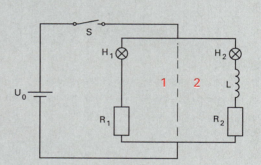

13.1 In der skizzierten Schaltung wird der Schalter S geschlossen. Was können Sie beobachten? (Erklärung!)

13.2 Skizzieren Sie für den Einschaltvorgang in einem t-I-Diagramm den zeitlichen Verlauf der Ströme in den Zweigen 1 und 2. Stellen Sie in einem t-U-Diagramm den zeitlichen Verlauf des Spannungsabfalls am Widerstand R_1, R_2 und an der Spule L dar.

13.3 Die in der Schaltung skizzierte Spule L hat die Länge $l = 21$ cm, die Windungszahl 500 und die Querschnittsfläche $A = 4,0$ cm². Die Spannung an der Spule beträgt 100 V. Nach Beendigung des Einschaltvorganges beträgt die in der Spule L gespeicherte magnetische Energie 1,2 mJ.
Bestimmen Sie die Größe der Widerstände R_1 und R_2.

6 Schaltelemente im Wechselstromkreis

6.1 Der Wechselstromwiderstand

Sieht man bei einem Stromkreis mit konstanter Spannung von Ein- und Ausschaltvorgängen ab, so hängt die Stromstärke im Kreis nur vom ohmschen Widerstand ab. Ein- und Ausschaltvorgänge haben gezeigt, dass für den Verlauf des Stromes die Induktivität von Spulen und vermutlich auch die Kapazität von Kondensatoren eine Rolle spielen.

6.2 Ohmscher Widerstand im Wechselstromkreis; Wirkwiderstand

Ein Widerstand wird dann als ohmscher Widerstand bezeichnet, wenn die angelegte Spannung direkt proportional zur Stromstärke ist. Bei einer anliegenden Wechselspannung hat das zur Folge, dass die zeitliche Änderung von Spannung und Stromstärke phasengleich erfolgen muss.

Gilt für die angelegte Spannung $U(t) = U_0 \cdot \sin(\omega \cdot t + \varphi_0)$, so erwartet man für den Verlauf der Stromstärke: $I_R(t) = I_{R0} \cdot \sin(\omega \cdot t + \varphi_0)$

Versuch:
Darstellung des zeitlichen Verlaufs von Spannung und Stromstärke an einem ohmschen Widerstand mit Hilfe des Oszilloskops (Siehe auch S. 356).

Versuchsschaltung:

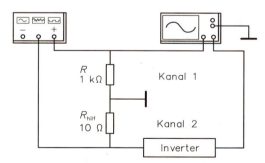

Versuchsbeschreibung:
Mit Hilfe eines Funktionsgenerators wird eine sinusförmige Wechselspannung der Frequenz f erzeugt und an die Reihenschaltung der beiden Widerstände gelegt. Der Widerstand R_{hilf} ist sehr viel kleiner als R und stört somit den Stromstärkeverlauf im Kreis kaum. Dieser Hilfswiderstand (ohmscher Widerstand) dient zur indirekten Messung der Stromstärke.

Da am Oszilloskop nur Spannungsverläufe dargestellt werden können, muss dieser Umweg gewählt werden. Zusätzlich ist die Schaltung so konzipiert, dass der Kanal 1 des Oszilloskops den Spannungsverlauf am Widerstand R, der Kanal 2 den „Stromstärkeverlauf" (Spannungsverlauf an Widerstand R_{hilf}) anzeigt. Da beide Kanäle des Oszilloskops das gleiche Bezugspotential benutzen, ist es sinnvoll den gemeinsamen Messpunkt für beide Spannungen auf dieses Bezugspotential (Erde) zu legen. Invertiert man nun zusätzlich den Kanal 2, so erhält man eine phasenrichtige Darstellung beider Spannungsverläufe am Oszilloskop.

Ergebnis:
Spannung und Stromstärke verlaufen gleichphasig.

Anmerkung:
Das nebenstehende Bild zeigt zusätzlich den so genannten „**Einschwingvorgang**".

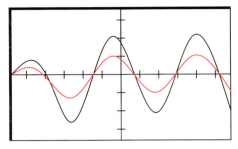

Beobachtung am Oszilloskop

Mit Hilfe des Oszilloskops können die Scheitelwerte von Spannung (U_0) und Stromstärke (I_{R0}) bestimmt werden. Bildet man den Quotienten der beiden Scheitelwerte, so erhält man denselben Wert wie im Gleichstromkreis.

> Ein Widerstand, der im Wechselstromkreis die gleiche Wirkung erzielt wie im Gleichstromkreis, heißt **Wirkwiderstand** R. Der Wirkwiderstand kann aus den Effektivwerten von Spannung und Strom berechnet werden.
>
> $$R := \frac{U_{\text{eff}}}{I_{\text{Reff}}} = \frac{U_0 \cdot \sqrt{2}}{\sqrt{2} \cdot I_{R0}} = \frac{U_0}{I_{R0}}$$

In einem Wirkwiderstand kommt es zur Umsetzung elektrischer Energie in eine andere Energieform.

Zur grafischen Darstellung des Spannungs- und Stromstärkeverlaufs an einem ohmschen Widerstand (Wirkwiderstand) im Wechselstromkreis gibt es zwei Möglichkeiten:

Darstellung des Verlaufs von Spannung und Strom im **Liniendiagramm**.

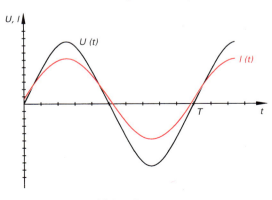

Liniendiagramm

6 Schaltelemente im Wechselstromkreis

Zeigerdiagramm
Die Länge der Zeiger ist ein Maß für U_0, I_{R0}. Diese Zeiger kreisen mit konstanter Winkelgeschwindigkeit $\omega = 2 \cdot \pi \cdot f$ um den Koordinatenursprung im mathematisch positiven Drehsinn, beginnend bei der Rechtswertachse.

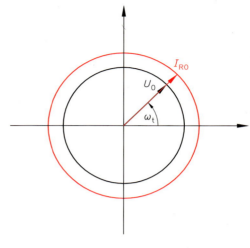

Zeigerdiagramm

6.3 Der Kondensator im Wechselstromkreis

Vorüberlegung:
Der Ladevorgang des Kondensators im Gleichstromkreis.

Versuch:
Darstellung des Verlaufs von Stromstärke und Spannung beim Laden eines Kondensators mit Hilfe eines Zweikanaloszilloskops.

Versuchsschaltung:

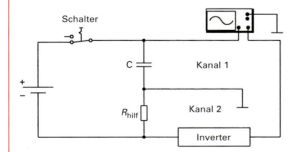

Die beiden Kanäle des Zweikanaloszilloskops besitzen eine gemeinsame Masse. Eine genaue Messung der beiden Spannungen ist nur möglich, wenn man den Eingang eines Kanals invertiert. In der Schaltskizze liegt der gemeinsame Messpunkt der beiden Kanäle zwischen R und C, der Kanal 2 ist invertiert.

Versuchsbeschreibung:
Durch Betätigung des Schalters wird die Reihenschaltung aus Kondensator und Widerstand mit der Spannungsquelle verbunden (gezeichnete Stellung). Am Oszilloskop kann nun der Spannungsverlauf am Kondensator direkt dargestellt werden. Da der Spannungsabfall am Widerstand R_{hilf} direkt proportional zur Ladestromstärke ist, kann der zeitliche Verlauf des Ladestroms ebenfalls am Oszilloskop (indirekt) dargestellt werden.

Ergebnis:
Nach dem Zuschalten der Spannungsquelle steigt die Spannung am Kondensator, ausgehend vom Wert null, auf den Maximalwert an und bleibt dann konstant.
Die Stromstärke nimmt zum Zeitpunkt des Einschaltens ihren größten Wert an und sinkt danach auf den Wert null ab.

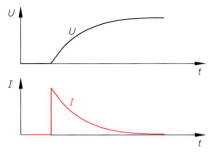

Schirmbild am Oszilloskop.

„**Nach Beendigung des Ladevorganges nimmt im Gleichstromkreis der Strom den Wert null an**".

Hinweise:
- Für die Stromstärke gilt immer: $I(t) = \dot{Q}(t)$ mit $Q(t) = C \cdot U(t)$ folgt: $I(t) = C \cdot \dot{U}(t)$
- Der Maximalwert der Stromstärke und der genaue zeitliche Verlauf wird durch den ohmschen Widerstand im Kreis bestimmt. Eine genaue Untersuchung liefert folgendes Ergebnis:

$$I_C(t) = \frac{U_0}{R} \cdot e^{-\frac{t}{R \cdot C}}$$

U_0: Spannung an der Spannungsquelle R: Gesamtwiderstand

- Für den Spannungsverlauf am Kondensator folgt:

$$U_C(t) = U_0 \cdot \left(1 - e^{-\frac{t}{R \cdot C}}\right)$$

Im Wechselstromkreis müsste, bedingt durch die periodische Auf- und Entladung, ein dauernder Wechselstrom fließen.

Versuch:
Messung der Effektivwerte von Stromstärke und Spannung in einem Wechselstromkreis mit Kondensator.

Versuchsaufbau:
Der Funktionsgenerator liefert eine sinusförmige Wechselspannung deren Frequenz und Amplitude verändert werden kann. Die Frequenz wird zusätzlich am Funktionsgenerator angezeigt. Mit Hilfe von Wechselstrom- und Wechselspannungsmessgeräten können die Effektivwerte von Stromstärke und Spannung direkt gemessen werden.

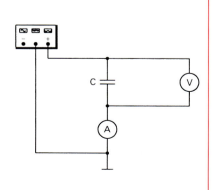

6 Schaltelemente im Wechselstromkreis 345

Beobachtung:
Legt man an einen Kondensator eine sinusförmige Wechselspannung konstanter Frequenz und Amplitude, so fließt in der Zuleitung ein Wechselstrom mit konstanter Effektivstromstärke.

Zur Darstellung des zeitlichen Verlaufs von Wechselspannung und Wechselstromstärke muss das Oszilloskop verwendet werden.

Versuch:
Darstellung des zeitlichen Verlaufs von Stromstärke und Spannung im Wechselstromkreis mit Kondensator.

Versuchsschaltung und Versuchsbeschreibung:
Am Kanal 1 des Oszilloskops erhält man den Spannungsverlauf am Kondensator. Für die Darstellung des zeitlichen Verlaufs der Stromstärke gelten die gleichen Bedingungen, die bereits bei der Darstellung der „Stromstärke" im Wechselstromkreis mit ohmschem Widerstand angesprochen wurden:

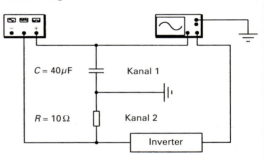

- Bei niedrigen Frequenzen beeinflusst ein niederohmiger Widerstand R die Gesamtstromstärke kaum, so dass der beobachtete Verlauf der Stromstärke nahezu vollständig durch den Kondensator bestimmt wird.
- Die beiden Kanäle des Zweikanaloszilloskops besitzen eine gemeinsame Masse, wodurch die phasenrichtige Messung von Spannung und Stromstärke nur möglich wird, wenn man den Eingang eines Kanals invertiert. In der Schaltskizze liegt der gemeinsame Messpunkt der beiden Kanäle zwischen R und C, der Kanal 2 ist invertiert.

Der am Oszilloskop zu beobachtende Verlauf entspricht der Darstellung des Verlaufs von Spannung und Stromstärke im Liniendiagramm. Verzichtet man auf den Einschwingvorgang und betrachtet nur den stationären Zustand, so erhält man folgendes Bild:

6.3 Der Kondensator im Wechselstromkreis

Liniendiagramm:

Darstellung im **Zeigerdiagramm** für $t = \dfrac{T}{3}$ bei $\varphi_0 = 0°$.

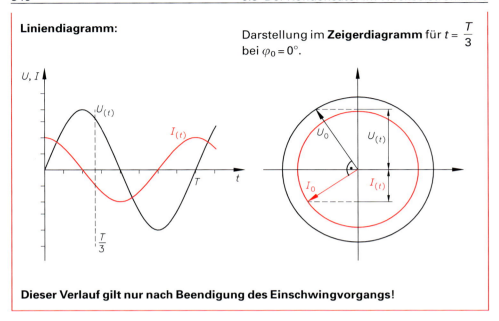

Dieser Verlauf gilt nur nach Beendigung des Einschwingvorgangs!

Der Wechselstrom eilt der am Kondensator anliegenden Spannung in der Phase um $\Delta\varphi = +\dfrac{\pi}{2}$ voraus.

Wenn die Spannung null ist, erreicht die Stromstärke ihren Scheitelwert.

Anmerkung:
Hier ist der so genannte Einschwingvorgang dargestellt. Man erkennt, dass sich die Verschiebung der Phasenlage bereits nach kurzer Zeit einstellt.

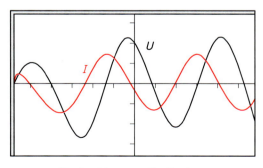

Beobachtung am Oszilloskop

6 Schaltelemente im Wechselstromkreis

Mit Hilfe der letzten Versuche ist der Nachweis erbracht worden, dass in den Zuleitungen zu einem Kondensator, der mit einer Wechselspannungsquelle verbunden ist, eine Wechselstrom fließt. Es liegt die Vermutung nahe, dass der Effektivwert dieser Wechselstromstärke von der Frequenz der Wechselspannung und der Kapazität des Kondensators abhängig ist. Diese Zusammenhänge sollen nun mit Hilfe der Mathematik abgeleitet werden.

Mathematische Behandlung des Kondensators mit äußerer Wechselspannungsquelle.

Für die am Kondensator anliegende Spannung gelte: $U(t) = U_0 \cdot \sin(\omega \cdot t + \varphi_0)$
Der Kondensator trägt dann die Ladung $Q(t) = C \cdot U(t)$
Für den Momentanwert der Stromstärke erhält man:

$$I_C(t) = \frac{dQ(t)}{dt} = C \cdot \frac{dU(t)}{dt}$$

mit $\frac{dU(t)}{dt} = \dot{U}(t) = U_0 \cdot \omega \cdot \cos(\omega \cdot t + \varphi_0)$

$$I_C(t) = C \cdot U_0 \cdot \omega \cdot \cos(\omega \cdot t + \varphi_0) \Leftrightarrow I_C(t) = C \cdot U_0 \cdot \omega \cdot \sin\left(\omega \cdot t + \varphi_0 + \frac{\pi}{2}\right)$$

$$I_C(t) = I_{C0} \cdot \sin\left(\omega \cdot t + \varphi_0 + \frac{\pi}{2}\right) \text{ mit } I_{C0} = C \cdot U_0 \cdot \omega$$

Man erkennt: Die Phasenverschiebung der Stromstärke gegenüber der Spannung beträgt $\Delta\varphi = +\frac{\pi}{2}$.

Neben der Bestätigung der Phasenverschiebung zwischen Stromstärke und Spannung liefert die mathematische Herleitung eine Abhängigkeit der Scheitelstromstärke von der Frequenz:

Die Scheitelstromstärke ist direkt proportional zur Frequenz der anliegenden Wechselspannung und zur Kapazität des Kondensators.

Diese Frequenzabhängigkeit soll nun experimentell überprüft werden.

Versuch: Nachweis der Beziehung: $I_{Ceff} \sim f$.

Versuchsschaltung:

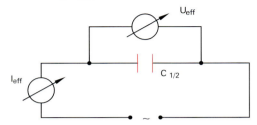

Versuchsbeschreibung:
Als Wechselspannungsquelle wird ein Funktionsgenerator verwendet. Der Scheitelwert der Ausgangsspannung ist unabhängig von der Frequenz und wird mit Hilfe eines Wechselspannungsmessgerätes auf den Wert 3,0 V Effektivspannung eingestellt. Die Frequenz der anliegenden Wechselspannung kann direkt am Funktionsgenerator abgelesen werden. Die Messung der Stromstärke und der am Kondensator anliegenden Wechselspannung erfolgt mit Wechselstrommessgeräten, so dass man die Effektivwerte ablesen kann.

Es werden zwei Versuchsreihen mit den Kondensatoren $C_1 = 0{,}50\,\mu F$ und $C_2 = 2{,}0\,\mu F$ durchgeführt.

Messwerttabelle:

f in Hz	10	20	30	40	50	60	70	80	90	100
I_{C1eff} in mA	0,08	0,19	0,25	0,35	0,42	0,51	0,59	0,68	0,76	0,84
I_{C2eff} in mA	0,33	0,75	1,0	1,4	1,8	2,1	2,4	2,8	3,2	3,5

Grafische Darstellung im f-I_{Ceff}-Diagramm.

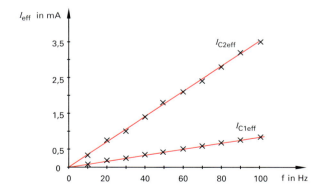

Ergebnis:
Die grafische Darstellung im f-I_{Ceff}-Diagramm ergibt für die einzelnen Kondensatoren je eine Gerade durch den Ursprung. Da der Scheitelwert der Stromstärke direkt proportional zum Effektivwert ist, bestätigt die grafische Darstellung die aus der mathematischen Herleitung gefundene Beziehung:

$$I_{C0} \sim f$$

6 Schaltelemente im Wechselstromkreis

Der kapazitive Blindwiderstand.

Da die Stromstärke durch den Widerstand bestimmt wird, muss auch der Widerstand von der Frequenz abhängig sein.

Man bezeichnet diesen Widerstand als Blindwiderstand, da in diesem Widerstand im Gegensatz zum Wirkwiderstand keine Energieumwandlung in Wärme stattfindet. Für die Momentanwerte von Strom und Spannung ist das ohmsche Gesetz wegen der Phasenverschiebung nicht erfüllt.

Für den kapazitiven Blindwiderstand erhält man:

$$X_C = \frac{U_{eff}}{I_{Ceff}} = \frac{U_0 \cdot \sqrt{2}}{\sqrt{2} \cdot I_{C0}} = \frac{U_0}{I_{C0}}$$

Berücksichtigt man das Ergebnis der mathematischen Herleitung, so folgt:

$$X_C = \frac{U_0}{I_{C0}} = \frac{U_0}{U_0 \cdot C \cdot \omega} = \frac{1}{C \cdot 2 \cdot \pi \cdot f} \Leftrightarrow X_C = \frac{1}{C \cdot 2 \cdot \pi \cdot f}$$

Der **kapazitive Blindwiderstand** ist indirekt proportional zur Frequenz und zur Kapazität des Kondensators.

Zur Überprüfung dieses Ergebnisses wird der vorherige Versuch neu ausgewertet.

Zur Erinnerung:

Es wurden zwei Versuchsreihen mit den Kondensatoren $C_1 = 0{,}50\,\mu F$ und $C_2 = 2{,}0\,\mu F$ durchgeführt. Der Effektivwert der anliegenden Wechselspannung betrug $U_{eff} = 3{,}0\,V$.

Messwerttabelle:

f in Hz	10	20	30	40	50	60	70	80	90	100
I_{eff} in mA	0,08	0,19	0,25	0,35	0,42	0,51	0,59	0,68	0,76	0,84
I_{C2eff} in mA	0,33	0,75	1,0	1,4	1,8	2,1	2,4	2,8	3,2	3,5
f^{-1} in 10^{-2} s	10	5,0	3,3	2,5	2,0	1,7	1,4	1,3	1,1	1,00
X_{C1gem} in kΩ	38	16	12	8,6	7,1	5,9	5,1	4,4	3,9	3,6
X_{C2gem} in kΩ	9,1	4,0	3,0	2,1	1,7	1,4	1,2	1,1	0,94	0,86

Die Quotientenbildung $\dfrac{U_{eff}}{I_{Ceff}}$ liefert die gemessenen Werte des kapazitiven Widerstandes.

Grafische Darstellung im $\frac{1}{f}$-X_{Cgem}-Diagramm

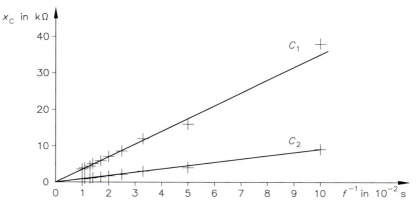

Ergebnis:

Die Darstellung im $\frac{1}{f}$-X_{Cgem}-Diagramm ergibt für die beiden Kondensatoren je eine Ursprungshalbgerade. Der mathematisch hergeleitete Zusammenhang einer indirekten Proportionalität zwischen dem Wechselstromwiderstand eines Kondensators und der Frequenz der anliegenden Wechselspannung ist damit auch experimentell nachgewiesen.

$$X_C \sim \frac{1}{f}$$

Anmerkung:
Lässt man die Frequenz f gegen null gehen, so geht der Wechselstromwiderstand gegen Unendlich, dem Gleichstromwiderstand des Kondensators.

6.4 Die Spule im Wechselstromkreis

Vorüberlegung:

Im Gleichstromkreis nimmt die Stromstärke nach Beendigung des Einschaltvorganges einen konstanten Wert an, der durch den Drahtwiderstand der Spule bestimmt ist. Im Wechselstromkreis wird dagegen der zeitliche Verlauf von Stromstärke und Spannung wesentlich dadurch beeinflusst, dass jede Änderung der Stromstärke eine Selbstinduktionsspannung in der Spule zur Folge hat, die von der Induktivität der Spule abhängt.

Untersucht werden nun so genannte „**Ideale Spulen**" deren ohmscher Widerstand R den Wert null besitzt. (Realisiert wird das näherungsweise durch Spulen hoher Induktivität mit Eisenkern).

6 Schaltelemente im Wechselstromkreis

Hinweis
Jede **reale Spule** besitzt im Normalfall einen ohmschen Widerstand. Die reale Spule kann damit immer als Reihenschaltung aus einem Wirkwiderstand R und einer idealen Spule mit Blindwiderstand betrachtet werden.

Versuch:
Darstellung des zeitlichen Verlaufs von Stromstärke und Spannung im Stromkreis mit einer nahezu idealen Spule am Oszilloskop.

Versuchsbeschreibung:
Der zur Darstellung der zeitlichen Verläufe von Stromstärke und Spannung am Kondensator verwendete Versuchsaufbau wird dahingehend verändert, dass der Kondensator durch eine Spule hoher Induktivität mit Eisenkern ersetzt wird.
Am Kanal 1 wird der Spannungsverlauf an der Spule angezeigt, der invertierte Kanal 2 zeigt den zur Gesamtstromstärke direkt proportionalen Spannungsverlauf am Widerstand R_{hilf}.

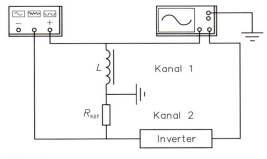

Schaltskizze

Ist dieser Widerstand sehr klein, so wird die Gesamtstromstärke vom Wechselstromwiderstand der Spule bestimmt. Verzichtet man auf die Einschwingvorgänge, so erhält man den folgenden Verlauf von Stromstärke und Spannung:

Liniendiagramm der beiden Größen

Darstellung von Spannung und Stromstärke im **Zeigerdiagramm** für $t = \dfrac{T}{3}$; ($\varphi_0 = 0°$).

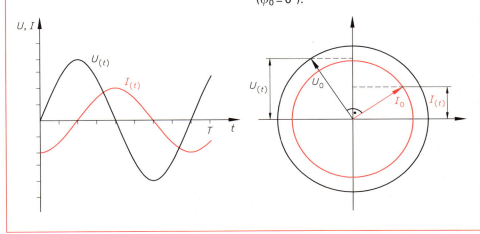

Bei einer idealen Spüle hinkt die Stromstärke der anliegenden Wechselspannung in der Phase um 90° nach.

Anmerkung:
Hier ist der so genannte Einschwingvorgang dargestellt. Man erkennt, dass sich die Verschiebung der Phasenlage bereits nach kurzer Zeit einstellt.

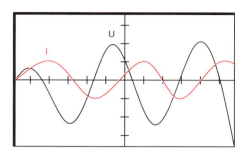

Mit Hilfe der letzten Versuche wurde gezeigt, dass in den Zuleitungen zu einer Spule, die an eine Wechselspannungsquelle angeschlossen ist, ein zur Wechselspannung phasenverschobener Wechselstrom fließt. Ähnlich wie beim Kondensator vermutet man auch bei der Spule eine Abhängigkeit der Scheitelstromstärke von der Frequenz der anliegenden Wechselspannung und der Induktivität der Spule. Diese Zusammenhänge sollen nun mit Hilfe der Mathematik hergeleitet werden.

Mathematische Behandlung der idealen Spule ($R = 0$).

$U(t)$ sei die an der Spule anliegende Spannung mit $U(t) = U_0 \cdot \sin(\omega \cdot t + \varphi_0)$.
Für die Summe der anliegenden und induzierten Spannungen erhält man:

$$U_{ges}(t) = U(t) + U_i(t) \quad \text{wobei} \quad U_{ges}(t) = R \cdot I_L(t)$$

Für ideale Spulen ist der ohmsche Widerstand R des Spulendrahtes null.

$$U_{ges}(t) = R \cdot I_L(t) = 0$$
$$0 = U(t) + U_i(t)$$
$$\Rightarrow 0 = U_0 \cdot \sin(\omega \cdot t + \varphi_0) + U_i(t) \quad \text{mit} \quad U_i(t) = -L \cdot \dot{I}_L(t) = -L \cdot \frac{dI_L(t)}{dt}$$
$$\Leftrightarrow 0 = U_0 \cdot \sin(\omega \cdot t + \varphi_0) - L \cdot \frac{dI_L(t)}{dt} \quad \Leftrightarrow \quad \frac{dI_L(t)}{dt} = \frac{U_0}{L} \cdot \sin(\omega \cdot t + \varphi_0)$$

Durch Integration dieser Gleichung erhält man:

$$\int \frac{dI_L(t)}{dt} dt = \int \frac{U_0}{L} \cdot \sin(\omega \cdot t + \varphi_0) \, dt$$
$$\Rightarrow I_L(t) = \frac{U_0}{L} \left[-\frac{1}{\omega} \cos(\omega \cdot t + \varphi_0) \right] + C$$

(Die Integrationskonstante C stellt einen Gleichstrom dar, der die Wechselstromkurve nach oben verschiebt. Ein kleiner Widerstand lässt C abklingen, so dass diese Integrationskonstante nach sehr kurzer Zeit den Wert null annimmt.)

$$I_L(t) = -\frac{U_0}{\omega \cdot L} \cdot \cos(\omega \cdot t + \varphi_0) \quad \text{mit} \quad -\cos(\alpha) = \sin\left(\alpha - \frac{\pi}{2}\right)$$

$$\Rightarrow I_L(t) = +I_{L0} \cdot \sin\left(\omega t + \varphi_0 - \frac{\pi}{2}\right) \quad \text{mit} \quad I_{L0} = \frac{U_0}{\omega \cdot L}$$

6 Schaltelemente im Wechselstromkreis

Ergebnisse:
Für die Phasendifferenz zwischen der angelegten Wechselspannung und der Stromstärke erhält man so den bereits beobachteten Zusammenhang:

$$\Delta\varphi = -\frac{\pi}{2}$$

Der Scheitelwert der Stromstärke ist auch bei der Spule von der Frequenz der anliegenden Wechselspannung abhängig. Hier liegt eine indirekte Proportionalität zur Frequenz der anliegenden Wechselspannung vor.

Der induktive Blindwiderstand einer idealen Spule

$$X_L = \frac{U_{eff}}{I_{Leff}} = \frac{U_0 \cdot \sqrt{2}}{\sqrt{2} \cdot I_{L0}} = \frac{U_0}{I_{L0}}$$

$$\Rightarrow X_L = \frac{U_0}{\frac{U_0}{\omega \cdot L}} = \omega \cdot L = 2\pi \cdot f \cdot L \quad \Leftrightarrow \quad X_L = 2 \cdot \pi \cdot f \cdot L$$

$$X_L = \omega \cdot L = 2 \cdot \pi \cdot f \cdot L$$

Der **induktive Blindwiderstand** ist direkt proportional zur Induktivität L und zur Frequenz der anliegenden Wechselspannung.

Die gefundenen Abhängigkeiten der Scheitelstromstärke und des induktiven Widerstandes von der Frequenz werden nun experimentell überprüft.

Versuch:
Messung der Effektivwerte der Stromstärke in einem Stromkreis, der eine nahezu ideale Spule enthält.

Versuchsbeschreibung:
Als Wechselspannungsquelle verwendet man einen Funktionsgenerator mit integrierter Frequenzanzeige. Die Amplitude der Ausgangsspannung wird so eingestellt, dass ihr Effektivwert 2,0 V beträgt. Die Messung der Stromstärke

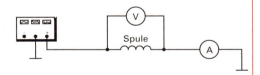

Schaltskizze

und der Spannung erfolgen mit Wechselstrommessgeräten, die den jeweiligen Effektivwert der Stromstärke und Spannung anzeigen. Der ohmsche Widerstand der realen Spule beträgt $R = 2,5\,\Omega$, ihre Induktivität ist mit 9,4 mH angegeben.
Der Widerstand einer realen Spule, der sich aus den Effektivwerten von Spannung und Stromstärke ergibt wird als **Scheinwiderstand** Z der Spule bezeichnet und setzt sich aus Wirkwiderstand und Blindwiderstand zusammen.

Messprotokoll:

f in Hz	20	40	60	80	100	120	140	160	180	200
I_{Leff} in A	0,70	0,58	0,47	0,38	0,33	0,27	0,23	0,21	0,18	0,17
$\frac{1}{f}$ in 10^{-3} s	50	20	17	13	10,0	8,33	7,14	6,25	5,56	5,00
Z in Ω	2,9	3,5	4,3	5,3	6,1	7,4	8,7	9,5	11	12
$X_L = \omega \cdot L$ in Ω	1,2	2,4	3,6	4,7	5,9	7,1	8,3	9,5	11	12

Grafische Darstellung von I_{Leff} als Funktion der Frequenz.

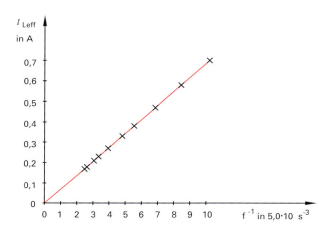

Ergebnis:

Die grafische Darstellung im $\frac{1}{f}$-I_{eff}-Diagramm ergibt eine Gerade durch den Ursprung.

Der aus der mathematischen Herleitung gewonnene Zusammenhang ist damit auch experimentell nachgewiesen.

$$I_{Leff} \sim \frac{1}{f}$$

Bei realen Spulen ist der Maximalwert der Stromstärke durch den ohmschen Widerstand begrenzt.

Aus der mathematischen Herleitung für die ideale Spule folgt, dass der Blindwiderstand einer Spule direkt proportional zur Frequenz der angelegten Wechselspannung ist.

6 Schaltelemente im Wechselstromkreis

Grafische Darstellung von X_L als Funktion der Frequenz.

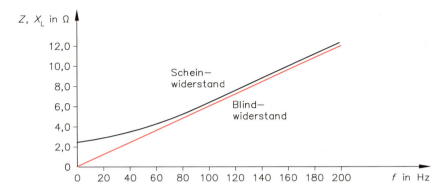

Berechnet man den Quotienten aus der Effektivspannung und der Effektivstromstärke (Scheinwiderstand) und trägt die Messwerte in das Diagramm ein, so gibt es eine deutliche Abweichung von der Idealkurve. Für kleine Frequenzen nähert sich der Scheinwiderstand Z dem ohmschen Widerstand R der Spule.

Anmerkungen:
– Für die Herleitung der Stromstärke in der Zuleitung zur Spule gibt es eine weitere Möglichkeit: Für die anliegende Spannung gelte:
$$U(t) = U_0 \cdot \sin(\omega \cdot t + \varphi_0)$$
Die Gleichung $U(t) = L \cdot \dot{I}_L(t)$ (Herleitung siehe oben!) legt folgenden Lösungsansatz nahe:
$$I_L(t) = I_{L0} \cdot \sin(\omega \cdot t + \varphi_0 + \Delta\varphi) \Rightarrow \dot{I}_L(t) = I_{L0} \cdot \omega \cdot \cos(\omega \cdot t + \varphi_0 + \Delta\varphi)$$

Eingesetzt in die obige Gleichung:
$$U_0 \cdot \sin(\omega \cdot t + \varphi_0) = L \cdot I_{L0} \cdot \omega \cdot \cos(\omega \cdot t + \varphi_0 + \Delta\varphi)$$

Verwendet man hier die Beziehung:
$$\cos\alpha = \sin\left(\alpha + \frac{\pi}{2}\right)$$
$$U_0 \cdot \sin(\omega \cdot t + \varphi_0) = L \cdot I_{L0} \cdot \omega \cdot \sin\left(\omega t + \varphi_0 + \Delta\varphi + \frac{\pi}{2}\right)$$

Beide Ausdrücke beschreiben harmonische Schwingungen, die nur dann gleich sind, wenn Amplituden und die Phasenwinkel gleich sind.

a) Amplitudengleichheit
$$U_0 = L \cdot I_{L0} \cdot \omega \Leftrightarrow I_{L0} = \frac{U_0}{L \cdot \omega}$$

b) Phasengleichheit
$$(\omega \cdot t + \varphi_0) = \left(\omega \cdot t + \varphi_0 + \Delta\varphi + \frac{\pi}{2}\right) \Leftrightarrow \Delta\varphi = -\frac{\pi}{2}$$

Für die Stromstärke ergibt sich somit:
$$I_L(t) = I_{L0} \cdot \sin\left(\omega \cdot t + \varphi_0 - \frac{\pi}{2}\right) \quad \text{mit} \quad I_{L0} = \frac{U_0}{L}$$

– Bei hohen Frequenzen wird der Scheinwiderstand einer realen Spule in guter Näherung durch den Blindwiderstand $X_L = \omega \cdot L$ beschrieben. Bei kleineren Frequenzen treten deutliche Abweichungen auf, die auf den vernachlässigten ohmschen Widerstand zurückzuführen sind.

Die exakte Herleitung liefert: $Z = \sqrt{(\omega \cdot L)^2 + R^2}$

- Wechselstromwiderstände werden komplex dargestellt. Der Realteil ist dabei der Wirkwiderstand R, der Imaginäranteil der Blindwiderstand X und den Betrag des komplexen Widerstandes nennt man Scheinwiderstand Z.

Hinweis:
Darstellung der Phasenlage zwischen Spannung und Stromstärke mit Hilfe von Zeigerinstrumenten
Unter bestimmten Bedingungen lassen sich die zeitlichen Verläufe von Stromstärke und Spannung im Wechselstromkreis mit unterschiedlichen Schaltelementen (R, C, L) direkt mit Hilfe von Zeigerinstrumenten darstellen. Man benötigt hierzu einen Sinusgenerator, der in der Lage ist Wechselspannungen im Frequenzbereich von 0,1 Hz zu erzeugen und Vielfachmessinstrumente für Gleichspannung und Gleichstrom. Diese Messinstrumente werden nun so eingestellt, dass sich die Nulllage der Zeiger in der Mitte der Skalen befinden. Bei der angesprochenen Frequenz können dann die Momentanwerte der Wechselspannung und der Wechselstromstärke direkt dargestellt und somit auch die Phasenlage bestimmt werden.

6.5 Übungsaufgaben zu den elektrischen Schwingungen

1.0   Ein Kondensator wird an eine sinusförmige Wechselspannung $U(t) = U_0 \cdot \sin(\omega \cdot t)$ variabler Frequenz angeschlossen.

1.1   Zeigen Sie rechnerisch, dass der im Stromkreis fließende Strom der Beziehung $I_C(t) = I_{C0} \cdot \cos(\omega \cdot t)$ genügt!

1.2   Welche Ladung besitzt der Kondensator, wenn die Momentanstromstärke gerade die Hälfte des Scheitelstromwertes I_{C0} beträgt?

2.0   Eine Spule der Induktivität 200 mH mit vernachlässigbarem ohmschen Widerstand wird an eine sinusförmige Wechselspannung $U(t) = U_0 \cdot \sin(\omega \cdot t)$ angeschlossen.

2.1   Leiten Sie rechnerisch den Verlauf des Spulenstroms her. Die Phasendifferenz gegenüber der anliegenden Spannung muss dabei explizit ersichtlich sein!

2.2   Beschreiben Sie kurz anhand einer beschrifteten Schaltskizze einen Versuch, mit dem die Phasenlage zwischen Strom und angelegter Wechselspannung dargestellt werden kann.

2.3   Für die Wechselspannung gelte nun die Beziehung:

$U(t) = 14\,\text{V} \cdot \sin(10 \cdot \pi \cdot \frac{1}{\text{s}} \cdot t)$

Geben Sie mit eingesetzten Zahlenwerten die zeitliche Abhängigkeit des Spulenstroms unter Verwendung von 2.1 an.

Lösungen

Seite 17 Übungsaufgaben zur gleichförmigen Bewegung.
1.1 $x_M = 1,9 \cdot 10^3$ m
2.1 14^{54} Uhr; 42 km
3.1   23 s
3.2 $\Delta x_{Lkw} = 5,1 \cdot 10^2$ m; $\Delta x_{Pkw} = 6,4 \cdot 10^2$ m

Seite 25 Übungsaufgaben zur Überlagerung gleichförmiger Bewegungen.
1.1 $\Delta t = 3,4 \cdot 10^3$ s = 57 min
1.2   Nein!
2.1 $v_0 = 6,000 \frac{m}{s} = 21,60 \frac{km}{h}$
2.2 $v_s = 1,400 \frac{m}{s}$
3.1 $v_B = 8,6 \frac{km}{s}$; $\alpha = 36°$
4.1 $t_1 = 5,00 \cdot 10^3$ s
4.2   a) $t_2 = 6,10 \cdot 10^3$ s; b) $t_3 = 5,08 \cdot 10^3$ s; c) $t_4 = 5,95 \cdot 10^3$ s
5.1 $\alpha = 16,0°$
5.2 $\alpha = 12,8°$
5.3 $67,8 \frac{m}{s}$

Seite 47 Übungsaufgaben zur gleichmäßig beschleunigten Bewegung.
1.1 $a_x = 4,4 \frac{m}{s^2}$; $v_1 = 44 \frac{m}{s}$
2.1 $a_x = 2,44 \frac{m}{s^2}$; $\Delta x = 1,59 \cdot 10^2$ m

Seite 63 Übungsaufgaben zur gleichmäßig beschleunigten Bewegung mit Anfangsgeschwindigkeit.
1.1 $\Delta t = 3,1$ s
2.1 $v_0 = 22 \frac{m}{s} = 79 \frac{km}{h}$; $\Delta x = 34$ m
2.2 $\Delta x_s = 22$ m
3.1 $T = 5,1$ s; $H = 1,3 \cdot 10^2$ m; $v(T + 1,00 \text{ s}) = -9,8 \frac{m}{s}$
4.1 $\Delta h_1 = 6,9 \cdot 10^4$ m; $H = 3,6 \cdot 10^5$ m
4.2   24 %

Seite 69 Übungsaufgaben zum waagrechten Wurf.
1.1 $|v_0| = 4,0 \frac{m}{s}$
1.2.1 $\Delta x_1 = 2,0$ m
1.2.2 $\alpha = 50°$

2.1 $|v_0| = 20{,}0 \frac{m}{s}$

2.2 $|v(t_1)| = 53{,}0 \frac{m}{s}$

3 $\Delta x_1 = 643 \, m$

4.1 $|v_0| = 20 \frac{m}{s}$

4.2 $|v(t_1)| = 36 \frac{m}{s}$; $\vec{v}(t_1) = \begin{pmatrix} 20 \frac{m}{s} \\ 30 \frac{m}{s} \end{pmatrix}$

Seite 70/71 Übungsaufgaben zu 1.3

1.1.1

Messung Nr.	1	2	3	4
$\frac{s}{t^2}$ in $\frac{m}{s^2}$	0,10	0,10	0,10	0,10

$a_x = 0{,}20 \frac{m}{s^2}$

1.1.2 $v(3{,}1 \, s) = 0{,}62 \frac{m}{s}$

1.2.1 $v_{max} = 0{,}72 \frac{m}{s}$

1.2.2 $\Delta s = 0{,}40 \, m$

1.2.3 $\Delta t = 1{,}1 \, s$

1.2.4 Siehe Abbildung 1.

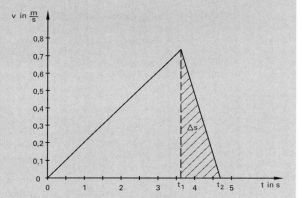

2.1 $\Delta t = 38 \, s; |v(t_1)| = 16 \frac{m}{s}$

3 $\Delta t = 12 \, s$

4 Drei Intervalle sind zu unterscheiden:

0 s–20 s		20 s–60 s		60 s–80 s	
$v = 0 \frac{m}{s}$	$v = 8{,}0 \frac{m}{s}$	$v = 8{,}0 \frac{m}{s}$	$v = -8{,}0 \frac{m}{s}$	$v = -8{,}0 \frac{m}{s}$	$v = 0 \frac{m}{s}$

Da die Beschleunigungen konstant sind, erfolgt die Geschwindigkeitsänderung linear.

Seite 86 ff. Aufgaben zu den Gesetzen von Newton

1.1 $F_Z = 7{,}8 \cdot 10^4 \, N$

1.2 $F_{Zusatz} = 1{,}3 \cdot 10^5 \, N$ entgegengesetzt zur Bewegungsrichtung!

2.1 $a = 1{,}4 \frac{m}{s^2}$

Lösungen

2.2 $F_{Zug} = 4{,}6 \cdot 10^3 \, N$

3.1 $a = 6{,}4 \cdot 10^{-2} \, \frac{m}{s^2}$; $F_{Zug} = 0{,}22 \, N$

3.2 $\Delta t = 13 \, s$

3.3.1 $x_W = 0{,}27 \, m$

3.3.2 $|v(t_1)| = 3{,}4 \, \frac{m}{s}$; $\vec{v}(t_1) = \begin{pmatrix} 0{,}80 \frac{m}{s} \\ 3{,}3 \frac{m}{s} \end{pmatrix}$

4.1 $a = 2{,}1 \, \frac{m}{s^2}$

4.2 $\Delta t = 2{,}1 \, s$

4.3   Ohne Reibung: $m_L > 39{,}0 \, kg$

5.1 $a = -2{,}5 \, \frac{m}{s^2}$; $v_0 = 10 \, \frac{m}{s}$; $F_R = -13 \, N$

6.1 $F_{Zug} = 4{,}0 \cdot 10^3 \, N$

7.1 $a = -7{,}5 \, \frac{m}{s^2}$

7.2 $\Delta x = 2{,}4 \, m$

7.3 $v(t_2) = -3{,}4 \, \frac{m}{s}$, $\Delta t = 2{,}2 \, s$

8.1 $21 \, \frac{m}{s}$

8.2 $x_2 = 5{,}2 \cdot 10^2 \, m$; $t_2 = 52 \, s$

Seite 95/96 Übungsaufgaben zur gleichmäßigen Kreisbewegung.

1.1 $\omega_{E,S} = 2{,}0 \cdot 10^{-7} \, \frac{1}{s}$; $\omega_E = 7{,}3 \cdot 10^{-5} \, \frac{1}{s}$

1.2 $v_E = 3{,}0 \cdot 10^4 \, \frac{m}{s}$

1.3 $v_M = 3{,}1 \cdot 10^2 \, \frac{m}{s}$

2.1 $\Delta t = 8{,}6 \, s$

2.2 $\Delta x_i = 119 \, m$; $\Delta x_a = 121 \, m$

2.3 $\omega_{Pkw} = 0{,}18 \, \frac{1}{s}$

2.4 $\omega_i = 46 \, \frac{1}{s}$; $\omega_a = 47 \, \frac{1}{s}$

3.1 $T = 1{,}0 \cdot 10^{-3} \, s$; $\omega = 6{,}3 \cdot 10^3 \, \frac{1}{s}$

3.2 $v(40 \, mm) = 2{,}5 \cdot 10^2 \, \frac{m}{s}$ in tangentialer Richtung.

3.3 $a_z = 1{,}6 \cdot 10^6 \, \frac{m}{s^2}$; $\frac{a_z}{g} = 1{,}6 \cdot 10^5$

4

t in s	0	1,0	3,0
$\Delta\varphi$ in °	0	46	138
v in $\frac{m}{s}$	32	16	48
a_z in $\frac{cm}{s^2}$	26	13	38

Seite 106 ff. Übungsaufgaben zur Zentralkraft

1     $F_Z = 19\,N$
2     $F_{oben} = 0{,}19\,N;\ F_{unten} = 20\,N$
3.1 $\mu = 0{,}67$
3.2 $|v_{max}| = 8{,}6\ \frac{m}{s} = 31\ \frac{km}{h}$
4.1 $\alpha = 14°$
4.2 $a_z = 2{,}5\ \frac{m}{s^2}$
5     $\alpha = 11°$
6.1   Siehe Abbildung.

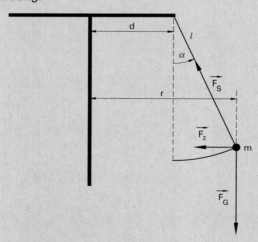

6.2 $|v| = 4{,}9\ \frac{m}{s}\ ;\quad \omega = 0{,}92\ \frac{1}{s}\ ;\quad T = 6{,}8\,s$
7     $\Delta h = 0{,}125\,m$
8.1 $h = r - \frac{g}{\omega^2}$
8.2 $F_U = 5{,}3\,N$

Lösungen

9.1 $\omega_0 = 25{,}1\ \dfrac{1}{s}$

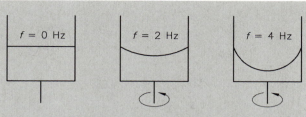

9.2

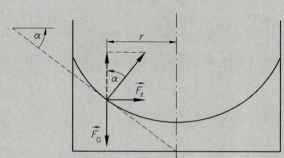

9.3 $\alpha = 63°$

9.4 $\tan \alpha = \dfrac{\omega^2 \cdot r}{g}$

10.1 Siehe Abbildung.

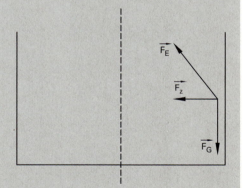

10.2 $|v| = \sqrt{\dfrac{g \cdot d}{2 \cdot \mu}}$

10.3 $F_A = m \cdot \left(\dfrac{2 \cdot \pi^2 \cdot b^2 \cdot d}{a^2} - g \cdot \sin \alpha \right)$

$F_B = m \cdot \left(\dfrac{2 \cdot \pi^2 \cdot b^2 \cdot d}{a^2} + g \cdot \sin \alpha \right)$

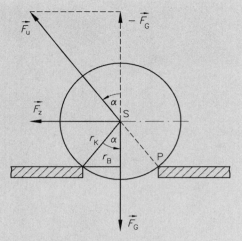

11.1 $|\omega_{max}| = \sqrt{\dfrac{g \cdot d_B}{\sqrt{d_k^2 - d_B^2}} \cdot \dfrac{1}{r}} = \sqrt{\dfrac{7{,}36 \frac{m}{s^2}}{r}}$

11.2

r in cm	5,00	10,0	20,0	30,0	40,0
$\omega_{max}(r)$ in $\frac{1}{s}$	12,1	8,58	6,07	4,95	4,29

Seite 128/129 Übungsaufgaben zum Energieerhaltungssatz der Mechanik

1    $E_1 = 2{,}0 \cdot 10^5$ J; $E_2 = 8{,}00 \cdot 10^5$ J; $h_1 = 20$ m; $h_2 = 81{,}5$ m

2    $F = 1{,}9 \cdot 10^3$ N

3    $|x_w| = \sqrt{2 \cdot h_0 \cdot l}$

4.1 $E_{kinC} = 16$ J; $|v_c| = 4{,}0 \frac{m}{s}$

4.2 $|v_1| = 4{,}0 \frac{m}{s}$; $H = 1{,}8$ m

4.3 $|v_2| = 4{,}4 \frac{m}{s}$ nach unten

5.1 $h_{max} = 10$ m

5.3 $|v_0| = 14 \frac{m}{s}$

6    $|v_0| = 280{,}1 \frac{m}{s} = 1009 \frac{km}{h}$

7    $h_1 = \dfrac{3}{4} \cdot h$

8.1 $h = \dfrac{1}{3} \cdot R$

8.2 $x = 2{,}19$ m

9.1 $s_{max} = 5{,}0 \cdot 10^{-2}$ m

10.1 $F_F = 3{,}17 \cdot 10^{-2}$ N

Lösungen

10.2 $x_2 = 1{,}52 \cdot 10^{-2}$ m

10.3 $|v_2| = 9{,}35 \cdot 10^{-2} \, \frac{m}{s}$

10.4 $|v_1| = 9{,}28 \cdot 10^{-2} \, \frac{m}{s}$

10.5 $x_W = 8{,}04 \cdot 10^{-2}$ m

Seite 132 Übungsaufgaben zum Arbeit-Energie-Prinzip
1   $\overline{F}_R = 15$ N; $\overline{\mu} = 0{,}020$
2   $F_B = 6{,}6 \cdot 10^3$ N; $|\Delta E| = 6{,}6 \cdot 10^6$ J

Seite 150 ff. Übungsaufgaben zum Impulserhaltungssatz und den Stoßgesetzen
1.1   3,0 Ns
1.2 $1{,}5 \cdot 10^2$ N
1.3 $2{,}5 \cdot 10^3 \, \frac{m}{s^2}$; $\Delta x = 50$ cm
2.1 $4{,}5 \, \frac{m}{s}$
2.2 $-1{,}1$ kJ
3.1 $v_{2x} = 0{,}22 \, \frac{m}{s}$
3.2 $u_x = 0{,}012 \, \frac{m}{s}$
3.3 $v_{2x} = -0{,}17 \, \frac{m}{s}$
3.4 $F = 2{,}0$ N
4.1 $u = 1{,}8 \, \frac{m}{s}$
4.2 $-6{,}2$ J
5.1 $D = 2{,}5 \cdot 10^5 \, \frac{N}{m}$
6.1 $D = 1{,}0 \cdot 10^2 \, \frac{kg}{s}$
6.2 $20 \, \frac{m}{s^2}$
6.3   50 s
7.1 $v'_R \, 56 = \frac{m}{s}$
7.2 $v_R = 7{,}0 \, \frac{m}{s}$
8.1   Al: $h_1 = 2{,}4$ cm $h_2 = 14$ cm   Holz: $h_1 = 2{,}4$ cm $h_2 = 4{,}9$ cm
9.1 $W_{Def} = 4{,}5 \cdot 10^4$ J
10.1 $\left| \left(\frac{m_N - m_T}{m_N + m_T} \right)^2 - 1 \right|$

10.3 H: 100%; He: 64%; C: 28%; Fe: 6,9%; Pb: 1,9%; U: 1,7%

11.1 $u_{ex} = -6{,}20 \cdot 10^5 \frac{m}{s}$; $u_{Hgx} = 2{,}26 \frac{m}{s}$

11.2 $u_{ex} = -6{,}20 \cdot 10^5 \frac{m}{s}$; $u_{Hgx} \approx -230 \frac{m}{s}$

12.1 $v_{Px} = \frac{M+m}{m} \cdot \sqrt{2 \cdot g \cdot h}$

13.1 $|v_{Bx}| = 2{,}3 \frac{m}{s}$; $|v_{Spx}| = 1{,}7 \frac{m}{s}$

13.2 $\Delta x = 1{,}8\,m$

14.1 $1{,}1\,kJ$

Seite 177 ff. Übungsaufgaben zu den mechanischen Schwingungen

1.1 $T = 1{,}4\,s$

1.2 Siehe Abbildung.

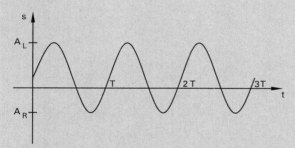

2.1 $s(t) = 0{,}10\,m \cdot \cos\left(7{,}0\,\frac{1}{s} \cdot t\right)$; $|v_{max}| = 0{,}70 \frac{m}{s}$

3.1 $F_R(t) = -2 \cdot g \cdot \rho_{Hg} \cdot A \cdot x(t)$

3.2 $T = 0{,}777\,s$

3.3 $m_{H_2O} = 30{,}0\,g$

4.1 $F_R(t) = -g \cdot \rho_{H_2O} \cdot A \cdot x(t)$

4.2 $T = 2 \cdot \pi \cdot \sqrt{\frac{h \cdot \rho_{Ho}}{g \cdot \rho_{H_2O}}}$

5.1 $F_R(t) = -\frac{2 \cdot m \cdot g}{l} \cdot y(t)$

5.2 $T = 2 \cdot \pi \cdot \sqrt{\frac{l}{2 \cdot g}}$

5.3 $T = 2{,}02\,s$; $f = 0{,}495\,Hz$; $\omega = 3{,}11\,\frac{1}{s}$

5.4 $\varphi_{01} = 0$: $v(t_1) = -0{,}62 \frac{m}{s}$; $a(t_1) = -0{,}061 \frac{m}{s^2}$

$\varphi_{02} = \frac{\pi}{2}$: $v(t_1) = -0{,}02 \frac{m}{s}$; $a(t_1) = 1{,}9 \frac{m}{s^2}$

Lösungen

6.1 $f = 0{,}58\ Hz$

7.1 $\Delta h = h$! (Energieerhaltungssatz)

7.2 $T = 2{,}13\ s$

7.3 $h = 1{,}25\ m$; $v_{unten} = 4{,}95\ \frac{m}{s}$; $F_{Z-oben} = 0{,}977\ N$; $F_{Z-unten} = 4{,}90\ N$

7.4 $\varphi = 85{,}7° = 1{,}50\ rad$; $h = 1{,}85\ m$

7.5 $d = 3{,}29\ m$

8.1 $F_{Zug} = 6{,}94\ N$

8.2 $T = 2{,}00\ s$; $v_{max} = 1{,}1\ \frac{m}{s}$; $l_2 = 4{,}12\ m$

8.3 $|v| = \sqrt{v_0^2 - 2 \cdot g \cdot h}$; $v_{min} = 3{,}13\ \frac{m}{s}$; $v_{unten} = 7{,}00\ \frac{m}{s}$

9.1 $T = 0{,}79\ s$; $s(t) = 0{,}060\ m \cdot \cos\left(8{,}0\ \frac{1}{s} \cdot t\right)$; $v(t) = -0{,}48\ \frac{m}{s} \cdot \sin(8{,}0\ \frac{1}{s} \cdot t)$;

      $a(t) = -3{,}8\ \frac{m}{s^2} \cdot \cos\left(8{,}0\ \frac{1}{s} \cdot t\right)$

9.3 $t_1 = 0{,}065\ s$; $E_{kin}(t_1) = 7{,}1 \cdot 10^{-3}\ J$; $E_{pot}(t_1) = 21{,}7 \cdot 10^{-3}\ J$

9.4   „Reihenschaltung"; $T = 0{,}94\ s$

9.5 $n = 6{,}3$

10.1

t	$\frac{T}{4}$	$\frac{T}{2}$	$\frac{3 \cdot T}{4}$	T
F_Z in N	3,1	4,9	6,7	4,9

10.2 $f_{max} \leq 1{,}6\ Hz$

10.3   Resonanz! $\Delta\varphi = -\frac{\pi}{2}$; $A_2 = 10\ cm$

10.4 $s\left(\frac{1}{12}\ s\right) = 7{,}6\ cm$

11.1

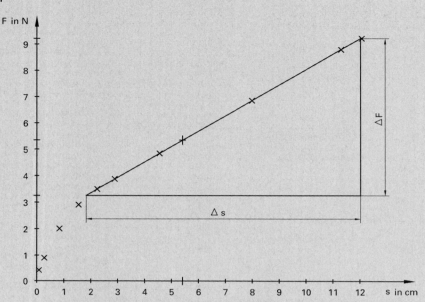

11.2 $1{,}8\,\text{cm} \leq s \leq 12\,\text{cm}$; Begründung: In diesem Bereich gilt das Hooke'sche Gesetz (lineare Funktion).

11.3 $D = 58\,\dfrac{\text{N}}{\text{m}}$

11.4 $s_0 = 5{,}4\,\text{cm}$

11.5 $A_{\text{max}} = 3{,}6\,\text{cm}$

11.6 $|v_{\text{max}}| = 37\,\dfrac{\text{cm}}{\text{s}}$

11.8 $T = 0{,}61\,\text{s}$; $s(t) = -3{,}6\,\text{cm} \cdot \cos\left(10\,\dfrac{1}{\text{s}} \cdot t\right)$

11.9 $t_1 = 0{,}071\,\text{s}$

11.10 $s_2 = \dfrac{1}{\sqrt{2}} \cdot A_{\text{max}}$

11.11 Harmonische Schwingungen mit dieser Masse sind nicht möglich, da sich die Dehnung außerhalb des Gültigkeitsbereichs des Hooke'schen Gesetzes befindet.

11.12 $2{,}5\,\text{kg} \leq m \leq 5{,}2\,\text{kg}$

11.13 $D = 58\,\dfrac{\text{N}}{\text{m}}$

12.1 $D_1 = 4{,}00\,\dfrac{\text{N}}{\text{m}}$; $T = 2{,}00\,\text{s}$

12.2 $x(t) = 5{,}0\,\text{cm} \cdot \cos\left(3{,}14\,\dfrac{1}{\text{s}} \cdot t\right)$

12.3 $|v_{\text{max}}| = 0{,}16\,\dfrac{\text{m}}{\text{s}}$

Lösungen

12.4 Die Hälfte der Feder wird durch die gleiche Kraft um die halbe Strecke gedehnt. $\Rightarrow D_2 = 2 \cdot D_1$

12.5

Bereich	$0 \leq t < 3,5$ s	$t > 3,5$ s
Frequenz	0,500 Hz	0,707 Hz
Amplitude	5,00 cm	3,54 cm

13.1 $D_A = 24 \, \frac{N}{m}$

13.2 $D = 12 \, \frac{N}{m}$ „Parallelschaltung"

13.3 $W_{mech} = 1,9 \cdot 10^{-2}$ J

13.4 $D^* = 6,0 \, \frac{N}{m}$ „Reihenschaltung von zwei Federn".

Seite 220 ff. Übungsaufgaben zum Gravitationsfeld

1 $T_{Ma} = 5,9 \cdot 10^7$ s $= 6,8 \cdot 10^2$ d $= 1,9$ a; $\quad \frac{T_{Me}}{T_{Ma}} = 0,13$

2.1 Siehe Beschreibung im Kapitel Gravitation.

2.2 Siehe Abbildung.

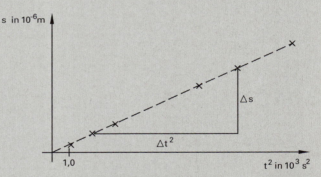

2.3 Ursprungshalbgerade $\Leftrightarrow s \sim t^2 \Rightarrow$ gleichmäßig beschleunigte Bewegung.

$a = 2 \cdot \frac{\Delta s}{\Delta t^2} = 4,6 \cdot 10^{-8} \, \frac{m}{s^2}$

2.4 $G = 6,5 \cdot 10^{-11} \, \frac{m^3}{kg \cdot s^2}$

2.5 2,6 %

Zu 3

Name des Mondes		Umbriel	Titania	Oberon
a_r in $10^{-2} \, \frac{m}{s^2}$	(3.1)	8,232	3,061	1,712
$a_r \cdot r^2$ in $10^{15} \, \frac{m^3}{s^2}$	(3.2)	5,882	5,891	5,891

Lösungen

3.4 $M_U = 8{,}829 \cdot 10^{25}$ kg
3.5 $T_{Mi} = 1{,}215 \cdot 10^5$ s $= 1{,}406$ d
4.1 $m_{Ju} = 1{,}89 \cdot 10^{27}$ kg
4.2 $\bar{\rho}_{Ju} = 1{,}22 \cdot 10^3 \frac{\text{kg}}{\text{m}^3}$
5.1 $|v_s| = 2 \cdot 10^5 \frac{\text{m}}{\text{s}}$; $T_s = 9 \cdot 10^{15}$ s $= 3 \cdot 10^8$ a
6.1 $|x| = \dfrac{s}{1 + \sqrt{\dfrac{m_M}{m_E}}}$;
6.2 $|x| = 3{,}4 \cdot 10^8$ m
7    $g_s = 2{,}75 \cdot 10^2 \frac{\text{m}}{\text{s}^2}$; „Eigenrotation der Sonne".
8.1 $\gamma(r_1) = 7{,}53 \frac{\text{m}}{\text{s}^2}$
8.2 $|v(r_1)| = 7{,}40 \cdot 10^3 \frac{\text{m}}{\text{s}}$; $T = 6{,}17 \cdot 10^3$ s $= 1{,}71$ h
9.1 $m_M = 7{,}40 \cdot 10^{22}$ kg
9.2 $h_M = 3{,}0$ m; $t_E = 0{,}64$ s; $t_M = 3{,}8$ s
9.3 $|v(r)| = \sqrt{\dfrac{G \cdot M_M}{r}}$
9.4 $|v(r_1)| = 1{,}60 \cdot 10^3 \frac{\text{m}}{\text{s}}$; $T = 7{,}62 \cdot 10^3$ s $= 2{,}12$ h
9.5 $\gamma(r_M + h_1) = 1{,}32 \frac{\text{m}}{\text{s}^2}$
10.1 $W_{\text{hom}} = 4{,}91 \cdot 10^9$ J
10.2 $W_{\text{inhom}} = 4{,}55 \cdot 10^9$ J
10.3 $|v_0| = 3{,}02 \cdot 10^3 \frac{\text{m}}{\text{s}}$
11.1 $m_{Mo} = \dfrac{v^2 \cdot r}{G}$ mit $r = r_{Mo} + l$
11.2 $m_{mo} = 7{,}36 \cdot 10^{22}$ kg
11.4 $|v_1| = 1{,}68 \cdot 10^3 \frac{\text{m}}{\text{s}}$
12.1 $T = 2 \cdot \pi \cdot \sqrt{\dfrac{(r_E + h_1)^3}{G \cdot m_E}}$
12.2 $T_1 = 5{,}54 \cdot 10^3$ s $= 1{,}54$ h
12.3 $|v(h_2)| = 3{,}1 \cdot 10^3 \frac{\text{m}}{\text{s}}$
12.4 $E_{\text{kin}}(h_2) = 1{,}5 \cdot 10^9$ J
12.5 $W_{h_1;h_2} = 1{,}6 \cdot 10^{10}$ J
13.1 $h = 3{,}59 \cdot 10^7$ m
13.2   „NEIN"

Lösungen

14.1

Kreisbahn Nr.	1	2	3
$\sqrt{r^3}$ in 10^9 m^{1,5}	12,7	9,32	6,66

Die grafische Darstellung im $\sqrt{r^3}$-T-Diagramm ergibt eine Ursprungshalbgerade.

14.2 $k = 9{,}7 \cdot 10^{-7} \dfrac{\text{s}}{\sqrt{\text{m}^3}}$

14.3 $M = 6{,}4 \cdot 10^{23}$ kg

14.4 $|\vec{F}| = 4{,}4 \cdot 10^3$ N

14.5 $|\vec{F}_1| = 14 \cdot 10^3$ N

14.6 $\Delta E_{\text{pot}} = 4{,}6 \cdot 10^8$ J

14.7 Es fehlt die kinetische Energie der Kreisbewegung.

15.1

Satellit	Erde	1	2	3
r in 10^6 m	6,37	7,73	11,4	16,3
$\gamma(r)$ in $\dfrac{\text{m}}{\text{s}^2}$	9,81	6,66	3,06	1,50
$F(r)$ in 10^2 N	9,81	6,66	3,06	1,50

15.2 Siehe Abb.

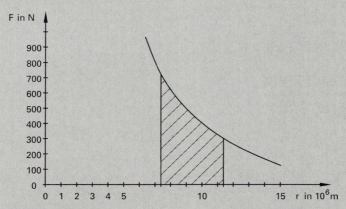

15.3 „Schraffierte Fläche"

15.4 $E_{\text{kin}}(r_1) = \dfrac{1}{2} \cdot m_s \cdot g_E \cdot r_E^2 \cdot \dfrac{1}{r_1}$

15.5 $E_{\text{Ges}}(r_1) + \Delta E = E_{\text{Ges}}(r_2)$

15.6 Energiezufuhr von $A \Rightarrow$ Umlaufbahn von A mit größerem Radius $\Rightarrow$ Kleinere Bahngeschwindigkeit. Energieabgabe von A führt auf ursprüngliche Bahn zurück.

16.1 $W_H(k) = m \cdot g_E \cdot r_E \left(1 - \dfrac{1}{k}\right)$

16.2 Siehe Abbildung.

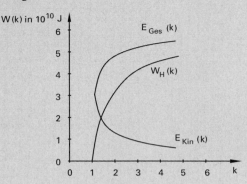

16.3 $E_{kin}(k) = \frac{1}{2} \cdot m_s \cdot g_E \cdot r_E \cdot \frac{1}{k}$

16.4 Siehe Abbildung.

16.5 Siehe Abbildung.

Seite 280 ff. Übungsaufgaben zum elektrischen Feld

1.1 $|Q| = \sqrt{\dfrac{F_G \cdot r^3}{2 \cdot f \cdot \sqrt{l^2 - \left(\dfrac{r}{2}\right)^2}}}$; $|Q| = 4{,}2 \cdot 10^{-9}$ C

2.1 $W_{r_1;r_2} = 0{,}67$ J

3.1 $\varphi(12\,\text{cm}) = 7{,}5$ kV

4.1 $|v| = 2{,}2 \cdot 10^6 \, \dfrac{\text{m}}{\text{s}}$

5.1 $U_{AC} = +13$ kV; $U_{DB} = -6{,}4$ kV

6.1 $Q = 5{,}4 \cdot 10^{-7}$ C; $U_{R0} = 32$ kV

6.2 $Q = 2{,}0 \cdot 10^{-7}$ C

6.3 $E(60\,\text{cm}) = 5{,}0 \cdot 10^3 \, \dfrac{\text{V}}{\text{m}}$

6.4 $U_{S1,S2} = 1{,}0 \cdot 10^2$ V

6.5 $E(90\,\text{cm}) = 2{,}2 \cdot 10^3 \, \dfrac{\text{V}}{\text{m}}$

7.1 $W_{A;B} = 5{,}0 \cdot 10^3$ J

7.2 $W_{A;C} = 1{,}8 \cdot 10^3$ J; $W_{C;B} = 3{,}2 \cdot 10^3$ J

7.3 $W_{A;D} = 5{,}0 \cdot 10^3$ J

7.4 $U_{BA} = +5{,}0$ kV; $U_{CA} = +1{,}8$ kV; $U_{BC} = +3{,}2$ kV; $U_{DB} = 0$ kV; $U_{DA} = 5{,}0$ kV

8.1

„getrennt"	Kapazität	Ladung	Spannung	Feldstärke	Energieinhalt
d_1	C_1	Q_1	U_1	E_1	W_1
$d_2 = 2 \cdot d_1$	$C_2 = \dfrac{1}{2} \cdot C_1$	$Q_2 = Q_1$	$U_2 = 2 \cdot U_1$	$E_2 = E_1$	$W_2 = 2 \cdot W_1$

Lösungen

8.2

„verbunden"	Kapazität	Ladung	Spannung	Feldstärke	Energieinhalt
d_1	C_1	Q_1	U_1	E_1	W_1
$d_2 = 2 \cdot d_1$	$C_2 = \frac{1}{2} \cdot C_1$	$Q_2 = \frac{1}{2} Q_1$	$U_2 = U_1$	$E_2 = \frac{1}{2} E_1$	$W_2 = \frac{1}{2} \cdot W_1$

9.1 Mit Dielektrikum.

„getrennt"	Kapazität	Ladung	Spannung	Feldstärke	Energieinhalt
$\varepsilon_r = 1$	C_1	Q_1	U_1	E_1	W_1
$\varepsilon_r = 3$	$C_2 = 3 \cdot C_1$	$Q_2 = Q_1$	$U_2 = \frac{1}{3} \cdot U_1$	$E_2 = \frac{1}{3} \cdot E_1$	$W_2 = \frac{1}{3} \cdot W_1$

„verbunden"	Kapazität	Ladung	Spannung	Feldstärke	Energieinhalt
$\varepsilon_r = 1$	C_1	Q_1	U_1	E_1	W_1
$\varepsilon_r = 3$	$C_2 = 3 \cdot C_1$	$Q_2 = 3 \cdot Q_1$	$U_2 = U_1$	$E_2 = E_1$	$W_2 = 3 \cdot W_1$

10.1 $E = 2{,}0 \cdot 10^5 \; \frac{V}{m}$

10.2 $U = 0{,}80 \text{ kV}$

11.1 $C = \varepsilon_0 \cdot \frac{A}{d - d_0}$

11.2 $C = \varepsilon_0 \cdot \frac{A}{d}$

12.1 $Q = 1{,}5 \cdot 10^{-6} \text{ C};\quad W_{1;\,2} = 3{,}6 \cdot 10^{-4} \text{ J}$

13.1 $W_{1;\,2} = 2{,}5 \cdot 10^{-2} \text{ J};\quad U_2 = 25 \text{ kV}$

14.1 $\bar{I} = 1{,}0 \cdot 10^{-6} \text{ A}$

14.2 $W = 1{,}6 \cdot 10^{-4} \text{ J}$

14.3

„verbunden"	Kapazität	Ladung	Spannung	Feldstärke	Energieinhalt
d_1	C_1	Q_1	U_1	E_1	W_1
$d_2 = \frac{1}{2} \cdot d_1$	$C_2 = 2 \cdot C_1$	$Q_2 = 2 \cdot Q_1$	$U_2 = U_1$	$E_2 = 2 \cdot E_1$	$W_2 = 2 \cdot W_1$

15.1 $U = 1{,}0 \cdot 10^2 \text{ V};\quad Q_1 = 2{,}0 \cdot 10^{-4} \text{ C},\; Q_2 = 4{,}0 \cdot 10^{-4} \text{ C}$

15.2 $W_1 = 9{,}0 \cdot 10^{-2} \text{ J};\quad W_1^* = 3{,}0 \cdot 10^{-2} \text{ J}$

16.1 $|\vec{F}| = 9{,}6 \cdot 10^{-16} \text{ N}$

16.2 $a = -1{,}1 \cdot 10^{15} \; \frac{m}{s^2}$ in Feldrichtung!

16.3 $\Delta y = 5{,}0 \cdot 10^{-3} \text{ m}$

16.4 $v_y = 3{,}3 \cdot 10^6 \; \frac{m}{s}$

16.5 $b = 7{,}1 \cdot 10^{-2} \text{ m}$

17.1 $|v_0| = \sqrt{\left|\frac{e}{m}\right| \cdot U_B}$

17.2 $\quad a = \dfrac{e}{m} \cdot \dfrac{U_c}{d}$

17.3 $\quad y = \dfrac{U_C}{4 \cdot d \cdot U_B} \cdot x^2$

17.4 $\quad b = \dfrac{l^2}{4 \cdot d}$

17.5 $\quad b = 8{,}9 \cdot 10^{-3}\,\text{m}$

Seite 335 ff. Übungsaufgaben zum magnetischen Feld

1.1 Siehe Abbildung.

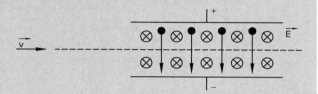

1.2 $\quad \vec{E} = -\vec{v} \times \vec{B}$

2.1 $\quad |v| = \sqrt{2 \cdot \left|\dfrac{e}{m} \cdot U_B\right|}$; $|v| = 1{,}876 \cdot 10^7\,\dfrac{\text{m}}{\text{s}}$

2.2 $\quad F = 8{,}00 \cdot 10^{-16}\,\text{N}$; $\Delta t = 2{,}66 \cdot 10^{-9}\,\text{s}$, $y = 3{,}11 \cdot 10^{-3}\,\text{m}$

2.3 $\quad B = 2{,}66 \cdot 10^{-4}\,\text{T}$

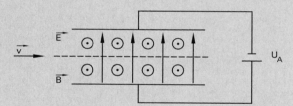

2.4 $\quad \vec{v} \perp \vec{B}$: Kreisbahn
$\quad \vec{v} \parallel \vec{B}$: Keine Beeinflussung

2.5 Siehe Skizze.

2.6 $\quad r = \dfrac{m \cdot v}{e \cdot B}$; $T = \dfrac{2 \cdot \pi \cdot m}{e \cdot B}$

$\quad T = 1{,}78 \cdot 10^{-8}\,\text{s}$

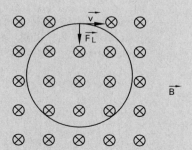

3 $\quad U_i = -1{,}3 \cdot 10^{-3}\,\text{V}$

4.1 $\quad \overline{U_i} = 0{,}76\,\text{V}$

Lösungen

5.1 Siehe Abbildung.

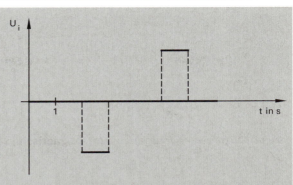

6.1 Da die Leiterschleife mit konstanter Geschwindigkeit durch das Magnetfeld gezogen wird, erhält man eine konstante Induktionsspannung. Ursache der Induktionsspannung ist die Lorentzkraft auf die frei beweglichen Elektronen im Inneren der Leiterschleife.

6.2 $U_i = + B \cdot b \cdot v$ mit $\dot{A}_i = -b \cdot v$

6.3 $U_i = +4{,}0 \cdot 10^{-6}$ V

6.4 $U_i(t) = + N_i \cdot B \cdot b \cdot a \cdot t$; $U_i(t) = +3{,}2 \cdot 10^{-6} \dfrac{V}{s} \cdot t$

6.5 Durch Ein- und Ausschalten des Feldspulenstromes. Wichtig ist dabei $\dot{\Phi}$.

7.1.1

$\dfrac{F}{I^2}$ in $\dfrac{N}{A^2}$	0,17	0,17	0,17

Der Quotient ist konstant: $\Leftrightarrow F = k \cdot I^2$

7.1.2 Ansatz: $F = N_1 \cdot I \cdot B \cdot b_1$

7.1.3 $\mu_0 = 1{,}3 \cdot 10^{-6} \dfrac{Vs}{Am}$

7.2.1 Die Bewegung mit der Geschwindigkeit $\vec{v}_1$ nach oben führt in den Leitern zu einer konstanten Lorentzkraft. Im Leiterstück PQ werden die Elektronen in Richtung Q verschoben. Da die Leiterschleife geschlossen ist, fließt ein Induktionsstrom nach links. Nach der UVW-Regel erfährt das Leiterstück PQ eine Kraft nach unten, die vom Kraftmesser angezeigt wird. Die Kräfte auf die vertikalen Leiterstücke heben sich auf.
2. Möglichkeit: Lenz'sche Regel.

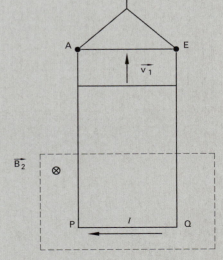

7.2.2 $F = 1{,}7 \cdot 10^{-2}$ N

8.1 $U_0 = 44$ V
8.2   Siehe Abbildung.
9.1   Horizontalkomponente.
       $B_H = 1{,}9 \cdot 10^{-5}$ T
9.2   Analoge Messung der senkrechten Komponente.
9.3 $f = 1{,}6$ Hz

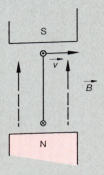

9.4

t in s	0	1,0	2,0	3,0	4,0	5,0	6,0	7,0	8,0	9,0	10	11	12
Φ in 10^{-4} Vs	0	0	3,0	6,0	9,0	12	15	15	12	9,0	6,0	3,0	0
U_i in 10^{-2} V	0	–3,0	–3,0	–3,0	–3,0	–3,0	0	3,0	3,0	3,0	3,0	3,0	

Im Zeitintervall 6,0 s ≤ t ≤ 7,0 s tritt der größte Fluss durch die Spule auf. Die Induktionsspannung ist in diesem Zeitintervall Null, da keine Flussänderung vorliegt.

9.5   Siehe Abbildung.

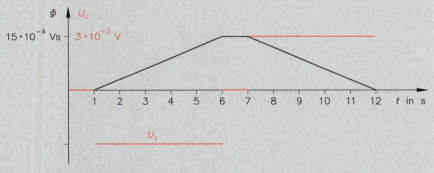

9.6 $|I(t_1)| = |I(t_2)| = 1{,}5 \cdot 10^{-2}$ A

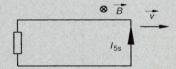

10

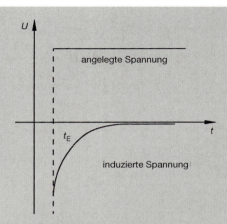

- 11.1 $\Phi = 6{,}3 \cdot 10^{-6}\,\text{Vs}$; $B = 6{,}3 \cdot 10^{-3}\,\text{T}$
- 11.2 $|U_i| = 3{,}1 \cdot 10^{-3}\,\text{V}$
- 11.3 $|\overline{U_i}| = 0{,}63\,\text{V}$
- 12.1 $U_i = 5{,}0 \cdot 10^{-3}\,\text{V}$
- 12.2 $U_i = 5{,}0 \cdot 10^{-2}\,\text{V}$
- 13.1   Beobachtung: H_2 erreicht ihre volle Helligkeit erst später als H_1. Erklärung siehe Selbstinduktion.
- 13.2

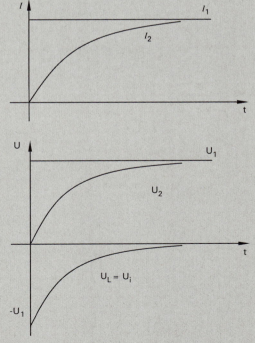

- 13.3 $R_1 = R_2 = 50\,\Omega$

Seite 356 Übungsaufgaben zu den elektrischen Schwingungen

1.1 $I_c(t) = I_{C0} \cdot \cos(\omega \cdot t)$ aus der Beziehung $I_C(t) = C \cdot \dfrac{dU(t)}{dt}$

1.2 $Q(t_1) = 0{,}87 \cdot Q_0$

2.1 $I_L(t) = I_{OL} \cdot \sin\left(\omega t - \dfrac{\pi}{2}\right)$ mit $I_{OL} = \dfrac{U_0}{\omega L}$

2.3 $I_L(t) = 2{,}2\,\text{A} \cdot \sin\left(31\,\dfrac{1}{\text{s}} \cdot t - \dfrac{\pi}{2}\right)$

Stichwortverzeichnis

A
Abszissenachse 11
AE 196
Ampère-Definition 293
Amplitude 155
Anfangsbedingung 157
Anfangsgeschwindigkeit 59
Aperiodischer Grenzfall 170
Aphel 188
Äquipotentialflächen 256
Arbeit 110
Arbeit-Energie-Prinzip 131
Äther 189
Austrittsarbeit 273

B
Bahn 22
Bahnkurve 22, 68
Ballistisches Pendel 145
Basisgröße 2
Beschleunigung 38
Beschleunigungsarbeit 112
Bezugsniveau 116, 203
Bezugssystem 5
Blindwiderstand 349
Bogenmaß 88
Braun'sche Röhre 277

C
Cavendish, Henry 192
Cavendish-Drehwaage 192
Coulomb 226
Coulomb'sches Gesetz 231
Curietemperatur 291

D
Dämpfung 170
Deferent 184
Deklination 291
Delta 8
DGL (Differentialgleichung) 163
Dielektrikum 264
Dielektrizitätszahl 265
Direkte Proportionalität 12

Drehfrequenzregler 103
Drehspulinstrument 293
Drei-Finger-Regel der rechten Hand 293
Driftgeschwindigkeit 298
Dynamik 4

E
Effektivwert 328
Eigenfrequenz 171
Eigeninduktivität, Selbstinduktivität 332
Einheit 2
Einheitsvektor 6, 91
Einheitsvektor in radialer Richtung 91
Einheitsvektor in tangentialer Richtung 92, 93
Einschwingvorgang 342
Elastische Kopplung 176
Elastischer Stoß 140
Elektrische Feldkonstante 261
Elektrische Feldstärke 241
Elektrische Flussdichte 260
Elektrische Verschiebungsdichte 260
Elektrisches Feld 228
Elektrofeldmeter 241
Elektronvolt 275
Elektroskop 227
Elektrostatisches Feld 228
Elementarladung 271, 272
Elongation 155
Energie 115
Energieerhaltungssatz der Mechanik 120
Energiewandler 133
Epizykel 184
Erste kosmische Geschwindigkeit 212
Erzwungene Schwingung 171

F
Fadenpendel 165
Fadenstrahlrohr 303, 304
Fahrstrahl 88
Fallbeschleunigung 51
Fallröhre 47, 48
Faradaykäfig 230
Federkonstante 114

Federpendel 163
Feder-Schwere-Pendel 163
Feldbegriff 199
Feldlinie 199, 229, 286
Feldspule 314
Feldstärke 238
Feldtheorie 199
Ferromagnetische Stoffe 285
Flächenladungsdichte 260
Flächensatz 187, 189
Flammensonde 249, 250
Fluchtgeschwindigkeit 210
Flussdichte 296
Freie Schwingung 171
Freier Fall 47
Frequenz 89, 155

G
Gekreuzte Felder 305
Geozentrisches Weltbild 185
Geschwindigkeit 14
Geschwindigkeitsfilter 305
Gleichförmige Bewegung 14
Gleichgewichtslage 154
Glühelektrischer Effekt 273
Gravitationsfeld 184, 199
Gravitationsfeldstärke 201
Gravitationsfreier Punkt 197
Gravitationsgesetz 191
Gravitationskonstante 192
Gravitationspotential 209
Grundgleichung der Mechanik 102

H
Halleffekt 299
Hallkonstante 300
Hallspannung 299
Hangabtriebskraft 84
Harmonischen Schwingung 158
Heliozentrisches Weltbild 186
Henry 332
Hertz (Einheit) 89
Homogenes elektrisches Feld 240
Homogenes Feld 201
Horizontales Federpendel 124, 163
Hubarbeit 113
Hufeisenmagnet 287

I
Ideale Spule 350
Impuls 136
Impulserhaltungssatz 137
Induktion 309
Induktionsgesetz 318, 321
Induktionsspannung 310
Induktionsspule 314
Induktiver Blindwiderstand 353
Inertialsystem 105
Influenz 226, 258
Inklination 291
Innere Energie 116, 117
Ionisierungsenergie 244
Isolator 226

J
Joule 110

K
Kapazität 263
Kapazitiver Blindwiderstand 349
Kartesischen Koordinate 6
Kartesisches Koordinatensystem 6
Kepler Gesetze 187
Keplerkonstante 188
Kinematik 5
Kinetische Energie 115
Kippspannung 279
Kompensationsmethode 239
Komponente 6
Konservative Kraft 119, 130
Kräfte 73, 74
Kreisfrequenz 157
Kreisstrom 290
Kugelpendel 147

L
Ladungen 226
Ladungsträgerkonzentration 300
Lageenergie 202
Lange Spule 309
Leistung 132
Leiter 226
Leiterschaukel 292
Leiterschleife 325
Lenz'sche Regel 319, 320

Lineares Kraftgesetz 162
Liniendiagramm 160
Lorentzkraft 298
Luftkissenfahrbahn 9
Luftschleifenbahn 122
Luftspule 294

M
Magnet 285
Magnetfeld 286
Magnetische Feldkonstante 308
Magnetische Flussdichte 308
Magnetischer Fluss 317
Magnetpol 285
Massenpunkt 5, 191
Maximalwert 325
Mechanik 4
Mechanische Energie 115
Messfehler 3
Messverstärker 228
Millikan 271
Missweisung 291
Mittlere Geschwindigkeit 31
Momentangeschwindigkeit 36
Momentanleistung 327
Mondrechnung 190

N
Newton (Einheit) 78
Normalkraft 84
Normort 51

O
Ordinatenachse 11
Ortsvektor 6
Oszilloskop 279

P
Parallelschaltung von Federn 164
Perihel 188
Periodendauer 89, 155
Permeabilität 308
Permittivität des leeren Raumes 265
Perpetuum Mobile 131
Phasenwinkel 157
Polarisation 264
Potential 246, 255

Potentialdifferenz 210, 247
Potentielle Energie 116, 244
Potentielle Energie der Elastizität 116
Prinzip der Unabhängigkeit 22
Probekörper 199
Probeladung 228, 237
Probemagnet 286
Protonen 226
Pumpspeicherkraftwerk 127

R
Radialfeld, radialsymmetrisches Feld 200
Raketenantrieb 148
Reale Spule 351
Rechte-Faust-Regel 288
Reflexion 144
Reibungsarbeit 114
Reibungselektrizität 226
Reihenschaltung von Federn 164
Relative Permeabilität 308
Permittivitätszahl 265
Resonanz 172
Resultierende Kraft 78
Richtgröße 162
Rotation 5, 90
Rotierendes Bezugssystem 106
Rückkopplung 171
Rückstellkraft 154
Rückstoßprinzip 148
Rücktreibende Kraft 162
Ruhelage 154

S
Sägezahnspannung 279
Satellit 211
Scheinkraft 106
Scheinwiderstand 353
Scheitelwert 325
Schubkraft 82, 149
Schwebefall 271
Schwingfall 170
Schwingungsdauer 155
Schwingungsenergie 167, 168
Schwingungsphase 157
Selbstinduktion 329
SI-System 2
Skalare Größen 4

Skalarprodukt 110
Spannung 226, 247, 248
Spezifische Ladung 274, 303
Sphärentheorie 184
Stabmagnet 287
Statik 4, 81
Steigungsdreieck 12
Steigzeit 61
Strom 226
Stromstärke 226
Stromwaage 294
Symbol 2
Synchronsatellit 213
System 119

T
Tesla 297
Thomson'scher Ringversuch 322
Torsionsdrehwaage 231
Trägheit, träge Masse 73
Trägheitskraft 106
Trägheitssatz 73
Translation 5
Triggerspannung 280

U
Umlaufdauer 89
Umlaufzeit 89
Unabhängigkeitsprinzip 58
Unelastischer Stoß 141
U-Rohr 166
U-V-W Regel 293

V
Vektorielle Größen 4
Vektorprodukt 297
Verschiebungsarbeit 202, 243
Vertikales Federpendel 125, 163
Verzögerung (negative Beschleunigung) 59

W
Waagrechter Wurf 64
Wärme 116
Weber 318
Wechselstromwiderstand 341
Wechselwirkungsprinzip 79
Wehnelt-Zylinder 277
Wienfilter 304
Windungsfläche 289
Winkelgeschwindigkeit 88
Wirbelstrom 323
Wirbelstromdämpfung 323
Wirkungsgrad 133
Wirkungslinie 82
Wirkwiderstand 342
Wurfhöhe 61

Z
Zahlenwert 2
Zeigerdiagramm 160
Zentraler Stoß 138
Zentralkraft 104
Zentrifugalkraft 106
Zentripetalbeschleunigung 93
Zentripetalkraft 104, 189
Zugkraft 82
Zweite kosmische Geschwindigkeit 211